suhrkamp taschenbuch
wissenschaft 247

Tillmann

In der Bundesrepublik gibt es weder spezifische sozialpolitische Maßnahmen noch praktisch-therapeutische Modelle noch irgendwelche langfristigen Programme, die sich auf das Problem von Kindesmißhandlungen beziehen. Explizite öffentliche Reaktionen gibt es nur im Bereich des Rechts, vor allem im Strafrecht, daneben auch im Familienrecht. Die in diesem Bereich bevorzugten Maßnahmen – Bestrafung des Täters, Unterbringung des Kindes im Heim oder einer Pflegestelle – sind aber weder therapeutisch noch prophylaktisch zureichend und zudem in ihrem Sinn inzwischen höchst umstritten. Der praktisch-politischen Handlungsunfähigkeit entspricht ein »systematisches Unwissen« über Genese, Entwicklung und Folgen von Kindesmißhandlungen. Außer vereinzelten kriminologisch-statistischen Arbeiten und sich wiederholenden klinischen Fallberichten und Beobachtungen von Kinderärzten und Gerichtsmedizinern bietet die wissenschaftliche Literatur in der Bundesrepublik nichts.

Demgegenüber hat sich in den USA seit dem Beginn der 60er Jahre eine systematische Forschung zu dieser Thematik auf interdisziplinärer Basis entwickelt. Das bedeutendste Zentrum dieser Arbeit ist in Denver und wird von Ray E. Helfer und C. Henry Kempe geleitet, die im Laufe der Jahre einen Stab qualifizierter Wissenschaftler (Psychiater, Röntgenologen, Juristen) und Praktiker (Sozialarbeiter, Richter, Staatsanwälte) interessieren und in ihre Arbeit einbeziehen konnten. Zentrale Ergebnisse dieser Arbeit werden in dem vorliegenden Buch vorgestellt. In der angelsächsischen Welt und unter Fachleuten hierzulande gilt es als »Klassiker« auf seinem Gebiet.

Das Buch beginnt mit einem historischen Überblick über Kindesmißhandlung und Kindestötung. Die folgenden Teile untersuchen medizinische, psychische und soziale sowie rechtliche Aspekte dieses Problemfeldes.

Das geschlagene Kind

Herausgegeben von
Ray E. Helfer und C. Henry Kempe

Mit einer Einleitung von Gisela Zenz

Übersetzt von Udo Rennert

Suhrkamp

Titel der Originalausgabe
The Battered Child Chicago, London 1968
© 1968, 1974 by The University of Chicago

suhrkamp taschenbuch wissenschaft 247
Erste Auflage 1978
© der deutschen Ausgabe
Suhrkamp Verlag Frankfurt am Main 1978
Suhrkamp Taschenbuch Verlag
Alle Rechte vorbehalten, insbesondere das
des öffentlichen Vortrags, der Übertragung
durch Rundfunk und Fernsehen
und der Übersetzung, auch einzelner Teile.
Satz: Buchdruckerei Georg Wagner, Nördlingen
Druck: Nomos Verlagsgesellschaft, Baden-Baden
Printed in Germany
Umschlag nach Entwürfen von
Willy Fleckhaus und Rolf Staudt

CIP-Kurztitelaufnahme der Deutschen Bibliothek
Das geschlagene Kind / hrsg. von Ray E. Helfer u.
C. Henry Kempe. Mit e. Einl. von Gisela Zenz. Übers.
von Udo Rennert. – 1. Aufl. – Frankfurt am Main : Suhr-
kamp, 1978.
(Suhrkamp-Taschenbücher Wissenschaft ; 247)
Einheitssacht.: The battered child <dt.>
ISBN 3-518-07847-X
NE: Helfer, Ray E. [Hrsg.]; EST

Inhalt

Vorbemerkung

Wenn die Verdienste eines Buches ausschließlich an Hand seines Themas beurteilt würden, dann könnte dieses Buch ungelesen bleiben. Denn kaum ein Gesprächsgegenstand im modernen Leben wird mit stärkerem Widerstreben erörtert als die Mißhandlung eines Kindes durch dieselben Personen, denen seine Fürsorge anvertraut ist. Und doch bleibt es eine Tatsache, daß einige Menschen in unserer Gesellschaft fortwährend ihre Kinder mißhandeln, gleichgültig, aus welcher sozialen Schicht sie stammen, welche Bildung sie genossen haben, welchem Glaubensbekenntnis sie angehören oder in welcher Gegend sie aufgewachsen sind.

In den letzten Jahren ist das öffentliche Bewußtsein davon, wie verbreitet Kindesmißhandlungen sind, stark angewachsen, was zum großen Teil der Arbeit einiger Autoren zu verdanken ist, deren Beiträge sich in diesem Buch finden. Inzwischen haben alle fünfzig amerikanischen Bundesstaaten Gesetze erlassen, die bindend vorschreiben, daß ein bestehender Verdacht auf Kindesmißhandlung gemeldet werden muß. Das *Children's Bureau* ist stolz darauf, am Zustandekommen dieser Gesetze beteiligt gewesen zu sein.

Aber wir sind noch weit davon entfernt, die Hände in den Schoß legen zu können. Es besteht ein hoher Bedarf an sozialen Gemeindeeinrichtungen, die sich mißhandelter Kinder annehmen. Wenn ein Arzt einen verdächtigen Fall von Kindesmißhandlung meldet, so konstatiert er lediglich einen Sachverhalt. Es ist Sache der einzelnen Gemeinden, sich dieses Problems anzunehmen und einer Wiederholung vorzubeugen. Mißhandelte Kinder brauchen Schutz und Rehabilitation, und ihre Eltern bedürfen der Unterstützung durch Fachkräfte, die ihnen behilflich sind, ihre elterliche Rolle zu verstehen, anzunehmen und ihr gerecht zu werden.

Ich bin von dem unschätzbaren Wert dieses Buches überzeugt, denn es bildet den wesentlichen medizinischen, sozialen und juristischen Rahmen, innerhalb dessen das Problem gesehen werden muß. *Katherine B. Oettinger 1968*
Leiterin des Children's Bureau Department of Health, Education, and Welfare Washington

Vorwort zur zweiten Auflage

Da sind fünfzehn Frauen in einer Besserungsanstalt, direkt am Rande einer unserer größeren Städte. Alle haben dasselbe Delikt begangen: man hat sie wegen Verbrechen an Kindern verurteilt – wegen Grausamkeit oder Totschlag. Eine von diesen Frauen ist Geraldine. Selbst noch jung, wuchs sie in einer traumatisierenden, mutterlosen Umgebung auf, lief als Teenager von zu Hause fort, wurde schwanger, heiratete einen psychisch kranken College-Graduierten und bekam noch mehr Kinder, nachdem sie das erste zur Adoption freigegeben hatte. Ihr zweites Kind starb im ersten Lebensjahr an den Auswirkungen schwerer körperlicher Mißhandlungen. Das dritte Kind kam im Gefängnis zur Welt.

Die »Gerechtigkeit«, der durch den Richterspruch Genüge getan wurde, nachdem Geraldine zu einer Mindeststrafe von zwei Jahren verurteilt worden war, die bis auf vier Jahre ausgedehnt werden konnte, wird an der Antwort des Gerichtsvorsitzenden auf die Forderung nach einer frühen Aussetzung der Strafe zur Bewährung deutlich. Niemand wußte, wer genau das Kind getötet hatte – die Mutter, der Vater oder beide –, aber die Mutter war geständig, so machte man ihr den Prozeß und verurteilte sie; der Vater, der zu Hause blieb und nunmehr von der Sozialhilfe lebt, sorgt für das Kind, das im Gefängnis geboren wurde. Man hatte versucht, für Geraldine eine Amnestie zu erwirken, um sie anschließend einer sozialen und psychiatrischen Behandlung anzuvertrauen. Der Richter, leicht erregbar und ohne Sinn für die Realität der Situation, wandte sich heftig gegen die Befürworter therapeutischer Maßnahmen und deutete an, er werde einer vorzeitigen Entlassung nur zustimmen, wenn die Mutter sich sterilisieren lasse.

Geraldine ist immer noch im Gefängnis, aber in einem Jahr wird sie entlassen und wieder mit ihrem psychisch kranken Mann und mit ihrem neuen Kind zusammen sein, und es werden (zweifellos) weitere Kinder folgen; und wieder hat der Vorgang der strafrechtlichen Rehabilitierung ein Paradebeispiel geliefert. Und in derselben Institution gibt es noch 14 andere Frauen, die wegen ähnlicher Vergehen verurteilt wurden.

Trotz der Geraldines mehren sich die Anzeichen für einen langsamen, aber entschiedenen Fortschritt. Seit das Buch *The Battered Child* 1968 erschienen ist, hat sich das Verständnis vertieft, die Anzahl der betroffenen Personen wuchs ständig, einige Gerichte haben verständigere Urteile gefällt, überall in den Staaten werden Behandlungsprogramme entwickelt, und Mißhandlungen und Verwahrlosung werden im allgemeinen zu einem viel früheren Zeitpunkt im Leben des Kindes erkannt. So wurden z. B. allein in New York City 1972 fast 10 000 Fälle von Verdacht auf Kindesmißhandlung und -verwahrlosung gemeldet (s. Anhang A). Diese Tatsache dient vielen als Ermutigung, da inzwischen der Eindruck herrscht, daß das Maß voll ist und Lösungen gefunden werden müssen und auch gefunden werden.

Mittlerweile ist ein zweites Buch erschienen: *Helping the Battered Child and His Family* (Lippincott, 1972); die Massenmedien haben ein wachsendes Interesse gezeigt und ihre Hilfsbereitschaft bekundet; und einige Stiftungen haben ihr Interesse geäußert, entsprechende Einrichtungen und Forschungsprojekte zu fördern. Das größte Hindernis bildet immer noch die Apathie der Behörden auf dem Gebiet der Kinderfürsorge. Aber mit der Zeit wird sich auch das ändern.

In der zweiten Auflage des Buches *The Battered Child* haben die Herausgeber überholtes Material weggelassen, andere Beiträge auf den neuesten Stand gebracht und aktuellere Informationen berücksichtigt. Ein Kapitel über die Erfahrungen in New York ist neu aufgenommen worden. Der Teil 2 »Medizinische Aspekte« wurde gänzlich überarbeitet. Einzelne Diskussionen, die in dem Buch *Helping the Battered Child and His Family* eingehender geführt wurden, sind ausgelassen worden, um Wiederholungen zu vermeiden. Die klassischen Kapitel von Steele und Pollock und von Davoren sind jedoch unverändert geblieben.

Entsprechende demographische Daten mit neuestem Material über das tatsächliche Vorkommen ernsthafter Kindesmißhandlungen in den Vereinigten Staaten sind nicht verfügbar. Bei einer Durchsicht der zur Zeit erfolgenden Meldungen von Kindesmißhandlungen aufgrund bundesstaatlicher Gesetze haben wir festgestellt, daß bei vielen Gemeinden bis zu 375 Meldungen wegen Verdachts der Kindesmißhandlung auf eine Million Einwohner pro Jahr kommen. Bislang hat noch niemand versucht, die Zahl der gemeldeten Fälle von Kindesmißhandlung mit dem tatsächlichen Vorkommen in Beziehung zu setzen – nur eine Untersuchung, die intensiv Haus für Haus und Straßenblock für Block durchgeht, könnte uns darüber Aufschlüsse geben. Aber selbst dann wäre der so ermittelte Quotient nur für die untersuchte Gemeinde gültig, da er von vielen Variablen abhängt, unter anderem vom Interesse der Ärzte und deren Ausbildung, von den in der Gemeinde vorherrschenden Einstellungen, vom Engagement öffentlicher Dienststellen – insbesondere der Einrichtungen zum Schutz des Kindes – und natürlich von der Polizei und den Jugendgerichten.

Obwohl detaillierte Informationen über das tatsächliche Vorkommen von Kindesmißhandlungen fehlen, ist es doch immerhin möglich, die Erfahrung eines umfassenden großstädtischen Gebiets wie das von New York City einzuschätzen. Aus diesem Grund enthält der Anhang den Bericht des *Select Committee on Child Abuse*, das von der gesetzgebenden Versammlung des Staates New York ins Leben gerufen wurde. Daraus ergeben sich Informationen, die ohne weiteres auch von anderen Großstadtgebieten verwendet werden können, und einen wertvollen Beitrag zur Untersuchung eines komplexen Problems in einem Ballungszentrum darstellen.*

Die Herausgeber sind davon überzeugt, daß die Erkennung und die Behandlung mißhandelter Kinder in den siebziger Jahren immer stärker zunehmen werden. Das Engagement und Interesse von Fachkräften wie von Mitarbeitern ohne entsprechende Ausbildung sind ermutigend. Geraldine, ihr Mann und ihre Familie sehen es jedoch anders. Sie werden sich weiterhin zurückziehen, und ihre Kinder werden so lange der Gefahr erneuter Verletzungen ausgesetzt sein, bis immer mehr

---

* Die Daten von New York City (s. Anhang) sind insofern verwirrend, als das Gesetz die Meldung sowohl von Mißhandlungen als auch von Verwahrlosung von Kindern fordert. Es gibt keine besondere Möglichkeit, die Zahlen des New York City-Reports nach den beiden genannten Kategorien aufzuschlüsseln. Somit betrug 1972 die Gesamtquote (*aller* Fälle von Mißhandlung *und* Verwahrlosung) 1200 auf eine Million Einwohner.

engagierte und informierte einzelne in jeden Winkel und jede Ritze unserer öffentlichen Einrichtungen, der Polizeistellen, Krankenhäuser, Gerichte, Schulen und vor allem unserer politischen Verwaltung eindringen.

R. E. H.   C. H. K.

Vorwort zur ersten Auflage

1967 wurden Zehntausende von Kindern in den Vereinigten Staaten schwer mißhandelt oder getötet. Wir haben dieses Buch über und für diese Kinder geschrieben. Wer sind sie, woher stammen sie, warum wurden sie geschlagen und vor allem – was können wir tun, um solche Mißhandlungen zu vermeiden?

Mit diesem Buch wird ein interdisziplinärer Ansatz vorgelegt. Zwischen den einzelnen Autoren bestehen Gemeinsamkeiten und auch Meinungsverschiedenheiten, aber jeder von ihnen hat ein Ziel vor Augen – dem Leser alle verfügbaren Informationen zugänglich zu machen, die mit berechtigter Hoffnung dazu dienen können, das Schicksal dieser Kinder und ihrer Eltern zu ändern.

Wir möchten an dieser Stelle allen Autoren und ihren Mitarbeitern unseren aufrichtigen Dank dafür aussprechen, daß sie uns ihre Erfahrungen und Forschungsergebnisse auf dem Gebiet der Kindesmißhandlungen mitgeteilt haben. Wir sind ebensosehr Frau Katherine Oettinger und Dr. Arthur Lesser und ihren Mitarbeitern vom Children's Bureau für ihre fortdauernde Hilfe und Unterstützung verpflichtet. Jean Rubin, eine ehemalige Mitarbeiterin des Children's Bureau, hat uns in einer kritischen Phase unserer Untersuchung sehr unterstützt.

Jeder unserer Patienten hat uns zu einer einmaligen Lernerfahrung verholfen. Wir möchten nicht nur diesen Kindern unseren Dank aussprechen, sondern auch ihren Eltern, die in der Mehrzahl der Fälle zur Zusammenarbeit bereit waren und zur Verwirklichung unseres Vorhabens beigetragen haben.

R. E. H. C. H. K.

Einleitung

Laßt uns weniger von den Pflichten der Kinder und mehr von ihren Rechten sprechen.

Jean Jacques Rousseau (1712-1778)

Mehr als hundert Jahre nach dieser Bemerkung von Rousseau ereignete sich in New York City der Vorfall mit Mary Ellen, von dem im 1. Kapitel die Rede ist. In vielen Ländern der Erde wurden die Rechte von Tieren vor denen von Kindern festgelegt.

Zur Zeit Rousseaus und in den hundert Jahren davor standen die Pflichten der Kinder (selbst in jüngstem Alter) eindeutig vor ihren Rechten. Kinder hatten sogar eher die Pflicht zu lernen als ein Recht darauf, eine Erziehung zu genießen. Die Spartaner (4. Jh. v. Chr.) hatten ihren Peitschenschwinger, der innerhalb ihres Erziehungssystems eine hohe Position innehatte, und die englische Schule für Gentlemen (17. Jh.) hatte in der Ecke eines jeden Klassenzimmers den Rohrstock stehen. Für solche Vorbilder der Erziehung wie Comenius und Loyola (16. Jh.) und Locke (17. Jh.) war es echte Ketzerei, wenn sie sich dafür aussprachen, Lernen solle eine befriedigende Erfahrung sein.

Während der letzten hundert Jahre sind die Rechte der Kinder allmählich anerkannt worden. Die Pflichten kleiner Kinder lassen sich andererseits weniger leicht festlegen, vor allem wenn man berücksichtigt, daß das Kind seinen Eltern gegenüber verantwortlich ist. Haben Kinder die Pflicht, die emotionalen Bedürfnisse ihrer Eltern zu befriedigen? Viele der in diesem Buch beschriebenen Eltern sind der Ansicht, daß die Kinder diese Pflicht haben: Jodys Mutter sagte dazu: »Ich habe so lange darauf gewartet, mein Kind zu bekommen, und als es dann da war, hat es nie etwas für mich getan.«

Jody war vier Jahre alt, als ihre Eltern sie ins Colorado General Hospital brachten. Sie hatte während ihres ganzen bisherigen Lebens unter schweren Mißhandlungen gelitten und stellte sich als einer der schwersten Fälle von Unterernährung heraus, die wir erlebt hatten. Sie wog nur 17 Pfund und war über und über mit Blutergüssen und Hautabschürfungen be-

13

deckt. Röntgenologische Untersuchungen ergaben eine Fraktur des Schädels und des Arms, ihre Hände waren zweimal gebrochen. Außerdem wies sie eine Darmverstopfung infolge eines Hämatoms am Ausgang des Zwölffingerdarms auf.

Jahrelang hatte sich Jodys Mutter gegenüber ihrem Mann und anderen Mitgliedern der Familie und der Gemeinde über ihre Beziehung zu diesem Kind geäußert und darüber, wie wenig sie sich um es kümmern konnte. Niemand war bereit gewesen, die Verantwortung zu übernehmen, und niemand bot der Mutter seine Hilfe an.

Kurz nachdem Jody ins Hospital eingeliefert worden war, wurde der Mutter mitgeteilt, daß wir es nicht für gut hielten, sie wieder nach Hause zu schicken, da wir um ihr Leben besorgt waren. Ohne zu zögern und im Ton starker Erleichterung sagte die Mutter: »Ich würde mich mehr ängstigen als Sie, wenn sie zurückkäme.«

Jodys Fortschritte im Krankenhaus waren erstaunlich. Während der sechs Monate nach ihrer Entlassung wuchs sie um 15 Zentimeter und wies eine beträchtliche Verbesserung ihrer Entwicklung auf. In ihr Elternhaus kommt sie nie wieder zurück, und jetzt wartet sie auf Adoptiveltern.

Jodys Fall wie der aller Fälle von Kindesmißhandlung machte die enge Zusammenarbeit vieler Disziplinen notwendig. Kinderarzt, Psychiater, Sozialarbeiter, der Kinderfürsorger des Ortes, der Kreisbevollmächtigte, der Sheriff des Ortes, der Anwalt der Eltern und das Schwesternpersonal waren alle unmittelbar beteiligt. Die Zusammenstellung dieser Monographien wurde von unserer Überzeugung angeregt, daß ein interdisziplinäres Vorgehen von erstrangiger Bedeutung ist. Es ist die Absicht der Herausgeber, für die vielen Disziplinen, die an einer Hilfe für das mißhandelte Kind und dessen Eltern beteiligt sind, einen Bezugsrahmen zur Verfügung zu stellen, mit dem sie arbeiten können.

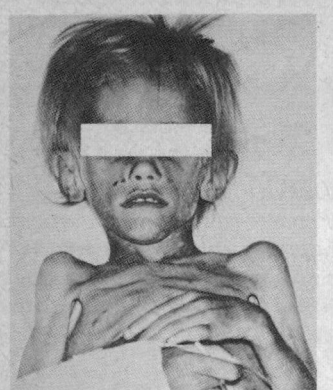
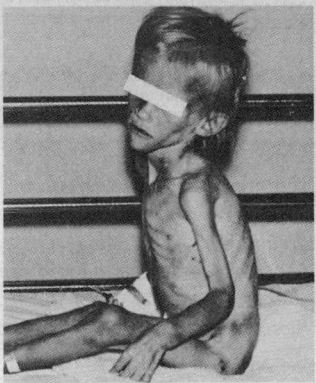

Jody bei der Aufnahme ins Colorado Medical Center

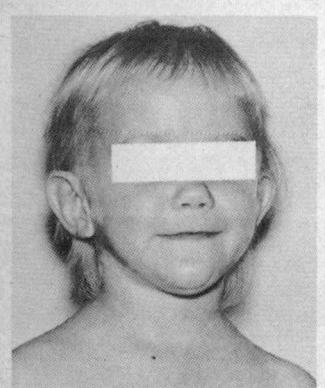
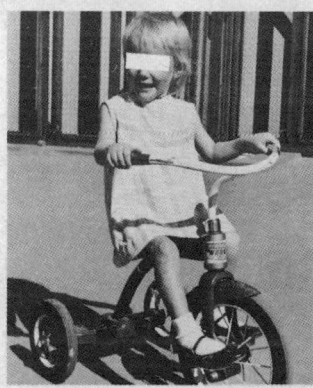

Jody fünf Wochen nach ihrer Aufnahme

Wir widmen dieses Buch voll Dankbarkeit und Anerkennung Anna Freud, die mehr als jeder andere viele Jahre hindurch all diejenigen Laien und Fachkräfte aufgeklärt, gefordert und bereichert hat, die darum bemüht sind, Kinder während der Wechselfälle und Sternstunden ihrer frühen Jahre zu verstehen, zu trösten und zu schützen.

Gisela Zenz
Einleitung zur deutschen Ausgabe

Kinder waren zu allen Zeiten nicht nur Gegenstand der Fürsorge und Liebe, sondern auch Opfer der Konflikte und Ängste ihrer Eltern. Aus materieller Not, sozialer Angst, persönlichen Konflikten und magisch-religiösen Vorstellungen der Eltern erwuchsen immer wieder auch den Kindern lebensgefährliche Bedrohung und grausame Leiden. Die historische Forschung läßt es kaum zu, hier von seltenen Ausnahmen zu sprechen, so fremd dies einer idealisierenden Betrachtung des Eltern-Kind-Verhältnisses heute erscheinen mag. Eher schon legt sie den Gedanken nahe, den Bakan formulierte: »Terrible as the thought is to entertain, child abuse may be a regression to a characteristic which comes very close to being ›natural‹ to the human condition.«[1]

In dem Maße freilich, wie sich die Lebensbedingungen und Lebensformen der Eltern veränderten, haben sich auch die sozialen Bedingungen und Bedeutungen der Mißhandlung von Kindern geändert. So haben Antikonzeptiva die Tötung und Aussetzung von Neugeborenen als Form der Geburtenkontrolle[2] verdrängt. Materielle Not nimmt auch in den Randgruppen der Industriegesellschaften kaum mehr die Formen einer Überlebensangst an, die Eltern zur Tötung jedes ungewollten Kindes treiben konnte. Soziale Tabus um die nichteheliche Geburt haben an Schärfe verloren, so daß der Druck auf die Mütter geringer wurde, sich ihrer Kinder unter allen Umständen zu entledigen.[3] Kinderarbeit, die vor allem in der Folge der industriellen Revolution Generationen von Arbeiterkindern ruinierte, entspricht längst nicht mehr den Erfordernissen industrieller Produktion.[4] Und die harten Prügelstrafen und regelmäßigen Auspeitschungen, die Erziehern und Eltern viele Jahrhunderte hindurch unentbehrlich erschienen[5], gelten einer modernen Pädagogik nicht mehr als geeignetes Mittel, um Kinder zum Lernen zu motivieren oder in ihrer moralischen Entwicklung zu fördern. Sie haben ihr Recht in Schulen und Lehrverhältnissen verloren, den Eltern ist ein

»maßvolles Züchtigungsrecht« geblieben, was immer das bedeuten mag.[6]

Gleichwohl werden Kinder noch immer mißhandelt. Wie kommt es heute dazu, wie sehen Mißhandlungen heute aus?

Soziale Bedingungen

Zunächst muß man wohl feststellen, daß sich historisch weithin überwundene Verhältnisse in Randbereichen durchaus noch und immer wieder herstellen können. Wo z. B. in Ländern der sogenannten Dritten Welt materielle Existenznot herrscht und Empfängnisverhütung nicht akzeptabel ist, wird die Tötung Neugeborener noch mehr oder weniger offen praktiziert[7], werden Kinder noch heute mitleiderregend verstümmelt, damit sie erfolgreicher betteln können.[8] Daß der Rückfall in magische und wahnhafte Vorstellungen auch heute noch Kinderopfer verlangt, bezeugen Berichte über immer wieder auftauchende Praktiken des Dämonenkultes zur Genüge. Ebenso evident ist, daß weder Antikonzeptiva noch die Legalisierung der Schwangerschaftsunterbrechung alle Probleme lösen, die zur Geburt eines unerwünschten Kindes, zu untragbaren sozialen Belastungen auch und gerade bei unehelicher Geburt führen können. Nach wie vor kommt es unter solchen Umständen zur Tötung oder Aussetzung von Kindern – nicht umsonst gibt es auch heute noch die gemilderte Strafdrohung für die nichteheliche Mutter, die ihr neugeborenes Kind tötet.

Gleichwohl – alles dies sind in unserer Gesellschaft Ausnahmefälle. Probleme und Konflikte, die Eltern heute zur Mißhandlung ihrer Kinder bringen können, sind weniger leicht als »soziale« zu identifizieren. Zwar bleibt ohne Zweifel materielle Not und soziale Randständigkeit ein Belastungsfaktor im Leben vieler Familien, der im Zusammenwirken mit anderen Schwierigkeiten zur Bedrohung von Leben und Gesundheit der Kinder durch Mißhandlung oder auch Vernachlässigung beitragen kann.[9] Die Situation stellt sich aber in der Mehrzahl der Fälle so komplex dar, daß alle eindimensionalen Erklärungen unangemessen erscheinen. Im Vordergrund steht eben nicht mehr die öffentlich praktizierte oder doch sozial tolerierte und auf bestimmte Zwecke zielende (Miß-) Handlung, sondern die unkontrollierte Affekthandlung in der von der sozialen Umwelt abgeschirmten Familie. Der Tod des Kindes ist dabei kaum jemals gewollt, sondern ereignet sich unter Umständen als »unglückliche Folge«. Spezifische Lebensformen der Kleinfamilie, gesteigerte emotionale Anforderungen, ein Mangel an jederzeit präsenten »Entlastungsbeziehungen« (Großeltern konnten das sein) und die unter Umständen extreme soziale Isolierung gewinnen Bedeutung, lenken die Aufmerksamkeit auf die Familiendynamik, auf die Beziehungen von Eltern und Kindern untereinander.

Die Eltern-Kind-Beziehung

Wie sich im Laufe der Geschichte auch die psychischen Bedingungen des Umgangs mit Kindern änderten, das spiegelt sich nicht zuletzt im Wandel der Mißhandlungs- bzw. Tötungsformen.[10] Archaische Ritualmorde wurden mit Feuer und Schwert vollzogen – zur Befriedigung grausamer Gottheiten, die Grausamkeit legitimierten.

Soweit es um zweckgerichtete Aktionen wie die Geburtenkontrolle ging, wurden Blutvergießen und sichtbare Zerstörung des kindlichen Körpers eher vermieden: die Neugeborenen wurden in Flüsse oder Schluchten geworfen, häufiger aber ausgesetzt, also mit einer, wenn auch meist minimalen, Überlebenschance den göttlichen Mächten überantwortet, die wohl auch die Bedrängnis der Eltern zu verantworten hatten. Schließlich wurden Säuglinge, vor allem während des Mittelalters, aber auch später noch, im elterlichen Bett von den schlafenden Eltern erstickt oder erdrückt – kirchliche und obrigkeitliche Mahnungen, kleine Kinder nicht im Bett der Eltern schlafen zu lassen, richteten wenig aus. Ariès[11] spricht in diesem Zusammenhang von »Vorgängen, deren man sich nur halb bewußt war«. Es scheint also, als zeichne sich im Laufe der Geschichte ein Wandel in der Einstellung ab, die mehr und mehr den Tötungsakt zu vermeiden sucht, ihn aus dem Bewußtsein verdrängt, nicht mehr verantworten will. Die gezielte Tötung wird immer weniger akzeptabel, die Tötungsabsicht immer weniger bewußtseinsfähig, bis schließlich

Mordphantasien gegenüber den eigenen Kindern nur noch unter außergewöhnlichen Bedingungen aus dem Unbewußten aufsteigen.[12]

Historiker haben in der Tat einen Wandel in den Gefühlsbeziehungen zwischen Eltern und Kindern beschrieben, der mehr und mehr eine Wahrnehmung des Kindes als Person mit eigenen Bedürfnissen und Ansprüchen ermöglichte. Ob sich darin ein kontinuierlicher evolutionärer Prozeß ausdrückt, der zu Hoffnungen auf stetige Verbesserungen berechtigt, wie z. B. De Mause meint, ist umstritten.[13] Einigkeit besteht darüber, daß nicht zuletzt die sogenannte demographische Revolution zur Veränderung der Eltern-Kind-Beziehung entscheidend beigetragen hat. Mit der Senkung der Kindersterblichkeit und der Verfügung über Methoden der Geburtenplanung, die eine Beschränkung der Kinderzahl nach dem Wunsch der Eltern ermöglichten, wurde eine emotionale Bindung schon an das kleine Kind wesentlich erleichtert, die bis dahin stets unter der Drohung frühen Verlusts gestanden hatte und sich, weil allzuviele Kinder allzu früh starben[14], prinzipiell auf die Austauschbarkeit eines Kindes durch das nächste einzustellen hatte. Je verbreiteter und intensiver sich aber Gefühlsbindungen bei den Eltern entwickelten, desto deutlicher wurden Angst und Trauer um den Verlust eines Kindes empfunden, und die Verletzung oder Gefährdung eines Kindes ging mit unabweisbaren Schuldgefühlen einher. Gefühlskonflikte traten als Belastung der Eltern-Kind-Beziehung in den Vordergrund. Sie finden ihren Ausdruck im Extremfall weniger in körperlicher als in psychischer Mißhandlung durch Ängstigung, Einschüchterung, Demütigung und Liebesentzug. Je stärker die offene physische Gewaltanwendung, die Verletzung von Kindern sozial mißbilligt wird, desto spezifischer müssen die Bedingungen sein, unter denen sich Gefühlskonflikte zwischen Eltern und Kindern in schwerer körperlicher Mißhandlung entladen. Auf diese Situation weisen Psychologen und Kinderärzte seit langem hin: die körperliche Mißhandlung steht am Rande eines Spektrums, das Gewalt gegenüber Kindern in vielfältig verdeckten Formen, insbesondere psychischer Mißhandlung erkennen läßt. Wo im übrigen Gefühlsbindungen nicht oder nicht ausreichend zur Entwicklung kommen, sterben oder verkümmern Kinder bis heute vor allem durch physische oder psychische Vernachlässigung, bzw. auch dadurch, daß man sie »vernachlässigen läßt« – in früheren Zeiten durch unterbezahlte Ammen, Zieheltern oder Lehrherren, später in unzureichend ausgestatteten Anstalten und Heimen.

Gefühlsambivalenz und öffentliches Bewußtsein

Für die Tötung oder Verletzung von Kindern gibt es heute – im Unterschied zu weiten Epochen der Geschichte – keine öffentlich anerkannten rituellen oder sozialen Rechtfertigungen mehr. Vielmehr gehören Kindermord und Kindesmißhandlung in der öffentlichen Meinung zu den »verabscheuungswürdigsten Verbrechen«. Daß diese Einstellung sozusagen eine »kulturelle Neuerwerbung« der jüngsten Zeit darstellt, hat die Forschung deutlich gezeigt. Die Konsequenz mag Historiker und Psychologen wenig erstaunen – für die aktuelle Situation ist sie von großer Bedeutung: die soziale Mißbilligung ist so rigide, so brüchig und blind, wie sie historisch jung und ungesichert ist.[15] Die kaum überwundene Ambivalenz tritt noch allenthalben zutage. Es scheint, als sei Gewalt gegenüber Kindern im Verhaltensrepertoire noch so stark präsent, daß sie nur durch heftige Gefühlsreaktionen unterdrückt werden kann – Gefühlsreaktionen, die auftreten, wo immer Mißhandlungen durch andere offenkundig, unübersehbar werden, die aber versagen, solange es irgend möglich ist, sie zu verleugnen. Wie anders wäre es zu verstehen, daß nicht nur vielfältige Formen verdeckter Gewalt gegenüber Kindern stillschweigend geduldet werden, sondern auch die weitaus meisten schwereren Mißhandlungen »übersehen« werden? (Fachleute gehen von einer sehr hohen Dunkelziffer bei Kindesmißhandlungen aus.)[16] Übersehen werden Mißhandlungen von Ärzten, die sich nicht vorstellen können, daß die besorgten Eltern, die das Kind bringen, ihm die Verletzungen selbst zugefügt haben – auch wenn diese eine noch so deutliche Sprache sprechen.[17] Übersehen auch von Nachbarn, die annehmen, daß das ständige Schreien des Kindes nebenan nichts bedeutet oder aus »Angst vor Unannehmlichkeiten« nichts unternehmen.[18] Die Entdeckung eines Mißhandlungsfalles ist eine so peinliche Angelegenheit, daß man es lieber vermeidet, entsprechenden Anzeichen nachzugehen, ja sie überhaupt wahrzunehmen. Auf einer rationalen Ebene trägt dazu der Grundsatz bei, daß es ausschließlich Sache der Eltern sei, zu bestimmen, wie sie ihr Kind erziehen. Er ist leicht so zu verabsolutieren, daß jeder Impuls, zugunsten eines Kindes einzugreifen, Unbehagen verursacht. Ist aber schließlich ein »Mißhandlungsfall« eindeutig herausgestellt, so entladen sich Affekte geradezu explosionsartig. Weit stärker als Mitleid mit dem Kind entwickeln sich Empörung, Abscheu, Vergeltungs- wünsche und unerbittliche Strafforderungen gegenüber den Eltern oder auch gegenüber anderen Personen, deren »Versa- gen« feststellbar und angreifbar ist – Sozialarbeiter etwa oder Richter, die nicht rechtzeitig eingegriffen haben.[19] Selten wer- den Fragen gestellt nach Ursachen und Bedingungen der Mißhandlung oder auch der unzureichenden Hilfe. Solche Fragen werden – vor allem innerhalb der Sozialbehörden, deren Spitzen sich unter Umständen erheblichen Vorwürfen ausgesetzt sehen, leicht als unerträgliche Entschuldigung des »verantwortlichen Mitarbeiters« empfunden oder aber als Zu- mutung abgewehrt, soweit damit Hintergründe individuellen Versagens z. B. auch in institutionellen Unzulänglichkeiten angesprochen werden.

Aufrechterhalten wird diese zutiefst ambivalente Haltung nicht zuletzt dadurch, daß das Problem der Gewalt gegenüber Kindern im Bewußtsein der Gegenwart nicht einmal normativ geklärt und die Grenze zwischen »gerechtfertigten« Züchti- gungsmaßnahmen und Mißhandlungen prekär und ungesi- chert ist.[20] Nach wie vor gelten die verschiedensten Formen physischer und psychischer Gewaltanwendung als legitime, wenn nicht notwendige Erziehungsmittel, sind juristisch ver- brieftes Elternrecht. Daß Schläge durchweg Ausdruck und Entladung aggressiver Affekte sind, bleibt dennoch wohl den wenigsten Eltern verborgen, wie sehr sie sich auch gleichzeitig durch erzieherische Notwendigkeiten gerechtfertigt glauben oder die Affekte in zwanghaften Straf-Ritualen kanalisieren. Dieses Wissen, aus eigenen aggressiven Bedürfnissen die Schwäche des – zugleich geliebten – Kindes ausgenutzt zu haben, ist daher den meisten Eltern ebenso vertraut wie die Gefahr, die ein starker Affekt, zumindest unbewußt, immer signalisiert: die Gefahr des Verlusts der Selbstkontrolle, der Überschreitung der Grenzen des Erlaubten. Eine scharfe, bewußte Abgrenzung von denjenigen, die einen solchen Kontrollverlust real repräsentieren, mag in diesem Zusammenhang von eigner Angst und Schuld entlasten, indem sie suggeriert: ›das kann mir nicht passieren, weil ich ganz anders bin‹ bzw. ›*das* ist strafwürdig, nicht was *ich* tue‹.

Für Ursachenforschung und praktische Hilfe bis hinein in den Bereich sozialpolitischer Aktivitäten bedeutet diese Ambivalenz ein nicht zu unterschätzendes Hindernis. Das Gefühl, mit Eltern, die ihre Kinder mißhandeln, nichts gemein zu haben, der Widerstand gegen jede Einfühlung in ihre Situation bestimmt nicht nur Leserbriefe und Presseberichte, sondern erschwert auch Ärzten, Juristen und Mitarbeitern von Polizei- und Sozialbehörden den Umgang mit den Beteiligten und die sachliche Auseinandersetzung auch der Wissenschaft mit diesen Problemen.

Die aktuelle Situation in der Bundesrepublik

Einige Momente der gegenwärtigen Situation sind angesprochen, die sich in der historischen Entwicklung besonders deutlich erkennen lassen: der Rückzug der Kindesmißhandlung aus der Öffentlichkeit, die komplexe Verschränkung ihrer sozialen und familialen Dynamik, die Diffusion der Erscheinungsformen in verdeckte, vor allem auch psychische Mißhandlungen und die Ambivalenz ihrer Bewertung im öffentlichen Bewußtsein. Wenn hier einige Gründe dafür zu finden sind, daß die Auseinandersetzung mit der Problematik allgemein auf Schwierigkeiten stößt und Initiativen zu ihrer Bewältigung im wissenschaftlichen wie im politischen Raum nur zögernd aufgenommen werden, so finden sie in der Bundesrepublik bislang besonders wenig Aufmerksamkeit.

Kein Fall noch so grausamer oder auch tödlich verlaufener Mißhandlung hat es bis heute in der Bundesrepublik vermocht, mehr als Tagesaufsehen in der Presse zu erregen. Öffentliche Aufmerksamkeit, wie sie etwa 1973 der Fall Maria Colwell in England oder 1969 der Fall Roxanne Felumero in New York gefunden haben, eine Aufmerksamkeit, die Bürger-Initiativen, umfangreiche regierungsamtliche Recherchen, sozialpolitische und gesetzgeberische Aktivitäten auslöste, gab es hier nicht. Maria Colwell war – ähnlich wie Roxanne Felumero – im Alter von 6 Jahren nach gerichtlich erzwungener Rückkehr aus einer guten Pflegefamilie in schwierigste »eigene« Familienverhältnisse über lange Zeit wiederholt mißhandelt und schließlich tot aufgefunden worden. Die Tatsache, daß dies alles unter den Augen von Gerichten und Behörden geschah – es gab mehrere richterliche Beschlüsse, Beschwerden seitens der Pflegeeltern, Aktenvermerke über die Betreuung der Familie durch die Sozialbehörden und eine private Wohlfahrtsorganisation – diese Tatsache war der Anlaß dafür, daß Fragen zur Effektivität des Kinderschutzsystems gestellt wurden und das Gesundheitsministerium eine unabhängige Untersuchungskommission offiziell beauftragte, die Umstände des Falles zu klären. Die Kommission arbeitete zwei Jahre, und sie arbeitete sorgfältig. Das Ergebnis ihrer Untersuchungen, der 200 Seiten starke Field-Fischer-Report, fand vor allem deshalb große Beachtung, weil sich die Kommission nicht damit begnügt hatte, Schuldfragen zu klären, sondern vor allem die zahlreichen gravierenden Lücken und Unzulänglichkeiten des Kinderschutzsystems erkennbar gemacht hatte, die es erst ermöglichten, daß ein unter Umständen geringfügiges Versagen einzelner so fatale Folgen haben konnte. Daß es Fälle wie den der Maria Colwell auch in der Bundesrepublik immer wieder gibt, läßt sich der Presse ohne weiteres entnehmen.[21] Ist es aber denkbar, daß der Tod eines Kindes und die Arbeit der zuständigen Kinderschutzbehörden Anlaß zu ähnlich aufwendigen Untersuchungen in öffentlichem Auftrag geben? Parlamentarische Untersuchungsausschüsse befassen sich auch in der Bundesrepublik mit Einzelfällen – wenn es sich etwa um Spionage- oder Korruptionsfälle handelt und ein dringendes öffentliches Interesse an der Aufklärung besteht. Durch Fälle von Kindesmißhandlung scheint das öffentliche Interesse nicht berührt.

Es ist freilich ein Leichtes, die Kindesmißhandlung als marginales Problem darzustellen. Die polizeiliche Kriminalstatistik weist 1756 Fälle für das Jahr 1976 aus.[22] Ähnlich lauten die Zahlen für die vorangehenden Jahre. Zur strafrechtlichen Verurteilung kommt es jährlich in weniger als 300 Fällen.[23]

Eine Steigerung der Fallzahlen, von der manchmal die Rede ist, läßt sich nicht nachweisen. Die hohen Dunkelzifferschätzungen sind berechtigter Kritik ausgesetzt – die Schätzungsgrundlagen sind unklar, systematische Dunkelzifferuntersuchungen fehlen.[24] Daß freilich schon allein die behördenbekannten Fälle weit zahlreicher sind als es die Polizeistatistiken erkennen lassen, läßt sich an den meist unveröffentlichten Tätigkeitsberichten einzelner Jugendämter ohne weiteres ablesen. Im übrigen werden Fälle, die beispielsweise in Kliniken, Arztpraxen oder Erziehungsberatungsstellen bekannt werden, nirgendwo erfaßt. Aus Ländern, die entsprechende zentrale Register oder Meldepflichten eingeführt haben, ist aber der enorme Anstieg der Fallzahlen bekannt.[25] Darüber hinaus gibt die ausländische Dunkelfeldforschung[26] – bei aller Skepsis gegenüber solchen Vergleichen – Anlaß, die Vermutungen über hohe Dunkelziffern ernst zu nehmen, so daß man davon ausgehen muß, daß die offiziellen Statistiken das wirkliche Ausmaß der Kindesmißhandlungen auch nicht annähernd wiedergeben. Abseits vom Streit um Zahlen muß man aber in Erinnerung rufen, daß die körperliche Mißhandlung eben nur ein Glied, das sinnfälligste, in einer langen Kette gewaltsamer Schädigungen von Kindern ist, die noch weniger Beachtung finden und statistisch kaum erfaßbar sind, es sei denn mittelbar anhand bestimmter Folgen wie Verhaltensstörungen und psychische Erkrankungen.

Eine systematische Ursachenforschung gibt es ebenfalls in der Bundesrepublik nicht. Fallstudien, klinische Erfahrungen, Berichte und Empfehlungen von Kinderärzten und Sozialmedizinern finden kaum Resonanz.[27] Das Interesse der Kriminologie und forensischen Psychiatrie hat sich dagegen bis in die jüngste Zeit vorwiegend auf die Elaborierung von »Tätertypologien« konzentriert – meist auf der Basis von Gerichts- oder Polizeiakten und mit den Kategorien einer Psychiatrie-Tradition, die zur Genese dieser Form von »Psychopathie« wenig zu sagen und zur Therapie nichts beizutragen hatte, weil sie sie für unmöglich hielt.[28] Zur Erforschung der sozialen und psychodynamischen Bedingungen, zu Prognose- und Interventionsmöglichkeiten bzw. zu deren Effektivität gibt es in der Bundesrepublik kaum eigenständige Beiträge, aus denen sich ein hinreichend repräsentatives und zuverlässiges Bild zusammensetzen ließe. Für eine effektive Kinderschutzpraxis stehen daher weder zulängliche Daten und Erfahrungen noch differenzierte Programme zur Verfügung. Versuche mit Meldestellen beginnen zur Zeit an einigen Orten, z. B. in Hamburg und Berlin. Ein konkret ausgearbeiteter Vorschlag für ein auch wissenschaftlich arbeitendes Kinderschutzzentrum fand bislang keine finanzielle Unterstützung.[29]

Die Entwicklung im Ausland

Im Ausland hat sich dagegen in den letzten beiden Jahrzehnten eine umfangreiche Forschung systematisch entwickeln können. Angestoßen durch die Entdeckung neuer radiologischer Methoden zur Diagnose bestimmter Mißhandlungsformen begannen sich vor allem Kinderärzte wie Kempe in Denver und Fontana in New York für die Problematik zu engagieren. Der von Kempe auf einer pädiatrischen Fachtagung 1962 geprägte Begriff des »battered-child-syndrome« wurde in der Folge weithin übernommen zur Kennzeichnung der komplexen klinischen, sozialen und psychologischen Charakteristik der körperlichen Mißhandlung. Diese wurde damit zu einer Art »Leitsyndrom« für eine Forschung, die dann in jüngster Zeit zur systematischen Einbeziehung weiterer Schädigungsformen – vor allem der Vernachlässigung – gelangte. C. Henry Kempe, Professor für Kinderheilkunde und Mikrobiologie an der Universitätsklinik in Denver/Colorado, war es auch, der Anfang der 60er Jahre in Denver das erste Forschungszentrum gründete, das sich ausschließlich den Problemen der Kindesmißhandlung zuwandte – das heutige »National Center for the Prevention and Treatment of Child Abuse and Neglect«. Von Anfang an arbeiteten hier verschiedene Disziplinen zusammen: Kinderärzte, Psychoanalytiker, Sozialarbeiter, später auch Lehrer, Kindergärtnerinnen, Kindertherapeuten und Juristen. Das Zentrum verstand sich als Anlaufstelle für hilfesuchende Familien, nahm Überweisungen von Kinderkliniken und Ärzten ebenso an wie von Sozialbehörden. Aus diagnostischer und therapeutischer Arbeit mit den betroffenen Familien entstanden Studien zur sozialen und psychodynamischen Situation von Eltern und Kindern, es wurden Modelle für soziale und therapeutische Interventionen entwickelt und erprobt, ein wesentliches Interesse galt der Prognostik und Prävention, ein anderes vor allem in den letzten Jahren der Beteiligung von »Laien« an therapeutischen Programmen, die von »Fachleuten« allein immer weniger zu bewältigen waren, je mehr die realen Dimensionen der Problematik sichtbar wurden. Lehrmaterialien wurden produziert, Informationsveranstaltungen und Erfahrungsaustausch in regelmäßigen Symposien für Interessenten aus einschlägigen Berufen angeboten. Die Ergebnisse dieser Forschung schlugen sich im Laufe der Jahre in einer Fülle von Publikationen nieder, zu denen auch das vorliegende Buch gehört. Sie haben die Forschung in den USA wie auch später im Ausland bis heute maßgeblich beeinflußt. In den USA entstanden im übrigen in den 60er und 70er Jahren eine ganze Reihe von größeren und kleineren Forschungsprojekten, die sich meist spezifischeren Einzelaspekten zuwandten.[30] Zugleich trugen private Vereinigungen wie die American Humane Association oder die Child Welfare League nicht nur zur Forschung bei, sondern betrieben auch intensive Öffentlichkeitsarbeit. Ende der 60er Jahre knüpfte man in England und in den Niederlanden an die amerikanischen Erfahrungen an, entwickelte aber durchaus eigene Vorstellungen. So entstand in den Niederlanden das System der »Kinderschutzärzte«. Sie arbeiten mit einem kleinen Mitarbeiterstab in allen größeren Städten – außerhalb und unabhängig von Sozial- und Jugendbehörden – und wollen so die Inanspruchnahme von Hilfe und Rat für Eltern, Kinder, aber auch und gerade für Ärzte erleichtern, die vor einer Zusammenarbeit mit Behörden meist zurückschrecken.[31] Ähnliche Aufgaben, aber auch erhebliche Forschungsinitiativen übernahm in England die traditionsreiche »National Society for the Prevention of Cruelty to Children«, die inzwischen auch einen anerkannten Status in gerichtlichen Kinderschutzverfahren hat. Im übrigen übernahmen in England Kinderärzte und Sozialarbeiter eine führende Rolle in der Forschung.[32]

Reformen im Kinderschutzrecht

Gerichte und Gesetze spielen immer wieder eine entscheidende Rolle in Fällen von Kindesmißhandlung, sei es, daß es um strafrechtliche Sanktionen gegenüber den Eltern geht oder aber – im familienrechtlichen Verfahren – um die Frage, ob ein Kind in seiner Familie bleiben bzw. dahin zurückkehren kann und was im einzelnen zu seinem Schutz geschehen muß. Diese Funktion des Rechts wurde im Ausland zum Anlaß intensiver Zusammenarbeit mit Juristen und kontinuierlicher Bemühungen um die Verbesserung von Verfahren und Gesetzen. In den USA wurde noch in den 60er Jahren eine Meldepflicht für Mißhandlungsverdachtsfälle eingeführt. Sie wurde in den einzelnen Staaten unterschiedlich ausgestaltet und fand dementsprechend ein unterschiedliches Echo. Später wandte man sich vor allem der Regelung der Konsequenzen im Einzelfall zu: den Voraussetzungen und Folgen richterlicher Eingriffe in elterliche Rechte. Diese Bemühungen sind bis heute keineswegs abgeschlossen, obwohl sie bereits konkreten Niederschlag in einer Reihe neuer Gesetze gefunden haben. Sie profitieren entscheidend von den Ergebnissen der Forschung und zielen insbesondere darauf ab, nicht nur den Schutz des Kindes zu realisieren, sondern auch seine Lebenskontinuität für die Zukunft zu gewährleisten, indem sie Möglichkeiten schaffen, die Lebenssituation der eigenen Familie substantiell zu verbessern oder aber den Platz des Kindes in einer neuen Adoptiv- oder Pflegefamilie dauerhaft zu sichern.
Auch diese Überlegungen zur Rechtspraxis des Kinderschutzes haben in der Bundesrepublik keine Parallele. Zwar soll mit einem neuen Jugendhilfegesetz das Angebot behördlicher Erziehungshilfe und Jugendarbeit ausgebaut und differenziert werden, und das ist ein wichtiger Schritt. Die richterliche Entscheidung über Eingriffe ins Elternrecht wird aber vom Vormundschaftsgericht nach Normen des Familienrechts getroffen. Auch diese sollen reformiert werden durch ein »Gesetz zur Neuregelung der elterlichen Sorge«. Ob aber von dieser Reform, soweit sie die Eingriffsnorm (§ 1666 BGB) betrifft, die gerichtliche Praxis und vor allem die gefährdeten Kinder und ihre Familien in dem erforderlichen und möglichen Ausmaß profitieren werden, erscheint zweifelhaft. Be-

zeichnend (und ohne Beispiel im internationalen Vergleich) ist die nahezu ausschließliche Konzentration der Reformdiskussion auf die Frage, ob der Richter auch weiterhin wie bisher zum Schutz eines Kindes nur dann eingreifen darf, wenn den Eltern ein Schuldvorwurf gemacht werden kann, oder ob er in Zukunft immer dann eingreifen soll, wenn das Kind gefährdet ist. Obgleich sich gegen eine Beibehaltung des »Verschuldensprinzips« alle diejenigen längst übereinstimmend ausgesprochen haben, die tatsächlich in der Kinderschutzpraxis engagiert und erfahren sind – d. h. insbesondere die großen Wohlfahrtsverbände aller weltanschaulichen und politischen Schattierungen – wird dieser Prinzipienstreit auf der politischen Bühne weiterhin mit einer Intensität ausgetragen, die alle anderen Probleme in den Schatten stellt. Auf diese Weise bleiben dringlichere Fragen für die gerichtliche Praxis ungelöst.

Nach dem Gesetz soll der Richter feststellen, ob das »Wohl des Kindes« in seiner Familie gefährdet ist, und er soll die zur Abwendung einer etwa bestehenden Gefahr »erforderlichen Maßnahmen« treffen. Dazu muß er sich einen Überblick über die Familiensituation verschaffen, der sich nicht auf die Feststellung eines konkreten Mißhandlungsgeschehens beschränken kann, sondern dessen Bedeutung für das Kind im Rahmen der gesamten psychischen und sozialen Dynamik der Familie sowie deren Entwicklungsmöglichkeiten einbeziehen muß, um die Wirkung eines Eingriffs abschätzen, die »erforderliche Maßnahme« bestimmen zu können. Wie macht das ein Richter, der dafür keinerlei spezifische Vorbildung hat? Er kann sich auf die in jedem Fall vorgeschriebene Stellungnahme des Jugendamtes stützen. Aber wie beurteilt er ihre Richtigkeit? Was tut er, wenn er an der Zweckmäßigkeit der Vorschläge – etwa einer Fremdunterbringung des Kindes – zweifelt? Untersuchungen der richterlichen Praxis (in nichtrepräsentativem Maßstab[33]) haben gezeigt, daß ärztliche oder psychologische Gutachten nur in ganz seltenen Fällen eingeholt wurden. Auch ihre Verwertung ist durch die mangelnde Vorbildung des Richters erschwert. Darüber hinaus ist es dem Richter durch das Verfahrensrecht verwehrt, etwa eine psychologische Begutachtung der Eltern vornehmen zu lassen, wenn diese damit nicht einverstanden sind. Schon die Aufklärung des

Sachverhalts stößt also auf erhebliche Schwierigkeiten. Spätestens aber bei der Wahl der Intervention muß der Richter in vielen Fällen resignieren. Zwar sieht das Gesetz vor, daß der Richter »die erforderlichen Maßnahmen« ergreift, um Gefahren von dem Kind abzuwenden. Scheinbar hat er also umfassende Kompetenzen. Fraglich ist indessen schon, inwieweit er den Rahmen unmittelbar kindbezogener Maßnahmen überschreiten, also etwa eine Familientherapie oder eine Psychotherapie für die Mutter eines mißhandelten Kindes einbeziehen darf. Andere notwendige Maßnahmen liegen eindeutig außerhalb seiner Kompetenz: z. B. die Veränderung der Wohnverhältnisse oder eine spezielle schulische Förderung des Kindes, von einer Verbesserung der finanziellen Situation der Familie einmal ganz abgesehen. Darüber hinaus schrumpfen die rechtlich möglichen Maßnahmen weiter zusammen durch Defizite im sozialpolitischen und therapeutischen Bereich. Wo ausreichende Beratung, Unterstützung oder Therapie nicht realisierbar sind, reduziert sich der Handlungsspielraum des Richters häufig auf die Alternative: Unterbringung des Kindes in irgendeinem Heim bzw. irgendeiner Pflegestelle oder Belassen in der eigenen Familie ohne nennenswerte Hilfe, die der Gefährdung effektiv begegnen könnte. In Anbetracht des hohen Risikos bei schweren Mißhandlungen muß dann die Entscheidung vielfach zugunsten der Fremdunterbringung des Kindes ausfallen, auch wo mit qualifizierter Hilfe die Erhaltung der Familie möglich gewesen wäre. Spätestens hier wird deutlich, daß die Rechtspraxis in ihren Bemühungen um einen wirksamen Kinderschutz auf die sozialpolitische Unterstützung ebenso angewiesen ist wie auf die Zusammenarbeit mit denjenigen Berufen und Disziplinen, die zur Beurteilung und Veränderung pathogener Familieninteraktionen beitragen können, eine Einsicht, die in der angloamerikanischen Reformdiskussion zur Selbstverständlichkeit geworden ist.

»Das geschlagene Kind«

Wenn aber Kooperation in Forschung und Praxis nottut, so ist die Auseinandersetzung mit den ausländischen Erfahrungen unerläßlich. Nicht nur, weil hier ein großes Potential an

Orientierungshilfen und Anregungen für Arbeitsschritte und Arbeitsformen der Forschung liegt, selbstkritische Erfahrungsberichte können auch dazu verhelfen, kostspielige Fehler zu vermeiden. Das von Helfer und Kempe herausgegebene Buch ist auf diesem Gebiet ein Standardwerk. Es war 1968 nicht nur die erste umfassende Publikation, sondern erfuhr 1974 eine Neuauflage, ungeachtet der Tatsache, daß inzwischen eine Fülle von Neuerscheinungen zu verzeichnen war, unter anderem auch ein zweites Buch der Herausgeber[34] (das inzwischen um ein drittes ergänzt ist[35]). Keine andere Veröffentlichung hat in der Forschung in und außerhalb der USA eine vergleichbare Resonanz gehabt. Keine nachfolgende Studie, die nicht an die hier vorgelegten Ergebnisse angeknüpft oder sich damit auseinandergesetzt hätte. Das dürfte nicht nur an der spezifischen fachlichen Qualifikation der Autoren liegen, auch nicht allein an der Darstellungsform, die über theoretisches Verständnis hinaus ein denkbar hohes Maß an Einfühlung und Anschauung vermittelt. Was dieses Buch vor allem von anderen unterscheidet, ist wohl seine Entstehungsgeschichte. Es handelt sich eben nicht um einen Sammelband im üblichen Sinne. Vielmehr sind die einzelnen Beiträge zwar aus der Perspektive verschiedener wissenschaftlicher Disziplinen und Berufe geschrieben, aber erwachsen aus jahrelanger Zusammenarbeit. Die meisten entstammen entweder unmittelbar dem Forschungszentrum in Denver oder aber kooperierenden Institutionen. Die klinischen, sozialarbeiterischen und psychotherapeutischen Erfahrungen wurden mit denselben Familien, denselben Kindern, in derselben Umwelt und aktuellen Situation gemacht. Unübersehbar deutlich wird zugleich, daß hier theoretische Erkenntnisse nicht abseits der Praxis formuliert wurden, sondern aus der Praxis heraus und in ständiger Rückkoppelung über viele Jahre hinweg. Für theoriegeleitete Praxis oder praxisbezogene Theorie also ebenso wie für die vielbeschworene interdisziplinäre Zusammenarbeit ein seltenes Beispiel.

Zugleich gilt es freilich, die anspruchsvollen Voraussetzungen einer solchen Arbeit zur Kenntnis zu nehmen, die weit entfernt ist von jenem kultivierten Dilettantismus, in den Kinderschutzprobleme bei uns nur zu gern abgedrängt werden. Die Mitarbeiter der Denver-Gruppe sind, wie bereits erwähnt, hochqualifizierte und erfahrene Fachleute auf ihrem jeweiligen Gebiet, und Kempe und Helfer werden nicht müde, die Bedeutung dieses Fachwissens zu betonen. Daß dies Selbsthilfeaktivitäten und die Beteiligung von »Laien« nicht ausschließt, vielmehr eine Basis dafür schafft und weite Möglichkeiten eröffnet, machen auch die jüngeren Publikationen aus Denver eindrucksvoll klar. Hoffnungen auf »kostenneutrale Reformen« im Kinderschutz werden freilich nicht bestärkt. Qualifizierte Arbeit kostet nicht nur Geld. Sie ist in jeder Hinsicht aufwendig. Nicht zuletzt verlangt diese Arbeit von den unmittelbar Beteiligten ein hohes Gleichmaß kontinuierlich engagierten Interesses, das nur erhalten werden kann, wenn es gelingt, sich von einer Überidentifikation mit der Helferrolle ebenso freizuhalten wie vom Abgleiten in professionelle Routine. Wie schwierig und zugleich unerläßlich dieser Balanceakt für die Arbeit mit den Familien ist, um die es hier geht – welche Anforderungen er auch immer wieder an Imagination und Organisationsgeschick stellt, das zeigt sehr konkret der Bericht von Steele und Pollock über ihre psychotherapeutischen Bemühungen. In welchem Ausmaß auch die wissenschaftliche Zusammenarbeit – insbesondere über die gewohnten Fachgrenzen hinweg – davon profitiert, dafür spricht das Buch selbst.

1 Bakan, *Slaughter of the Innocents: A Study of the Battered Child Phenomenon*, Boston 1971, 56.
2 Bakan, 107, 112-114.
3 Zur Geschichte des Delikts der »Kindestötung« durch die nichteheliche Mutter vgl. Trube-Becker, Zur Kindestötung nach § 217 StGB, in: *Die Ärztin* 1975, 3-14.
4 Zur Geschichte der Kinderarbeit vgl. Kuczynski, Studien zur Lage des arbeitenden Kindes in Deutschland von 1700 bis zur Gegenwart, Bd. 19 der *Geschichte der Lage der Arbeiter unter dem Kapitalismus*, Berlin 1968.
5 De Mause, *Hört ihr die Kinder weinen. Eine psychogenetische Geschichte der Kindheit*, New York 1974, deutsch: Frankfurt 1977, 66 ff.
6 Zur Bedeutung des Züchtigungsrechts vgl. Petri in: Petri/Lauterbach, *Gewalt in der Erziehung. Plädoyer zur Abschaffung der Prügelstrafe. Analysen und Argumente*, Frankfurt 1975.

7 Piers, Kindermord – ein historischer Rückblick, in: *Psyche* 1976, 418-435.

8 Eppler, Nach dem Rücktritt die Warnung, in: *Die Zeit* v. 12. 7. 1974.

9 Wolff, Kindesmißhandlungen und ihre Ursachen, in: Bast/Bernecker/Kastien/Schmitt/Wolff, *Gewalt gegen Kinder*, Hamburg – Reinbek 1975, 34 ff.

10 Bakan 1975, 56.

11 Ariès, *Geschichte der Kindheit*, Paris 1960, deutsch: München/Wien 1975, 55.

12 De Mause, 45, 46; Ariès, 55.

13 De Mause, 14, 15; Ariès, 556 f.; Wolff, 13 f.; Brückner, *Zur Sozialpsychologie des Kapitalismus*, Frankfurt 1972, 57.

14 Ariès, 46, 98 ff.

15 Horn, *Dressur oder Erziehung*, Ffm 1967, 92; Petri, 35 ff.

16 Nau, Das Delikt der Kindesmißhandlung in forensisch-psychiatrischer Sicht, in: *Münchner Medizinische Wochenschrift* 1964, 21; kritisch dazu Petri, 39 ff.

17 Trube-Becker, Die Kindesmißhandlung und ihre Folgen, in: *tägliche praxis* 1974, 449-459.

18 Biermann, *Kindeszüchtigung und Kindesmißhandlung. Eine Dokumentation*, München 1969.

19 Vgl. etwa Berichterstattung und Leserbriefe zum Tod des Kindes Michael Weiss, in: *Der Spiegel* 1977, Nr. 4 und 7.

20 Petri, 12 ff.; Peschel-Gutzeit, Ausgewählte Probleme der Neuregelung der elterlichen Sorge, in: *Familienrechtskommission des Juristinnenbundes, Neues elterliches Sorgerecht*, Bielefeld 1977, 97 ff.

21 Biermann, 35; aus jüngster Zeit: »Fünfjährigen Sohn erschlagen« AP-Meldung in der *Frankfurter Rundschau* vom 20. 2. 1978.

22 *Polizeiliche Kriminalstatistik*, 1976, hrsg. vom Bundeskriminalamt, Wiesbaden, 1977.

23 Statistisches Bundesamt Wiesbaden, Fachserie A, *Bevölkerung und Kultur*, Reihe 9 Rechtspflege, zuletzt erschienen 1976.

24 Petri, 37 ff.

25 Besharov/Duryea, *Report of the New York State Assembly Select Committee on Child Abuse*, April 1972.

26 Einen Überblick gibt der im Auftrag des Europarates erstellte Bericht von Cooper: *Les causes et la prévention des mauvais traitements aux enfants*, Straßburg 1978.

27 Vgl. die Beiträge in der *Monatsschrift für Kinderheilkunde*, insbesondere die Referate einer Tagung der Deutschen Gesellschaft für Kinderheilkunde zu diesem Thema: 1967, Heft 4; sowie Gostomzyk/Rochel in: *Der Spiegel*, 1973, Nr. 10, 49/50.

28 Vgl. dazu im einzelnen Petri, 42 ff.

28 Arbeitsgruppe Kinderschutz im deutschen Kinderschutzbund – LV Berlin, *Kinderschutzzentrum Berlin. Plan und Begründung* (1976).

30 Überblick bei Cooper (Fn. 26).

31 Koers, Kindesmißhandlung und Kinderschutz in den Niederlanden, in: Bast/Bernecker/Kastien/Schmitt/Wolff, *Gewalt gegen Kinder*, 1975, 298-313.

32 Einen guten Überblick geben mehrere in den letzten Jahren erschienene Sammelbände, u. a. *At Risk, An Account of the Work of the Battered Child Research Department*, NSPCC; Franklin (Hrsg.) *The Challenge of Child Abuse. Proceedings of a Conference sponsored by the Royal Society of Medecine 2-4 June 1976*, London 1977.

33 Vgl. Zenz, Das Kindeswohl in der richterlichen Entscheidung, in: *Psychosozial*

33

1978, Nr. 2. Ein ausführlicher Bericht mit den Ergebnissen der Untersuchung erscheint demnächst in Buchform.

34 Kempe/Helfer (Hrsg.), *Helping the Battered Child and His Family*, Philadelphia/Toronto 1972.

35 Helfer/Kempe (Hrsg.), *Child Abuse and Neglect. The Family and the Community*, Cambridge, Mass. 1976.

Teil 1
Die Vergangenheit

1. Mißhandlung und Kindestötung in der Geschichte

Samuel X. Radbill*

Mißhandlung oder Züchtigung

Jahrhundertelang sind Kindesmißhandlungen durch den Glauben gerechtfertigt worden, daß strenge körperliche Bestrafung notwendig sei, um Disziplin aufrechtzuerhalten, erzieherische Werte zu vermitteln, bestimmten Göttern wohlgefällig zu sein oder böse Geister zu vertreiben. Die Züchtigung von Kindern ist schon immer ein Vorrecht von Lehrern und Eltern gewesen. In den Schulen der Sumerer, vor 5000 Jahren, gab es einen Mann, den »Herrn der Rute«, der Knaben bereits aus geringfügigem Anlaß bestrafte (1, S. 11). Die Rechtfertigung für solche Mißhandlungen geht auch auf religiöse Glaubensvorstellungen und Praktiken zurück, und in alten Zeiten wurden Knaben von ihren Eltern zu Füßen eines Diana-Altars körperlich bestraft (2, S. 195).

»Wer sein Kind liebt, der züchtigt es« war ein Ausspruch, der sich auf das Alte Testament berufen konnte und 1633 in der *Bibliotheca Scholastica* festgehalten wird. In den meisten christlichen Ländern hat es eine Zeit gegeben, zu der die Kinder am »Tag der unschuldigen Kindlein« mit dem Stock geschlagen wurden, um sie an das von Herodes begangene Massaker zu erinnern. Prügel zum Zweck der Teufelsaustreibung waren eine Form der psychiatrischen Behandlung, die sich besonders bei Kindern anwenden ließ, und wo Epilepsie einer dämonischen Besessenheit zugeschrieben wurde, prügelte man den Gepeinigten tüchtig durch, um den Dämon auszutreiben. In Indien gab es eine heilige Eisenkette, die ausdrücklich solchen Anlässen vorbehalten war.

Die alten Philosophen haben ihre Schüler unbarmherzig geschlagen. Eltern, Lehrer und Priester glaubten alle, daß das

* Dr. Radbill ist Dozent für Geschichte der Kinderheilkunde an der Graduate School of Medicine, University of Pennsylvania, Philadelphia. Diesem Aufsatz liegt ein Vortrag vor dem Pediatric History Club, American Academy of Pediatrics, vom 26. Oktober 1965 zugrunde.

einzige Heilmittel für die »im Herzen der Kinder wohnende Torheit« deren Unterdrückung war, besonders durch die Rute, und der Schulmeister war für seine Strenge sprichwörtlich. Der Stock, ein kräftiger Stengel des Riesenfenchel (*ferula*), wurde von den römischen Lehrern zur Bestrafung benutzt. In England und Nordamerika zeigen alle bildlichen Darstellungen die Pädagogen mit der Birkenrute in der Hand. Michael Udall, unter Elizabeth I. Headmaster in Eton, war dafür bekannt, daß er bei derartigen Anlässen vier Apfelbaumzweige bevorzugte; seine Grausamkeit war der Anlaß für das Buch »The Schoolmaster« von Roger Ascham (16. Jh.), in dem dieser für eine liebevolle anstelle einer furchteinflößenden Kindererziehung eintrat. Ein Jahrhundert später sprach sich John Locke dafür aus, daß Lehrer die Rute nur bei moralischen Vergehen anwenden sollten. Man bediente sich strenger Bestrafungsmethoden; diese wurden nicht nur vom Gesetz geduldet und unterstützt, sondern im allgemeinen auch als heilsam angesehen, wenngleich es immer wieder vorkam, daß Eltern sich zum Fürsprecher ihrer Kinder machten (3, S. 191-210).

Die gesamte Geschichte hindurch finden sich Belege für immer wieder auftretende Exzesse bei der Bestrafung von Kindern. Pepys schlug sein Kind, bis er außer Atem geriet; John Wesley, Friedrich der Große, Lady Jane Grey und viele andere beklagten sich als Erwachsene bitter darüber, wie man sie als Kinder behandelt hatte. Es war stets als selbstverständlich angesehen worden, daß Eltern und Aufsichtspersonen jedes Recht hatten, die Kinder so zu behandeln, wie sie es für richtig hielten. Als Heinrich VI., der schon in der Wiege die Königswürde trug, alt genug war, Einwände zu erheben, mußte sein Aufseher den Kronrat um Unterstützung bitten, »ihn (den König) wegen seiner Vergehen zu bestrafen«. So machten regelmäßige Prügel König Heinrich VI. zu einem äußerst unglücklichen Menschen, selbst wenn sie aus ihm zugleich einen Gelehrten und Gentleman machten (4, S. 119). Karl I. hatte da mehr Glück, denn für ihn mußte Mungo Murray stellvertretend die Schläge einstecken, wenn eine solche Strafe verhängt worden war.

Aus der Geschichte wissen wir, daß es außer Heinrich VI. noch andere hochgestellte Persönlichkeiten gab, die sich gegen eine Züchtigung von Kindern ausgesprochen haben. Im Jahre 400 v. Chr. gab Plato Lehrern den Rat, »Kinder nicht mit Zwang, sondern spielerisch zu erziehen«, und 500 Jahre später beklagte Plutarch den Gebrauch der *scutica* (einer Peitsche mit Lederriemen).

Eine Zeitlang erhoben sich gegen das Schlagen von sehr kleinen Kindern viele Einwände, die schließlich eine Milderung bewirkten. Als sich jedoch die calvinistischen Auffassungen verbreiteten, nach denen Kinder Kobolde der Dunkelheit waren, wurde die Prügelstrafe wieder eingeführt. 1570 schrieb Thomas Ingeland aus Empörung über diese Praktiken eine Protestsatire unter dem Titel »A Pretie and Merie New Interlude Called the Disobedient Child«. Auf dem Höhepunkt der Erzählung stirbt ein Knabe, »durch viele Schläge kalt und tot« (4, S. 165).

Die erzieherischen Maßnahmen schwankten zwischen gänzlichem Verzicht auf die Rute und deren exzessivem Gebrauch bis zur Barbarei. Die in Deutschland geborene Königin Caroline beklagte sich darüber, daß die Engländer keine gute Erziehung genossen hätten, weil sie in ihrer Jugend zuwenig geschlagen worden seien. Von Lady Abergane wird erzählt, sie habe ihr eigenes siebenjähriges Kind in einem Wutanfall entsetzlich geprügelt. Als der Vater ihr deswegen Vorhaltungen machte, warf sie das Kind so heftig zu Boden, daß es einen Schädelbruch erlitt und starb (4, S. 239).

1646 übernahm der Gerichtshof von Massachusetts das Mosaische Gesetz, das für widerspenstige Kinder die Todesstrafe vorsah, und Connecticut folgte ihm darin 1651, aber anstelle der Befolgung dieses strengen Gesetzes wurden die Kinder öffentlich ausgepeitscht. Allerdings mußten die Eltern nachweisen, daß sie den Starrsinn ihrer Kinder nicht durch extreme und grausame Strafen provoziert hatten (5, S. 38).

Mit der Zeit öffnete sich die westliche Erziehung gegenüber Forderungen moderner Denker wie Erasmus, der zwar seine eigenen Kinder ziemlich streng erzogen hatte, aber sehr stark von Thomas Morus beeinflußt war, der Pfauenfedern benutzte, um seine Töchter zu schlagen. Auch von anderer Seite wurde heftig gegen die Mißhandlung von Kindern protestiert. Unter Heinrich VIII. trat eine Gruppe von Männern auf, die die erzieherischen Methoden reformieren wollten und für milde Behandlung eintraten; unter ihnen war John Colet, der Gründer der St. Paul's School in London. Als Richard Mulcaster, ein Schulmeister, sein kleines Buch über Erziehung schrieb, wurde er von Fuller kritisiert, der ihm entgegenhielt: »Es gibt auch Leute, die Kindern ebensoviel beigebracht haben, ohne immer gleich zum Stock zu greifen« (6, S. 309). John Peter Frank, der gegen Ende des 18. Jahrhunderts lebte, war einer der ersten, der juristische Regelungen einführte, um die körperlichen Züchtigungen in der Schule einzuschränken (7, S. 257-268).

Aber auch außerhalb des Erziehungssystems kam ein wachsender Druck auf, der sich gegen die Züchtigung von Kindern richtete. 1611 veröffentlichte Roger L'Estrange ein Buch, »The Children's Petition«, in dem er sich für eine mildere Behandlung der Kinder durch die Eltern aussprach. 1698 erschien in England ein anderes Buch mit dem Titel »Lex Forcia, A Sensible Address to Parliament for an Act to Remedy the Foul Abuse of Children at Schools« (8, S. 297).

Mehr als 150 Jahre sollten vergehen, bis sich die öffentliche Meinung auch in den USA zu dem Problem erhob. 1861 berichtete der Reformer Samuel Halliday über zahlreiche Beispiele von Eltern in New York, die ihre Kinder aus Sadismus geschlagen hatten (9, S. 102).

Das verstümmelte Kind

Was für die eine Gesellschaft ein undenkbares Verhalten darstellt, kann in einer anderen eine Selbstverständlichkeit sein. Aber selbst wenn bestimmte Verhaltensweisen gesellschaftlich akzeptiert sind, so erfüllen sie unter medizinischem Aspekt doch den Tatbestand der Verstümmelung. Zu allen Zeiten sind Kinder die Opfer von Verstümmelungshandlungen gewesen, und in der Mehrzahl waren die Geschlechtsorgane der bevorzugte Körperteil. In der einen oder anderen Form wird selbst von hochzivilisierten Gesellschaften noch immer die Praxis der Beschneidung geübt. Wahrscheinlich handelt es sich dabei um die älteste überlieferte chirurgische Maßnahme, die seit der Steinzeit als ritueller Akt praktiziert wird. Trotz ihres zweifelhaften Wertes ist sie die heutzutage am häufigsten vorgenommene Operation. Obwohl Moses schon ein Mann war, als er von seiner Frau beschnitten wurde, müssen die Hebräer seit Moses' Zeiten die Operation am achten Tag nach der Geburt des Knaben durchführen. In verschiedenen Gesellschaften geschieht dies auf verschiedenen Altersstufen, und zum Teil sind auch Mädchen davon betroffen.

Der Eunuch hat in bestimmten Gesellschaften eine wichtige Rolle gespielt. Man braucht nur in der Bibel oder bei Shakespeare nachzulesen, um festzustellen, daß Kastration eine alles andere als ungewöhnliche Maßnahme war.

Eine andere althergebrachte Form der Verstümmelung bestand darin, daß bei den Chinesen den kleinen Mädchen die Zehen gekrümmt und mit Bandagen an die Fußsohlen gepreßt wurden. Dies geschah aus kosmetischen Gründen, und der Brauch ist erst in jüngster Zeit aufgegeben worden. Noch heute kann man verschiedene andere Formen des Bandagierens beobachten, um damit Armen, Beinen oder anderen Körperteilen eine als schön empfundene Gestalt zu verleihen, vor allem in Afrika.

Deformationen des Schädels begegnet man in den unterschiedlichsten Teilen der Welt. Sie wurden bei Ausgrabungen auf der Krim entdeckt, werden von Hippokrates erwähnt, waren bei den amerikanischen Indianern verbreitet, und auf den Salomoninseln wird dieser Brauch noch heute geübt. Während die Indianer eine abgeflachte Stirn bevorzugten, formten die Melanesier die Köpfe ihrer Kinder zu länglichen Kegeln. Obgleich dies sehr liebevoll geschah und ausschließlich der Verschönerung diente, erkannte der Vizekönig Toledo im 16. Jahrhundert darin eine Form der Kindesmißhandlung und verbot diese Praxis in einer Reihe von Verordnungen, die im Interesse der Fürsorge und Gesundheit der Kleinkinder in Südamerika erlassen worden waren.

Eine weitere merkwürdige Operation, die Generationen hindurch bei den Berberstämmen im Norden Marokkos vorgenommen wurde, war die Uvulektomie.* Diese erfolgt kurz nach der Geburt durch den Kirchendiener der Gemeindemoschee oder durch einen Quacksalber. Sie soll einerseits die Aufnahme der Muttermilch und das Sprechen erleichtern,

* Entfernung des Zäpfchens am hinteren Gaumenende (A. d. Ü.).

andrerseits jedoch auch für das spätere Leben die Anfälligkeit für Krankheiten vermindern.

Einen eindeutig verwerflichen Charakter tragen jene Formen der Verstümmelung, die durch Spekulanten erfolgten, die einen Handel mit Kindern trieben und aus ihnen berufsmäßige Bettler machen wollten. M. Annäus Seneca, der Vater des berühmten Philosophen, nannte etwa zur Zeit Cäsars unter den Verstümmelungen, die an Kindern begangen wurden, um Mitleid zu erregen (und diese dadurch zu guten Bettlern zu machen), ausgedrückte Augen, amputierte oder verrenkte Arme und Beine sowie gebrochene und deformierte Füße.

Sklaverei war eine andere Form der Mißhandlung, die Kinder oft erdulden mußten, wenn sie überleben wollten. In früherer Zeit hatte der Vater unter anderem das Recht, sein Kind in die Sklaverei zu verkaufen. Aus den kleinen Mädchen wurden später Prostituierte, während die Jungen Schwerarbeit verrichten mußten. Zur Zeit der Blüte des afrikanischen Sklavenhandels hatten die Kinder sehr unter dessen grausamen Auswirkungen zu leiden.

Kindestötung

Ein Kind war früher im Grunde das veräußerliche Besitztum seines Vaters. Die *patria potestas* des römischen Reiches stattete den Vater mit dem Vorrecht aus, seine Nachkommenschaft zu verkaufen, auszusetzen, als Opfergabe darzubringen, ihr Gewalt anzutun, sie zu töten oder in anderer Weise darüber zu verfügen. Glücklicherweise wurde von diesem Recht so gut wie kein Gebrauch gemacht. Ein Überrest dieser Tradition in den Vereinigten Staaten unterstellt das Aufziehen der Kinder noch immer der Verantwortung der Eltern, aber heute gibt es juristische und gesellschaftliche Einschränkungen zu deren Schutz. Heute hat niemand mehr das Recht, sein Kind zu töten, und es gibt keinen Unterschied zwischen Kindestötung und Mord. Die gesetzlichen Schranken gegenüber einer körperlichen Züchtigung von Kindern sind jedoch nicht so eindeutig und müssen durch die öffentliche Meinung ergänzt werden.

In alten Zeiten war die Kindheit ein gefährliches Lebensalter.

Das Kind wurde erst als menschliches Wesen betrachtet, nachdem an ihm bestimmte Zeremonien vorgenommen waren. Die ägyptische Hebamme mußte darum beten, daß die Seele in das Kind fuhr, und im alten Babylon mußte der Vater dem Kind seinen Geist einpflanzen, indem er dessen Gesicht anhauchte, ihm seinen eigenen Namen oder den eines Vorfahren gab und ihm so eine Seele verlieh. Erst dann war ein Kind seines Lebens sicher. Bei den Friesen konnte der Vater das Neugeborene nur umbringen oder in einer anderen Weise darüber verfügen, solange es noch keine Nahrung zu sich genommen hatte – hier bedeutete das Einflößen von Nahrung das Einflößen von Leben. Im antiken Athen wurde die Amphidroma-Zeremonie in der Regel am fünften Tag nach der Geburt vorgenommen; dabei wurde das Neugeborene von seiner Amme um das Haus der Vorfahren getragen, um deren Weihe und einen Namen zu empfangen. War das Kind unerwünscht, so mußte der Vater darüber verfügen, ehe die Amphidroma stattgefunden hatte. Je länger einem Kind ermöglicht wurde zu leben, um so mehr fühlten sich im allgemeinen die Eltern zu ihm hingezogen, und je länger es somit überlebte, um so größer waren seine Aussichten auf gesellschaftliche Anerkennung und elterliche Fürsorge.

Gründe für Tötungen an Kindern

Anthropologisch gesehen geht Kindesmord auf die Tötung eines Neugeborenen mit Zustimmung eines Elternteils, der Familie oder der Stammesgemeinschaft zurück. Es gibt viele Gründe, die zu diesem anscheinend inhumanen Akt führen (10, S. 193). Das am häufigsten genannte Motiv ist das der Bevölkerungskontrolle, insbesondere bei Völkern, die weder Empfängnisverhütung noch Abtreibung kennen. Die Kenntnis empfängnisverhütender Maßnahmen muß notwendig das Auftreten von Kindesmorden verringern. Tatsächlich waren Kriege, Hungersnöte, Krankheiten und Unfälle in der Kontrolle der Bevölkerung effektiver als bewußte Kindestötung. Im Einzelfall kann jedoch die Familiengröße dadurch kontrolliert werden, daß Kinder ausgesetzt, verkauft oder erschlagen werden. In bestimmten Kulturen wurde eine Grenze von drei Kindern je Familie gesetzt, und alle später Geborenen wurden getötet oder in anderer Weise ausgesondert. Bei den Papuas oder etwa im heutigen Südvietnam, wo der Kindesmord eine gebilligte Form der Familienplanung darstellte, wurde eine Mutter, die zuviele Kinder hatte, mit Geringschätzung betrachtet und mit einem Tier verglichen.

Illegitimität ist eine andere wesentliche Ursache für Kindesmord (11, S. 68). Selbst wenn sie nicht umgebracht werden, haben unehelich geborene Kinder doch in manchen Gesellschaften kaum eine Überlebenschance. Die Sterblichkeitsquote von illegitimen Babies im ersten Lebensjahr ist nach zahlreichen Berichten doppelt so hoch wie die ihrer legitimen Altersgenossen. Viele uneheliche Kinder kommen vorzeitig zur Welt, was in der Regel auf die ungenügende Fürsorge während der Schwangerschaft zurückzuführen ist. Wenn sie die erste Zeit nach der Geburt überleben, so werden sie entweder aus Scham oder wegen fehlender finanzieller Unterstützung vernachlässigt, mißhandelt, heimlich ausgesetzt, anderen Einzelpersonen oder Institutionen zur Pflege überlassen oder getötet. Die wirtschaftliche Belastung war vor allem für die Mütter niederdrückend; infolgedessen wählten diese oft das Mädchen zur Tötung aus, um diesem für später das eigene Schicksal zu ersparen. Dies galt ganz besonders für die Indianersquaw Nordamerikas.

Die Schande, die mit der Austragung illegitimer Kinder verbunden war, bewog die Araber häufig dazu, ihre jungen Mädchen zu töten. Die von den deutschen Kolonialherren unterdrückten Einwohner Kameruns hatten einen ähnlichen Brauch, aber sie trösteten sich mit dem Glauben, daß ihre Kinder auf die Erde zurückkehren würden, sobald die Deutschen das Land verlassen hätten (12, Bd. 1, S. 130).

Oft mußte ein Kind geopfert werden, wenn seine Mutter durch Krankheit, Tod, Jugend, lasterhaften Lebenswandel oder wegen der vordringlicheren Bedürfnisse älterer Geschwister nicht in der Lage war, sich um dieses Kind zu kümmern (13, S. 45; s. a. Abb. 1). Kam ein Kind zu bald nach einem anderen auf die Welt, wurde es vielleicht getötet, weil die Mutter zuwenig Milch für beide hatte, oder weil ein Tabu bestand, nach dem der Gatte sich seiner Frau während der Stillperiode nicht nähern durfte. Solche Kinder waren besonders in einer polygamen Gesellschaft gefährdet, denn der

Mann konnte zu leicht bei einer anderen Frau Trost finden.

Auch Geldgier führte zu Kindestötungen. Achtzig Prozent der illegitimen Kinder, die in London während des 19. Jahrhunderts einer Amme gegeben wurden, fanden den Tod. Skrupellose Ammen strichen das Pflegegeld ein und beseitigten kurz darauf die Babies. Wurden Kleinkinder in Pflege gegeben, war ihnen für gewöhnlich ein sehr unglückliches Schicksal beschieden. Obgleich Kinderbetreuung durch Pflegeeltern ein altes System ist, das nicht nur im Kodex des Hammurabi (um 1700 v. Chr.) erwähnt wird, sondern auch in der Bibel (14, S. 27), waren Vernachlässigung, schlechte Behandlung und der Hungertod an der Tagesordnung, obwohl das Gesetz die Registrierung der Pflegeeltern verlangte. Trotz schwerer Strafen wurde das Gesetz weitgehend umgangen. Und doch kann ein Aufwachsen bei Pflegeeltern dem Baby tatsächlich eine bessere Lebenschance geben als ein Kinder-

Abb. 1: »Gin Lane« von William Hoggarth

heim. Eine ständige Kontrolle der Pflegeeltern durch einen engagierten und interessierten Personenkreis wurde unumgänglich.

Aber es gab auch noch andere praktizierte Methoden, Kinder zu peinigen. Edwin Chadwick lenkte die Aufmerksamkeit auf das Versicherungssystem, die sogenannten Beerdigungsclubs. Wer ungefähr ein Pfund Sterling investierte, konnte mit einem Profit von drei bis fünf Pfund rechnen, wenn ein Kind beerdigt wurde. Skrupellose und habgierige Hebammen waren ebenfalls eine Bedrohung für das Leben eines Kindes. Gelegentlich nahmen sie eine Belohnung an, um den Tod des neugeborenen Kindes zu »arrangieren«.

Machtgier konnte für das Kind den Tod bedeuten, wenn beispielsweise Könige befürchteten, durch den neuen Erben ihren Thron zu verlieren. Die Zwillinge Romulus und Remus waren die klassischen Beispiele für dieses Motiv. Obgleich der König befohlen hatte, sie umzubringen, wurden sie statt dessen ausgesetzt. Von einer Wölfin aufgezogen, blieben sie am Leben, um zum Symbol der Kindheit Roms zu werden. Als Herodes die Ankunft des Messias fürchtete, befahl er das Blutbad unter den unschuldigen Kindern, und als der Pharao die Juden als Bedrohung empfand, ließ auch er unschuldige neugeborene Knaben abschlachten.

Auch Aberglauben kann zu Kindestötung führen. Der Mensch fürchtet das Außergewöhnliche, so daß Zwillinge, Mißgeburten oder angeborene Gebrechen häufig Unheil bedeuteten. Wurde in der Antike ein Astrologe bei der Geburt eines Kindes hinzugezogen, so hatte der arme Wurm wenig Überlebenschancen, wenn die Geburt unter einem schlechten Zeichen stand. In Indien, China und überall im Orient wurden verunstaltete Kinder im allgemeinen sofort nach der Geburt getötet, und im Europa des 16. Jahrhunderts befahl Martin Luther, geistig behinderte Kinder zu ertränken, da er der Überzeugung war, sie seien Werkzeuge des Teufels. Obgleich Kindesmord und das Aussetzen von Kindern bei den Thebanern als Kapitalverbrechen galt, kam es in Ägypten häufig zu diesem Vergehen. Die Griechen, in gewissem Umfang auch die Römer und viele andere töteten ihre schwachen oder verunstalteten Kinder in der irrigen Hoffnung, daß nur die starken Kinder überleben würden. Dieser Glaube an das

Überleben der Tauglichsten zur Stärkung der Rasse wurde von Plato, Aristoteles und etlichen anderen geteilt (15, S. 347). Das römische Zwölftafelgesetz verbot das Aufziehen verunstalteter Kinder.

In Athen wurden die Kinder im Kynosarges, einem der Gymnasien, ausgesetzt, und in Sparta waren die Eltern verpflichtet, das neugeborene Kind zu einer λέσχη zu bringen, wo ein Ältestenrat es begutachtete. Wurde es für schwach oder verunstaltet befunden, so warf man es vom Taÿgetos-Hügel in eine tiefe Schlucht, die den Namen Apotheta trug. Unter Cäsar erhielt die Kindestötung, die schon immer legal gewesen war, sogar die Billigung von Philosophen wie Seneca. Die Moral verfiel, und zerrüttete Ehen waren an der Tagesordnung, ebenso das Aussetzen von Kindern. Manchmal wurde das unglückliche Wesen einfach an der Stelle in die *Cloaca Maxima* geworfen, wo diese sich in den Velabrum ergoß (16, S. 72).

Rituelle Opfer waren der Grund für unzählige Todesfälle bei kleinen Kindern. Hekate, eine Göttin der Unterwelt, der an der Wende des letzten Tages im Mondmonat zur Nacht Opfer dargebracht wurden, erhielt den Namen Infanticida, als sie Kinderopfer forderte. Im Verlauf bestimmter Fruchbarkeitsriten in China, Indien, Mexiko, Peru und andernorts warf man Kinder als Gaben für die Wassergötter in einen Fluß, damit diese eine gute Ernte oder ein anderes glückliches Schicksal bescherten. In der Bibel finden sich zahlreiche Anspielungen auf religiöse Opfer, die eine Rüge des Herrn nach sich zogen: »Du sollst keinen deiner Nachkommen einem Idol zum Opfer bringen, Moloch!«, so sprach der Herr.

Könige wurden vergöttert, aber wenn sie ihren göttlichen Pflichten nicht nachkamen, was sich an Mißernten zeigte, an Mehltaubefall oder einer allgemeinen Katastrophe beliebiger Art, so wurden sie oft geopfert, um den Zorn höherer Götter zu besänftigen. Später kamen die Könige auf die kluge Idee von Ersatzopfern – und welchen besseren Ersatz konnte es geben als den so teuren Thronerben? Der Erstgeborene wurde mit der Zeit das häufigste Menschenopfer. Nach und nach ließ man auch Tiere als Sündenböcke zu. Wenn ein griechisches Orakel ein Mädchenopfer verlangte, wurde statt dessen eine Ziege in Frauengewändern dargebracht. Die Juden entwickelten den *Pidyon Haben*, um den Erstgeborenen in Gold oder Silber aufzuwiegen.

Eng verbunden mit dem Glauben, daß Neugeborene Fruchtbarkeit und Wachstum übertragen könnten, war die Vorstellung, daß Fleisch und Blut erschlagener Kinder Gesundheit, Kraft und sogar Jugend verleihen könnte. Kinder wurden nicht nur zu medizinischen Zwecken getötet, es gibt auch Berichte, nach denen Mütter mit diesem Fleisch genährt wurden, um starke Nachkommen hervorzubringen, und auch Lieblingskindern gab man davon, damit sie stärker und gesünder würden. Kannibalismus, der in der Bibel, im griechischen Mythos von Kronos und an anderer Stelle erwähnt wird, findet sich gelegentlich auch in der Geschichte von Kindestötungen, in der Regel jedoch nur unter Bedingungen einer extremen Hungersnot und seltener aus dem Grund, daß daraus neue Lebenskräfte erwachsen.

Es gab auch den Aberglauben, daß getötete Kinder unfruchtbaren Frauen helfen, Krankheiten heilen oder eine gute Ernte bewirken könnten. Um bestimmten Gebäuden in der Antike Dauerhaftigkeit zu verleihen, wurde hin und wieder unter den Fundamenten bedeutender Bauwerke ein lebendes Wesen vergraben. Es wird überliefert, daß sogar noch bis ins 16. Jahrhundert in Deutschland Kinder lebendig unter den Eingangsstufen öffentlicher Gebäude begraben wurden (8, S. 308).

Im Verlauf der Geschichte haben sich die Methoden der Kindestötung nicht sehr gewandelt (17, S. 99). Blut wird selten vergossen. Ertränken, Ersticken, Erwürgen, Begraben bei lebendigem Leibe, Verbrennen und Erschlagen sind noch immer am meisten verbreitet (18, S. 56). Rituelle Opfer, in der Regel durch Feuer oder Schwert, gibt es heute praktisch nicht mehr. Wo immer entsprechende Tropfen oder Betäubungsmittel bekannt sind, da werden Kinder auch vergiftet. Zu einer das ganze 19. Jahrhundert hindurch verbreiteten Todesursache bei Kindern kam es – aus naheliegenden Gründen – am häufigsten in der Nacht von Samstag auf Sonntag: man hatte sie totgelegen (19, S. 85).

Aussetzung führt in den meisten Fällen zum Tod des Kindes, obwohl dieses dabei wenigstens noch eine Chance hat, davonzukommen.

Seit dem Anbeginn aller Zeiten haben Legenden und Mythen das Aussetzen von Kindern zu ihrem Stoff gewählt. Viele berühmte Persönlichkeiten in der Geschichte haben ihren armseligen Eintritt ins Leben als Findling in der späteren Zeit mit dem Schein der Verklärung umgeben. Moses, Romulus und Remus, Sargon I., der mächtige König von Agad um 2850 v. Chr., und sogar Horus, der angebetete Kindgott der Ägypter, den zahllose kleine Statuen an der Brust von Isis zeigen, sie alle waren bei ihrer Geburt auf Befehl ausgesetzt worden. Nachdem Horus von einem armen Wasserträger namens Pamyles gerettet worden war, feierte man lange Jahre hindurch zur Erinnerung daran das Freudenfest Pamylia.

Im römischen Imperium auf der Höhe seines moralischen Verfalls waren die bevorzugten Plätze für eine Kindesaussetzung in der Nähe der Lactariasäule auf dem Markt, wo sich stillende Mütter versammelten, um sich als Amme zu verdingen oder um eine Amme für ihre Kinder zu suchen, sowie in der Nähe des Velabrum-Sees zu Füßen des Aventinischen Hügels, wo im allgemeinen die Prostituierten zusammenkamen. Die geretteten Kinder konnten adoptiert werden, wurden jedoch in der Mehrzahl in Sklaverei aufgezogen oder als mitleiderregende Bettler eingesetzt, nachdem Spekulanten auf dem Kindermarkt sie verunstaltet hatten.

Besonders viele Findlinge gab es zu Zeiten eines Krieges oder eines gesellschaftlichen Umsturzes. Seit den frühesten Tagen der Christenheit wurden durch die Kirche Institutionen für diese ungetauften, heimatlosen Kinder ins Leben gerufen. Diese Einrichtungen erhielten 530 n. Chr. die volle Unterstützung durch Justinian. Das erste moderne Findelhaus wurde von Datheus eingerichtet, dem Erzpriester von Mailand, und zwar 787 n. Chr. (15, S. 359). Während der Kreuzzüge hinterließen glühende Eiferer entlang des Verlaufs ihrer Pilgerfahrten ins Heilige Land einen ganzen Schwanz von Findlingen. Papst Innozenz III. förderte um 1200 eine Heimfürsorge für diese Kinder, um ihr Dahinsterben zu verhindern, und das

Hospital zum Heiligen Geist sowie der Heiliggeistorden widmeten sich ausschließlich dem Wohlergehen der Findelkinder. Unter der Herrschaft Ludwigs XIII., als ganze Horden verarmter Landbewohner Paris bevölkerten, bewog die erschreckend hohe Zahl getöteter Kinder den heiligen Vinzenz von Paul dazu, sich für Findelhäuser einzusetzen. In Rußland baute Katharina II., bewegt durch die schlimme Lage von ausgesetzten Kindern, ein Findelhaus. Tag und Nacht befand sich vor dem Haus ein Korb mit warmen Kleidern, in den die Kinder gelegt werden konnten, ohne daß jemand Fragen stellte. Später wurde die berühmte »Drehlade« konstruiert, um die Identität der Mutter geheimzuhalten und ihr die Scham und Belästigungen zu ersparen. Die »Drehlade« wurde in der Zeit der Französischen Revolution außer Gebrauch gesetzt, danach jedoch wieder eingeführt, und Napoleon rief die Barmherzigen Schwestern zurück, damit sie sich der Findlinge annähmen, da er möglichst viele Kinder für die französische Armee retten wollte.

In den Vereinigten Staaten, wo es im frühen 19. Jahrhundert noch keine Heime für Findelkinder gab, kamen die ausgesetzten Kinder ins Armenhaus. Da eine künstliche Ernährung damals noch nicht möglich war, erreichte die Nachfrage nach Ammen in diesen Armenhäusern kritische Höhen. Aus diesem Grund war das Bellevue-Armenhaus in New York gezwungen, diese Kinder möglichst schnell an Pflegefamilien weiterzugeben, aber die Vernachlässigung und die Mißhandlungen, denen dieser Kinder ausgesetzt waren, führten häufig zu öffentlicher Empörung und dem Ruf nach Reformen. Als das Armenhaus auf Blackwell's Island eingerichtet wurde, gab man die Findlinge den Frauen in Pflege, die dort wohnten und von Almosen lebten. Jeden Morgen brachte ein Dampfschiff eine Ladung Kinder zu der Insel, und jeden Nachmittag beförderte es dieselbe Anzahl von Kindern zur Beerdigung nach Potter's Field zurück. 1869 wurde auf Randall's Island das New York Foundling Asylum erbaut (Abb. 2). Das war anscheinend eine Verbesserung, denn zwei Jahre später hielt John Parry auf einer Versammlung der Social Science Association, die in Philadelphia einberufen worden war, um das Problem der Kindersterblichkeit zu erörtern, einen Vortrag über die Notwendigkeit eines Findelheims in Philadelphia. Im

Jahr 1873 wurden 1392 Findlinge in das Asyl auf Randall's Island eingeliefert. Im selben Jahr nannte das Medical Register of New York (S. 362) die Zahl von 122 Kindern, die auf den Straßen und Gassen, in den Flüssen und an anderen Stellen tot aufgefunden worden waren. Die »Howard Mission and Home for Little Wanderers« betreute 1282 notleidende und vernachlässigte Kinder; das »New York Juvenile Asylum«, eine Besserungsanstalt für verwahrloste Kinder, verzeichnete 1153 Aufnahmen und das »House of Refuge« 1358 jugendliche Straftäter. Mehr als 30 Organisationen der Stadt kümmerten sich um Kinder, die der Hilfe bedurften.

Das »Nursery and Children's Hospital« von New York wurde 1854 von Müttern gegründet, die sich Ammen hielten und den Kindern dieser Ammen eine Fürsorgemöglichkeit schaffen wollten. Der besondere Vorfall, der zur Gründung des Hospitals führte, wird von Frau Thomas Addis Emmet berichtet. Eine Hebamme besuchte eine allgemein bekannte, wohlhabende Dame, der sie bei einer Geburt beigestanden hatte, und als sie nach dem Neugeborenen sah, fand sie zu ihrer Bestürzung die Amme des Kindes in Tränen aufgelöst. Auf ihr Nachfragen erfuhr sie, daß die Amme ihr eigenes Kind einer Pflegemutter gegeben hatte. Die Hebamme wollte nach dem Kind dieser Frau sehen und fand die Pflegemutter in einem kleinen, schmutzigen Souterrainzimmer krank darnieder liegen. Das Kind der Pflegemutter war an Pocken gestorben, und der unglückliche, armselige Säugling der Amme lag unter dem Bett in einem Korb schmutziger Wäsche. Diesem Kind verdankt das »Nursery and Children's Hospital« sein Entstehen.

Abb. 2: Das Findelhaus von New York auf Randall's Island

Das frühe Lehrlingssystem aus der Kolonialzeit, unter dem Kinder bereits im Alter von vier Jahren in die Sklaverei gegeben wurden, war für viele Mißhandlungen an Kindern verantwortlich. So wurde 1630 in Salem, Massachusetts, ein Meister angeklagt, seinen Lehrling umgebracht zu haben. Die Jury sprach ihn frei, da der Knabe »schlecht gelaunt« war, obwohl die Bestrafung durch den Meister insofern als übertrieben angesehen wurde, als die Autopsie der Leiche einen Schädelbruch ergab. Andererseits wurde in Boston, wo 1643 ein Meister »durch wiederholte Schläge und schlechte Behandlung« über längere Zeit hinweg seinen Lehrling schließlich tötete, der brutale Lehrherr zum Tode verurteilt. Eine post mortem erfolgte Untersuchung eines anderen Kindes in Plymouth im Jahr 1655 enthüllte so entsetzliche Mißhandlungen und so grausame Foltern, daß die Gemeinde sich darüber empörte und den Lehrherrn vor Gericht brachte (5, S. 122). Als in Maryland 1660 ein Waisenknabe so malträtiert wurde, daß »die Stimme des Volkes diese Schande anprangerte«, wurde der unglückliche Junge, der mit neun Jahren in die Lehre gegeben worden war, aus dem Vertrag mit seinem Meister befreit (5, S. 124). In England suchte bereits 1687 Edward Stephens nach einer Möglichkeit, die gegen diese versklavten Kinder begangenen Verbrechen zu unterbinden (20). »Mitleid für diese kleinen Kreaturen« forderte schon 1801 Josiah Quincy, zu einer Zeit, da Kinderarbeit in diesem Land noch immer als Wohltat für die Gesellschaft wie für das Kind angesehen wurde. Er fand Kinder zwischen vier und zehn Jahren, die in Baumwollspinnereien arbeiteten, »mit einem Ausdruck dumpfer Niedergeschlagenheit in allen Gesichtern«. Sie waren nicht nur körperlichen, sondern auch seelischen Mißhandlungen ausgesetzt (5, S. 174).

Kinder als Märtyrer für die Industrie

Die Urbanisierung und das Maschinenzeitalter brachten andere Formen der Kindesmißhandlung und eine wachsende Kindersterblichkeit mit sich. Kinder hatten schon immer gearbeitet, aber als die Herrschaft der Maschine begann, war ihre Arbeit von Sklaverei oft nicht mehr zu unterscheiden. Vielleicht haben sie in früheren Zeiten manchmal unter der Unwissenheit oder Brutalität ihrer Eltern gelitten, aber im allgemeinen ist es nie als etwas Schlechtes angesehen worden, wenn Kinder in der Familie mitgearbeitet haben. Mit dem Aufkommen des Maschinenzeitalters jedoch wurden Kinder, die kaum den Windeln entwachsen waren, der entsetzlichen Inhumanität des Fabriksystems unterworfen. Als die Eltern gegen diese Bedingungen aufbegehrten und sich weigerten, ihre Kinder zur Arbeit zu schicken, ließ man die Armenkinder aus den Arbeitshäusern, die keine Eltern als Fürsprecher hatten, in den Spinnereien arbeiten. Kinder von fünf Jahren an mußten 16 Stunden ohne Unterbrechung arbeiten, manchmal sogar mit eisernen Fußfesseln, damit sie nicht weglaufen konnten. Man ließ sie hungern, schlug sie oder mißhandelte sie in sonst einer Weise. Viele erlagen den durch diese Tätigkeit verursachten Krankheiten, einige begingen Selbstmord, und nur wenige blieben längere Zeit am Leben.

Eine Bewegung zur Reform der Kinderarbeit, von Robert Owen ins Leben gerufen und von Sir Robert Peel unterstützt, führte zum ersten Fabrikgesetz, das 1802 vom Parlament verabschiedet wurde. Das bedeutete das Ende des Systems, Kinder aus Armenhäusern für die Fabrikarbeit zu rekrutieren. Die traditionellen Rechte der Eltern über ihre Kinder blieben jedoch weiterhin bestehen, so daß das Gesetz sich nicht auf Kinder in der Obhut der Eltern bezog. Kinder, die mit Zustimmung ihrer Eltern in die Fabrik gingen, mußten noch immer 12 Stunden am Tag arbeiten und wurden nicht selten von tyrannischen Aufsehern mit einem Lederriemen ausgepeitscht (s. Abb. 3). Manchmal hielt man ihren Kopf in einen Bottich mit kaltem Wasser, damit sie wach blieben. Die Maschine wurde zum Moloch, dem die Kinder des 18. und 19. Jahrhunderts geopfert wurden (10, S. 140).

Ganz besonders schlimm waren in den Städten zu dieser Zeit die Kinder dran, die den Schornstein fegen mußten. Abgemagerte Knirpse, die gut klettern konnten, wurden gezwungen, sich durch enge Kamine zu zwängen und den Ruß abzukratzen. Das war die am meisten verhaßte Arbeit für Kinder. Sie arbeiteten Tag und Nacht, wobei ein hartherziger Meister ihren Arbeitseifer noch mehr anfachte, indem er unter ihnen ein Büschel Stroh anzündete, und sie waren allen denkbaren

Roheiten ausgesetzt. Die Umwelt zeigte sich diesen Drangsalen gegenüber unempfindlich. Wenn eine Frau durch den Unfall eines solchen kleinen Schornsteinfegers verleitet wurde, sich allgemein für diese Unglücklichen auszusprechen, so machte sie sich durch diese menschliche Haltung verdächtig. Diese Kinder verkamen seelisch und körperlich innerhalb ganz kurzer Zeit. Sie erkrankten nicht nur an Hodenkrebs, dem sogenannten Schornsteinfegerkrebs, den Percival Pott 1775 beschrieben hatte, sondern sie fielen auch leicht der verheerenden Schwindsucht zum Opfer. Infolge der vielen schweren Unfallgefahren, denen sie ausgesetzt waren, wurde die Praxis, kleine Jungen in die Kamine klettern zu lassen, in England schließlich abgeschafft, als im 19. Jahrhundert die Sozialreform im Hinblick auf Kinder immer mehr Fortschritte machte.

Abb. 3: Auspeitschen eines Kindes in einer englischen Wollspinnerei um 1850 (mit freundl. Genehmigung des Bettmann-Archivs) ·

Die Gesellschaft zur Verhinderung von Grausamkeiten an Kindern

Obwohl Kinder die zärtlichsten Gefühle beim Menschen hervorrufen können, waren die Grausamkeiten gegenüber Kindern doch stets in der Überzahl. Fontana (21, S. 8) berichtet die Geschichte von Mary Ellen, die von ihren Adoptiveltern mißhandelt wurde. Das Kind bekam regelmäßig Prügel und war hochgradig unterernährt. Aufgebrachte Mitarbeiter des Kirchspiels waren unfähig, die örtlichen Behörden zu bewegen, gegen die Eltern gesetzlich einzuschreiten. Das Recht der Eltern zur Züchtigung der eigenen Kinder war noch immer heilig, und es gab kein Gesetz zum Schutz eines solchen Kindes, auf das eine Amtsperson sich hätte berufen können. Die kirchlichen Mitarbeiter ließen sich jedoch nicht entmutigen und wandten sich an die Gesellschaft zur Verhinderung von Grausamkeiten an Tieren, die unverzüglich eingriff. Ihr gelang es, Mary Ellen der Aufsicht der Eltern zu entziehen, und zwar mit der Begründung, daß sie ebenfalls zum Tierreich gehöre und daß damit die Gesetze gegen Grausamkeit an Tieren Anwendung fänden.

Als unmittelbares Ergebnis dieses Vorfalls wurde 1871 in New York die Gesellschaft zur Verhinderung von Grausamkeiten an Kindern gegründet. In England schlossen sich 1899 31 solcher Gesellschaften zusammen und bildeten unter der Schirmherrschaft von Königin Victoria die nationale Gesellschaft zur Verhinderung von Grausamkeiten an Kindern, und das Parlament verabschiedete ein entsprechendes Gesetz, das den Namen »The Children's Charter« erhielt (22, S. 30). In New York machte Samuel B. Halliday die Öffentlichkeit durch seinen Einsatz zugunsten notleidender Kinder aufmerksam, und in London brachte Thomas John Barnardo dem öffentlichen Gewissen die Existenz von Banden heimatloser Kinder zu Bewußtsein. Diesem gelang es, eine ganze Reihe von Heimen und Berufsschulen einzurichten, was dazu führte, daß man ihm den Beinamen »Father of Nobody's Children« gab.

Gesetze gegen Kindesmißhandlung und Kindestötung

Der Kodex von Hammurabi aus einer Zeit vor fast 4000 Jahren sah vor, daß eine Amme, der ein Säugling unter den Händen starb und die dafür ein anderes Kind unterschob, die Brust abgeschnitten werden sollte (24, S. 18). Im alten Ägypten war Kindestötung weit verbreitet, obwohl das Gesetz dies verbot. In Theben galt sie als Kapitalverbrechen, und es gibt einen ägyptischen Bericht über eine Kindsmörderin, die drei Tage und drei Nächte lang das getötete Kind auf ihren Armen tragen mußte. Obgleich die *patria potestas* einem Vater bis zurück zur Zeit der Herrschaft des Numa Pompilius (etwa 700 v. Chr.) das oberste Recht verlieh, seine Nachkommenschaft zu verkaufen, zu verstümmeln oder sogar zu töten, war im alten Rom Kindestötung verhältnismäßig selten. Die Zwölftafelgesetze (etwa 450 v. Chr.) modifizierten die *patria potestas*, so daß ein Sohn höchstens dreimal verkauft werden konnte, und die *Lex Julia* und die *Lex Papia* unter Augustus Caesar im Jahre 4 v. Chr. schränkten die *patria potestas* ein und unterstützten indirekt die Kinder; aber das Aussetzen von Kindern, ein ständiges Thema in den Komödien von Plautus und Terenz, wurde ungehindert fortgesetzt. Unter den nachfolgenden Kaisern wurden häufig Gesetze zum Schutz der Kinder erlassen, und es kam oft zu Bewegungen, die sich für die Interessen der Kinder einsetzten. Tiberius führte für die karthagischen Priester, die dem Moloch in einem Feueropfer Kinder darbrachten, die Todesstrafe ein, aber dieser Brauch lebte insgeheim weiter fort bis hin in die Zeit Tertullians, der mehr als hundert Jahre später regierte. Die Kaiserin Faustina gründete im 2. Jahrhundert n. Chr. Stiftungen, um weibliche Kinder vor dem Tod zu retten, aber anscheinend waren ihre Erfolge nur von kurzer Dauer, denn mit dem folgenden Jahrhundert brachen wieder schlimme Zeiten für Kinder an (24, S. 42).

Bei den Hebräern wie auch bei deren religiösen Nachfahren, den Christen und den Mohammedanern, war Kindesmord verboten. Sie alle werden in ihren Heiligen Büchern, der Bibel und dem Koran, häufig von Gott gegen diese Sünde ermahnt. Im ersten nachchristlichen Jahrhundert erklärte ihn Philo Judäus zum Verbrechen, und im folgenden Jahrhundert sagte

Tertullian, einer der christlichen Kirchenväter, über den Kindesmord, »ein Mord ist ein Mord, in welcher Gestalt auch immer«, und er sei eine Sünde wider das Gebot: »Du sollst nicht töten!«. Durch den Einfluß des Christentums wurden unter Konstantin Edikte gegen Kindestötung und den Verkauf von Kindern in die Sklaverei erlassen (315 und 321 n. Chr.), von Valentinian, Valens und Gratian (374 n. Chr.), von Valentinian II., Theodosius und Arcadius (391 n. Chr.), von Honorius und Theodosius (409 n. Chr.), von Theodosius II. (438 n. Chr.) und von Valentinian III. (451 n. Chr.). Zur Zeit der Apostel war durch Barnabas die Tötung von Kindern durch Aussetzen oder auf andere Weise zum Verbrechen erklärt worden; 305 n. Chr. wurde hierfür die Strafe der lebenslangen Exkommunikation bestimmt; diese wurde jedoch neun Jahre später auf zehn und 524 auf sieben Jahre herabgesetzt (24, S. 55).

Das Konzil von Nizäa (325 n. Chr.) beschloß die Einrichtung eines ξενοδοχεῖον, eines Hospitals zugunsten der Armen, in jedem Dorf. Aus einigen dieser Institutionen wurde die sogenannte βρεφοτροφεῖα, ein Asyl für Kinder. Das Konzil von Vaison (442 n. Chr.) schuf der Kirche die Möglichkeit, verlassene Kinder aufzunehmen und für sie zu sorgen. Diese Einrichtung wurde zehn Jahre später in Arles und dann erneut in Agde bestätigt. Dort wurde eine Marmornische neben der Kirchentür errichtet, in die die Kinder gelegt werden konnten. Beim Konzil von Toledo (589 n. Chr.) wurde verfügt, daß kirchliche und weltliche Stellen ihre Bemühungen vereinen sollten, um Kindestötungen zu verhindern. Ein Jahr zuvor hatte das Konzil von Konstantinopel Kindestötung mit Mord an Erwachsenen gleichgesetzt, und für dieses Verbrechen sah das Theodosianische Gesetz die Todesstrafe vor. Obwohl diese harte Strafe später immer wieder vom Gesetz bestätigt wurde, ist sie selten vollstreckt worden. Sixtus V. und Gregor XIV. im 16. Jahrhundert und Friedrich der Große zweihundert Jahre später erließen strenge Verordnungen gegen Kindestötung (24, S. 57), aber solange Armut, Unehelichkeit und andere soziale Probleme nicht behoben waren, haben solche Gesetze schon immer ihre Wirkung verfehlt.

1556 bestimmte Heinrich II. von Frankreich die Todesstrafe für Frauen, die die Geburt eines Kindes verheimlichten, und wenig später erließ Jakob I., König von England, ein ähnliches Gesetz, das in der Folgezeit jedoch wieder aufgehoben werden mußte. Für das »dropping« (im Stich lassen) eines Kleinkindes hätte eine Mutter im England des 18. Jahrhunderts zu einem Monat schwerer Arbeit verurteilt werden können, aber dennoch gab es viele Frauen, die unerwünschte Kinder heimlich umbrachten. »Es gibt kaum einen Gerichtstag«, schrieb Addison 1773, »an dem nicht eine unselige Frau wegen Mordes an ihrem Kind verurteilt wird. Und wieviele dieser Ungeheuer in Menschengestalt gibt es wohl darüber hinaus, die gänzlich unentdeckt bleiben oder aus Mangel an Beweisen freigesprochen werden?« (25, S. 38). Ein Gesetz aus dem Jahre 1803 stellte Frauen, die wegen Tötung eines unehelichen Kindes vor Gericht standen, unter dieselben Gesetze, die sich allgemein auf Mord bezogen, samt den dafür vorgesehenen Strafen. Auch in den USA hat es nie einen juristischen Unterschied gegeben zwischen einem Mord an Erwachsenen und der Tötung eines Neugeborenen oder eines Kindes in welchem Alter auch immer, ob ehelich oder unehelich. Vom Zeitpunkt der Geburt an ist das Kind Staatsbürger und genießt damit den vollen Schutz des Gesetzes.

Auch in anderen Völkern und Ländern gab es schon früh Gesetze gegen Kindestötung. Der römische Geschichtsschreiber Tacitus (55-119 n. Chr.) bemerkte, daß die germanischen Stämme Kindesmord als Verbrechen ansahen, und die germanischen Gesetzbücher, das salische und das spanische Gesetz sahen für dieses Verbrechen bestimmte Strafen vor. Der Westgotenkönig Chindaswith, der von 632 bis 649 regierte, führte als erster Monarch hierfür die Todesstrafe ein; auch unter Karl V. waren die Strafen sehr hart, und das österreichische Strafrecht bestimmte lebenslänglichen Kerker für dieses Delikt. Es sollte jedoch hinzugefügt werden, daß die für die Tötung von unehelichen Kindern ausgesprochene Strafe weit weniger streng war. Unter Zar Aleksej (1645-1676) wurde Kindesmord extrem milde bestraft (26, S. 822).

Eines der schwierigen forensischen Probleme in Fällen von Kindestötung hatte lange Zeit hindurch im Nachweis bestanden, daß das Kind lebend zur Welt gekommen und dann erst getötet worden war. Offensichtlich kann man kein Kind umbringen, das bereits tot ist. Aus diesem Grund war die

Entdeckung von Swammerdam 1667, daß aus den Lungen eines Neugeborenen Wasser strömt, sobald dessen Atmung eingesetzt hat, einer der wichtigsten gerichtsmedizinischen Beiträge des 17. Jahrhunderts. Diese Entdeckung wurde erstmals von Johann Schreyer praktisch ausgewertet, und zwar im Fall eines fünfzehnjährigen Mädchens vom Lande, das 1681 wegen Kindesmord angeklagt war; die Lungen des Neugeborenen waren noch mit Wasser gefüllt, was der Mutter in dramatischer Weise einen Freispruch sicherte. Ein Brief Schöpffers aus dem Jahr 1684, der viele Jahre später in einem Buch über Kindesmord veröffentlicht wurde und auf 88 Autopsien beruhte, bestätigte diesen Test ebenfalls (27, S. 45).

In den frühen Tagen der amerikanischen Republik, als die Öffentlichkeit Maßnahmen gegen verschiedene Formen der Jugendkriminalität ergriff, wurden mißhandelte und vernachlässigte Kinder von den Institutionen erfaßt, die dem Gesetz Geltung verschaffen sollten. In New York richtete die New Yorker Gesellschaft zur Rehabilitation jugendlicher Straftäter eine Art Zufluchtsstätte ein, und 1828 folgte Philadelphia diesem Beispiel mit einer ähnlichen Institution. In Boston ergriffen die Gemeindebehörden anstelle freiwilliger Organisationen die Initiative, und 1826 gründete der Stadtrat eine Besserungsanstalt. Diese Institutionen waren in erster Linie für schwer erziehbare Kinder gedacht, aber als das erste Asyl in New York zur Debatte stand, sprachen sich die Antragsteller dafür aus, daß das Heim auch verwahrlosten und mißhandelten Kindern offenstehen sollte. In der Begründung wurde darauf verwiesen, daß die Gesetze New Yorks – im Gegensatz zu denen von Massachusetts und anderer Staaten – keinen Richter autorisierten, Eltern gegenüber Zwangsmaßnahmen anzuordnen, die ihre Kinder schwer mißhandelten und sich dabei weigerten, diese in die Obhut der Armenfürsorge zu geben, und somit wurde ein entsprechendes Gesetz auch für New York vorgeschlagen. In Boston verfügte der Stadtrat, daß neben anderen Personen, die von den Gerichten der Besserungsanstalt überantwortet werden sollten, auch Kinder gehörten, deren Eltern sie »aus Trunksucht oder aufgrund anderer Laster« verwahrlosen ließen. Während damit beabsichtigt war, die Kinder in Verwahrung zu nehmen, die durch eigene Schuld oder die der Eltern für die Öffentlichkeit eine

Last oder eine Bedrohung darstellten, trug dieses Gesetz andrerseits schon den Keim zu jenem Gesetz in sich, das einer Sozialbehörde erlaubte, auch mißhandelte Kinder in ihre Obhut zu nehmen. Wo die Eltern ihre Kinder zurückverlangten, wurde dieser Antrag von den einzelnen Staatsgerichten abgelehnt. Dann bestimmte 1838 der Oberste Gerichtshof von Pennsylvania, daß unter bestimmten Umständen die natürlichen Eltern eines Kindes durch den *parens patriae* oder den öffentlich bestellten Vormund der Gemeinde ersetzt werden könnten; damit war ein weiterer Präzedenzfall geschaffen, nach dem Kinder ihren unfähigen Eltern weggenommen werden konnten. Diese Entscheidung hielt fest, daß es sich bei dem Recht der elterlichen Kontrolle zwar um ein natürliches, nicht aber um ein unveräußerliches Recht handelte. Seither haben die Gerichte die Institution und juristische Konstruktion *in loco parentis* berücksichtigt und eine vorschnelle Einmischung der Eltern verhindert (5, S. 672).

Nach dem deutsch-französischen Krieg wurde Théophile Roussel (1816-1903) in besonderem Maße zum Anwalt der Bewegung der Kinderfürsorge. Die »loi Roussel« vom 23. Dezember 1874 zum Schutz von Kindern, die in Pflege gegeben wurden, sowie zum Schutz von verlassenen oder mißhandelten Kindern brachte ihm den Ruf eines »Anwalts der verlassenen Kinder« ein und führte zu einer lang anhaltenden Sozialreformbewegung, die bis weit ins 20. Jahrhundert hinein andauerte (24, S. 155). Das war eigentlich das erste Gesetz, das mißhandelte Kinder schützte und auch die verlassenen, verwahrlosten und schlecht behandelten Kinder unter seine Fittiche nahm und das die Möglichkeit vorsah, daß Inspektoren im Einzelfall Erkundigungen einzogen, um Mißhandlungen und Verwahrlosung vorzubeugen. Das Gesetz wurde 1901, 1907 und zuletzt 1921 jeweils ergänzt, um den geänderten Verhältnissen Rechnung zu tragen. 1935 gab es erneut einen Sturm der Entrüstung über Gewalt und Mißhandlungen gegenüber Kindern, und wiederum reagierte die Regierung mit der Verabschiedung eines neuen Gesetzes (28, S. 151). In England legte das Gesetz zum Schutz des Lebens kleiner Kinder Bestimmungen für Pflegeheime fest; es erwies sich jedoch als wenig wirksam, da es keine regelmäßigen Inspektionen vorsah. Erst 1908, als ein besonders eklatanter Fall von Kindestötung durch eine geldgierige Pflegemutter Schlagzeilen machte, bestimmte das erwähnte Gesetz, daß Pflegeheime registriert und regelmäßig kontrolliert werden müßten. Damit war gesichert, daß Personen ernannt werden mußten, die die Pflegeheime besuchten und die dortigen Zustände überwachten.

Zu dieser Zeit begannen in den Vereinigten Staaten die Einzelregierungen gerade, sich der Kinderfürsorge anzunehmen. 1909 wurde die erste Konferenz im Weißen Haus einberufen und die amerikanische Gesellschaft zur Untersuchung und Verringerung der Kindersterblichkeit gegründet. Mit der Schaffung des »United States Children's Bureau« fingen staatliche Stellen an, sich mehr und mehr um das Problem zu kümmern. Auf der Konferenz im Weißen Haus 1930 über die Gesundheit und den Schutz von Kindern wurde eine amerikanische »Children's Charter« verabschiedet, die neben einer Reihe anderer ehrgeiziger Vorhaben jedem Kind ein Zuhause voll Liebe und Geborgenheit versprach sowie ganztägige öffentliche Fürsorgeeinrichtungen zum Schutz vor Mißhandlung, Vernachlässigung, Ausbeutung oder moralischer Gefährdung.

Bald wurde deutlich, daß die Ursachen von Kindesmißhandlung einen komplexen psychologischen Hintergrund hatten. Dr. Janet E. Lane-Clayton gab Mitarbeitern der Gesundheitsbehörde den Rat, eher eine »Überzeugung der Eltern« anzustreben, um bei den Eltern, die ihre Kinder mißhandelten, einen »besonderen Sinneswandel« herbeizuführen, und bei besonders drastischen Fällen eher auf spezielle Sozialeinrichtungen zurückzugreifen als sich auf Organe der Exekutive zu stützen (29). In einer Untersuchung von beispielhaften Fallberichten, die hauptsächlich aus Zeitungsartikeln und Gerichtsprotokollen stammten und in der alle Krankheit verursachenden Stigmata des Syndroms eines mißhandelten Kindes aufgezählt wurden, verwies ein anderer Autor darauf, daß Grausamkeit an Kindern aktiv durch Anwendung körperlicher Gewalt oder vorsätzliche Peinigung erfolgen kann, aber auch passiv in Form von Vernachlässigung, langsamem Hungertod usw. Dieser Autor analysierte sehr eingehend die psychologischen Aspekte der Kindesmißhandlung vor dem Hintergrund neuerer Erkenntnisse und kam zu dem Schluß, daß vorbeugende Maßnahmen wichtiger sind als eine Therapie und daß diese Präventivmaßnahmen auf einer viel fundamentaleren Ebene ansetzen müssen als die Bestrafung oder selbst die Behandlung von Eltern, die bereits gegen das Gesetz verstoßen haben (30, S. 116). Er schlug vor, daß in jedem Fall eine Behörde verpflichtet sein müsse, die betreffenden Eltern eingehend zu befragen und sie dann zu behandeln (30, S. 131).

Medizinische Aspekte

Bis zum Ende des 18. Jahrhunderts wußte ein Arzt in der Regel so wenig über die Pathologie des Kindes, daß bei einer gerichtlichen Untersuchung über die Todesursachen eines Säuglings eher eine Hebamme oder ein altes Mütterchen hinzugezogen wurde, um den Körper in Augenschein zu nehmen und etwas über die Todesursache auszusagen. Diese Frauen hatten mit gesunden und kranken Kindern zu tun und waren manchmal besser als ein Arzt imstande, Abnormitäten an Kindern festzustellen. Allerdings wurden die Ärzte dann hinzugezogen, wenn sich der Fall für diese erfahrenen alten Frauen als zu schwierig erwies. Hippokrates und auch Galen haben sich über die besonderen Umstände der Kindheit geäußert. Rhazes war der erste, der im 10. Jahrhundert die verfügbaren medizinischen Informationen über Kinder in einer Monographie zusammenfaßte. Darin erwähnt er beiläufig, daß es zu Leistenbrüchen kommen kann, wenn Kinder viel schreien oder brüllen, etwa weil sie vorsätzlich geschlagen werden (31, S. 376).

Körperverletzungen an Kindern werden in der medizinischen Literatur immer wieder berichtet. In einem gerichtsmedizinischen Werk von 1661 beschrieb Paul Zacchius die post mortem festgestellten Schädigungen an mißhandelten Personen und erwähnt die Tochter des Nerius aus den Schriften des Hippokrates, die neun Tage später starb, nachdem sie von ihrer kleinen Freundin mit der flachen Hand aufs Stirnbein geschlagen worden war (32, S. 351). Theophilus Bonet berichtete 1679 über zahlreiche Autopsien an Kindern, die durch die verschiedensten Formen von Körperverletzung ums Leben gekommen waren, die er aus der Literatur und der eigenen Praxis gesammelt hatte (33, S. 1595).

In der forensischen Medizin sind postmortale Befunde schon immer von großer Bedeutung gewesen. Für gewöhnlich waren Unfälle und Körperverletzungen vor dem 19. Jahrhundert nicht das Problem des Mediziners, sondern fielen in die Zuständigkeit der Chirurgen. Es gab einige populärwissenschaftliche medizinische Bücher, die zur Unterweisung von Müttern geschrieben waren und vorsätzliche Körperverletzungen an Kindern erwähnen. Sie enthielten beispielsweise fast immer eine Warnung vor der Wahl einer Amme, seit Soranus darauf hingewiesen hatte, daß eine jähzornige Amme sich wie eine Wahnsinnige verhalten kann und manchmal das Kind zu Boden fallen läßt oder heftig umstößt, wenn es ihr nicht gelingt, das schreiende Baby zu beruhigen (34, S. 93). Eine Großmutter warnt eindringlich vor der Gefahr unkontrollierter Schläge an einem Kind und sagt, »man darf sich keinesfalls dazu verleiten lassen, dem Kind auch nur den leisesten Schlag auf den Kopf oder ins Genick zu versetzen; was man zunächst als Klaps auf das Ohr ansieht, kann unter Umständen zu unheilbarer Taubheit führen«, und sie behauptet weiterhin, daß Schläge auf den Kopf zum Eindringen von Wasser in das Gehirn führen könnten – möglicherweise eine frühe Anspielung in einem pädiatrischen Text auf subdurale Hämatome (35, S. 340).

1860 veröffentlichte Ambroise Tardieu eine gerichtsmedizinische Untersuchung über den Mißbrauch und die Mißhandlung von Kindern, die, wie Silverman betont (37), bereits eindeutig sämtliche Merkmale des Syndroms des mißhandelten Kindes von Kempe aufzählt. Da es Tardieu noch nicht vergönnt war, sich der Radiologie zu bedienen und somit anatomische Informationen am lebendigen Menschen zu gewinnen, beruhte seine Studie weitgehend auf Autopsiebefunden. Er verweist auf Zacchius, und der Anhang des Buches enthält eine Darstellung von 32 Fällen, bei denen Kinder durch Auspeitschen, Verbrennungen usw. zu Tode mißhandelt wurden (38, S. 361-398). Im selben Jahr lenkte Athol Johnson vom Hospital für kranke Kinder in London die Aufmerksamkeit auf das häufige Vorkommen wiederholter Knochenbrüche bei Kindern (39, S. 28). Unter dem Einfluß von Malgaigne schrieb er diesen Umstand einer rachitischen Konstitution der Knochen zu. Von Rachitis waren zu dieser

Zeit fast alle Kinder befallen, aber von den Fällen, die er einer Folge leichter Unfälle zuschreibt, können wir mit hoher Wahrscheinlichkeit als sicher annehmen, daß sich darunter etliche – nicht als solche erkannte – mißhandelte Kinder befanden. Er zitierte Gibson, der über den Fall eines rachitischen Knaben aus Philadelphia mit 24 wiederholten Brüchen berichtet, die alle ohne Komplikationen verheilten; und er erwähnte auch das Skelett einer rachitischen Frau aus Frankreich, das Spuren von 200 Knochenbrüchen aufwies, die alle zu verschiedener Zeit aufgetreten waren. Demgegenüber geht aus den offiziellen Statistiken Londons aus dem Jahr 1870 hervor, daß von 3926 Kindern unter fünf Jahren, die durch einen Unfall oder Gewalteinwirkung ums Leben kamen, 202 durch Kindesmord, 95 durch Vernachlässigung und 18 durch Aussetzen im Winter gestorben sind – in allen Fällen war offensichtlich Kindesmißhandlung die Todesursache. Trotzdem behauptete sich die Rachitis-Theorie noch bis weit ins 20. Jahrhundert (40, S. 612).

Das »Syndrom des geschlagenen Kindes«

Kindesmißhandlungen haben immer wieder Wogen des Mitgefühls ausgelöst, die jeweils einen Höhepunkt erreichten und dann stark abfielen, bis die nächste Periode der Erregung eintrat. Die augenblickliche Welle der öffentlichen Anteilnahme verdanken wir der relativ jungen Disziplin der pädiatrischen Radiologie. 1906 legte Thomas Morgan Rotch Untersuchungen über Röntgenbefunde an Kindern vor, also bereits zehn Jahre nach Röntgens Erfindung. 20 Jahre später wurde die erste Röntgenabteilung der Nation in einem Kinderkrankenhaus unter der Leitung von Ralph Bromer eingerichtet. Aber erst 1946 konnte Caffey seine neuartigen Beobachtungen über den grundsätzlichen Zusammenhang von subduralen Hämatomen und abnormalen Veränderungen der Röntgenstrahlen in den Knochen der Körperextremitäten veröffentlichen (41). Einige Jahre später berichtete Silverman (s. Kap. 4) über ähnliche Ergebnisse und bestimmte eindeutig die traumatische Natur dieser Läsionen (42). 1955 machte Woley die aufsehenerregende Entdeckung, daß die auf den Röntgenbildern erkennbaren Traumata in vielen Fällen vorsätzlich hervorgerufen worden waren (43). Diese Nachricht wurde über Funk, Fernsehen und Presse veröffentlicht und rüttelte nicht nur die Öffentlichkeit auf, sondern auch viele Sozialbehörden.

In den frühen sechziger Jahren war Kempe über die hohe Anzahl von Kindern beunruhigt, die in seiner pädiatrischen Praxis aufgenommen wurden und Verletzungen aufwiesen, die nicht aus einem Unfall stammten. Er trat mit etwa 80 Distriktanwälten in Verbindung, um ein genaueres Bild über die tatsächliche Verbreitung des Problems zu erhalten (44). 1961 veranstaltete die amerikanische Akademie der Kinderärzte ein Symposium unter der Leitung von Dr. Kempe über das Problem der Kindesmißhandlungen. Um die Aufmerksamkeit auf die Bedeutung des Themas zu lenken, schlug er den Begriff »Syndrom des geschlagenen Kindes« vor. Dieses Symposium, das eine große Zahl von Besuchern anzog, war der Auslöser für das Erwachen des heutigen Interesses. Das Children's Bureau stellte Gelder für die Untersuchung von Kindesmißhandlungen zur Verfügung, und die American Humane Society deckte in einem einzigen Jahr 662 derartiger Fälle auf. 27 Prozent dieser Fälle verliefen tödlich, viele andere zogen bleibende Schädigungen nach sich.

Als ein Ergebnis dieses erneuten Interesses treten die Probleme der mißhandelten Kinder in eine neue Phase unserer Geschichte ein. Es ist eines der ernsthaftesten Probleme, denen sich unsere Gesellschaft gegenübersieht. Der in den letzten zehn Jahren erzielte Fortschritt ist nur der Anfang im Bemühen des Menschen, das Los dieser unglücklichen Kinder zu ändern.

Teil 2
Medizinische Aspekte

2. Die Verantwortung und Rolle des Arztes
Ray E. Helfer*

Der Kinderarzt oder gegebenenfalls der Hausarzt trägt eine klare Verantwortung gegenüber dem Kind und dessen Angehörigen. Das bedeutet, daß er für die Familie insgesamt dasein muß, und er sollte darauf achten, daß er sich nicht plötzlich in der heiklen Situation findet, sich den Eltern bei seinen Bemühungen zu entfremden, dem Kind zu helfen. Er muß alle ihm zur Verfügung stehenden Möglichkeiten ausschöpfen und sich dabei stets seiner Rolle als Arzt der *Familie* bewußt sein (1). Er befindet sich damit in einer schwierigen und prekären Lage, und wir hoffen, daß die hier vorgetragenen Gedanken dem Arzt dabei helfen können, sich sicherer zu fühlen und seine Rolle und Verantwortung deutlicher zu sehen, wenn er es mit einem Fall von Kindesmißhandlung zu tun hat.

Körperliche oder seelische Mißhandlung oder Nahrungsentzug ist eines der häufigsten Leiden des kleinen Kindes, und doch ist es eines, das sowohl praktische als auch Kinderärzte und andere Spezialisten bislang kaum diagnostizieren konnten oder wollten. Die medizinische Zunft hat bis vor kurzem diesem Problem gegenüber ein fast vollkommenes Desinteresse an den Tag gelegt. Die Kinderärzte, die Pioniere auf dem Gebiet der Gesundheitsvorsorge für Kinder, mußten die Radiologie und die Pathologie zu Hilfe nehmen, um der wahren Natur dieses Problems auf die Spur zu kommen (2; 3; 4). In einigen Gebieten der Vereinigten Staaten und in vielen Ländern Europas liegt die Praxis der Kinderheilkunde noch immer hinter bestimmten Sozial- und Justizbehörden zurück, anstatt auf dem Gebiet der Kindesmißhandlungen die Führung zu übernehmen, Fürsorgedienste einzurichten, das Verständnis zu erweitern oder sogar Forschungen durchzuführen. Wir sehen uns plötzlich in einer Lage, in der wir nur noch sagen können: »Wir müssen uns beeilen und den Vorsprung aufholen, denn es ist an uns, die Führung zu übernehmen.« Es

* Der Autor arbeitet am Department of Human Development im College of Human Medicine der Michigan State University.

ist die Verantwortung des Arztberufs, die von uns die Führung auf diesem Gebiet verlangt.

Zusammen mit seinen Kollegen aus der Psychiatrie und der Sozialarbeit muß der Kinderarzt die Diagnose stellen, das Kind schützen, die Eltern beraten, seine Befunde veröffentlichen und unter medizinischem wie unter sozialem Aspekt dafür Sorge tragen, daß die entsprechenden Anordnungen nicht nur ausgesprochen, sondern auch durchgeführt werden. Viele Ärzte weigern sich, diese Verantwortung zu übernehmen. Eine solche Haltung ist nicht länger tragbar, denn das Problem ist zu umfangreich, und die Verantwortung liegt zu klar auf der Hand, als daß sie ignoriert werden könnte. Emotionale Bande mit der Familie, mangelndes Verständnis für die eigene juristische (und erst recht die moralische) Verpflichtung, Leugnung der Fakten, Unfähigkeit, sich diese Fakten zu verschaffen, ungenügende Erfahrung und »alle Hände voll zu tun zu haben« – das sind nur einige der vielen Schwierigkeiten, die überwunden werden müssen (5).

Der Kinderarzt befindet sich in einer äußerst diffizilen Rolle, wenn er einem Fall von Kindesmißhandlung gegenübersteht. Vor allem anderen ist er gegenüber dem Kind und dessen Familie verantwortlich. Es kann sein, daß er auch andere Rollen übernehmen muß: Eheberater, ärztlicher Ratgeber, Sozialarbeiter, juristischer Fachgutachter, Berichterstatter der Fakten, Zeuge vor Gericht und häufig die des Psychiaters. Seine Situation wird zusätzlich dadurch erschwert, daß der Kinderarzt oft mit dem Kind und dessen Familie gefühlsmäßig verbunden ist. Möglicherweise hat er die Familie seit Jahren betreut und sieht sich dann kaum in der Lage, das zu tun, was seine Pflicht wäre. Für den Arzt, der mit der Familie eines mißhandelten Kindes in dieser Weise verbunden ist, kommt alles darauf an, daß er dieses Kind unverzüglich einem Kollegen überweist, der diese Familie weniger gut kennt und nach Möglichkeit mit dem Problem vertraut ist. Wir alle, die wir seit Jahren mit mißhandelten Kindern zu tun haben, kennen diese schwierigen Situationen, in denen der Hausarzt weder seine wahre Aufgabe erfüllen kann noch bereit ist, andere um Hilfe zu bitten.

Leben Arzt und Familie in einer Kleinstadt, so gestaltet sich das Problem noch prekärer. Nicht nur, daß der Arzt dann seit

Jahren mit der Familie auf freundschaftlichem Fuße steht, sondern er wie auch die Familie sind häufig zugleich mit den Beamten der Polizeibehörden und der Kinderfürsorge bekannt, mit der Gemeindeschwester und dem Richter des Ortes. Diese Situation bringt es mit sich, daß ein Fall von Kindesmißhandlung von keiner Seite wirksam behandelt werden kann, und der Leidtragende ist dabei immer das Kind selbst. In kleineren Ortschaften fehlt dem Personenkreis, der für solche Fälle zuständig ist, häufig die entsprechende Erfahrung. Einige amerikanische Bundesstaaten haben gerade damit begonnen, für die Mitarbeiter der Sozialämter und der Polizeistellen in kleinen Gemeinden Beratungsdienste einzurichten. Viele dieser Personen sind nicht bereit, um Hilfe zu bitten und wursteln vor sich hin, nur um schließlich festzustellen, daß ihr falsches Vorgehen zu verhärteten Fronten, Verärgerung und langwierigen Gerichtsverfahren geführt hat. Und wiederum ist der Leidtragende das Kind. Wenn ein Kind vorzeitig von einem Sozialarbeiter oder Richter, der auf diesem Gebiet unerfahren ist, den Eltern zurückgegeben wird, können schwere Körperverletzung oder sogar Tod die Folge sein

Staatliche, städtische und private Institutionen tragen gegenüber den kleineren Gemeinden die Verantwortung, ihnen bei der Behandlung solcher Fälle erfahrene Berater zur Seite zu stellen. Der Arzt im privaten oder staatlichen klinischen Zentrum, der bereits des öfteren mit Fällen von Kindesmißhandlung zu tun hatte, kann den Hausarzt wahrscheinlich am besten unterstützen. Jedes klinische Zentrum müßte über ein jederzeit abkömmliches Beraterteam unter der Leitung eines erfahrenen Kinderarztes verfügen, das dem Ärztestab des Hauses, dem privat niedergelassenen Arzt und Mitarbeitern der Gemeinde assistieren kann. Dieses Team muß auch die Aufgabe haben, die Kollegen des Zentrums sowie die Mitarbeiter entsprechender Gemeindestellen mit der Problematik von Kindesmißhandlungen eingehend vertraut zu machen.

In diese Unterweisung sollten auch die Vertreter der Presse mit einbezogen werden. Die Nachrichtenmedien können sowohl für die Gemeindehelfer als auch für die Fachleute, die mit Kindesmißhandlung zu tun haben, eine große Hilfe sein. Eine Sensationspresse (6) verkauft sich vielleicht besser, trägt aber in keiner Weise zur Unterstützung der Personen bei, die sich mit dem Problem herumschlagen. Von dieser Seite ist nichts zu gewinnen, aber viel zu verlieren. Die Presse kann jedoch eine sinnvolle Unterstützung sein, wenn sie bereit ist, ihrer eigentlichen Aufgabe nachzukommen und die Öffentlichkeit durch Leitartikel mit bestimmten Aspekten der Kindesmißhandlung vertraut zu machen. Wir haben festgestellt, daß eine derartige Mitarbeit der Presse äußerst hilfreich sein kann (7).

Die unmittelbaren ärztlichen Maßnahmen

Wenn der Arzt einem Fall von Kindesmißhandlung gegenübersteht, ist er zuallererst und unmittelbar dem Kind gegenüber verantwortlich. Wenn die Eltern ihr mißhandeltes oder verwahrlostes Kind in die Praxis bringen, ist eine rasche Diagnose und Behandlung von wesentlicher Bedeutung. Dabei ist die Behandlung nicht nur auf medizinische und chirurgische Maßnahmen beschränkt, sondern es muß auch etwas zum Schutz des Kindes unternommen werden. In den allermeisten Fällen besteht der erste Schritt darin, das Kind in ein Krankenhaus zu überweisen (8), und zwar völlig unabhängig davon, ob die tatsächlichen medizinischen oder chirurgischen Befunde ernst genug sind, um einen solchen Schritt zu rechtfertigen. Das Kind ist nicht nur Patient, sondern auch Opfer (9). Der Hauptgrund für eine Überweisung in ein Krankenhaus liegt neben der Notwendigkeit, den Grad der Verletzung festzustellen, im Schutz des Kindes. Die Überweisung sollte unverzüglich erfolgen, um eine Begutachtung zu ermöglichen. Vorwürfe sollten unterbleiben, und der erfahrene Arzt muß seine diensteifrigen und oft vorwurfsvollen Assistenten und Stationsschwestern zurückhalten, die häufig mit ihren Fragen an die Eltern nur Schaden anrichten. Damit wird nichts erreicht außer einer feindseligen Haltung der Eltern, und eine künftige Kommunikation mit ihnen wird sehr erschwert.

Mit der Überweisung in ein Krankenhaus gewinnt man Zeit für eine weniger gespannte Unterhaltung mit den Eltern, und es ist eine eingehendere Untersuchung des Kindes möglich. Ist das Kind alt genug, verliert sich oft einiges von seiner Angst; es wird bereitwilliger mit dem Arzt sprechen und ihm damit die Beurteilung des Falles erleichtern. Im allgemeinen sind die Eltern erleichtert und bereit, das Kind in ein Krankenhaus zu überweisen, sofern der Fall von Anfang an in der richtigen Weise gehandhabt worden ist und das Praxispersonal oder der überweisende Arzt die Eltern nicht verstockt gemacht haben. Wenn die Eltern ständig darüber auf dem laufenden gehalten werden, was mit dem Kind geschieht und welche Befunde sich ergeben haben, sind sie in der Regel damit einverstanden, daß das Kind so lange im Krankenhaus bleibt, bis ein endgültiger Behandlungsplan erstellt werden kann. Diese Haltung ist nicht schwer zu verstehen, wenn man sich einmal klarmacht, daß die Mehrheit der Eltern, die ihre Kinder mißhandeln, Hilfe sucht. Wird eine solche Hilfe angeboten, ohne sie mit Drohungen und Vorwürfen zu verbinden, kann man in den meisten Fällen auf die Mitarbeit der Eltern rechnen.

Medizinische Gesichtspunkte

Die medizinische und körperliche Untersuchung des Kindes muß unverzüglich und sorgfältig erfolgen (10; 11). Oft ist Erste Hilfe erforderlich, wenn das Kind akut krank ist. Hier soll nicht der Versuch unternommen werden, näher auf die häufig notwendige neurologische, orthopädische oder neurochirurgische Betreuung dieser Kinder einzugehen. Diese Aspekte akuter Traumata an Kindern werden in den Standardlehrbüchern ausreichend abgehandelt.

Das am häufigsten auftretende dringliche Problem ist das eines subduralen Hämatoms, bei dem der Arzt sehr frühzeitig in der Behandlung des Kindes die Konsultation eines Neurochirurgen verlangen sollte. Eine frühe Behandlung subduraler Hämatome verbessert die Heilungsaussichten (12; 13). Der Neurochirurg kann nicht nur ärztlichen Beistand leisten, sondern auch ein Expertengutachten abgeben, wenn der Fall vor Gericht kommt. Sehr oft lassen sich subdurale Hämatome auch nachweisen, ohne daß ein sichtbarer Schädelbruch vorliegt oder äußere Verletzungen zu beobachten sind. Bei der Beurteilung solcher Kinder wird oft der Fehler gemacht, keine Reihenmessungen des Schädelumfangs vorzunehmen. Damit können die einzigen wahrnehmbaren Veränderungen in den frühen Phasen dieses Krankheitszustandes erfaßt werden.

Ein Kind, das erheblich mißhandelt wurde, hat möglicherweise ein akutes Leiden, das mit dem Magen-Darm-Trakt zusammenhängt, beispielsweise eine akute Verstopfung aufgrund eines Hämatoms in der Darmwand (14), einen Darmdurchbruch, der zu Bauchfellentzündung oder Abszeßbildung führt, oder Risse in anderen Verdauungsorganen (15). Das sind selbstverständlich akute chirurgische Notfälle, die entsprechend behandelt werden sollten (16). Viele Kinder, die geschlagen worden sind, bedürfen unverzüglich einer orthopädischen Behandlung (17), was sowohl bei vollständigen Knochenbrüchen als auch bei schweren epiphysären und metaphysären Schädigungen aufgrund wiederholter Verletzungen die langfristigen Heilungsaussichten verbessert. Gelegentlich kommt es auch zu traumatischen Schäden des Auges, so daß ein Ophtalmologe Erste Hilfe leisten muß (18).

Auf die Gefahr hin, den Zorn einiger meiner chirurgischen Fachkollegen heraufzubeschwören, möchte ich sagen, daß die außerchirurgischen Aspekte des Falles, wie z. B. Beratung der Eltern, Kontaktaufnahme mit Kommunalbehörden und medizinische Betreuung des Kindes, vom Hausarzt oder Kinderarzt übernommen werden sollten und nicht vom chirurgischen Berater. Das Syndrom des mißhandelten Kindes ist ein pädiatrisches Problem, das vom Pädiater mit Unterstützung seiner chirurgischen Kollegen als Fachberater bearbeitet werden sollte.

Jedes Kind, das eine ernsthafte, ungeklärte Verletzung aufweist, muß einer Röntgenuntersuchung seiner Rippen, des Schädels und der langen Röhrenknochen unterzogen werden. Dies ist das wichtigste diagnostische Instrument des Arztes, das dieser in allen Fällen einer möglichen Kindesmißhandlung einsetzen sollte. Wird das Kind kurze Zeit nach dem ursächlichen Trauma untersucht, so kann es vorkommen, daß auf dem Röntgenbild keine Anzeichen einer Verletzung zu erkennen sind. Falls ein starker Verdacht besteht, sollten in Abständen von zwei bis drei Wochen die Röntgenuntersuchungen an den langen Röhrenknochen wiederholt werden, wenn man eine Verletzung dieser Körperpartien mit Sicherheit ausschließen will. Bei einer genauen Diagnose sind einige wesentliche

Punkte zu berücksichtigen, die durch eine eingehende körperliche Untersuchung sowie Examination der Krankheitsgeschichte fast alle genau bestimmt werden können. Eine ausführliche Erörterung dieser beiden Punkte findet sich in Kap. 4. Ein mit den Problemen der Kindesmißhandlung vertrauter Röntgenologe wird nicht nur für die Diagnose eine wertvolle Hilfe sein, sondern auch für den Krankheitsbefund. Es ist nichts Ungewöhnliches, wenn ein geübter Röntgenologe auf routinemäßig erstellten Röntgenbildern verdächtige Stellen ausfindig macht und zusätzliches Filmmaterial anfordert, um seinen Verdacht zu erhärten.

In sämtlichen Fällen schwerer Quetschungen sollte nach Möglichkeit ein Hämatologe hinzugezogen werden. Unserer Erfahrung nach kommt es höchst selten vor, daß mißhandelte Kinder zu Blutungen neigen, obwohl die Eltern solcher Kinder gern beteuern, daß ihr Kind sich leicht Blutergüsse zuziehe. Aus medizinischen wie aus juristischen Gründen ist es sehr wichtig, die Tatsache auszuschließen, daß das Kind an der Bluterkrankheit leidet. Alle mißhandelten Kinder mit schweren Quetschungen, die in unser Krankenhaus überwiesen werden, kommen in die Hämatologie der Pädiatrie, wo ein Koagulationstest durchgeführt wird. Nach Ansicht der dort tätigen Ärzte müssen nicht weniger als sechs verschiedene Untersuchungen vorgenommen werden, um alle bekannten Krankheiten auszuschließen, die die Gerinnungsfähigkeit des Blutes beeinträchtigen. Solange nicht die Ergebnisse sämtlicher Tests vorliegen, gibt sich der Arzt einer Täuschung hin, wenn er meint, sich auf ein Einzelergebnis verlassen zu können. Im einzelnen handelt es sich um folgende Prüfungen: Zählung der Blutplättchen, Dauer der Blutung, Prothrombinzeit, Thrombinzeit, partielle Thromboplastinzeit und Blutdruckmessung. Diese Tests bewegen sich alle im Rahmen der Routineuntersuchungen des Labors und können ohne Schwierigkeit durchgeführt werden.

Wird ein Defekt der Blutgerinnungsfähigkeit festgestellt, führt dies zu Schwierigkeiten in der Erstellung der Diagnose, da die Möglichkeit besteht, daß die mehrfachen Ekchymosen auf diesen Faktor zurückzuführen sind. In unserer Praxis hat es bislang nur einen Fall gegeben, bei dem ein Kind einen derartigen Defekt aufwies. Es handelte sich um ein fünfjähriges Mädchen, von dem die Eltern sagten, es sei die Kellertreppe hinuntergefallen. Sein Körper war übersät mit Blutergüssen, die nicht alle zum selben Zeitpunkt verursacht worden waren. Der Röntgenbefund war negativ. Sie litt unter Pneumonie, einer möglichen Sepsis und Panzytopenie. Die Zählung der Blutplättchen ergab weniger als 50 000/mm^2, ein Wert, der sich erhöhte, sobald die Infektion auf die Behandlung ansprach. Der Ernährungszustand, Berichte von Nachbarn sowie die Schwere der Blutergüsse sprachen dafür, daß das Kind schwer mißhandelt worden war, aber es wurden keine gerichtlichen Schritte unternommen, und das Kind wurde wieder zu seinen Eltern entlassen. Ein Jahr später wurde dessen jüngerer Bruder mit einem subduralen Hämatom in ein anderes Hospital überwiesen.

Fälle, bei denen Kinder geschlagen wurden und Ekchymosen die einzigen medizinischen Anhaltspunkte ergeben, sind in der Regel schwer als Kindesmißhandlungen nachzuweisen. Aus diesem Grund ist es wichtig, daß der Arzt unter Umständen mit Photographien arbeitet. Farbige Diapositive können am zweckmäßigsten gegenüber Polizeibehörden und Gerichten die Befunde dokumentieren, aber auch zur Unterweisung des Krankenhauspersonals und von Medizinstudenten dienen. An einigen Gerichten sind Farbphotographien nicht als Beweismittel zugelassen, was zusätzliche Schwarzweißaufnahmen erforderlich macht. Zu unserer eigenen Überraschung hatten wir keine Schwierigkeiten, von den Eltern die Erlaubnis dazu zu erhalten, sofern wir von vornherein richtig vorgegangen waren. In schwieriger gelagerten Fällen ist es in der Regel möglich, innerhalb kurzer Zeit eine richterliche Genehmigung zu erwirken.

Sobald die medizinische und chirurgische Begutachtung beendet ist, sieht sich der Arzt der heiklen Aufgabe gegenüber, alle Daten zusammenzustellen und eine endgültige Diagnose zu formulieren. Dabei muß er sich immer bewußt sein, daß *Diskrepanzen* auftreten können zwischen der Schwere der Verletzungen und dem Bericht der Eltern, der diese erklären soll. In vielen Fällen ist die Diagnose einfach. Die Röntgenbefunde sind eindeutig, und aus den Ergebnissen der körperlichen Untersuchung geht zweifelsohne hervor, daß das Kind schwer verletzt worden ist. Es ist der unbestimmte Fall, der ein ernsthaftes Problem aufwirft, wenn beispielsweise ein isoliertes subdurales Hämatom vorliegt, ohne daß die Krankheitsgeschichte ein Trauma, einen Schädelbruch oder eine Quetschung enthält. Welche Empfehlungen können gegenüber den Eltern oder kommunalen Behörden ausgesprochen werden? Jeder Arzt ist sich völlig darüber im klaren, daß ein subdurales Hämatom in der überwiegenden Mehrzahl der Fälle auf keine andere Weise zustande kommen kann als durch eine äußere Verletzung (Meningitis kommt im allgemeinen nicht in Betracht), und trotzdem sind die Eltern nicht in der Lage oder bereit, die entsprechende Schilderung des Hergangs zu geben. Auch Kinder mit zahlreichen Blutergüssen ohne zusätzliche Körperbefunde stellen den Arzt vor ein ernstes diagnostisches Problem. Jeder Arzt, der auch nur einige Erfahrung mit Kindern hat, war schon einmal in der höchst mißlichen Lage, daß er ein Kind zu den Eltern entlassen mußte, nur um dann zu erleben, daß dasselbe Kind erneut in sein oder ein anderes Krankenhaus eingeliefert wurde, und zwar mit weit schwereren Verletzungen oder sogar tot. Dennoch müssen wir uns davor hüten, Eltern zu Unrecht der Verletzung ihrer Kinder zu beschuldigen (19; 20; 21). Das Problem solch schwieriger Fälle soll etwas eingehender besprochen werden in der Hoffnung, anderen Ärzten Ratschläge geben zu können, wie sie sich in derartigen Situationen am besten verhalten. Eine einfache Lösung hierfür gibt es nicht.

Die Verantwortung des Arztes gegenüber den Eltern

Sobald das Kind in ein Krankenhaus überwiesen ist und dort untersucht wird, muß der Arzt sich den Eltern zuwenden. Und hier ist Erfahrung von wesentlicher Bedeutung. Diese Aufgabe sollte keinem unerfahrenen Krankenhausarzt übertragen werden. Man kann ein Verfahren entwickeln (es muß in jeder Situation neu modifiziert werden), das dem Arzt ermöglicht, mit diesem höchst diffizilen Aspekt des Problems in zweckmäßiger Weise umzugehen. Meiner Meinung nach muß man auf drei Punkte besonders achten: erstens muß der Arzt nach Kräften bemüht sein, keinerlei Urteil abzugeben oder Empörung zu zeigen; zweitens muß er sich vor Augen halten, daß die Eltern in den meisten Fällen Hilfe suchen; und drittens muß er die Eltern immer und vollständig darüber auf dem laufenden halten, welche Maßnahmen gegenüber dem Kind getroffen werden.

Für jeden, der Eltern gegenübersteht, die ihr Kind mißhandelt haben, ist es wahrscheinlich äußerst schwer, feindselige oder empörte Gefühlsäußerungen zu unterdrücken. Wie wichtig es ist, seine Gefühle in einer solchen Situation zu beherrschen, wird sofort offenbar, wenn ein übereifriger Fragesteller – ein Arzt, ein Medizinstudent, ein Polizeibeamter oder ein Sozialarbeiter – den Fall falsch angepackt hat. Wenn es einem gelingt, sich mit den Eltern zusammenzusetzen und mit ihnen über das Problem und das Kind zu sprechen, ohne jede Feindseligkeit an den Tag zu legen, so wird das Gespräch erfolgreich sein und die Eltern werden zur Mitarbeit bewogen. In den selteneren Fällen schwer verletzter Kinder ist es am besten, erst einige Stunden abzuwarten, bevor man sich mit den Eltern eingehend über das Problem unterhält. Die Eltern sind dann nicht mehr so aufgeregt und besorgt, der Arzt hat seine empörten Gefühle besser unter Kontrolle, und das Problem kann sachlicher diskutiert werden. In praktisch allen Fällen, in denen die Kommunikation schließlich blockiert ist, hat von vornherein ein Arzt, Medizinstudent, Sozialarbeiter oder Polizist einen entsprechenden Fehler gemacht.

Ich stelle mich als leitender Kinderarzt der Station vor, der an Gesprächen mit Eltern interessiert ist, deren Kinder verletzt wurden. Meistens lautet meine erste Frage an die Eltern, wie es ihnen geht, oder ich mache eine Bemerkung darüber, daß sie wohl ein paar harte Tage hinter sich haben. Erst nachdem ich auf ihre Fragen und Probleme eingegangen bin, komme ich auf das Kind und seine Verletzungen zu sprechen. Solange das Kind sich im Krankenhaus befindet, spreche ich mit den Eltern, einzeln und zusammen. Die Befragung kann sich über mehrere Tage erstrecken, wobei jedes einzelne Gespräch nicht länger als ein paar Minuten dauert und die Beziehung zu den Eltern immer besser wird und jedesmal neues Material hinzukommt.

Im Hinblick auf den zweiten Punkt, den Wunsch der Eltern nach Hilfe, muß man einräumen, daß dieser Wunsch nicht zu jeder Zeit deutlich zum Ausdruck kommt. Wenn der Arzt jedoch davon überzeugt ist, daß diese Behauptung richtig ist, dann wird einer der beiden Eltern schließlich in irgendeiner Weise den verzweifelten Wunsch nach einer irgendwie gearteten Hilfe äußern. Als ich einer Mutter gegenüber andeutete, ich hätte Angst, ihr vierjähriges Kind wieder nach Hause zu entlassen, lautete ihre Antwort: »Es ist bestimmt nichts im Vergleich zu der Angst, die ich selbst davor habe.« In derselben Situation sagte eine andere Mutter: »Gehen Sie meinetwegen zum Teufel!« Als sie schließlich erfuhr, daß ihr Kind aufgrund eines Gerichtsbeschlusses in ein Pflegeheim überwiesen worden war, zeigte sie sich ungeheuer erleichtert. Die Erfolge einer Zusammenarbeit mit Eltern, die ihre Kinder schlagen, stellen sich nicht unmittelbar ein, und nur allzuoft kann es bei der Bearbeitung eines Falles Jahre dauern, ehe der Arzt davon überzeugt ist, daß sein Vorgehen richtig war – und manchmal wird er nie davon überzeugt sein.

Für mich hat es sich als äußerst hilfreich erwiesen, mit den Eltern dieser Kinder möglichst offen und ehrlich zu reden. Alle Gespräche mit ihnen müssen deutlich erkennen lassen, daß man ihnen und dem Kind helfen will. In der Vergangenheit hatte es in den wenigsten Fällen jemanden gegeben, der so sehr an ihnen interessiert gewesen wäre, daß er seine Hilfe angeboten hätte. Wenn diese Atmosphäre in den vielen Gesprächen beibehalten wird, die geführt werden müssen, dann vermindern sich Feindseligkeit, Empörung und die bedrohlichen Aspekte der Situation.

Nachdem ich den Eltern ausführlich die Ergebnisse der medizinischen und chirurgischen Befunde erklärt habe, gehe ich auf die Resultate der Labortests und der Röntgenuntersuchungen ein. Ich nenne ihnen die genaue Anzahl der festgestellten Brüche und erkläre ihnen deren Bedeutung. Die Eltern zeigen sich bereitwilliger, auch über einige andere Aspekte des Falles ausführlicher zu sprechen, wenn sie das Gefühl haben, daß man ihnen einen vollständigen Bericht über den jeweiligen medizinischen Tagesbefund gegeben hat. Wenn man so will, sind die medizinischen Befunde ein Instrument, das bei richtiger Anwendung die Tür zu weiteren Gesprächen öffnen wird. Man muß beständig darauf bedacht sein, das Kind nicht so stark in den Vordergrund zu stellen, daß die Eltern sich vernachlässigt oder bedroht fühlen.

Es taucht die Frage auf, ob nicht der Sozialarbeiter anstelle des Arztes einen Großteil der Verantwortung übernehmen sollte (22). Es ist möglich, daß ein Teil dieser Aufgaben auch ganz gut von einem gut ausgebildeten Sozialarbeiter übernommen werden kann (23). Mir persönlich ist es lieber, einen erfahrenen Sozialarbeiter bei der Stützung und Therapie der Eltern zur Seite zu haben anstatt in den Gesprächen, in denen es darum geht, den Hintergründen des Falles auf die Spur zu kommen (s. Kap. 8). Es obliegt dem Arzt, den Eltern die Befunde zu erklären, einen Bericht für die Polizei abzufassen und als Zeuge vor Gericht aufzutreten. Wenn er nicht bei allen vorangegangenen Gesprächen mit den Eltern dabeigewesen ist, bricht die Verbindung zu den Eltern ab, und die Arbeit mit ihnen gestaltet sich schwierig. Ich bin nicht der Ansicht, daß das gerichtsmedizinische Gutachten von einem Sozialarbeiter abgefaßt werden sollte. Die Ärzte sind allzu schnell bei der Hand, ihre Verantwortung einem Sozialarbeiter abzutreten, die dieser viel zu bereitwillig übernehmen würde.

Wenn die Eltern die Überzeugung gewonnen haben, daß der Arzt ein echtes Interesse an ihnen und ihrem Problem hat und ihnen offen und ehrlich jeweils die neuesten Befunde mitgeteilt hat, muß er ihnen erklären, daß er als praktizierender Arzt in einem amerikanischen Bundesstaat gesetzlich zu einer Meldung verpflichtet ist. Genau an diesem Punkt wird nach den Erfahrungen vieler Ärzte ihre Beziehung zu den Eltern einer Belastungsprobe ausgesetzt. Auf der einen Seite haben sie die Eltern über sämtliche Ergebnisse der medizinischen Untersuchungen ihres Kindes informiert und ihnen erklärt, daß sie ein starkes Interesse haben, ihnen zu helfen, und auf der anderen Seite müssen sie ihnen sagen, daß sie den Fall bei der Polizei melden müssen. Einige Eltern sind bei dieser Eröffnung davon überzeugt, daß der Arzt, dem sie vertraut haben, sie getäuscht hat. Mit dieser Situation wird man am besten fertig, wenn man mit den Eltern offen und ehrlich ist.

In der Regel erkläre ich ihnen, daß ich in einer schwierigen Lage bin. Ich sage ihnen, daß ich die vergangenen Tage oder Stunden damit verbracht habe, mit ihnen über ihre Probleme zu reden und daß ich ihnen helfen möchte. Andrerseits sei ich als praktizierender Arzt in diesem Bundesstaat gesetzlich verpflichtet, die Behörden über jedes von mir behandelte Kind zu unterrichten, das Verletzungen aufweist, die nicht aus einem Unfall stammen. Wenn den Eltern gegenüber bislang keine Fehler begangen wurden, so lautet deren Antwort in der Regel, daß sie wußten, daß dieser Bericht nicht zu umgehen war. Ist diese Hürde genommen, muß der Arzt noch einen Schritt weiter gehen. Es ist seine Pflicht, den Eltern zu erklären, was dieser Bericht eigentlich bedeutet, an wen er geht, was er enthält und welche Reaktion des Empfängers zu erwarten ist. Wenn der Arzt das nicht tut, sind alle Bemühungen, mit den Eltern eine Beziehung herzustellen, möglicherweise durch einen einzigen, schlecht vorbereiteten und unerwarteten Besuch eines Polizeibeamten oder Sozialarbeiters umsonst gewesen. Es ist auch möglich, daß eine erfahrene Sozialarbeiterin die Pflicht übernehmen kann, den Eltern zu erklären, was geschehen wird, sobald die Behörden den Bericht erhalten haben. Ich habe die Erfahrung gemacht, daß eine Sozialarbeiterin dieser Aufgabe kaum gewachsen ist, wenn sie nicht mit dem Problem und mit dem Vorgehen der Polizei, der Fürsorge und der Justiz sehr vertraut ist.

Man sollte den Eltern sagen, daß mehrere Reaktionen der Behörde auf die Meldung möglich sind. Es kommt vor, daß gar nichts geschieht. Bestimmte amtliche Stellen müssen erst mehrmals angesprochen werden, bevor sie in einem Fall aktiv werden und etwas unternehmen. Andererseits kann es passieren, daß eine übereifrige Polizeidienststelle die Meldung erhält und sofort einen Polizisten zu den Eltern losschickt, der wissen will, warum sie ihre Kinder schlagen. Und es kann vorkommen, daß ein mit der Materie nicht vertrauter Distriktanwalt in einem bestimmten Fall Anklage erhebt, weil er denkt, daß er »gewinnt«. »Gewinnen« bedeutet für ihn, daß eine Verurteilung erfolgt und die Eltern eine Gefängnisstrafe erhalten.

Glücklicherweise werden die Fälle immer seltener, in denen das Problem in dieser Weise behandelt wird. Sozialämter arbeiten zunehmend mit besser ausgebildetem Personal, und viele größere Polizeidienststellen haben den Abteilungen für Kinderfürsorge Spezialisten für Jugendfragen überstellt, in deren Händen die entsprechenden Nachforschungen umsichtig und verständnisvoll vorgenommen werden. In einer solchen Situation verläuft die Kommunikation mit den beteiligten Ärzten optimal. Was über die Fähigkeit des unerfahrenen Mitarbeiters des Krankenhauses gesagt wurde, den Fall zu behandeln, gilt ebenso für den unerfahrenen Sozialarbeiter oder Polizeibeamten. Beide sollten nur nach intensiven Instruktionen hinzugezogen werden.

Wenn ich den Eltern gegenüber die möglichen Folgen meines Berichts erörtere, spreche ich auch über die Absichten, die jede einzelne an dem Fall beteiligte Person verfolgt. Ich versuche hervorzuheben, daß wir alle dasselbe Ziel haben, nämlich den Eltern zu helfen und das zu tun, was für das Kind am besten ist. Im allgemeinen reagieren die Eltern auf dieses Vorgehen positiv.

Ist zu erwarten, daß der Fall vor Gericht kommt, dann empfehle ich den Eltern dringend, sich einen Rechtsbeistand zu suchen. Ich habe des öfteren sehr mißliche Situationen vor Gericht erlebt, in denen die Eltern nicht durch Rechtsanwälte vertreten waren, weil ihnen meistens die Mittel dazu fehlten. Zugleich weise ich eindringlich darauf hin, daß sie ihrem Anwalt so klar wie möglich sagen müssen, was sie selbst wollen und welche Linie er einschlagen soll. Viele Verteidiger, aber auch viele Distriktanwälte sehen das Verfahren unter dem Aspekt, daß sie den Fall »gewinnen« können. Für den Verteidiger bedeutet dies, zu erreichen, daß das Kind wieder in die Obhut seiner Klienten zurückgegeben wird. Ich sage den Eltern ganz offen, daß sie diesen Umstand besonders ernsthaft erwägen und entscheiden müssen, ob dies auch im Hinblick auf das Kind einen Gewinn bedeutet. Viele Eltern sind bereit, über diese Frage eingehend nachzudenken; tatsächlich sind viele froh darüber, daß sie überhaupt angesprochen wird.

Wenn das Gespräch bis zu diesem Punkt fortgeschritten ist, versuche ich den Eltern nochmals klarzumachen, daß ich daran interessiert bin, ihnen als den Eltern des betroffenen Kindes zu helfen. Ich versuche herauszufinden, ob sie der Ansicht sind, daß es ihnen helfen könnte, über die Probleme, die sie mit dem Kind haben, mit einer dritten Person ein eingehendes Gespräch zu führen. Ich frage sie, ob sie glauben, daß eine psychologische Beratung sinnvoll wäre und ob sie gern mit einem Psychiater sprechen würden, wenn ich mich für sie um einen Termin kümmere. Mit sehr wenigen Ausnahmen sind sie ziemlich bereitwillig und an einer psychiatrischen

Beratung interessiert. In vielen Fällen ist einer der beiden Eltern zögernder, aber trotzdem bereit, »sich mit dem Gedanken anzufreunden«. Sobald ihre Zustimmung gewonnen ist, sollte so schnell wie möglich ein Termin für die Beratung vereinbart werden.

Wenn schließlich der Fall vor dem Richter verhandelt und der Arzt – wie es meist der Fall ist – vorgeladen wird, um seine Befunde vorzutragen, dann ist es wohl am besten, wenn er sich vor der Eröffnung der Verhandlung zu den Eltern setzt und ihnen im einzelnen erklärt, wie das Verfahren ablaufen wird. Außerdem sollte er ihnen genauestens mitteilen, welche Aussage er machen wird. Wenn die Eltern in den bisherigen Gesprächen über alles offen informiert worden sind, so wird der Arzt ihnen nichts Neues zu sagen haben. Er muß lediglich die wichtigsten Punkte nochmals hervorheben. Bei diesem Vorgehen verspüren die Eltern viel weniger Angst vor der Verhandlung, und die therapeutische Rolle des Arztes kann weiter bestehen bleiben, selbst wenn er dann aufgerufen wird, vor dem Richter über die festgestellten Tatsachen auszusagen. Es kann gar nicht genug darauf hingewiesen werden, daß das vorderste Anliegen des Arztes darin besteht, den Eltern und dem Kind zu helfen. Selbst wenn sich seine Ansichten nicht völlig mit denen der Eltern decken, sollte er seine Meinung und deren Gründe offen und eindeutig darlegen.

Die juristische Pflicht des Arztes

Ärzte sind oft sehr fahrlässig, wenn sie ihren gesetzlichen Verpflichtungen im Hinblick auf ein mißhandeltes Kind nachkommen sollen. Aus einer Vielzahl von Gründen läßt sich bei Ärzten ein starker Widerwille beobachten, sich auf juristische Angelegenheiten einzulassen. Sie finden dafür viele Entschuldigungen, die in ihren Augen ganz vernünftig und legitim sind. Der Arzt muß sich jedoch darüber im klaren sein, daß er in Fällen von Kindesmißhandlungen dem Kind wie den Eltern gegenüber nicht nur eine moralische, sondern auch eine gesetzliche Pflicht hat. Wenn er diese Verantwortung nicht übernimmt, so wird in 25 bis 30 Prozent der Fälle das Kind innerhalb der nächsten Monate stets aufs Neue verletzt oder schließlich sogar getötet werden. Es ist entmutigend, die vielen Fälle aufzuzählen, in denen ein niedergelassener Arzt nicht bereit war, die Verantwortung zu übernehmen und sich einzugestehen, daß er ein mißhandeltes Kind vor sich hatte. Ich habe niedergelassene Ärzte erlebt, die sich erleichtert darüber zeigten, daß die Blutungszeit um eine Minute über der Normaldauer lag, so daß sie sich mit diesem Umstand die zahlreichen Quetschungen des Kindes erklären konnten. Ein Arzt sagte den Eltern eines schwer mißhandelten Kindes, er werde den Fall nicht weitermelden, wenn sie sich bereit erklärten, einen Psychiater aufzusuchen.

Sämtliche 50 Bundesstaaten der USA schreiben gesetzlich vor, daß Ärzte, die Kinder behandeln, deren Verletzungen auf ungeklärte Weise zustande kamen, einer bestimmten Behörde darüber eine Meldung machen müssen. Um welche Behörde es sich im einzelnen handelt, ist unterschiedlich geregelt. Die Meldung besteht in der Regel aus einem telefonischen Anruf zum Zeitpunkt der Aufnahme und einem anschließenden schriftlichen Bericht. Ich bin der Ansicht, daß die Meldung erst erfolgen sollte, nachdem man die Eltern von ihrer Notwendigkeit überzeugt hat. Es ist bei weitem leichter für die Eltern, die Notwendigkeit der Meldung einzusehen und zu akzeptieren, wenn man ihnen dies zuvor erklärt hat. Geschieht dies nicht, so kann es zu mißlichen Situationen kommen, die kaum noch zu retten sind. In den meisten Bundesstaaten ist der Arzt davor geschützt, wegen seiner Meldungen einer Flut von Anklageschriften ausgesetzt zu sein. Das bedeutet für den Arzt eine Erleichterung und ist wesentlicher Bestandteil eines jeden Gesetzes, das ihn zu einer Meldung über Verletzungen ungeklärter Herkunft an Kindern verpflichtet.

Theoretisch ist es nicht die Aufgabe des Arztes, in einem derartigen Fall Untersuchungen vorzunehmen oder eine Anzeige zu erstatten (9). Es bedarf jedoch keiner Erläuterung, daß die Behörde, die die Meldung entgegennimmt, sich weitgehend auf diese verläßt. Solange der Arzt nicht zu einer Feststellung bereit ist, daß das Kind schwere Verletzungen aufweist und nicht aus der Klinik zu seinen Eltern entlassen werden darf, und dies auch vor Gericht aufrechterhält, hat weder das Sozialamt noch die Polizei die Macht, den Fall weiter zu verfolgen. Der Arzt muß eine klare Stellung beziehen. Der folgende Brief ist ein Beispiel dafür, wie eine schriftliche Meldung aussehen kann. Darin wird die letzte Entscheidung in die Hände der Behörde gelegt und zugleich der Standpunkt des Arztes deutlich gemacht:

»An die zuständige Behörde,
in Übereinstimmung mit den gesetzlichen Vorschriften des Staates Colorado im Hinblick auf nicht unfallbedingte Verletzungen an Kindern, übermittle ich Ihnen die folgende Information über D. B. Das Mädchen ist vier Jahre alt und wurde am 30. August von seinen Eltern auf unsere Station eingeliefert und von uns untersucht. Die Eltern klagten darüber, daß das Kind die Nahrungsaufnahme verweigere und seit zwei bis drei Tagen an Erbrechen leide. Das Kind wurde unverzüglich ins Krankenhaus überwiesen.

Ich habe mich persönlich mit beiden Eltern unterhalten, und sie behaupteten, dem Mädchen sei es mit Ausnahme der letzten Tage vor der Einlieferung ganz gut gegangen. Die einzige Verletzung, von der sie erzählten, war ein Sturz von einem Zaun, wenige Tage zuvor. Sie gaben an, das Kind sei nie ein starker Esser gewesen, aber sie hätten dem keine Bedeutung zugemessen, bis die Brechanfälle einsetzten.

Die körperliche Untersuchung ergab, daß das Kind extrem ausgezehrt und unterernährt war. Die beigefügten Photographien können diesen Punkt etwas deutlicher werden lassen. Obgleich das Mädchen vier Jahre alt war, wog es nur 17 Pfund. Der ganze Körper war mit blauen Flecken übersät und wies zahlreiche Kratzwunden, Hautabschürfungen und Wundmale auf. Als wir das Kind fragten, wie sich die Verletzungen zugetragen hätten, sagte es: »Das war meine Mutti«.

Laboruntersuchungen einschließlich eines hämatologischen Tests ergaben, daß das Kind weder Bluter ist noch an Gewebeschwäche leidet. Röntgenuntersuchungen ergaben eine massive Schädelfraktur, einen abheilenden Bruch des linken Unterarms sowie einen kleinen Bruch der beiden kleinen Finger. Aus diesen Aufnahmen haben sich keinerlei Anhaltspunkte dafür ergeben, daß das Kind zu Knochenbrüchen neigt. Ebensowenig haben wir Anzeichen für einen organischen Defekt gefunden, der diesen hohen Grad von Unterernährung, Blutergüssen und Knochenbrüchen erklären könnte. Aus den Röntgenaufnahmen ergab sich ferner eine starke Verdauungsstörung, wahrscheinlich verursacht durch ein Hämatom in der Darmwand. Dieses hat sich mittlerweile aufgelöst, und die Brechanfälle treten nicht mehr auf.

Dieses Kind stellt einen der schwersten Fälle von Unterernährung dar, den wir in den letzten Jahren in unserem Krankenhaus erlebt haben. Wir haben Farbaufnahmen gemacht, aus denen zu ersehen ist, wie das Kind bei seiner Einlieferung aussah. Es kann ohne weiteres behauptet werden,

daß es keine bekannte medizinische Erklärung für eine so schwerwiegende Unterernährung sowie die Zahl der Knochenbrüche und der Blutergüsse gibt, außer schwerer Vernachlässigung, Mißhandlung und körperlicher Verletzung.

Ich glaube, aus dem geschilderten Sachverhalt geht genügend deutlich
hervor, daß ich nicht bereit bin, dieses Kind wieder zu seinen Eltern zu
entlassen. Bevor ich irgendwelche Maßnahmen im Hinblick auf eine
Entlassung treffe, möchte ich Ihre Entscheidung abwarten.

Mit freundlichen Grüßen . . .«

Wenn sich herausstellt, daß eine amtliche Stelle nicht zur
Mitarbeit bereit ist, so findet sich der Arzt in einer sehr
schwierigen Situation. Er kann der Auffassung sein, daß es ein
großes Risiko für das Kind bedeutet, wenn es wieder zu seinen
Eltern gebracht wird, ohne daß es ihm möglich ist, die Polizeibehörde oder das Sozialamt zu einer Klage vor Gericht zu
bewegen. Unter diesen Umständen stehen dem Arzt eine
Reihe von Alternativen zur Verfügung. Manchmal kann er die
Eltern davon überzeugen, daß es für alle Beteiligten am besten
ist, wenn das Kind für eine bestimmte Zeit in ein Pflegeheim
kommt. An diesem Punkt sollte ich darauf hinweisen, daß eine
freiwillige Entfernung des Kindes von seiner Familie ohne
Einspruch der Eltern sehr schwierig ist, falls das Sozialamt
keinen Gerichtsbeschluß vorweisen kann. Zu oft kommt es
vor, daß Eltern, die dem Sozialamt ihr Kind freiwillig überlassen haben, diesen Entschluß bereuen und ihr Kind zurückver-
langen. Wenn dann keine gerichtliche Verfügung vorliegt,
nach der das Kind in ein Pflegeheim gegeben werden muß,
wird es fast unmöglich, mit den Eltern auch nur für kurze Zeit
zusammenzuarbeiten. Ohne diese Verfügung kann es geschehen, daß die Eltern die Sozialarbeiterin so lange drängen, bis
diese schließlich nachgibt und das Kind nach Hause bringt,
was oft verheerende Folgen hat.

Neben einer Zusammenarbeit mit den Eltern in den Situationen, wo von Seiten der Behörden nichts unternommen wird,
kann sich der Arzt entweder an den Distriktanwalt oder
direkt an den Jugendrichter zur Unterstützung wenden. Eines
unserer Kinder war nach seinem elften Knochenbruch noch
immer bei seinen Eltern, da die Mitarbeiter der Kinderfürsorge nicht bereit waren, einen Antrag bei Gericht auf Unterbringung in ein Pflegeheim einzureichen. Erst als der Richter auf

unser Verlangen die Behörde zwang, einen Antrag im Interesse des Kindes zu stellen, wurde dieses den Eltern weggenommen.

Obgleich der folgende Punkt in diesem Buch noch ausführlich behandelt wird (Kap. 10), muß doch an dieser Stelle nochmals darauf hingewiesen werden. Der Arzt muß sich über den Unterschied zwischen einem Strafverfahren und einem Verfahren zur Entziehung des Sorgerechts im klaren sein. Wir sind der Überzeugung, daß mit sehr wenigen Ausnahmen Fälle von Kindesmißhandlung vor Gericht als Verfahren zur Entziehung des Sorgerechts behandelt werden sollten. Zu diesem Zweck muß die Kinderschutzbehörde in der Regel bei Gericht einen Antrag zugunsten des Kindes einreichen, in dem sie das Gericht auffordert, ihr auf Zeit oder auf Dauer die Verantwortung für das Kind zu übertragen. In dieser Situation wird der Fall im allgemeinen vor dem Jugendrichter verhandelt, und der Arzt muß als Zeuge aussagen. In Verfahren zur Entziehung des Sorgerechts trägt niemand die Beweislast dafür, daß das Kind von einer bestimmten Person geschlagen wurde, sondern es ist lediglich der Beweis zu führen, daß angesichts der medizinischen und sozialen Befunde das Kind nicht ausreichend versorgt worden ist. Unter diesen Umständen kann der Arzt glücklicherweise seine Untersuchungsergebnisse vortragen. Das Kind kann der Obhut der Eltern entzogen werden, und diese haben damit freiere Hand, sich um ihre anderen Kinder zu kümmern und sich beraten und psychiatrisch helfen zu lassen.

Wird durch den Distriktanwalt ein Strafverfahren eingeleitet, so muß nachgewiesen werden, daß ein bestimmter Elternteil oder eine namhaft gemachte Person das Kind geschlagen hat. Das kann sich als sehr schwierig herausstellen. Selbst wenn der Prozeß »gewonnen« wird, werden die Eltern im allgemeinen zu einer Strafe mit Bewährung oder zu einer kurzen Gefängnisstrafe verurteilt. In dieser Situation sind die meisten Eltern feindselig und nicht bereit, psychiatrische Hilfe anzunehmen. In den meisten Fällen wird mit Strafverfahren nichts gewonnen und sehr viel verloren. (Eine andere Auffassung zu diesem Punkt findet sich in Kap. 8).

Wenn der Arzt sich einem mißhandelten Kind gegenübersieht und nicht bereit ist, seine gesetzliche Verantwortung zu übernehmen, sollte er das Kind an einen Kollegen überweisen, der bereits mit Fällen dieser Art zu tun hatte. Keinesfalls zu billigen ist jedenfalls das Verhalten eines Arztes, der nicht nur die Übernahme einer Verantwortung ablehnt, sondern auch nicht bereit ist, den Fall zu überweisen.

Um vor Gericht nicht in Beweisnot zu geraten, sollte der Arzt während der Behandlung des Kindes präzise Aufzeichnungen machen. Hat ein Mitarbeiter des Krankenhauses die Aufnahme durchgeführt und die Körperuntersuchung vorgenommen, so muß der Arzt beides wiederholen und den Bericht des behandelnden Arztes gegenzeichnen. Bei bestimmten Gerichten ist dies von Bedeutung, vor allem dann, wenn es keine besonderen Regelungen für Jugendgerichte gibt. Es gibt nämlich die Möglichkeit, daß alle Aufzeichnungen des Fallberichts, die nicht von dem Arzt stammen, der vor Gericht aussagt, als Beweismittel nicht zugelassen werden, da sie als Beweis aus zweiter Hand gelten. Um dieses Problem zu vermeiden, sollte der Arzt alle wichtigen Aufzeichnungen gegenzeichnen oder selbst neu anfertigen. Glücklicherweise erlauben die Verfahrensregeln vieler Jugendgerichte dem Arzt, vor Gericht Informationen aus der Akte zu verwerten, die nicht von ihm mit unterzeichnet oder selbst erhoben worden sind.

Es ist wesentlich, daß der Arzt vor seinem Erscheinen vor Gericht um ein Gespräch mit dem Anwalt bittet, der das Amt für Kinderfürsorge vertritt. Manchmal ist es überraschend, wie wenig Verständnis einzelne dieser Anwälte für derartige Fälle haben und wie schlecht sie ihren Auftritt vor dem Richter vorbereiten. Der Arzt muß seine Untersuchungsergebnisse präzise vortragen und klar seine Meinung äußern, daß sich aus ihnen ein zwar unerklärtes, aber definitives Trauma ergibt. Wenn er sich nicht genau festlegt, wird das Kind möglicherweise zu früh zu seinen Eltern entlassen. Verteidiger pflegen beständig neue hypothetische Situationen zu konstruieren und richten an den Arzt die Frage, ob das Kind sich nicht auch auf diese Weise verletzt haben könnte. Der Arzt muß dann das Gericht immer wieder daran erinnern, daß sich die vom Verteidiger vorgebrachte Situation in den Schilderungen der Eltern nicht findet.

Wie schon erwähnt, war es für mich meistens ziemlich

hilfreich, schon vor der Gerichtsverhandlung eng mit den Eltern zusammenzuarbeiten. Sie sollten erfahren, welche Aussagen der Arzt machen wird, damit sie sich mit einem gewissen Gefühl der Sicherheit mit dem Verteidiger absprechen können. Gelegentlich war es mir möglich, mit dem Verteidiger selbst Kontakt aufzunehmen. Es hat auch Situationen gegeben, wo alle Beteiligten (Eltern, Anwälte und Mitarbeiter der Kinderfürsorge) sich bereits vor der Gerichtsverhandlung einig waren. Eltern, denen keine Beratung zuteil wird, können niemals davon überzeugt werden, daß keines ihrer Rechte in irgendeiner Weise verletzt wurde, und in manchen Fällen sind sie auch nicht davon überzeugt.

Wenn ein Verfahren zum Entzug des Sorgerechts eingeleitet wird, dann kann man es nur begrüßen, wenn der Richter bereit ist, die Parteien in einem Zimmer und nicht im Sitzungssaal anzuhören. Die Atmosphäre ist bei weitem entspannter, und die Zusammenarbeit mit den Eltern wird dadurch ungemein erleichtert. Der formelle Ablauf des Verfahrens kann trotzdem beibehalten werden, und am Ende haben meistens alle Beteiligten davon profitiert. Findet die Verhandlung dagegen im Gerichtssaal statt, so trägt die Atmosphäre kaum zu einer guten Lösung des Falles bei.

Es dürfte für einen Arzt nicht schwer sein, sich in die Lage des Richters zu versetzen, der sich einem Fall von Kindesmißhandlung gegenüber sieht und die letzte Entscheidung zu treffen hat. Ein guter Richter ist stets der quälenden Vorstellung ausgesetzt, daß das Kind, das er den Eltern zurückgegeben hat, irgendwann getötet werden kann. Der Arzt trägt dem Richter gegenüber die Verantwortung, so präzise wie möglich seine Befunde darzustellen und klar seine Meinung über eine zu treffende Entscheidung zu äußern. Wir können von einem Richter nicht erwarten, daß er die ganze Last der Verantwortung trägt, selbst wenn die Verantwortung für die Entscheidung letztlich bei ihm liegt.

Der schwierige Fall

Die schwierigste Situation für einen Arzt liegt vor, wenn ein Kind zu früh zu seinen Eltern entlassen worden ist. Diese

Entscheidung kann auf einen Gerichtsbeschluß zurückzuführen sein, aber in der Mehrzahl der Fälle wird das Kind aus dem Krankenhaus entlassen, ohne daß sich ein Gericht mit der Angelegenheit befaßt hätte. Im letzteren Fall waren die Verletzungen des Kindes meistens leichterer Art, so daß ihr Umfang weder den Arzt noch eine Behörde dazu bewegen konnte, die Einleitung eines Verfahrens zu beantragen.

Im allgemeinen handelt es sich dabei um ein Kind, das mehrere Quetschungen ungeklärter Herkunft aufweist. Das Vorliegen eines subduralen Hämatoms kann zu beträchtlichen Schwierigkeiten im Hinblick auf die ärztliche Entscheidung führen, wenn sich kein Bruch oder eine zusätzliche Verletzung nachweisen läßt. Der Arzt sollte sich unverzüglich an das kommunale Sozialamt oder den Gemeinderichter wenden und um Unterstützung für das weitere Vorgehen in diesem Fall bitten.

Besonders in dieser Art von Fällen ist enge Zusammenarbeit mit den Eltern dringend geboten, wenn das Kind beobachtet und geschützt werden soll. Befindet sich das Kind wieder bei seinen Eltern, dann werden therapeutische Maßnahmen erforderlich (s. Kap. 6). In einer solchen Situation können der Psychiater, die Sozialarbeiterin und die Mitarbeiterin des Gesundheitsamtes am besten Hilfestellung leisten. Es muß jemanden geben, der eine positive Beziehung zu den Eltern aufbaut. Der Elternteil, von dem die Mißhandlungen ausgingen, muß zu dieser Person Vertrauen haben und sie jederzeit erreichen können. Eine erfahrene Sozialarbeiterin oder Mitarbeiterin des Gesundheitsamtes kann in dieser kritischen Zeit von lebenswichtiger Bedeutung sein.

Wenn das Kind durch Gerichtsbeschluß in die zeitweilige Obhut einer Kinderfürsorgestelle genommen worden ist, ist der Fall noch nicht erledigt. Die Sozialbehörden holen in den seltensten Fällen die Meinung des beteiligten Arztes ein, wenn der Fall erneut vor Gericht kommen sollte. Immer wieder kommt es vor, daß Kinder, die der Arzt in einem Pflegeheim sicher untergebracht vermutet, erneut bei ihm eingeliefert werden, und zwar schwer verletzt oder tot, weil ein neues Verfahren anberaumt wurde und der Richter das Kind den Eltern zurückgab, ohne den Arzt davon zu benachrichtigen. Wir verfahren grundsätzlich so, daß wir in jedem Fall eines vorübergehenden Entzugs des Sorgerechts dem Sozialamt und dem Gericht schriftlich empfehlen, das Kind unter keinen Umständen wieder zu seinen Eltern zu entlassen, ohne den beteiligten Arzt zu Rate zu ziehen oder als Zeugen bei einer Wiederaufnahme des Verfahrens anzuhören. Unterbleibt ein solches Schreiben, dann wird man überrascht sein, wie oft Kinder ohne Wissen des Arztes, der Sozialarbeiterin des Krankenhauses oder des Psychiaters, die ursprünglich mit dem Fall zu tun hatten, wieder zu ihren Eltern entlassen werden.

Die Verantwortung des klinischen Zentrums der Universität

Die Verantwortung der Ärzte, die am klinischen Zentrum einer Universität arbeiten, ist eine dreifache: Forschung, Lehre und Dienst am Patienten. Die Zukunft und die Aufgaben der Forschung auf diesem Gebiet werden gerade erst erkannt. Viele Fragen sind nach wie vor offen – was auch dem Leser dieses Buches nicht verborgen bleiben wird. Das wirklich entscheidende Problem einer fortdauernden Beobachtung dieser Kinder und ihrer äußerst mobilen Eltern stellt den Arzt bei seinen Bemühungen um exakte Beobachtungen und Berichte vor ernsthafte Schwierigkeiten. Prognoseuntersuchungen (d. h. die Erkennung jener Eltern, die für das Kind ein starkes Risiko darstellen) scheinen erfolgversprechend. Wenn dieser Ansatz sich als erfolgreich erweist, kann er Ärzte und Sozialämter dabei unterstützen, jene Eltern ausfindig zu machen, die besonders sorgfältig beobachtet werden müssen, um die Sicherheit des betreffenden Kindes oder der Kinder zu gewährleisten. Auch Jugendämter, die Adoptionen vermitteln, können mit diesem Verfahren arbeiten, um künftige Adoptiveltern besser beurteilen zu können.

Der Einsatz qualifizierter Mitarbeiterinnen des Gesundheitsamtes und von Sozialarbeiterinnen für die Nachfolgebehandlung ist ernsthaft in Erwägung zu ziehen. Es ist zu hoffen, daß diese Fachkräfte unter der Aufsicht von Psychiatern und Kinderärzten eine ganze Anzahl von Patienten übernehmen und damit die Anzahl der behandelten Patienten insgesamt erhöhen können. Daneben gibt es Untersuchungen über Tagesheime für mißhandelte Kinder und deren Eltern. Auch Jugendrichter bedienen sich nach und nach der Forschung und erproben zahlreiche Möglichkeiten, mit diesem Problem fertig zu werden.

Neben dieser Forschungsaufgabe fällt den Medizinern am klinischen Zentrum der Universität auch die Rolle der Unterweisung zu. Dabei müssen sie ihr Wissen nicht nur an die Mitarbeiter der Klinik, an die Medizinstudenten und Fachärzte weitergeben, sondern sie müssen auch den kommunalen Behörden (z. B. dem Sozialamt oder der Polizei), besonderen Beamten (z. B. Richtern und Distriktanwälten) sowie dem an Schulen tätigen Personal vermitteln, in welcher Weise das Problem der Kindesmißhandlungen durch eine geeignete Zusammenarbeit mehrerer Stellen behandelt werden kann. Solange derartige Unterweisungen und eine verbesserte Kommunikation zwischen den genannten kommunalen Behörden und dem klinischen Zentrum nicht zustande kommen, werden mißhandelte Kinder nach wie vor bei den fehlgeleiteten Lösungsversuchen unerfahrener Mitarbeiter die Leidtragenden sein.

Schließlich hat das klinische Zentrum die Aufgabe, den Patienten Hilfestellung zu leisten und für die Fachärzte der Klinik einen Beratungsdienst einzurichten. Die im Zusammenhang mit vernachlässigten und/oder mißhandelten Kindern auftretenden Probleme können am besten durch eine Gruppe von Mitarbeitern der Klinik gelöst werden, die im allgemeinen aus einer Sozialarbeiterin, einem Kinderarzt und einem Psychiater bestehen sollte. Ebenso sinnvoll sind zusätzliche Mitarbeiter aus anderen Disziplinen, vor allem eine Beamtin des Gesundheitsamtes, ein statistischer Berater und ein Psychologe. Das entsprechende Team sollte bei jedem neuen Fall, der auf die Unfallstation eingeliefert wird, zur Beratung einberufen werden. Der Kinderarzt sollte den Fall beurteilen, mit den Eltern sprechen und mit den anderen Ärzten der Klinik zusammenarbeiten. Die Sozialarbeiterin kann eingeschaltet werden, nachdem die erste medizinische Untersuchung angelaufen ist, und zu einer Kommunikation mit den zuständigen Behörden beitragen. Der Kinderarzt sollte dem Team gegenüber für die erforderlichen Berichte verantwortlich sein. Es ist darauf zu achten, daß die Mitarbeiter der Klinik nicht von der ärztlichen Versorgung des Kindes ausgeschlossen werden. Das Gutachten vor Gericht sollte vom Oberarzt, nicht vom behandelnden Arzt stammen, da die Erfahrung auf diesem Gebiet von wesentlicher Bedeutung ist. Mit dem Fortgang der Entwicklung kommen auch die anderen Mitglieder des Teams ins Spiel, vor allem, wenn die Eltern in eine Therapie einwilligen.

In der Kinderfürsorge gibt es wahrscheinlich nichts, das erfolgreichere Ergebnisse mit sich bringt als das richtige Verständnis und Vorgehen in der Sorge um das vernachlässigte und mißhandelte Kind und dessen Eltern.

3. Röntgenologische Aspekte
Frederic N. Silverman*

Der Begriff des »mißhandelten Kindes« sowie die neueren Entwicklungen in der Aufklärung dieses Krankheitsbildes hängen eng mit dem Gebiet der diagnostischen Röntgenologie zusammen. Obgleich das Syndrom 1860 von Tardieu (1) in praktisch allen Formen und Abwandlungen erkannt worden ist, sollte es noch 86 Jahre dauern, bis sich durch die Röntgenbeobachtungen von Caffey (2) ein fühlbarer Einfluß auf medizinische, soziale und gesetzliche Aktivitäten bemerkbar machte. Caffeys Beobachtungen wurden in der Folgezeit bestätigt und ihre Bedeutung durch Beiträge unterstrichen, die vorwiegend in Röntgenfachzeitschriften und vor allem von Röntgenologen der Pädiatrie veröffentlicht wurden. Die durch die Röntgenaufnahmen offensichtlichen Anzeichen von Knochenverletzungen und -heilungen schufen eine solide medizinische Basis, von der aus die sozialen, gesetzlichen und psychopathologischen Aspekte des Problems weiterverfolgt werden konnten. Die neuere Entdeckung, daß auch die Weichteile außerhalb des Knochengerüsts auf einer Röntgenaufnahme charakteristische Spuren aufweisen, hat die Bedeutung der diagnostischen Röntgenologie noch mehr in den Vordergrund gerückt.

Die im Jahre 1888 von West (3) geschilderten Patienten wurden als frühe Beispiele für Kindesmißhandlung angesehen; da sein Bericht jedoch vor der Entdeckung der Röntgenstrahlen, 1895, verfaßt worden ist, läßt sich diese Behauptung nicht stichhaltig belegen. Obwohl kurz nach der Entdeckung dieser Strahlen auf den meisten Gebieten der Röntgendiagnose erhebliche Fortschritte gemacht wurden, hat man doch erst 40 Jahre später die röntgenologischen Charakteristika von Knochenverletzungen bei Kindern und deren Verheilung eingehend beschrieben. Zu dieser Zeit lagen die Berichte von Snedecor und Mitarbeitern (4) über die bizarren röntgenologischen Veränderungen einer verheilenden Epiphysenlösung als

* Dr. Silverman ist Direktor der Röntgenabteilung im »The Children's Hospital« und Professor für Pädiatrie und Radiologie an der Universität von Cincinnati, Ohio.

Folge einer Geburt aus Steißlage vor. Etwa zur gleichen Zeit erschienen die ersten Artikel über ungewöhnliche Knochenhautreaktionen von Kindern, die vor allem von den Reaktionen einer angeborenen Syphilis unterschieden werden mußten (5; 6; 7). Caffey (1) war der erste, der 1946 an den langen Röhrenknochen auf mehrfache Brüche unbekannter Herkunft hinwies, die in einer auffälligen Anzahl der Fälle von subduralen Hämatomen begleitet waren. Caffey schloß sich der Auffassung von Ingraham (8) an, daß die subduralen Hämatome traumatisch bedingt waren, und folgerte, daß auch die Knochenbrüche eine traumatische Ursache haben mußten.

Unmittelbar darauf erfuhren Caffeys Beobachtungen über Knochenläsionen in Verbindung mit subduralen Hämatomen eine breite Bestätigung (9-14). Bakwin (15) berichtete über mehrere Fälle ungewöhnlicher traumatischer Reaktionen bei Knochen, unter denen sich mindestens ein Fall von Kindesmißhandlung befand. 1953 unterstellte auch Silverman (17) im Anschluß an Caffey eine traumatische Ursache jener Verletzungen, von denen wir heute wissen, daß sie bei mißhandelten Kindern auftreten, und schilderte drei Fälle mit den entsprechenden Knochenbrüchen, aber ohne subdurale Hämatome. Astley (18) vertrat die Ansicht, es handle sich bei diesen Fällen um eine primäre Knochengewebsschwäche der Metaphyse, aber diese Hypothese wurde 1955 von Woolley und Evans widerlegt (19). Diese Autoren untersuchten Fallberichte aus einem Zeitraum von acht Jahren, deren Röntgenbilder auf Verletzungen schließen ließen, auch wenn im Krankenbericht keine Verletzung erwähnt worden war. Sie zogen daraus den Schluß, daß die Röntgenbefunde von Knochenverletzungen und deren Verheilung stets dieselben waren, gleichgültig, ob in der Krankengeschichte eine Verletzung angegeben war oder nicht, und daß die Knochenläsionen »mit dem äußeren Erscheinungsbild von Knochenbrüchen – unabhängig von der Erwähnung einer Verletzung in der Krankengeschichte und dem Vorliegen oder Fehlen von Blutungen innerhalb des Schädelknochens – auf gewaltsame Krafteinwirkungen zurückzuführen sind.« Sie hoben auch hervor, daß die Kinder, deren Röntgenbilder Veränderungen der Knochen aufwiesen, häufig unter äußerst ungünstigen Verhältnissen leben mußten, die sogar eine Bedrohung für deren körperliche Unversehrt-

heit darstellten. Zahlreiche spätere Berichte haben die Schlußfolgerungen von Evans und Woolley bestätigt, die mittlerweile allgemein akzeptiert sind (20-30). Caffey hat 1957 die
röntgenologischen Aspekte eingehend behandelt (31), ebenso
Silverman 15 Jahre später (17). Ein zusammenfassender Bericht in französischer Sprache ist von Rabouille veröffentlicht
worden (32).

Röntgenologische Erscheinungsbilder

Im Hinblick auf Kindesmißhandlungen erfüllen Röntgenuntersuchungen im wesentlichen zwei Funktionen. Sie dienen
zunächst als Instrument der Erkennung von Verletzungen und
in der Folge als Leitfaden zu deren Behandlung.

In vielen Fällen werden Knochenläsionen rein zufällig im
Verlauf einer Untersuchung entdeckt, die nicht wegen einer
angegebenen Verletzung, sondern aus anderen Gründen erfolgt; häufiger liegt der Fall jedoch so, daß eine Verletzung
geschildert wird, und bei der anschließenden Untersuchung
werden dann Läsionen entdeckt, die bei weitem umfangrei-
cher sind, als sich aufgrund der Angaben der Krankheitsgeschichte vermuten ließe, oder die einige Merkmale aufweisen,
aus denen geschlossen werden kann, daß die angegebene
Verletzung nur eine von vielen ist. Wo sich ein Verdacht auf
Kindesmißhandlung erhebt, können röntgenologisch erfaßte
Veränderungen des Knochengerüsts die Diagnose stützen,
während das Fehlen solcher Veränderungen auf den Röntgenbildern diese Diagnose nicht notwendig widerlegt. In gesi-
cherten Fällen von Kindesmißhandlung sind Nachfolgeuntersuchungen zur Beurteilung des Heilprozesses nach Art und
Umfang ebenso hilfreich wie bei Nachfolgeuntersuchungen
jeder anderen Art von Knochenbrüchen.

Die röntgenologischen Anzeichen für Verletzungen des
Knochengerüsts samt den zugehörigen Reaktionen sind ähnlich, gleichgültig, ob in der Krankengeschichte eine Verletzung angegeben wird oder nicht. Schwere Brüche sind nicht
zu übersehen, und ihre charakteristischen Kennzeichen sind in
den röntgenologischen und orthopädischen Standardlehrbüchern aufgezählt. Die herausragenden Kennzeichen von Ske-

lettverletzungen bei Kindesmißhandlungen sind: vorwiegende Lokalisierung an den Metaphysen, übertrieben starke periostale Reaktion, mehrfaches Auftreten von Läsionen sowie unterschiedliche Stadien der Verheilung und Wiederherstellung der mehrfachen Läsionen.

Läsionen der Metaphysen werden häufig beobachtet und sind die typischste Verletzungsart. Ihr häufiges Auftreten hängt wahrscheinlich damit zusammen, daß die meisten Verletzungen nicht so sehr auf heftige Schläge zurückzuführen sind, sondern daß die Kinder gewaltsam gepackt und z. B. kräftig hin und her geschüttelt werden. Die Körperextremitäten dienen quasi als »Handgriffe« für die Mißhandlung. Die Festigkeit der Knochen und die Elastizität der Bänderverbin-

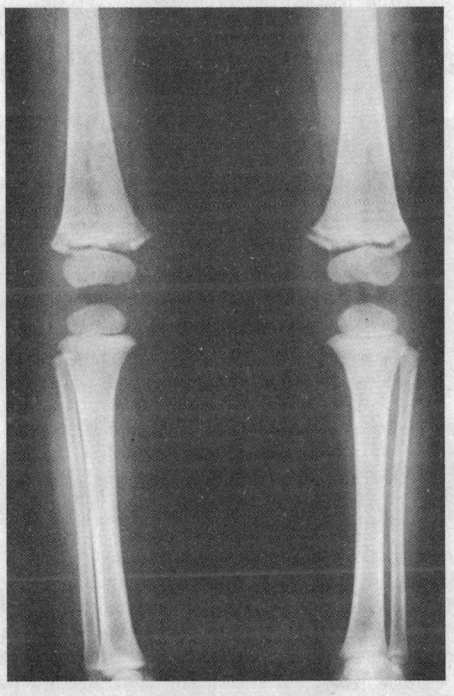

Abb. 1: Läsion der Metaphyse ohne Epiphysenverschiebung.

dungen eines etwas älteren Kindes können den schweren Händen eines Erwachsenen anscheinend noch widerstehen. Beim Kleinkind unter zwölf Monaten hingegen, dem häufigsten Opfer derartiger Mißhandlungen, kommt es zu einer Epiphysenlösung an der weichen Knorpel-Knochen-Grenze. Dabei kann eine erhebliche Verschiebung auftreten, die leicht zu erkennen ist, oder eine weniger ausgeprägte Unregelmäßigkeit im leicht erweiterten Umriß des auf dem Röntgenschirm aufleuchtenden Knorpels zwischen dem epiphysären Ossifikationszentrum und dem Knochenschaft (Abb. 1). Die Veränderung kann aber auch so geringfügig sein, daß sie auf dem Schirm nicht mehr wahrzunehmen ist. In Körpergegenden, in denen keine epiphysären Ossifikationszentren vorliegen, sind die Merkmale anfangs noch schwerer zu erkennen (Abb. 2). In jedem Fall bringt jedoch der Heilungsprozeß der Epiphysenlösung eine Neubildung der Gefäße mit sich, die sich in einer subepiphysären (metaphysären) Entmineralisierung äußert

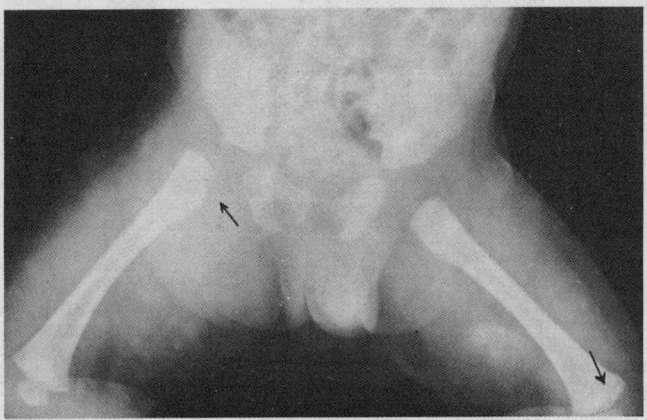

Abb. 2: Traumatische Epiphysenlösung des rechten Oberschenkelkopfes (caput femoris), eine Woche nach einem heftigen Griff an den Beinen des Kindes. Man beachte die Schwellung des Bindegewebes des rechten Oberschenkels infolge einer Blutung. Die Verschiebung wäre deutlicher zu erkennen, wenn bereits ein Ossifikationszentrum des caput femoris vorhanden wäre. Man beachte ferner den metaphysären Bruch am unteren Ende des linken Oberschenkelbeins.

und auf dem Röntgenschirm etwa zwei Wochen nach Zufügen der Verletzung erkannt werden kann. Falls der Knochen nicht ruhiggestellt worden ist und eine neue Verletzung durch normale Belastung, unter Umständen sogar durch weitere Mißhandlungen hinzugekommen ist, so verstärken sich die Verletzungsmerkmale. Es kommt selten vor, daß eine Epiphysenverletzung so schwer ist, daß sie zu einer Deformierung oder Verkürzung des Knochens führt.

Das Periost von Kleinkindern ist gegenüber dem von Erwachsenen verhältnismäßig lose mit dem Knochen verbunden und kann durch direkte Anwendung körperlicher Gewalt oder durch eine subperiostale Blutung infolge einer Verletzung leicht von diesem getrennt werden. In seiner neuen Lage produziert das Periost neue Knochensubstanz, so daß eine Kalkhülle (involucrum) den entblößten Teil des Knochens umgibt (Abb. 3). Das Periost ist am stärksten entlang der Epiphysenlinie mit dem Knochen verbunden; infolgedessen bleibt selbst bei starken Epiphysenverschiebungen der größte Teil des Periosts daran hängen. Es ist dieses Charakteristikum bei Kindern, das es dem neugebildeten Knochen ermöglicht, sich mit der verlagerten Epiphyse zu verbinden, und das Endresultat der Produktion neuer und der Resorption alter Knochensubstanz ist im allgemeinen die völlige Wiederherstellung. Während der Dauer dieses Vorganges ist es möglich, daß die reichliche subperiostale Knochenbildung eine Form annimmt, die an eine maligne Knochenwucherung erinnert (33). Sofern zur Verletzung eine Infektion hinzukommt, kann eine Verzögerung der subperiostalen Knochenbildung eintreten.

Das anfänglich abgelöste Periost und das darunter zirkulierende Blut leuchten auf dem Röntgenschirm auf. Innerhalb von zwei oder drei Wochen nach der Verletzung lagert sich auf dessen Unterseite Kalzium ab, das ebenfalls auf dem Röntgenschirm erkennbar ist (Abb. 4). Liegt außerdem eine weitere Verletzung vor oder war die erste Verletzung so erheblich, daß das Periost gerissen ist, so kann sich der verkalkende Callus über den Bereich des Periosts hinaus erstrecken und äußerst unregelmäßige Ränder ausbilden (Abb. 5). Sobald die Verbindung der Bruchstücke des Knochens durch bindegewebigen oder knöchernen Verband

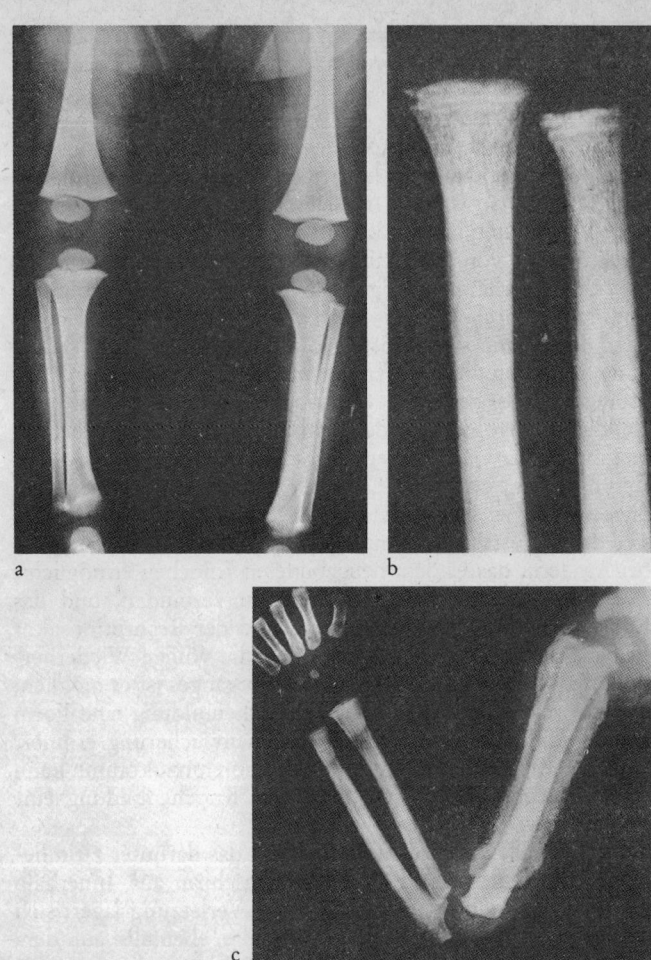

a   b

c

Abb. 3: Läsionen unterschiedlichen Charakters und Alters bezeugen das
wiederholte Zufügen von Verletzungen. a: Der Spiralbruch des linken
Schienbeins wird zum Teil durch die gut organisierte Neubildung subperiostaler Knochensubstanz verdeckt. Es gibt eine Andeutung eines neueren Bruchs der Metaphyse an der Innenseite der unteren Metaphyse des
linken Oberschenkelknochens. b: Dasselbe Kind, Aufnahme vom selben
Tag: jüngere Verletzung der Metaphyse am Handgelenk der Speiche;

vollendet ist, reagiert das Periost auf die normalen Belastungen wie gewohnt, und der Knochen bildet seine ursprüngliche Form wieder aus; zu einem späteren Zeitpunkt bleiben möglicherweise nur noch ungewöhnlich dicke Knochenrinden zurück. Eine eingehende Untersuchung der Röhrenknochen von mißhandelten Kindern enthüllt häufig Ablösungen des Periosts in unterschiedlichen Stadien an verschiedenen Knochen (s. Abb. 3). Dieses Bild ist ein Zeugnis für die vielen Verletzungen, denen das Knochengerüst des Kindes ausgesetzt wurde. Eine Verletzung, die längere Zeit zurückliegt, läßt sich etwa ablesen an einer relativ dicken, dichten Corticalis, eine etwas jüngere zeigt wahrscheinlich eine sichtbare Neubildung subperiostalen Knochengewebes. Noch jüngere Verletzungen sind durch eine intensive Kalziumbildung mit grob unregelmäßigen Umrissen charakterisiert, und eine erst wenige Tage zurückliegende Verletzung ist vielleicht nur an einer Schwellung der Weichteile ohne jede Knochenneubildung zu erkennen.

Die Möglichkeit eines subduralen Hämatoms muß immer in Betracht gezogen werden, wenn Läsionen des Knochengerüsts beobachtet werden und wenn weitere Beweise für ein subdurales Hämatom durch den Nachweis abgetrennter Schädelknochen und erweiterter Knochennähte, andere Anzeichen einer Quetschung der Schädelknochen oder offensichtliche Frakturen der Schädelknochen selbst vorliegen (Abb. 6). Häufig handelt es sich dabei nicht einfach um glatte, sondern um Splitterbrüche, die den mehrfach gezackten Rändern einer geborstenen Eierschale ähneln.

Es muß betont werden, daß bei Knochenbrüchen im allgemeinen erst die Heilphase auf dem Röntgenschirm zu erkennen ist. Deshalb kann es leicht vorkommen, daß eine Verletzung, die zu kurz zurückliegt, um bereits Veränderungen im Verlauf des Heilungsprozesses aufzuweisen, (weniger als zwei

wahrscheinlich länger zurückliegende Verdickung der Knochenrinde entlang des Schafts der Elle. c: Dasselbe Kind, Aufnahme vom selben Tag: jüngere Verletzung der Metaphyse der Speiche am anderen Handgelenk sowie länger zurückliegender Bruch des unteren Endes des Oberarmbeins mit übermäßiger Neubildung subperiostaler Knochensubstanz. Man beachte die Dichte sämtlicher Knochen.

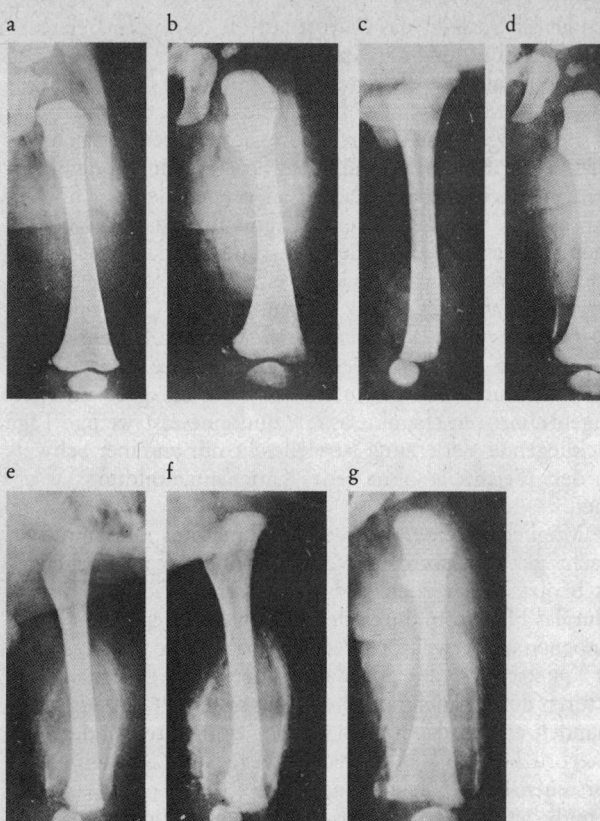

Abb. 4: Abfolge der Kalkbildung bei abgelöstem Periost. a: Vier Tage nach einer Schwellung des Knies ohne geklärte Ursache: kleiner Splitterbruch, inneres Ende des Oberschenkelbeins am Knie. b: Fünf Tage später: Trennung des Splitterbruchs vom Knochen durch subperiostale Blutung. c: Epiphysenlösung, deutlich zu erkennen an einer hinteren Verschiebung (Seitenansicht). e: Wie d (Seitenansicht). f: Zwölf Tage später: die subperiostale Knochenbildung hat zugenommen. g: Die verschobene Epiphyse verbindet sich mit dem Zentrum des Periosts (involucrum) statt mit dem Schaft, von dem sie gelöst wurde (sequestrum). Mit freundl. Genehmigung des J. Am. Med. Assoc.

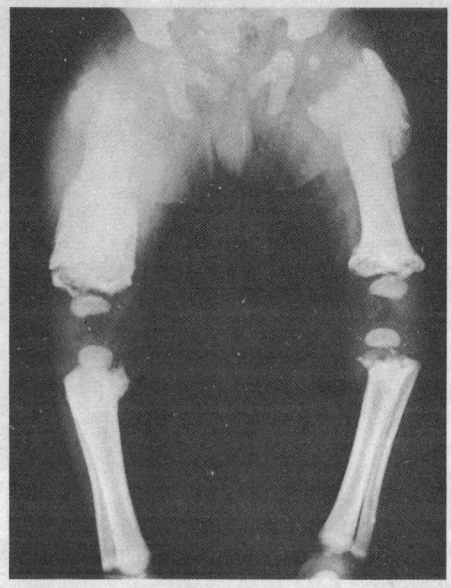

Abb. 5: Extensive subperiostale und metaphysäre Läsionen. Die unregelmäßigen Umrisse der periostalen Hülle deuten auf Risse in diesem Gewebe. Mit freundl. Genehmigung des Am. J. Roentgenol.

Wochen) gänzlich übersehen wird. Röntgenologische Anzeichen eines Weichteilödems, einer Zerstörung tiefer oder auch an der Oberfläche gelegener intramuskulärer Fettscheidewände können ein Hinweis sein, daß die betreffende Körperpartie nach einer entsprechenden Zeitspanne einer erneuten Untersuchung unterzogen werden sollte.

Obgleich Läsionen des Knochengerüsts vor allem die Knochen der Körperextremitäten betreffen, können sie prinzipiell bei jedem Knochen auftreten. Jüngere oder verheilende Rippenbrüche (Abb. 7) sind etwa solchen vergleichbar, die sich nach heftigen Wiederbelebungsversuchen beobachten lassen. Jedoch in Verbindung mit einer typischeren metaphysären und/oder periostalen Läsion an anderer Stelle erhöhen sie die Wahrscheinlichkeit einer Diagnose auf Mißhandlung. Die

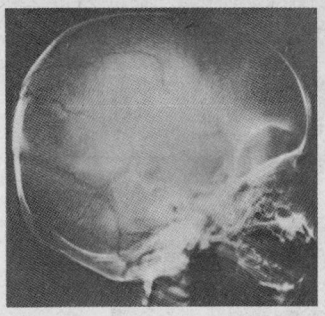
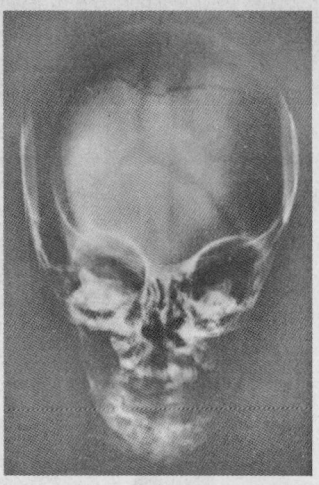

Abb. 6: Extensive diastatische
Schädelbrüche eines Kindes mit
charakteristischen äußeren Läsionen.
Daneben fanden sich doppelseitige
Hämatome.

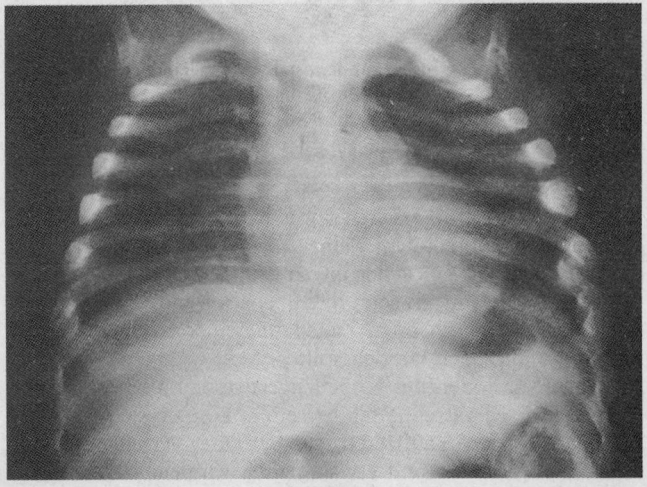

Abb. 7: Rippenbrüche im Heilungsstadium können sich als lokale Ver-
deckungen bemerkbar machen. Das Kind wies metaphysäre Brüche der
langen Röhrenknochen, einen Schädelbruch und ein subdurales Hämatom auf.

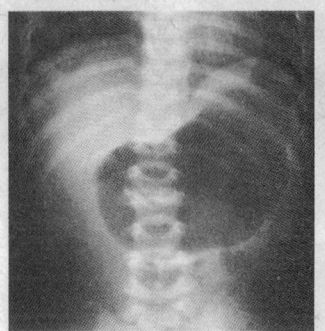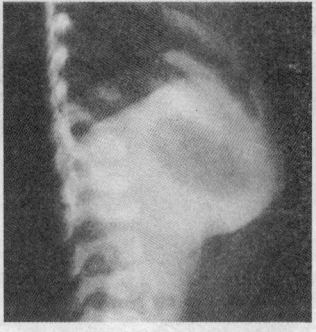

Abb. 8 a und b: Kompressionsbruch eines Wirbelknochens bei einem 17 Monate alten Knaben mit Schädelbruch, intramuralem Hämatom des Duodenum und zahlreichen Hautabschürfungen. Die Mutter gab an, das Kind mit der Faust in den Bauch geschlagen zu haben.

kleinen Röhrenknochen von Händen und Füßen können Reaktionen auf wiederholte Schläge aufweisen. Kompressionsbrüche der Wirbelknochen (Abb. 8) oder Brüche der Dornfortsätze können infolge gewaltsamer Dehnungen oder Beugungen auftreten (34).

Auch Verletzungen der Weichteile können gelegentlich auf dem Röntgenschirm erkannt werden. McCort und Vaudagna (35) haben die Befunde an Kindern veröffentlicht, die zunächst ungeklärte Verletzungen der Eingeweide aufwiesen, die als akute Abdominalkrisen auftraten. Die häufigste derartige Verletzung war ein Riß des Dünndarms, aber auch Leberrisse und Perforationen des Magens wurden festgestellt. Lungenrisse und subpleurale Blutungen wurden bei der Untersuchung des Brustkorbes beobachtet. Mehrfache Läsionen sowohl der Eingeweide als auch des Knochengerüsts wurden festgestellt. Die röntgenologischen Kennzeichen waren Pneumoperitoneum, Hämoperitoneum und/oder Ileus. Bei einem Patienten mit einer Perforation des Duodenum hatte es längere Zeit gedauert, bis ein Arzt aufgesucht wurde, so daß die Untersuchung mehrfache Abszesse in der Bauchhöhle ergab. Ein inneres Hämatom des Duodenum (36; 37), auf dem Röntgenschirm eindeutig zu diagnostizieren, tritt typischerweise als Folge direkter Schläge auf den Unterleib auf (Abb. 9). Pseudo-

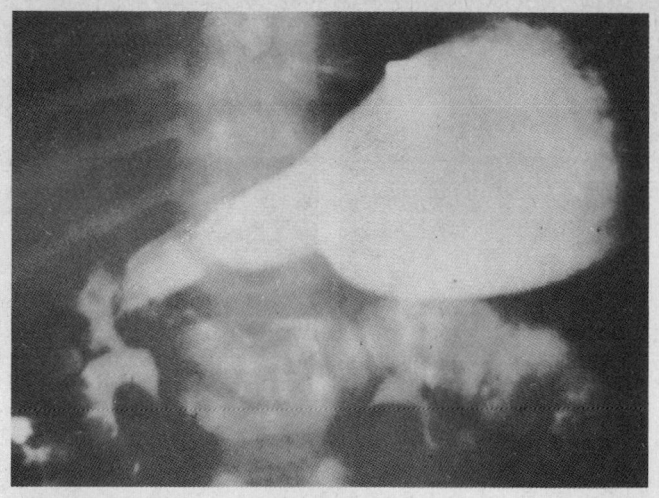

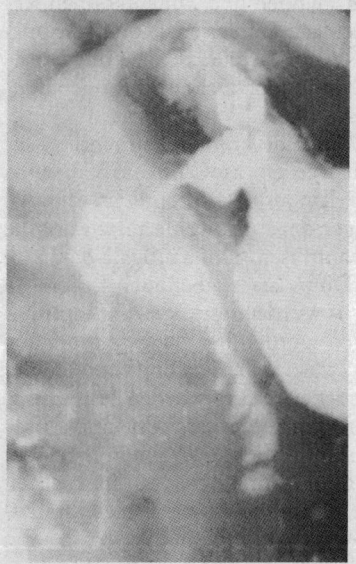

Abb. 9 a und b: Intramurales Hämatom des Duodenum; der Nachweis erfolgte durch Eingabe eines Bariumbreis beim selben Patienten wie in Abb. 8. Aufgrund einer mikroskopisch festgestellten Hämaturie war kurz zuvor ein intravenöses Pyelogramm erstellt worden. Das Hämatom wurde chirurgisch entfernt, da bereits eine fortgeschrittene Obstruktion vorlag.

zysten der Pankreasdrüse treten ebenfalls auf und können röntgenologisch nachgewiesen werden (38; 39). Caffey (48) weist besonders auf geistige Retardierungen als Folgeerscheinungen hin, die er Verletzungen des Gehirns und der Gehirngefäße durch Erschütterungen zuschreibt, die durch Peitschenschläge verursacht wurden.

Röntgenologische Anzeichen für eine retardierte Entwicklung und Unterernährung finden sich bei fast allen mißhandelten Kindern, ohne jedoch eine besondere diagnostische Bedeutung zu haben.

Differentialdiagnose

Ganz allgemein läßt sich sagen, daß die Knochenbefunde bei mißhandelten Kindern so charakteristisch sind, daß sie kaum mit etwas anderem verwechselt werden können. Trotzdem wird man gelegentlich zögern, die Besonderheit dieser Läsionen zu akzeptieren. Man hat den Eindruck, daß diese Bilder von Knochenbrüchen sehr ungewöhnlich sind im Vergleich zu den vielen anderen eingelieferten Fällen mit Brüchen, die von Röntgenologen im Lauf ihrer täglichen Arbeit untersucht wurden. Allerdings sind die Umstände, unter denen eine Röntgenuntersuchung vorgenommen wird, sehr unterschiedlich, je nachdem, ob eine bekannte Verletzung vorliegt oder ob keine Angaben über eine Verletzung gemacht werden. Angenommen, es liegt eine erkannte Epiphysenlösung vor, so wird das Kind in der Weise behandelt, daß die Deformation mechanisch korrigiert und – im allgemeinen durch Gips – ruhiggestellt wird. Nach Beendigung der Korrektur werden Filmaufnahmen gemacht, die bei einer Nachuntersuchung etwa sechs Wochen nach der Verletzung wiederholt werden, wenn angenommen werden kann, daß eine fast vollständige Heilung erfolgt ist. Wenn in der dazwischenliegenden Zeit aus irgendeinem Grund eine andere Aufnahme gemacht wird und eine Neubildung von subperiostalem Knochengewebe oder eine metaphysäre Fragmentierung beobachtet werden, ist niemand beunruhigt, da bekannt ist, daß eine Verletzung vorgelegen hat und nunmehr alle Anzeichen auf eine Heilung hindeuten. Dies ist die Situation, die für ein Neugeborenes gilt, das als Steißgeburt zur Welt gekommen ist, eine Epiphysenlösung am Knie oder an der Hüfte und zweieinhalb bis drei Wochen später ein umfangreiches, verkalkendes Hämatom aufweist (4; 40) (s. Abb. 10). Das Wissen, daß eine Steißgeburt eine adäquate Erklärung für Verletzungen des Knochengerüsts darstellt, genügt im allgemeinen, angesichts der röntgenologischen Ergebnisse eventuell aufkommende Befürchtungen zu unterdrücken. Derselbe Befund, der unter völlig anderen Umständen zufällig bei einer Untersuchung erhoben wird, kann dagegen alarmierend sein.

Um diese Hypothese zu testen, haben wir die Röntgenaufnahmen von Kindern ausgewertet, bei denen Epiphysenlösungen beobachtet wurden, deren Ursache bekannt war. In der Gruppe gab es eine Anzahl von Kindern, bei denen innerhalb eines Zeitraums von mehr als zwei und weniger als sechs Wochen nach der Verletzung Aufnahmen gemacht worden waren. Fast alle wiesen Unregelmäßigkeiten der Metaphyse und eine subperiostale Neubildung von Knochengewebe auf, die von denen mißhandelter Kinder röntgenologisch nicht zu unterscheiden waren (Abb. 11). Daneben wurden Kinder mit

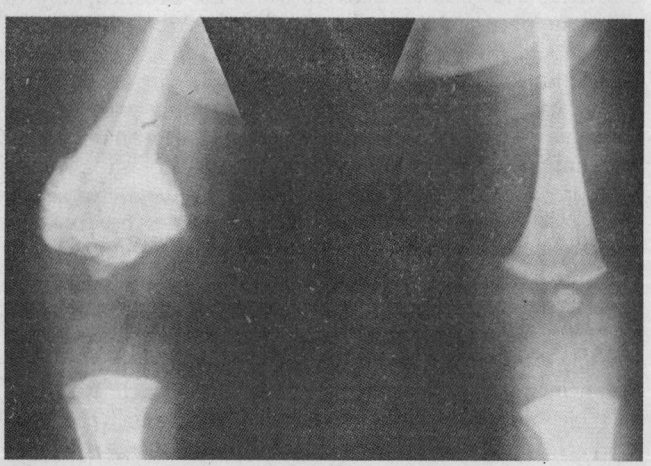

Abb. 10: Übermäßig verkalkte Callusbildung bei einem 16 Tage alten Säugling, der infolge einer komplizierten Steißgeburt eine nicht erkannte Epiphysenlösung hatte.

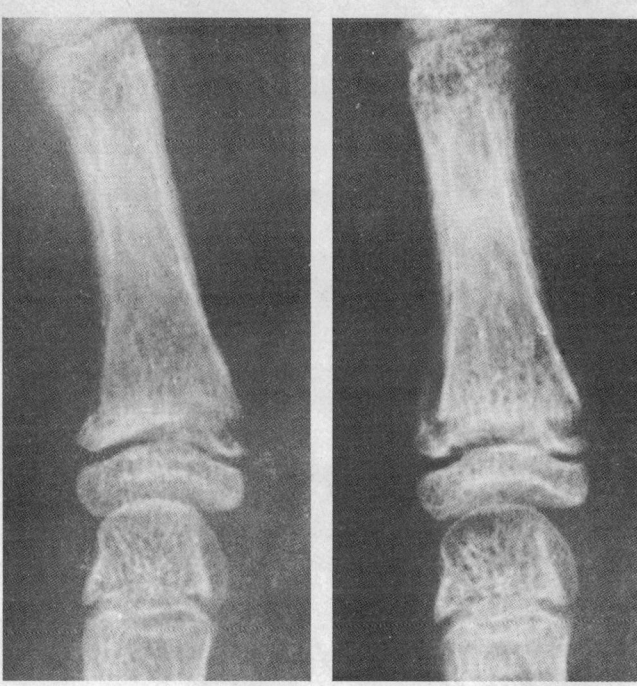

Abb. 11: Epiphysenlösung in einem Finger. a: Am Tage der Verletzung. b: 19 Tage später. Obwohl die Verletzung erkannt und eine Ruhigstellung versucht wurde, kam es zu metaphysären und subperiostalen Reaktionen, die mit den Reaktionen bei nicht erkannten Verletzungen identisch sind.

akuten Epiphysenlösungen innerhalb eines Zeitraums von zwei bis drei Wochen nach der Verletzung einer erneuten Untersuchung unterzogen. Eine Rarefizierung der Metaphyse und eine Neubildung subperiostalen Knochengewebes derselben Art wurden regelmäßig beobachtet (Abb. 12), obgleich kein einziges Krankheitsbild so schwer war wie bei mißhandelten Kindern, deren Knochen leider nicht unmittelbar nach der Verletzung und im allgemeinen effektiv ruhiggestellt werden.

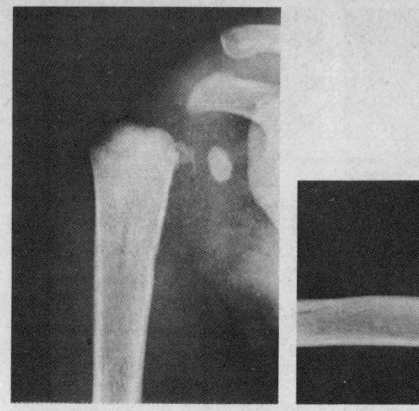

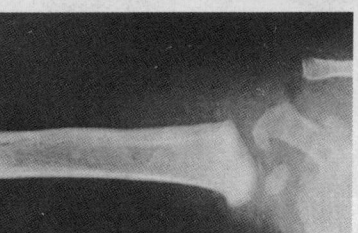

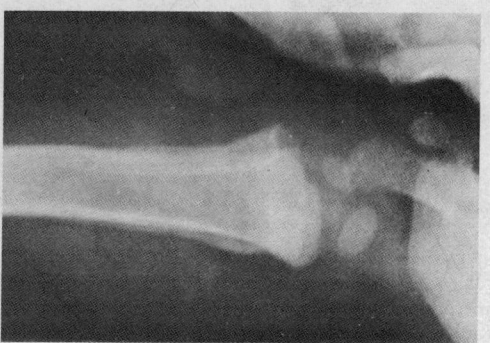

Abb. 12: Reihenaufnahmen bei einer erkannten Epiphysenlösung. a: Zum Zeitpunkt der Einlieferung nach einem Autounfall. b: 24 Stunden später; der Knochen ist wieder vollständig in seine ursprüngliche Lage reponiert. c: Drei Wochen später, vor dem Anlegen eines neuen Gipsverbands. Die zuvor unverletzte Metaphyse weist jetzt eine unregelmäßige Mineralisierung auf, und eine subperiostale Hülle neuer Knochensubstanz umgibt das obere Ende des Schaftes. Wäre der Knochen nicht ruhiggestellt worden, so wären die Reaktionen extensiver gewesen.

Es gibt mehrere Krankheitszustände, die gelegentlich mit dem Krankheitsbild einer Kindesmißhandlung verwechselt werden:

Skorbut

Natürlich ist Skorbut eine der Krankheiten, an die insbesondere ältere Ärzte zuerst denken, denen die massiven subperiostalen Hämatome einer abklingenden Skorbuterkrankung aus früheren Zeiten noch vertraut sind. Keines der Kinder mit allen Anzeichen einer Mißhandlung, die bislang untersucht wurden, litt an Skorbut, obgleich es gut möglich ist, daß diese Krankheit sich in der Umgebung entwickelt, in der einige der betroffenen Kinder aufwachsen. Wenn es tatsächlich Skorbut ist, so steht normalerweise zu erwarten, daß dadurch die Röntgenbefunde noch verschlimmert werden. Skorbut ist eine generalisierte Erkrankung, und obgleich es zu besonders starken lokalen Ausprägungen durch Verletzungen kommen kann, zeigen sämtliche Knochen das Bild einer generalisierten Osteoporose. Die Knochenrinden sind dünn, das Fasergewebe undeutlich, und die Knochen sehen aus wie Mattglas. Die epiphysären Ossifikationszentren sind deutlich abgegrenzt von Zonen einer vorläufigen Kalkbildung, die den sogenannten Wimbergerschen Ring bilden. An den Schaftenden *aller* langen Röhrenknochen und vor allem in den Zonen mit dem schnellsten Wachstum finden sich ähnlich dichte Linien in den Verkalkungszonen. Die Verkalkung der Knorpel verläuft normal; die Umwandlung in Knochensubstanz (Ossifikation) wird gehemmt, da die Osteoblasten für ihre Funktion bestimmte Mengen Vitamin C benötigen. Die verringerte Osteoblastentätigkeit äußert sich in einer Senkung der alkalischen Phosphatase im Blut. Eine Rarefizierung der Knochen unterhalb der verkalkten Knorpelplatten und winzige unvollständige Brüche sind die Urheber der für schweren Skorbut charakteristischen Spornbildung an den Knorpel-Knochen-Grenzen der Rippen. Neben subperiostalen Hämatomen als Folgen eines Skorbuts können auch andere äußere Anzeichen der Krankheit wie Brüchigkeit der Haargefäße und Hämaturie beobachtet werden. Es ist besonders zu erwähnen, daß es bei mißhandelten Kindern auch zu Ekchymosen und Blutharnen im Gefolge von Weichteilverletzungen kommen kann. Auch ist bekannt, daß Skorbut in den ersten sechs Lebensmonaten nur äußerst selten auftritt, während viele der Kinder mit den Anzeichen einer Mißhandlung bereits vor dem sechsten Lebensmonat mit gut entwickelten Knochenläsionen eingeliefert werden. Im Gegensatz zum Skorbut können überstarke Veränderungen an nur einem Knochenende vorhanden sein, während das andere Ende oder die entsprechende Zone des unverletzten Knochens der anderen Körperextremität keinerlei Anzeichen für eine Krankheit aufweist.

Syphilis

Syphilis als angeborenes Leiden kann zu metaphysären und periostalen Läsionen führen, die den erörterten Läsionen gleichen, insbesondere während der ersten Lebensmonate. Obgleich es wahrscheinlich einen traumatischen Faktor in der Verteilung der Läsionen bei angeborener Syphilis gibt, sind diese tendenziell symmetrisch, während die Läsionen bei einem mißhandelten Kind in aller Regel asymmetrisch sind. Und wo Läsionen der Knochen als Folge einer Syphilis vorliegen, die ebenso ausgeprägt sind wie bei mißhandelten Kindern, da sind sie im allgemeinen mit anderen Stigmata dieser Krankheit vergesellschaftet. Bei jedem zweifelhaften Fall können serologische Tests für diese Krankheit vorgenommen werden.

Osteogenesis imperfecta (Unvollständige Knochenbildung)

Osteogenesis imperfecta ist ebenfalls eine generalisierte Systemerkrankung, und Anzeichen der Störung müßten auch an den Knochen zu finden sein, die nicht unmittelbar von dem produktiv-destruktiven Prozeß betroffen sind. In der Hirnschale findet sich in den frühen Lebensjahren die charakteristische Landkartezeichnung (mehrfache Knochen mit Nähten), und bei Kindern in einem Alter, in dem sie möglicherweise Mißhandlungen ausgesetzt waren, ist im allgemeinen das wie bei einer Fraktur gezackte Äußere des Kalvarium, weit ausgeprägter als die an geborstene Eierschalen erinnernden Brüche bei mißhandelten Kindern, eine beträchtliche Hilfe für die

Diagnose. Bei einer Osteogenesis imperfecta finden sich die Brüche im allgemeinen eher an den Knochenschäften und weniger an den Metaphysen und Epiphysen. Andere Anzeichen für eine Osteogenesis imperfecta liegen in der Regel in Form von blauen Augenhäuten und sichtlichen Deformierungen des Knochengerüsts vor; in den meisten Fällen stellt sich heraus, daß das Leiden in der Familie seit Generationen bekannt ist.

Infantile Hyperostose der Corticalis (Wucherung der Knochenrinde im Kindesalter)

Eine infantile Hyperostose der Corticalis erkennt man an einer Neubildung subperiostaler Knochensubstanz, jedoch ohne Unregelmäßigkeiten oder Defekte der Metaphysen. Eine verheilte Läsion bei einem mißhandelten Kind kann unter Umständen ähnlich aussehen wie die einer infantilen Hyperostose der Corticalis, aber zur besseren Unterscheidung kann der klinische Verlauf herangezogen werden. Bei annähernd 95 Prozent der von dieser Krankheit betroffenen Kinder zeigen sich die charakteristischen Defekte auch an den Kinnbacken, während bislang an mißhandelten Kindern keine sichtbaren Frakturen der Kinnbacken beobachtet worden sind.

Osteoidosteom (Knochengeschwulst)

Ein Osteoidosteom kann bei einem Kind Schwellungen, Schmerz und periostale Reaktionen hervorrufen. Zu metaphysären Läsionen kommt es nicht, und die charakteristischen Schmerzen – in der Nacht stärker, durch Aspirin gelindert – erleichtern die Diagnose, sofern sie in der Krankengeschichte erwähnt werden. Es handelt sich um eine Krankheit, die für die jungen Altersgruppen ungewöhnlich ist. Die Diagnose wird erhärtet, wenn im Zentrum der Läsion ein verkalkter Herd festgestellt wird.

Verletzungen ohne Fremdeinwirkung

Ermüdungsbrüche stellen wahrscheinlich eine Variante des Syndroms einer Kindesmißhandlung dar, bei der das Kind für die Mißhandlung selbst verantwortlich ist. Häufiger zu beobachten an den Mittelfußknochen von Erwachsenen, z. B. in Form von »Dauermarschbrüchen«, treten sie bei Kindern an den Wadenbeinen auf, wo sie mit Schmerzen und lokalen periostalen Reaktionen verbunden sind (41). Die übrigen Knochen sind normal mineralisiert, und es treten keine Läsionen der Metaphysen auf.

Der sogenannte »little leaguer's elbow« (42) stellt eine andere Form wiederholter Verletzungen dar, wobei die heftige mechanische Aktivität eines Ballwurfs zu unvollständigen Abreißungen (Epiphysenlösungen) rund um den Ellbogen führt (Subluxation des Radiusköpfchens). Die sich im Verlauf der Heilung ergebenden Veränderungen können denen eines mißhandelten Kindes ähnlich sehen. Das Alter der Patienten liegt beträchtlich höher als das der meisten mißhandelten Kinder, die übrigen Knochen weisen einen ausgezeichneten Zustand auf, und im allgemeinen wird die zu beobachtende Reaktion durch die Schilderung des Hergangs der Verletzung zureichend erklärt.

Andere Krankheiten

Mehrfache Frakturen von Knochen werden bei schwerer Rachitis beobachtet, bei Hypophosphatämie, Leukämie, metastatischen Neuroblastomen und als Folgeerscheinungen von Osteomyelitis und septischer Arthritis. Im allgemeinen können zusätzliche Anzeichen der primären Krankheit sowie eine Geschichte früherer Krankheiten erhoben werden, die die festgestellten Läsionen ausreichend erklären.

Ein Krankheitszustand, der die Röntgenbefunde eines mißhandelten Kindes exakt imitiert, unterstützt noch die Hypothese von der traumatischen Grundlage der Läsionen, nämlich eine neurogene Schmerzunempfindlichkeit (43; 44). Wie bereits erwähnt, ist die Verbindung der Epiphyse mit dem Knochenschaft eine der weichen Zonen der wachsenden Knochen des Kindes. Hat das Kind auch eine neurogene Schmerzunempfindlichkeit, wie sie beispielsweise mit einer doppelseitigen Lähmung der Beine nach einer Wirbelsäulenverletzung oder mit einer Meningomyelozele verbunden ist, dann können Epiphysenlösungen in den unteren Körperextremitäten infolge einer Physiotherapie oder andere Verletzungen, die in ihrer Schwere nicht erkannt worden sind, zu Röntgenbefunden führen, die sich von denen eines mißhandelten Kindes nicht unterscheiden (Abb. 13).

Patienten, die unter angeborener Schmerzunempfindlichkeit leiden (45), sind auch nicht in der Lage, auf Verletzungen des Knochengerüsts normal zu reagieren, und infolgedessen kommt es zu Verjüngungen der Metaphyse, exzessiver Callusbildung und Knochenverkalkung, genau wie bei anderen Kindern, bei denen eine Verletzung nicht erkannt und behandelt worden ist (Abb. 14). Die Kennzeichen metaphysärer und epiphysärer Verletzungen von Kindern mit Spina bifida und Meningomyelozele werden eingehend behandelt bei Gyepes, Newburn und Neuhauser (46).

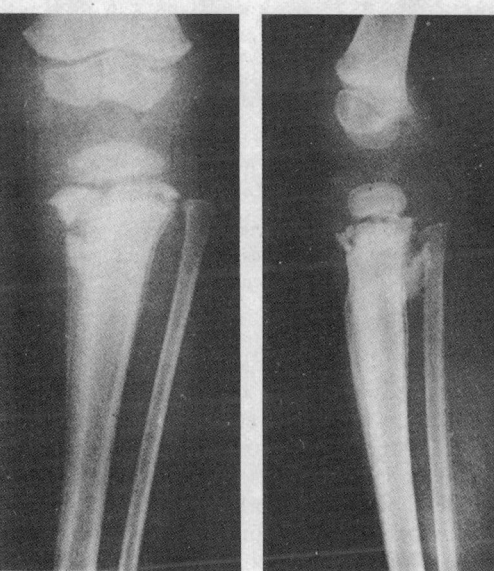

Abb. 13: Metaphysenbruch und subperiostale Neubildung von Knochensubstanz bei einem beidseitig gelähmten Kind mit Schmerzunempfindlichkeit (Meningomyelozele). Schwellung festgestellt nach intensiver Physiotherapie, bei der versucht wurde, die Kontraktionen zu korrigieren. a: Ansicht von vorn. b: Ansicht von der Seite.

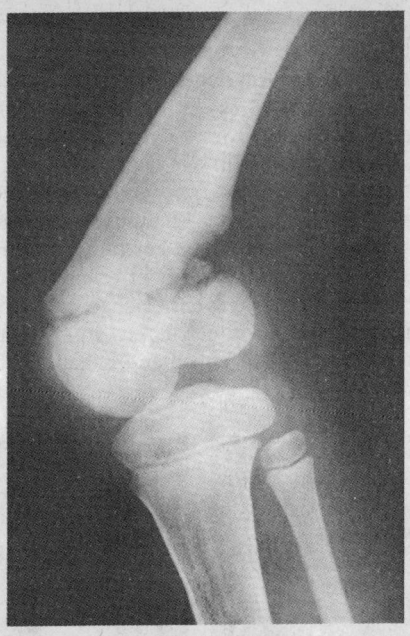

Abb. 14: Unregelmäßigkeit der Metaphyse, ältere Verdickung der Corticalis und Wachstumsstörungen bei einem Kind mit angeborener Schmerzunempfindlichkeit. Mit freundl. Genehmigung von »Radiology«.

Einige Kinder, die die röntgenologischen Anzeichen einer Mißhandlung aufweisen und deren klinischer Bericht diese Diagnose stützt, weisen in ihrem Skelett auf dem Röntgenbild bestimmte Merkmale auf, die erfahrene Röntgenologen zu der Frage veranlaßt haben, ob diesen keine systematische Störung zugrunde liegt. Sämtliche Merkmale von Metaphysenfrakturen, eine subperiostale Neubildung von Knochensubstanz, verheilende Brüche in unterschiedlichen Stadien usw. können an diesen Kindern beobachtet werden, aber sie weisen auch eine »Kreidigkeit« des Knochengerüsts auf (s. Abb. 3), die an die Brüchigkeit der Knochen von Kindern mit einer Hyperostose oder der Albers-Schönbergschen Krankheit erinnert. Diese (mißhandelten) Kinder weisen keine der hämatologischen Störungen der Hyperostose auf und verlieren im allgemeinen die Knochenverhärtung mit zunehmendem Alter. Bislang konnte bei keinem von ihnen eine Hyperkalzämie nachgewiesen werden, aber dieser Aspekt ist nicht hinlänglich untersucht worden. Die kalkharten Veränderungen können lediglich ein Ausdruck der Veränderung durch Neubildung von Knochensubstanz sein, durch mehrfache wiederholte Verletzungen angeregt, die nicht schwer genug waren, um sichtbare Frakturen oder die bei einem heilenden Bruch zu erwartenden Veränderungen hervorzurufen, die sich in der Diagnose mißhandelter Kinder finden. Diese Krankheitsgruppe muß noch genauer untersucht werden, aber es steht beinahe mit Gewißheit fest, daß sie ungeachtet anderer mitwirkender Faktoren eine oder mehrere Episoden körperlicher Mißhandlung mit allen Kindern gemeinsam haben.

Schluß

Die röntgenologischen Anzeichen von Kindesmißhandlung sind überraschend spezifisch. Sie sprechen für das Kind, das nicht für sich sprechen kann oder will, und lenken die Aufmerksamkeit des Arztes auf eine beträchtliche Gefährdung, die nicht nur Leib und Leben, sondern auch die seelischen und intellektuellen Möglichkeiten des Kindes bedroht. Obgleich man an ihnen den Zeitpunkt der Verletzung ziemlich genau ablesen kann und sie außerordentlich genaue Schlüsse im Hinblick auf die Herkunft der Verletzung erlauben, geben sie doch in keiner Weise Aufschluß über die näheren Umstände des Tathergangs oder über die Beweggründe des verursachenden Individuums. Die Epiphysenlösung, die ausgelöst wird, wenn man ein Kind heftig am Arm packt, um es etwa vor einem schweren Sturz zu bewahren, kann unmöglich von einer Epiphysenlösung unterschieden werden, die durch heftiges Schütteln des Kindes oder andere Mißhandlungen einer wütenden und äußerst aufgebrachten erwachsenen Aufsichtsperson hervorgerufen wurde. Die Erkennung der röntgenologischen Veränderungen liefert jedoch einen deutlichen Hinweis auf die Notwendigkeit, die näheren Umstände der Verletzung zu untersuchen.

4. Die Pathologie von Kindesmißhandlungen
James Tuthill Weston*

Vorbemerkung des Herausgebers

Ein Buch über Kindesmißhandlungen wäre unvollständig, wenn darin nicht auch die Erfahrungen eines Gerichtspathologen wie Dr. Weston aufgenommen würden. Dieses Material wird hier eigens zu dem Zweck vorgestellt, anderen Pathologen und Ärzten, die sich mit medizinischen Untersuchungen befassen, die Diagnose und Behandlung von Kindesmißhandlungen zu erleichtern. Wir haben es für wichtig gehalten, neben Informationen über Mißhandlungen auch Daten über die Vernachlässigung von Kindern zu berücksichtigen, da zwischen beidem häufig ein Zusammenhang besteht.

In allen Fällen von Kindesmißhandlung, bei denen äußere Läsionen infolge traumatischer Verletzungen vorliegen, empfehlen wir die Konsultation eines forensischen Pathologen. Mit Hilfe seiner Erfahrung kann das Ausmaß der Verletzung, die mögliche Krankheitsgeschichte und der wahrscheinliche Zeitpunkt genauer bestimmt werden, zu dem die Verletzung zugefügt worden ist.

Einleitung

Eine Abhandlung über die Pathologie von Kindesmißhandlungen darf sich nicht auf die Beschreibung pathologischer Befunde an Kindern beschränken, die Mißhandlungen durch ihre Eltern oder Geschwister ausgesetzt waren, sondern sie

---

* Der Autor hat als forensischer Pathologe am Department für Gesundheitswesen sowie als Gastdozent für Gerichtsmedizin am Jefferson Medical College in Philadelphia gearbeitet. Danach war er als medizinischer Obergutachter im Staat Utah und als Associate Professor der Pathologie am College of Medicine der University of Utah tätig. Gegenwärtig ist er Chief Medical Investigator des Staates New Mexico und Professor der Pathologie der School of Medicine an der Universität New Mexico.

muß das gesamte klinische Syndrom, einschließlich der Ergebnisse der vorläufigen Befragung, der medizinischen Untersuchungen und der Nachfolgeermittlungen berücksichtigen. Ich halte es für zweckmäßig, mich auf die Erfahrungen zu stützen, die ich als Gerichtspathologe in den letzten Jahren innerhalb mehrerer großstädtischer Gebiete wie Philadelphia und Salt Lake City gesammelt habe, und etwas näher auf sämtliche Sterbefälle von Kindern vom Säuglingsalter an aufwärts einzugehen, die möglicherweise auf Fremdeinwirkung zurückzuführen sind. Leider verfügen wir nicht über die notwendigen Informationen, um derartige Untersuchungen über Sterblichkeitsfälle in Statistiken von Krankheitsfällen zu extrapolieren, die das Ausmaß des Problems wirklichkeitsgetreu wiedergeben würden.

Zur Methode

Vorläufige Befragung

Wer im Einzelfall die vorläufige Befragung vornimmt, hängt von den gesetzlichen Bestimmungen der einzelnen Bundesstaaten ab, die beträchtliche Unterschiede aufweisen. In den meisten großstädtischen Bezirken fällt diese Aufgabe Ermittlungsbeamten der kommunalen Polizeibehörde zu, häufig in Zusammenarbeit mit einem Sozialarbeiter, der unter Umständen bereits mit der Familie zu tun hatte oder hauptamtlich bei der Behörde für Kinderfürsorge angestellt ist. Manchmal kommt es vor, daß sich der Pathologe gern selbst ein Bild der Lage verschaffen und einen Großteil der Befragung selbst durchführen möchte. Ob nun Ermittlungsbeamter, Sozialarbeiter oder Pathologe – in jedem Fall muß die mit diesem Teil der Untersuchung befaßte Person unbedingt mit dem gesamten Problemkomplex »Kindesmißhandlung« eingehend vertraut sein. In vielen Großstädten wird dieser Forderung dadurch Rechnung getragen, daß das Thema offiziell zum Lehrplan der Polizeiakademie gehört und in jährlich stattfindenden Vorlesungen vor Sozialarbeitern und Gemeindeschwestern behandelt wird, die mit der Polizei- oder der Gesundheitsbehörde zusammenarbeiten. Neben der Aufgabe, diese Personen mit den komplexen Problemen von Kindesmißhandlungen allgemein vertraut zu machen, sollte in jeder Lehrveranstaltung besonders darauf hingewiesen werden, daß zwischen den Angaben der Eltern und den bei der Untersuchung festgestellten Umständen eine Diskrepanz zu erwarten ist; außerdem ist darauf hinzuarbeiten, daß von der entsprechenden Dienststelle auch die anderen Kinder der betroffenen Familie untersucht werden, selbst in den Fällen, in denen nur ein Verdacht auf Kindesmißhandlung besteht. Schließlich sollten diese Veranstaltungen besonders jene Ämter instruieren, die für das Wohlergehen der Kinder verantwortlich sind, und ihnen Wege zeigen, wie ein Kontakt zu den Eltern hergestellt werden kann.

Wenn der Tod eines Kindes angezeigt wird, ohne daß die Eltern nach dem Exitus etwas an der Lage des Körpers verändert haben, so hat der Ermittlungsbeamte die Pflicht, unverzüglich eine sorgfältige Untersuchung der äußeren Umstände und der Körperhaltung des toten Kindes vorzunehmen. Dazu gehört eine eingehende und objektive Schilderung des baulichen und hygienischen Zustandes der Wohnung. Der Untersuchungsbericht sollte auch Angaben über die augenscheinliche finanzielle Lage der Familie sowie die Art und Qualität der Wohnungseinrichtung, Kleidung, der Haushaltsgeräte und Nahrungsmittel enthalten. Auch die sanitären Verhältnisse sind sorgfältig zu überprüfen und ebenso objektiv zu schildern. Für eine solche Untersuchung reicht es keinesfalls aus, sich auf allgemeine Feststellungen von der Art »die Wohnung ist schmutzig« zu beschränken. Im Bericht muß vermerkt sein, ob auf dem Fußboden Abfälle herumlagen oder nicht, ob Toiletten, Küchenabfluß, Beleuchtung und Heizung einwandfrei funktionierten und wie die Waschmöglichkeiten beschaffen waren. Eine allgemeine Beschreibung der Wohnung muß deren Lage innerhalb der Gemeinde enthalten sowie eine allgemeine Bemerkung über deren baulichen Zustand im Vergleich zu den umgebenden Wohnungen. Auch ist zu prüfen, ob das Haus von Insekten oder Nagetieren befallen ist. Werden die Wohnverhältnisse als nicht ausreichend angesehen, ist sofort das zuständige Sozialamt zu benachrichtigen.

Eine sorgfältige Untersuchung des toten Kindes an Ort und Stelle muß dessen Lage festhalten, den Reinlichkeitszustand, die sich ergebende Differenz zwischen dem angegebenen und dem vom Ermittler festgestellten Zeitpunkt des Todes, einschließlich Temperaturmessungen und beobachteter Totenstarre und Leichenflecken sowie anderer postmortaler Veränderungen. Bei diesem ersten Besuch an Ort und Stelle ist auch die Verfassung anderer Geschwister in der Wohnung sorgfältig zu ermitteln, insbesondere deren Ernährungs- und allgemeinbefindlicher Zustand. Der Bericht muß Angaben über die augenscheinliche Gemütsverfassung der Kinder enthalten sowie über eventuelle Anzeichen körperlicher Mißhandlungen. Im allgemeinen ist dieser erste Besuch nicht der geeignete Anlaß, die familiären Verhältnisse und die Herkunft der Mittel zur Sicherung des Lebensunterhalts festzustellen. Darum sollte bei späteren Besuchen geklärt werden, ob und in welcher Höhe die Familie öffentliche und private Unterstützungsgelder bezieht und in welcher Weise diese verwendet werden. Eine Untersuchung der familiären Verhältnisse sollte in etwa angeben, welche Familienmitglieder, die nahen und auch die entfernteren Verwandten, sich im Haus aufhalten und über welchen Zeitraum hinweg. Beim ersten Besuch müßte es auch möglich sein, Intelligenz und Aufrichtigkeit der Eltern objektiv einzuschätzen. Falls es notwendig erscheint, sollten unverzüglich weitere Stellen eingeschaltet werden, die sich um die Unversehrtheit und das Wohlergehen der Geschwister kümmern und gegebenenfalls die Unterweisung und Rehabilitation der Eltern übernehmen.

Diese erste Prüfung der Wohnung ist bei weitem wertvoller als ein Besuch zu einem späteren Zeitpunkt – ob angekündigt oder nicht – da man nur beim ersten Mal eine Wohnung antrifft, in der nichts gestellt und präpariert ist. Auch ermöglicht sie dem Ermittler und letztlich dem Pathologen eine Bekanntschaft mit den Eltern, der Aufsichtsperson und den Geschwistern des verstorbenen Kindes aus erster Hand – all das ist manchmal von ausschlaggebender Bedeutung bei der Bewertung der pathologischen Befunde.

Ist das Kind nach einer ärztlichen Behandlung gestorben, so sollte diese Wohnungsinspizierung in derselben Weise vorgenommen werden, sobald die zuständigen Behörden informiert sind. Nach Möglichkeit sollten alle Einzelheiten dieses Berichts einschließlich der Körperhaltung des toten Kindes und des Zustands der Geschwister mit fotografischen Aufnahmen belegt werden.

Äußere ärztliche Untersuchung

Die Untersuchung post mortem sollte von einem kompetenten Gerichtspathologen durchgeführt werden, der mit dem gesamten Problemkomplex »Kindesmißhandlung« vertraut ist. Als erstes muß das Äußere des Körpers eingehend untersucht werden, einschließlich der Bekleidung und deren Reinlichkeits- und Erhaltungszustand. Die Beschreibung des Körpers des toten Kindes sollte alle allgemeinen äußeren Kennzeichen erwähnen wie Gewicht, Körpergröße, Ernährungszustand sowie den ungefähren Zeitraum zwischen dem eingetretenen Exitus und dem Untersuchungszeitpunkt. Besondere Aufmerksamkeit ist dem gesundheitlichen Zustand des Körpers zu widmen, seinem Ernährungszustand, der aus der Stärke des subkutanen Fettgewebes abzulesen ist, dem Grad eines eventuellen Windelausschlags sowie einer Untersuchung auf sekundäre Infektionen, Vernarbung oder Hypopigmentierung.

Dieser Untersuchungsbericht sollte den Reinlichkeitszustand des Körpers festhalten und jede auffällige Diskrepanz zwischen körperlichem Zustand und äußerer Pflege besonders hervorheben, z. B. einen schweren Hautausschlag in Verbindung mit einer auffallend gesäuberten Haut, frischen Windeln und reinlicher Kleidung. Vor allem ist auf jedes Anzeichen von Insektenbefall zu achten. Dieser kann an frischen Stichen oder Spuren von alten Stichen mit ausgeprägter Narbenbildung abgelesen werden. Nach äußeren Anzeichen bestimmter chronischer Zustände, die einen plötzlichen Kräfteverfall herbeigeführt haben können, sowie nach Anzeichen für spezielle Avitaminosen oder angeborene Körpermißbildungen sollte besonders sorgfältig geforscht werden.

Bei Kindern, die körperlichen Mißhandlungen ausgesetzt waren, sollte die äußere Untersuchung jede einzelne Verletzung genau registrieren und vor allem deren Umfang, Form, Lokalisierung, Art, Farbe und Grad der Verheilung erfassen. Auch die verdeckteren Körperpartien sind eingehend zu untersuchen, da sie gelegentlich Verletzungen ausgesetzt sind, die von dem anderen Elternteil, Ärzten oder Sozialarbeitern nicht sofort erkannt werden sollen. Eine zu diesem Zweck besonders bevorzugte Stelle sind die Fußsohlen. Inzisionen an dieser Stelle bis in das darunterliegende Gewebe zeigen häufig das Vorliegen subkutaner resorbierter Blutungen an, die äußerlich nicht sichtbar sind.

Nach der äußeren Leichenschau, der Beschreibung und den entsprechenden fotografischen Aufnahmen vor und nach der Entkleidung des toten Kindes ist die gesamte Körperoberfläche sorgfältig zu reinigen, um eine weitere eingehende Untersuchung zu ermöglichen, bei der verborgene Verletzungen erkannt werden können. Diese Untersuchung sollte genauestens jede Asymmetrie des Kopfes, Rumpfes oder der Körperextremitäten festhalten. Im Anschluß daran und vor Aufnahme der Autopsie muß eine Röntgenuntersuchung des gesamten Skeletts vorgenommen werden. Wenn dabei geringfügige Veränderungen beobachtet werden, ist die Röntgenuntersuchung nach Entfernen der Eingeweide zu wiederholen; häufig liefert sie weitere Aufschlüsse. Wenn sich mehrfach Brüche, nicht nur der langen Röhrenknochen, sondern auch des Schädels und der Rippen zeigen, so kann mit Hilfe eines Röntgenologen möglicherweise nachgewiesen werden, daß die Knochen mehrfach und zu unterschiedlichen Zeitpunkten verletzt worden sind. Ein wesentlicher Teil seiner Aufgabe besteht in der Beurteilung der Knochenheilung nach der Verletzung. Diese röntgenologische Untersuchung sollte sich nicht nur auf Kinder beschränken, die an sichtbaren äußeren Verletzungen gestorben sind, gleichgültig, welche Ursache hierfür angegeben wurde, sondern routinemäßig auch bei allen Kindern durchgeführt werden, die möglicherweise an den Folgen einer Vernachlässigung gestorben sind, auch wenn sie keine derartigen äußeren Anzeichen aufweisen. In seiner Beurteilung der Skelettuntersuchung sollte der Röntgenologe nicht nur auf den sichtbaren Heilungsprozeß neuerer Brüche eingehen, sondern auch die Möglichkeit weiter zurückliegender Brüche in Betracht ziehen, die vollständig abgeheilt sind. Sowohl der anatomische wie der forensische Pathologe sammeln ihre Erfahrungen an verheilenden Wunden oft, wenn diese Wunden, zweckmäßigerweise samt dem subkutanen Gewebe, regelmäßig einer Biopsie unterzogen, entsprechend bezeichnet und anschließend mikroskopisch untersucht werden, um die Zeit-spanne zwischen Verletzung und Eintritt des Todes zu be-stimmen und zu entscheiden, ob zwei oder mehr zeitlich unterscheidbare Traumata vorliegen oder nicht.

Nach der ersten Dokumentierung in Form von Fotoaufnah-men des vorgefundenen Leichnams, ohne an der Kleidung und den äußeren Verletzungen etwas zu verändern, sollte der Körper sorgfältig auf Spuren untersucht werden, aus denen sich Hinweise auf den eigentlichen Täter oder auf die Art der von ihm benutzten Waffe ergeben. Diese Spuren sollten sorg-fältig gesichert, versiegelt und dem Labor zur weiteren Unter-suchung übermittelt werden. Das alles geschieht im Rahmen eingespielter Routinemaßnahmen im Umgang mit derartigen Spurenbelegen, wobei darauf zu achten ist, daß keiner der einzelnen Untersuchungsberichte bei der Weitergabe verloren geht.

Innere medizinische Untersuchung

Wie jede fachgerechte medizinische Untersuchung sollte auch hier die innere Untersuchung eine eingehende sachliche Fest-stellung und Beschreibung aller Verletzungen enthalten und insbesondere kaum wahrnehmbare Verfärbungen und andere Anzeichen einer Heilung berücksichtigen, die eine Datierung der traumatischen Läsionen ermöglichen. Ferner muß der Zustand sämtlicher Körperorgane detailliert untersucht und beschrieben werden. Fachmännisch durchgeführte medizini-sche Fotoaufnahmen sollten sämtliche pathologische Vorgän-ge in präziser Farbwiedergabe ohne Retuschen dokumen-tieren.

Ferner ist eine eingehende und vollständige mikroskopische Untersuchung durchzuführen. Bei verwahrlosten Kindern dient sie dazu, eine eventuell zugrunde liegende, verdeckte, chronische entkräftende Krankheit auszuschließen, die zu Marasmus führen könnte, und bei den Kindern, die an den Folgen von Verletzungen gestorben sind, erleichtert sie eine Einschätzung der Bedeutung eines möglicherweise vorliegen-den natürlichen Krankheitsprozesses. Die mikroskopische Untersuchung der Verletzungen ist erforderlich, um den Grad der Heilung zu bestimmen und einen Verdacht auf mehrfach wiederholte Verletzungen zu erhärten. Falls ein Kind das Domizil gewechselt hat und zu entscheiden ist, wer die Verletzungen zugefügt hat, ist eine Schätzung des Zeitpunktes, zu dem die Verletzung erfolgte, ebenfalls äußerst wichtig. Darüber hinaus kann sich eine sorgfältige Analyse des gesamten Darminhalts samt fotografischen Aufnahmen später als sehr wertvoll erweisen.

Um eine exogene Vergiftung als zusätzlichen Kausalfaktor beim Tod dieser Kinder auszuschließen, sollten geeignete quantitative und qualitative toxikologische Untersuchungen vorgenommen werden. Eine Anzahl neuerer Veröffentlichungen auf diesem Gebiet unterstreicht die Bedeutung dieser allgemeinen toxikologischen Untersuchung, wenn festgestellt werden soll, ob die Eingabe exogener Gifte oder Überdosen medizinischer Präparate den Tod dieser Kinder mitverursacht haben. Eine Diskussion über Kindesmißhandlung auf dem heutigen Stand ist unvollständig, solange der Einfluß der Drogenkultur und des Drogenschwarzhandels auf die nachfolgende Generation von Heranwachsenden nicht berücksichtigt wird. Unehelich geborene Kinder in der häuslichen Umgebung einer Art fluktuierender Kommune, wie sie bei den »Blumenkindern« der Drogenszene anzutreffen ist, sind nicht nur viel stärker gefährdet, sämtliche im Folgenden beschriebenen Formen von Kindesmißhandlung zu erdulden, sondern sie sind oft auch Opfer einer gewohnheitsmäßigen Sucht oder ständig verabreichter Überdosen von Tranquilizern, mit denen das Kind fügsam gemacht und ruhig gehalten werden soll. In der Literatur finden sich mehrere Hinweise auf klinische Belege für dauerhafte Hirnschädigungen, wahrscheinlich als Ergebnis einer zeitweiligen Hypoxie im Verlauf einer solchen Eingabe von Präparaten (7). Bei seiner Untersuchung post mortem sollte der Pathologe sorgfältig nach den kaum wahrnehmbaren, unspezifischen mikroskopischen Veränderungen im Zentralnervensystem suchen, die möglicherweise den einzigen Anhaltspunkt liefern können, derartige vorangegangene Verletzungen nachzuweisen. Während diese Untersuchungen im allgemeinen zu negativen Resultaten führen, können in einem Strafprozeß, der in einer Großstadt verhandelt wird, ohne diese positive Dokumentation durch den Toxikologen vernünftige Zweifel schwerlich ausgeräumt werden. Wo ein Verdacht auf Infektionskrankheiten vorliegt, sollte auch durch eine bakteriologische Untersuchung post mortem die ätiologische Ursache festgestellt werden, die den Tod (mit) herbeigeführt hat.

Nachfolgeuntersuchungen

Wenn der Pathologe seine vorläufige Prüfung und Untersuchung abgeschlossen hat, sollte er den mit der Ermittlung betrauten Beamten oder Sozialarbeiter mit allen Ergebnissen seiner Untersuchungen bekannt machen und eine rasche und eingehende Nachfolgeuntersuchung einleiten. Dazu gehört eine ausführliche Befragung über sämtliche Umstände, die zum Exitus geführt haben, über den medizinisch relevanten Hintergrund wie z. B. die Umstände bei der Geburt des Kindes, dessen körperlicher Entwicklungsstand, die Dauer des Krankenhausaufenthaltes nach der Geburt und wie oft und bei welchen Stellen eine ärztliche Betreuung erbeten wurde. Außerdem ist die Art der Beziehung zwischen den Eltern, die emotionale Atmosphäre innerhalb der Familie sowie die Beziehung zwischen den Eltern und den anderen Geschwistern von Bedeutung.

Die Befragung sollte sich nicht nur auf die Eltern, sondern auch auf alle Geschwister erstrecken, die zu einer Aussage in der Lage sind. Werden dabei Angaben gemacht, die für die körperliche Unversehrtheit der Geschwister nachteilige Folgen erwarten lassen, sobald sie sich wieder in der Obhut der Eltern befinden, so muß ihnen selbstverständlich ein unbefristeter Schutz vor solchen Vergeltungsmaßnahmen angeboten werden. Sämtliche Berichte im Sozialamt müssen sorgfältig überprüft werden, ob bereits zu einem früheren Zeitpunkt ein Kontakt mit der Familie stattgefunden hat. Nach Möglichkeit sind auch die Nachbarn zu befragen, wenngleich deren Zeugnis unter Berücksichtigung ihrer Motive zu bewerten ist. Handelt es sich um ein uneheliches Kind, so ist vor allem die Lebensweise der Mutter zu erfragen, die Herkunft der Mittel für den Unterhalt des Kindes und wie weit der Vater sich um dessen Versorgung kümmert. Bei den Kindern, die Körperverletzungen aufweisen, sind insbesondere die Personen in Erfahrung zu bringen, die kurzfristig mit dem Kind zusammen waren, wobei der gesamte Zeitraum vor dem Exitus lückenlos erfaßt werden muß und alle Personen, einschließlich Babysitter und Geschwister, eingehend befragt werden müssen, denen die Aufsicht über das Kind anvertraut worden war. Um diese und ähnliche Hintergrundinformationen zu erhalten, sollten geschulte Ermittlungsbeamte eingesetzt werden, die mit der Polizei und dem Sozialamt zusammenarbeiten. Wenn die Eltern auf die im allgemeinen offensichtliche Diskrepanz zwischen der zunächst von ihnen gegebenen Schilderung und dem inzwischen ermittelten Beweismaterial hingewiesen werden, so geben die meisten von ihnen nach und nach ein Fehlverhalten zu. Der Einsatz moderner und verfeinerter Befragungstechniken, z. B. eines Lügendetektors, kann dazu beitragen, innerhalb kurzer Zeit alle Personen vom Verdacht auszuschließen, die zeitweilig mit dem Kind in Kontakt standen. Dieser Personenkreis, der für die Verletzungen nicht verantwortlich ist, ist im allgemeinen sofort bereit, sich dieser Art von Verhör oder Untersuchung zu unterziehen. Wiederholte Befragungen beider Elternteile können zu Eingeständnissen führen, die eine feindselige Haltung zwischen ihnen auslösen, was weitere Eingeständnisse einer Beteiligung nach sich zieht. Entfernte Verwandte, Großeltern und andere, die nicht unmittelbar zur Familie gehören, aber im selben Haus leben oder häufig zu Besuch kommen, werden oft von sich aus Informationen liefern, die von unschätzbarem Wert für die Befragung des oder der verdächtigen Täter sind. Wer als Ermittler eingehend mit den von den Eltern immer wieder vorgebrachten Gründen für eine schlechte Behandlung oder Mißhandlung des Kindes vertraut ist, ist weit eher in der Lage, erfolgreiche Befragungen durchzuführen. Jedes Verhör durch einen Ermittlungsbeamten der Polizeibehörde sollte erst erfolgen, nachdem der Verdächtige über seine juristischen Rechte und Möglichkeiten entsprechend den neuesten Gerichtsentscheidungen umfassend aufgeklärt worden ist.

Der Pathologe vor Gericht

Nachdem sich der Pathologe über Ursache und Art des Todes eine Meinung gebildet hat – was den Hauptzweck der umfassenden Ermittlung und der medizinischen Untersuchung der

Leiche in Zusammenarbeit mit der Polizeibehörde ausmacht – müßte er imstande sein, seine Befunde vor Gericht in so schlüssiger Weise vorzutragen, daß an seiner Beweisführung kein vernünftiger Zweifel mehr möglich sein kann. Trotzdem darf man nicht vergessen, daß diese Ausführungen lediglich die Meinung eines Fachgutachters darstellen, und der Pathologe muß alle Einzelberichte zur Hand haben, in denen die Beobachtungen und Untersuchungsergebnisse festgehalten sind, die ihn zu der vertretenen Meinung geführt haben. Die Beweisregeln verbieten ihm, Informationen vorzulegen, die sich nicht auf seine eigenen Beobachtungen stützen; wenn er also den Schauplatz des Ablebens nicht persönlich aufgesucht hat, muß das diesbezügliche Beweismaterial von dem Ermittlungsbeamten vorgelegt werden, der in erster Linie für diese Inspizierung und die Erhebung dieses Teils des Beweismaterials verantwortlich war.

Der erfahrene forensische Pathologe ist in der Regel das Seniormitglied des Teams, das mit der Untersuchung betraut ist, und in dieser Rolle sollte er dafür Sorge tragen, daß sämtliches erhobenes Beweismaterial gut dokumentiert, zweckmäßig gekennzeichnet, sorgfältig verwahrt und nicht nur für eine entsprechende Darlegung vor Gericht vorbereitet wird, sondern auch für eine mögliche Überprüfung durch einen benannten Experten für die Verteidigung. Der Pathologe einer Klinik dient oft nur als Gehilfe der Ermittlungsbehörde und ist deshalb häufig lediglich für die Beweise verantwortlich, die sich aus der Untersuchung des Leichnams ergaben. In jedem Fall sollte jedoch in Gesprächen vor der Hauptverhandlung und nötigenfalls auch bei der Aussage vor Gericht darauf hingewiesen werden, daß mit Ausnahme seltener Fälle kein Mensch in der Lage ist, im Hinblick auf Ursache und Art des Todes eine definitive Schlußfolgerung zu ziehen, ohne auch die näheren Umstände des Todes in Verbindung mit den pathologischen und labortechnischen Befunden zu berücksichtigen.

Der Staatsanwalt muß darauf vorbereitet sein, daß im Verlauf des Prozesses verfügt wird, die Zeugen von der Verhandlung auszuschließen oder sie während der Aussage anderer Zeugen aus dem Gerichtssaal zu bitten. Er muß deshalb sicherstellen, daß sein medizinischer Experte über sämtliche Beweismaterialien aus erster Hand verfügt, die bisher im Lauf der Verhandlung vorgelegt wurden, da diese die pathologischen Befunde ergänzen müssen, um den Tathergang rekonstruieren zu können.

Rechtzeitig vor der Hauptverhandlung sollte ein gemeinsames Gespräch aller Personen stattfinden, die an der Untersuchung mitgearbeitet haben. Zu diesem Zeitpunkt muß der Staatsanwalt sein gesamtes Beweismaterial sorgfältig prüfen. Wenn neben dem forensischen Pathologen noch andere Gutachter auftreten – etwa ein Neuropathologe oder ein Röntgenologe – so müssen deren Befunde in der Akte mit dem medizinischen Beweismaterial gesondert aufgeführt sein, und die Nebengutachter sollten ersucht werden, diese Befunde mit dem Staatsanwalt durchzugehen und nötigenfalls anschließend ihre Aussage zu machen. Es genügt nicht, wenn der medizinische Experte dem Staatsanwalt lediglich die von ihm erhobenen Tatbestände aufzählt. Er muß ihn auch auf eventuelle Fehlerspielräume in seiner Einschätzung und auf kontroverse und besondere negative Befunde hinweisen, aus denen sich während der Verhandlung eine Streitfrage ergeben könnte. Diese Form der Aussage ist besonders in Fällen von Kindesverwahrlosung von Bedeutung, in denen eine bereits vorhandene konstitutionsbedingte Krankheit ausgeschlossen werden muß. Der medizinische Gutachter der Staatsanwaltschaft sollte sich darüber im klaren sein, daß die Verteidigung möglicherweise einen Antrag auf ein unabhängiges Gutachten seiner Befunde stellen wird, einschließlich der fotografischen Aufnahmen im Zusammenhang mit der äußeren Untersuchung, der Röntgenaufnahmen, der mikroskopischen Präparate und anderer Laboruntersuchungen, um die Auffassung des medizinischen Experten der Staatsanwaltschaft besser beurteilen zu können.

Der Arzt sollte sich auch vor Augen halten, daß ihm ungeachtet seiner emotionalen Beteiligung zu Beginn oder im Verlauf seiner Untersuchung vor Gericht nicht die Rolle eines Anwalts, sondern die eines Beraters zukommt.

Es kann sich als notwendig erweisen, vor Gericht auch fotografische Aufnahmen vorzulegen, damit der Arzt der Jury gegenüber die Verletzungen oder die allgemeine körperliche Verfassung des Kindes besser erläutern kann. Es kann immer wieder vorkommen, daß dieses Material vom Vorsitzenden als aufreizend erklärt und gegenüber der Jury nicht zugelassen wird. In der Praxis der letzten Jahre hat es sich jedoch zunehmend durchgesetzt, daß die Gerichte diese Art von Beweismitteln zulassen, wenn sie zu der Auffassung gelangen, daß eine Beschreibung mit Worten, so eingehend sie auch sei, die körperliche Verfassung eines Kindes nicht ausreichend zu schildern vermag. Sämtliche diesbezügliche Aufnahme sollten keinerlei nachträgliche Veränderungen aufweisen und nur die äußeren Befunde zeigen, die vor der Autopsie am Körper zu beobachten waren. Wenn es sich als nötig erweist, innere pathologische Befunde an Hand fotografischer Aufnahmen zu erläutern, so sollte dies mit Diskretion geschehen und wiederum ohne nachträgliche Veränderungen durch den Pathologen. Wenn es erforderlich ist, auf feinere Veränderungen hinzuweisen, etwa bei histologischen Befunden, sollten daneben entsprechende Illustrationen von vergleichsweise normalem Gewebe gezeigt werden, oder, wenn es um die Datierung von Verletzungen geht, Aufnahmen mit Verletzungen, bei denen der Zeitpunkt des Auftretens bekannt ist. Zu diesem Punkt liegen in der Fachliteratur zahlreiche Hinweise vor (1).

Formen der Mißhandlung

Obgleich sich in der Literatur zahlreiche Veröffentlichungen über Kindesmißhandlungen finden, die von Klinikern, Sozialarbeitern, Psychiatern und Wissenschaftlern aus Nachbargebieten stammen, gibt es auf dem Gebiet der Pathologie nur spärliche Hinweise. In den klassischen Darstellungen von Adelson (3; 4) werden die beiden charakteristischen Formen der Kindesmißhandlung – Vernachlässigung und Mißhandeln durch Körperverletzung – am Beispiel einer kleinen Gruppe ausführlich abgehandelt. Der Autor hat versucht, einigermaßen exakte Statistiken zur Beschreibung des Vorkommens von Todesfällen infolge Vernachlässigung und körperlicher Mißhandlung an Kindern in einer Großstadt zu gewinnen und hatte in Zusammenarbeit mit der Gesundheitsbehörde von Philadelphia die Möglichkeit, die Todesfälle aller Kinder unter 16 Jahren zu überprüfen. Während des Untersuchungszeitraums von 1961 bis 1965 war die Bevölkerung der Stadt keineswegs homogen. Vielmehr gab es einen im Zentrum gelegenen Teil, der praktisch in ghetto-ähnlichen Verhältnissen lebte, während abgeschlossene demographische Gruppen wie Italiener, Deutsche und Personen jüdischer Abstammung ähnlich genau umschriebene Viertel der dichter bevölkerten Citygebiete bewohnten. Innerhalb der Stadtgrenzen, einige Meilen von diesem dicht besiedelten Zentrum entfernt, gab es weite Bereiche typischer Vorstadtgebiete mit Einfamilienhäusern der Mittelschicht, während eine noch kleinere Fläche mit ausgedehnten Herrenhäusern bebaut war, die in größeren Abständen voneinander lagen und von mehreren Hektar bewaldeter Fläche umgeben waren. Innerhalb dieser heterogenen Bevölkerung bot sich die Gelegenheit, nicht nur die Formen von Kindesmißhandlung zu untersuchen, sondern auch die soziologischen und demographischen Bedingungen dieser Formen in einer Weise zu erforschen, die weit befriedigender war als die bisherigen Forschungsarbeiten, bei denen die – nach dem Erlaß bestimmter Gesetze zur Pflicht gemachten – Meldungen von Kindesmißhandlungen überprüft oder die in den Massenmedien veröffentlichten Fälle verfolgt wurden. Tabelle 1 enthält die Zahl der Todesfälle, das Alter und die Verteilung auf die beiden Rassen der beiden hauptsächlichen Formen von Kindesmißhandlung, und zwar für einen Zeitraum von fünf Jahren. Man kann davon ausgehen, daß die Gerichtspathologen, die für die Durchführung der Untersuchung und die Überwachung der Befragung verantwortlich waren, sämtliche Aspekte dieses Problems voll berücksichtigt haben. Weder in der Häufigkeit des Auftretens noch in der rassischen Verteilung zeigen sich Abweichungen zwischen den einzelnen Jahren.* Die Befragungstechnik war in jedem dieser Fälle ähnlich und folgte in ihren wesentlichen Zügen dem im Folgenden beschriebenen Schema.

* Während der vergangenen fünf Jahre, in denen der Autor in der dicht bevölkerten Region von Wasatch Front in Utah mit einer Bevölkerung von knapp 800 000 Einwohnern Erfahrungen sammeln konnte, hat das Amt des Gesundheitsbeauftragten eindeutig elf Fälle von Kindesmißhandlung mit tödlichem Verlauf identifiziert. In Übereinstimmung mit der rassischen Zusammensetzung der Bevölkerung in diesem Gebiet des Landes traten sämtliche Fälle von identifizierter tödlicher Kindesmißhandlung ausschließlich in der weißen Bevölkerung auf.

Tabelle 1

Sterbefälle infolge Vernachlässigung oder Mißhandlung
von Kindern in Philadelphia von 1961 bis 1965

Jahr	Todesfälle durch Vernachlässigung		Todesfälle durch Mißhandlung		Gesamt
	weiß	farbig	weiß	farbig	
1961	1	4	1	6	12
1962	2	4	0	6	12
1963	1	4	2	2	9
1964	2	5	4	8	19
1965	1	0	1	6	8
Gesamt	7	17	8	28	60

Vernachlässigung von Kindern

24 Kinder, die zum Zeitpunkt ihres Todes zwischen einem und vierzehn Monate alt waren, starben an den Folgen einer Vernachlässigung seitens der Eltern oder des Elternteils, der während der frühen Monate für die Ernährung und andere Bedürfnisse des hilflosen Kindes verantwortlich war. Diese Art der Mißhandlung stellt im Gegensatz zu körperlichen Mißhandlungen oder Verletzungen einen Akt der Versäumnis durch die Eltern dar. Bis auf eines waren alle Kinder unter ärztlicher Aufsicht zur Welt gekommen; bei 16 erfolgte die Geburt zum richtigen Zeitpunkt, acht Kinder waren Frühgeburten. Diese frühgeborenen Kinder wurden nach der Geburt zwischen zwei und sieben Wochen lang im Krankenhaus behalten, bis sie einen Entwicklungsstand aufwiesen, der dem von normalen Neugeborenen entsprach. Außer drei Kindern war bei keinem vor dem Tod ein Arzt konsultiert worden, und mit wenigen Ausnahmen wiesen alle im wesentlichen dasselbe Krankheitsbild auf.

Das äußere Erscheinungsbild der toten Kinder war gekennzeichnet durch äußerste Vernachlässigung im Hinblick auf
Nahrung, Kleidung und Gesundheitspflege, alles Bedürfnisse,
bei denen das hilflose Kleinkind auf Hilfe von außen angewiesen ist. Die extrem verunreinigte Kleidung, häufig von Unge-
ziefer bedeckt und vor Kot starrend, mußte in der Nähe der
Genitalien und der unteren Körperextremitäten oft erst einge-
weicht werden, damit bei ihrem Entfernen keine Hautfetzen
abgerissen wurden. In zwei Fällen war die Kleidung offensichtlich kurz vor oder nach dem Tod gewechselt worden,
wobei die darunter befindliche Haut ausgiebig gesäubert worden war. Eines dieser Kinder wurde dem Arzt post mortem in
seinem Taufkleidchen gebracht. Darunter trug es ein Unter-
hemd, an dem sich noch das Preisschild befand (Abb. 1).
Seltenes Wechseln der Windeln und der Bettwäsche war an
schweren Windelausschlägen abzulesen, die häufig mit voll-
ständiger Ablösung der Haut der Genitalien und des Peri-
neums verbunden waren. In mehreren Fällen war dies über
einen genügend langen Zeitraum hinweg praktiziert worden,
um bei negroiden Kindern zum Verlust der Pigmentschicht zu
führen (Abb. 2). Im fortgeschrittenen Stadium erstreckte sich
dieser Prozeß von den Achseln bis zu den Fußsohlen und war
mit einer Sekundärinfektion und einer Sepsis verbunden
(Abb. 3). Ein fest um den Penis geschnürter Bindfaden, der
ein Einnässen verhindern sollte, führte bei einem Kind zu
frühem Wundbrand.

Der verbackene, verkrustete Schmutz, der erst nach einiger
Mühe von der Haut gelöst werden konnte, hatte bis dahin
verdeckt, daß die Haut weder von straffem Gewebe noch von
wahrnehmbaren Fettschichten unterlagert war, sondern lose
über den Knochen des Gesichts und der Körperextremitäten
hing, während der Unterleib meist eingesunken war und die
Rippen des Brustkorbes ungewöhnlich weit vorstanden. Das
Fehlen von Augenhöhlenfett hatte eine ausgeprägte Vertie-
fung der Augen zur Folge, darüber hinaus wies das Gesicht
extrem eingefallene Wangen auf. Insektenbefall, unter anderem durch Ameisen, Bienen und Kakerlaken, führte zu zahlreichen Bissen und Stichen auf der ganzen Haut, von denen

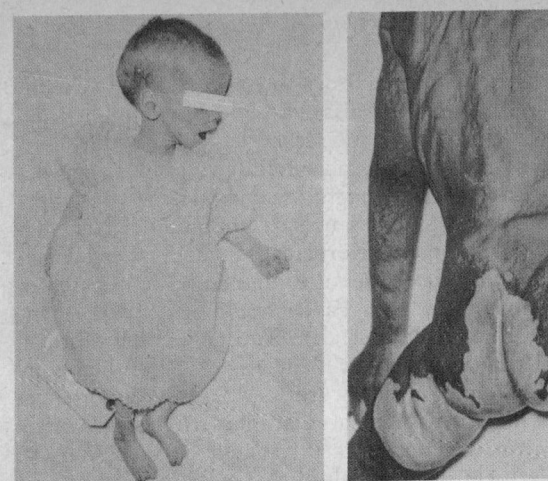

Abb. 1: Verhungertes Kind im Alter von fünf Monaten, gewaschen und nach seinem Ableben in ein Taufkleidchen gesteckt.

Abb. 2: Verwahrlostes Kind, elf Monate alt, mit Hypopigmentierung des Perineum in Verbindung mit Windelausschlag in fortgeschrittenem Stadium.

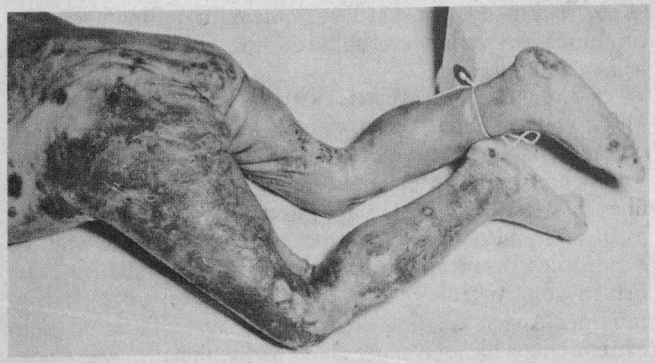

Abb. 3: Nässender, sekundärinfizierter Windelausschlag bei vernachlässigtem Kind, neun Monate.

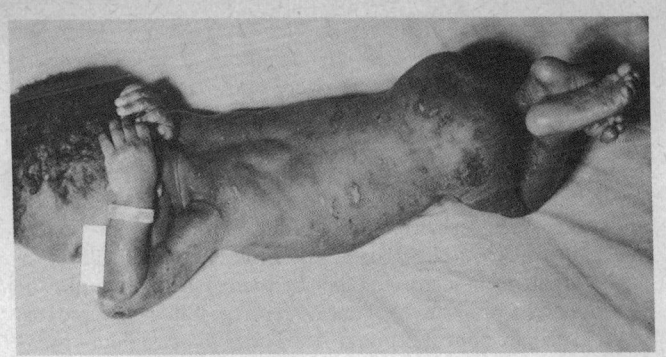

Abb. 4: Narbenbildung aufgrund infizierter Insektenbisse auf der Rückseite des Rumpfs. Das Kind wurde im Alter von achteinhalb Monaten mit Marasmus ins Krankenhaus eingeliefert und wieder entlassen, nachdem es durch gute Pflege wieder sein normales Gewicht erreicht hatte.

viele sekundär infiziert waren. In der Mehrzahl der Fälle führte dies zu dauernden Narben (Abb. 4).

Die Kinder, zu denen wir kurz vor dem Tod gerufen wurden, zeigten stets extrem reduziertes Stoffwechselverhalten, eine ausgeprägte Verminderung der Atmung nach Volumen und Zahl der Atemzüge, Hypothermie sowie einen Gefäßkollaps, der trotz Verabreichung von Infusionen, Zufuhr von Sauerstoff und Kortikosteroiden bis zum Tod anhielt. Der klinische Eindruck war dabei stets der einer extremen Unterernährung und unzureichender Zufuhr von Flüssigkeit als Folge einer Verwahrlosung. Dies erregte den Abscheu des herbeigerufenen Arztes oftmals mehr als die an den mißhandelten Kindern festgestellten Verletzungen.

Innere Untersuchung

Bei allen toten Kindern wurde eine Autopsie durchgeführt. Das Fehlen von Fettpolstern im Innern des Körpers war verbunden mit einem Verlust an subkutanem Gewebe. Bei den meisten dieser Kinder zeigte der Verdauungstrakt keine oder kaum Anzeichen für eine Nahrungsaufnahme in der Zeit kurz vor dem Tod. Obwohl bei einigen Kindern der beobachteten Gruppe finale Komplikationen festgestellt wurden, ergab eine Untersuchung keinerlei angeborene oder erworbene Krankheit von genügender Schwere und Dauer, die den Marasmus hätte erklären können.

Bei drei Kindern lag eine Bronchopneumonie vor; eine Sepsis komplizierte die Zellgewebeentzündung in Verbindung mit Windelausschlägen bei drei weiteren Kindern. Ein Kind hatte eine fortgeschrittene Mittelohrentzündung und eines eine akute nekrotische Laryngitis. Eine chemische Untersuchung ergab in keinem einzigen Fall einen Anhaltspunkt für Blei oder ein anderes exogenes Element. Bei den Kindern, deren Gewicht zum Zeitpunkt des Todes in etwa dem erwarteten Gewicht eines Kindes in ihrem Alter entsprach, führten andere, äußerlich sichtbare Anzeichen für eine Vernachlässigung durch die Eltern – etwa ein Befall durch Würmer – dazu, sie in die Untersuchungsgruppe mit aufzunehmen. Bei einem Kind, das während der letzten Zeit vor seinem Tod ununterbrochen am Zeigefinger gelutscht hatte, war das Gewebe derart aufgeweicht, daß Haut und Nagel sich sofort vom darunter befindlichen Gewebe lösten.

Angebliche und zugegebene Art der Verletzung

Bei einer ersten Befragung wiederholten die Eltern eine bei allen ähnliche Geschichte, das Kind sei bis ein, zwei Tage vor seinem Tod noch weitgehend gesund gewesen und habe dann »die Nahrung verweigert«, »einen leichten Durchfall« gehabt oder sich, wie die anderen Geschwister, »erkältet«. Auf wiederholtes Befragen kam dann vielleicht die Geschichte zustande, daß das Kleine »von Geburt an kränkelte« oder nie »richtig auf die Beine kam«. Die versuchte Säuberung des Kindes post mortem und das Versehen mit frischen Kleidern zeigte, daß die Eltern sich doch so viel Sorgen um das äußere Erscheinungsbild des Leichnams machten, daß sie dieses einer Korrektur unterzogen, bevor sie sich an einen Arzt oder ein Krankenhaus wandten.

Tabelle 2 zeigt die Verteilung von Alter, Geschlecht und Rasse dieser Gruppe. 18 Kinder waren männlichen und 6 weiblichen Geschlechts, 17 waren farbig und 7 weiß, und das in einem Zeitraum, innerhalb dessen das Verhältnis von farbigen zu

Alter (Monate)	weiß		farbig		Gesamt
	männlich	weiblich	männlich	weiblich	
0-3	1	1	5	1	8
4-6	3	1	4	1	9
7-12	0	1	4	1	6
13	0	0	1	0	1
Gesamt	4	3	14	3	24

weißen Geburten in der Bevölkerung 16 zu 25 betrug. Das Körpergewicht zum Zeitpunkt des Todes variierte zwischen 35 und 88 Prozent des erwarteten Gewichts; der Mittelwert lag bei 65 Prozent. Mit Ausnahme jener Fälle, in denen die zum Exitus führende Verwahrlosung nicht auf den Entzug von Nahrung zurückzuführen war, sondern beispielsweise auf ungenügendes Wechseln der Windeln, lagen alle unterhalb des dritten Perzentils. Es muß nochmals auf die Diskrepanz zwischen der Darstellung der Eltern und der offensichtlichen körperlichen Verfassung der Kinder zur Zeit der medizinischen Untersuchung hingewiesen werden. Der Grad der Kachexie, des Wasserentzugs und der Unterernährung, der bei diesen Kindern zu beobachten war, stand in eklatantem Widerspruch zu den Schilderungen von Durchfall, einer Infektion der oberen Atmungsorgane oder von Erbrechen, das erst zwei Tage zuvor aufgetreten sei.

Familiäre Verhältnisse und Umstände

In sämtlichen Fällen handelte es sich bei diesen Kindern um das Letztgeborene in Familien mit durchschnittlich sieben Kindern, wobei die größte Familie zwölf und die kleinste zwei Kinder hatte. 14 von ihnen waren unehelich, die anderen ehelich geboren. Das Durchschnittsalter zum Zeitpunkt des Todes betrug fünf Monate. Von den Polizeibeamten, Sozialarbeitern oder Vertretern des Gerichts wurden die Eltern in den meisten Fällen als unterdurchschnittlich intelligent beschrieben. Gut 50 Prozent der Eltern bezogen ihren gesamten Lebensunterhalt aus öffentlichen Fürsorgemitteln; insgesamt erhielten mehr als 80 Prozent öffentliche Unterstützung in der einen oder anderen Form.

Ähnlich wie Adelson (3) haben wir versucht, die äußere Erscheinung der Geschwister und die Wohnverhältnisse der ehelich geborenen Kinder mit denen der unehelich Geborenen zu vergleichen. In gewissem Maße fanden wir in unserer Gruppe eine relative Parallele. Im allgemeinen war eine Mutter, die zwischen fünf und zwölf Kinder zu versorgen hatte und nicht zu verhindern mochte, daß eines ihrer Kinder an Unterernährung starb, ebenso unfähig, ihre Wohnung in leidlich ordentlichem und sauberem Zustand zu halten; Ausnahmen in dieser Gruppe beschränkten sich auf verheiratete Paare, die in der Regel als beträchtlich unterdurchschnittlich intelligent beschrieben wurden, deren Wohnungen sich in einem Zustand äußerster Unsauberkeit befanden, und deren Kinder den Schilderungen nach zu urteilen im allgemeinen extrem ungepflegt waren. In der Mehrzahl der Familien hatte es mehr als einen Kindsvater gegeben, und die Mütter wohnten oft mit den Kindern von drei oder vier Geliebten zusammen, deren augenblicklicher Wohnort unbekannt war. Die meisten Mütter waren zwischen 18 und 30 Jahre alt und wurden ausnahmslos für den Zustand des verstorbenen Kindes als verantwortlich angesehen. In den seltensten Fällen wohnten sie länger als sechs Monate in einer Wohnung, die sie darüber hinaus oft noch mit einer anderen, ähnlich großen Familie teilten.

In den Schilderungen der Wohnungen dieser Kinder taucht als kennzeichnend am häufigsten das Wort »schmutzstarrend« auf, wobei sehr oft ein Gestank von Harn und Kot erwähnt wird, von dem die gesamte Wohnung erfüllt war, und sehr häufig wird geschildert, daß Bettwäsche, Kleidung und Fußboden von Kot und Urin besudelt waren. In mehr als 80 Prozent der Fälle enthielt die Beschreibung auch einen Hinweis auf extensiven Kakerlakenbefall. Bei den meisten Wohnungen, die alle im Verlauf der Ermittlungen besucht wurden, ergab sich aus den detaillierten Schilderungen, daß sich in

Küchen und Kühlschränken nur geringe Mengen Lebensmittel befanden. In drei Wohnungen mit einer Kinderzahl zwischen drei und acht, in denen tote Kinder aufgefunden wurden, gab es keine Zentralheizung, und in einem Haus wurden die Exkremente von insgesamt 17 Personen aus zwei Familien täglich von den Kindern in einem Eimer in den hinter dem Haus liegenden Garten getragen und ausgeschüttet. Sämtliche Beschreibungen enthielten Hinweise auf Berge von Schutt und Abfällen, nicht nur im Vorgarten, sondern auch im Haus selbst. Befragungen der Nachbarn ergaben häufig, daß die Eltern sich nicht um ihre Kinder kümmerten. Innerhalb der untersuchten Gruppe konnten wir häufig beobachten, daß das älteste Kind, oft nicht älter als höchstens neun Jahre, sich um sämtliche täglichen und nächtlichen Bedürfnisse seiner Geschwister kümmern mußte, einschließlich des Jüngsten, das manchmal gerade erst drei Monate alt war. In zwei Familien war nicht einmal für die Kleidung der Kinder gesorgt, die noch nicht zur Schule gingen.

Eine Überprüfung ergab, daß die Eltern nur in zwei Fällen nach der ersten postnatalen Impfung ärztliche Hilfe für das Kind gesucht hatten. In beiden Fällen war eine Einweisung in ein Krankenhaus erforderlich gewesen, weil die Kinder eine Kachexie aufwiesen. Allerdings konnten weder umfangreiche klinische noch labortechnische Untersuchungen eine Krankheit feststellen, die die Kachexie hätte erklären können. Eine rasch eintretende Erholung nach entsprechender Nahrungszufuhr und die ebenfalls einsetzende Gewichtszunahme führten dazu, daß die Kinder innerhalb eines relativ kurzen Zeitraums wieder zu den Eltern entlassen wurden mit dem Resultat, daß sie dann wenige Monate später den Hungertod starben (s. Abb. 5; s. a. Abb. 4).

Eine Diskussion des Problems der Kindervernachlässigung muß notwendig auch jene Umstände erwähnen, die dadurch zu Krankheit oder Tod führen, daß die Eltern ihre Verantwortung im Hinblick auf Schutz und Aufsicht über ihre Kinder abtreten. Solche Todesfälle treten häufig dann auf, wenn die Kinder für einen längeren Zeitraum unbeaufsichtigt gelassen werden. Akuter körperlicher Wassermangel oder eine Hitzeerschöpfung in den Sommermonaten können die Zahl plötzlich auftretender, ungeklärter Sterbefälle von Kindern

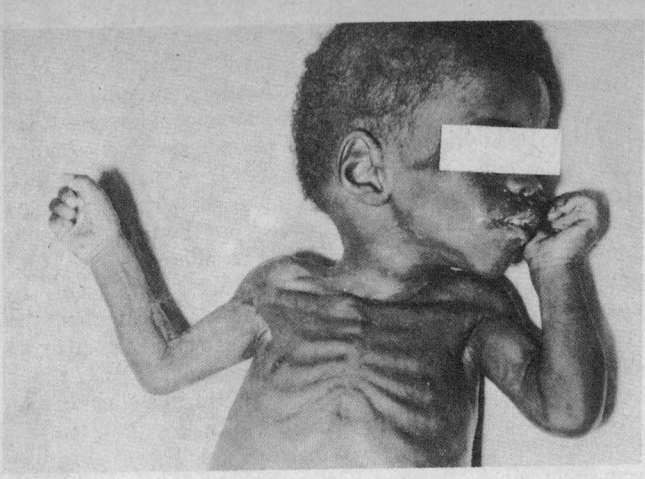

Abb. 5: Verhungertes Kind (13 Monate).

erhöhen. Ebenso gibt es keine Stadt, in der nicht im Winter zumindest in einem, meist jedoch in mehreren Fällen große Familien durch eine Feuersbrunst ausgelöscht werden, in denen eine erwachsene Aufsichtsperson gefehlt hatte. Dies ist häufig das Resultat der böswilligen Handlung eines der jüngeren Kinder und geschieht oft als Wiederholungstat, nachdem die Eltern dem Kind bereits zu früheren Gelegenheiten das Spielen mit Feuer verboten hatten. Todesfälle als Folge natürlicher Krankheiten, deren Behandlung eine ständige Aufsicht erfordern würde, z. B. Epilepsie oder Diabetes mellitus, werden von einigen Autoren auf elterliche Vernachlässigung zurückgeführt, sofern nachgewiesen werden kann, daß die Eltern eingehend beraten und mit den entsprechenden Medikamenten versehen wurden und keiner Glaubensgemeinschaft angehörten, die eine Verabreichung von Medikamenten verbietet. Eine vollständige Zusammenfassung dieser Gruppe vernachlässigter Kinder findet sich in Tabelle 1 im Anhang.

Im selben Zeitraum der oben genannten Untersuchung starben 36 Kinder im Alter von wenigen Monaten an aufwärts an den Folgen nachgewiesener Verletzungen, die ihnen durch ein Familienmitglied, den Freund der Mutter oder einen Babysitter zugefügt worden waren. Bei 13 dieser Kleinkinder (Gruppe 1) gab es keine Anzeichen einer früheren Verletzung von einer Größenordnung, daß davon Narben oder andere körperliche Schäden zurückgeblieben wären; dagegen ergaben bei 23 Fällen (Gruppe 2) die äußere bzw. innere oder die Röntgenuntersuchung oder ein Geständnis im Lauf der Ermittlung Anhaltspunkte für eine oder mehrere frühere Verletzungen.

Tabelle 3:
Alter, Rasse und Geschlecht von 36 Opfern
körperlicher Gewaltanwendung

Alter	weiß		farbig		Gesamt
	männlich	weiblich	männlich	weiblich	
Monate					
0-3	2	0	3	1	6
4-6	1	1	1	1	4
7-12	0	0	2	3	5
Jahre					
1	1	0	2	4	7
2	1	0	1	3	5
3	2	0	2	3	7
älter	0	0	1	1	2
Gesamt	7	1	12	16	36

Die Kinder in dieser Gruppe 1, von denen zwei Weiße und 11 Farbige waren, waren zwischen einem Monat und sechs Jahren alt, wobei das Durchschnittsalter bei neun Monaten lag (wenn man den Ausnahmefall einer Sechsjährigen unberücksichtigt läßt). Sechs Kinder waren Knaben, die übrigen Mädchen. In allen Fällen waren die Kinder in die Praxis eines Arztes oder in ein Krankenhaus gebracht worden, entweder kurz vor oder aber nach eingetretenem Exitus.

Die angeblichen Ursachen der Verletzung sind in Tabelle 4 zusammengestellt. Sechs dieser Kinder waren nach ersten Aussagen der Eltern die Treppe hinuntergefallen oder vom Schoß der Mutter oder aus dem Kinderbett gestürzt, und in vier Fällen wurde keinerlei Verletzung angegeben. Diese Kinder stammten aus Familien, die sozioökonomisch beträchtlich besser gestellt waren als die der verwahrlosten oder der Mehrzahl der wiederholt verletzten Kinder. Bei mehr als der Hälfte von ihnen handelte es sich um Angehörige der Mittelschicht, deren Wohnungen als sauber und in gutem Zustand befindlich bezeichnet werden konnten. Die Eltern zeigten eine bedeutend stärkere Anteilnahme am Wohlergehen ihrer Kinder in der prämortalen und postmortalen Phase als die der verwahrlosten bzw. der wiederholt verletzten Kinder. Das allgemeine Äußere und der Ernährungszustand lagen beträchtlich über dem Niveau der beiden anderen Gruppen.

Tabelle 4:
Vergleich zwischen angeblichen und zugegebenen Ursachen
der Verletzung (Gruppe 1)

Angebliche Ursache (Zahl)		Zugegebene Ursache (Zahl)	
Sturz des Kindes		Schlag mit der Hand	10
(Treppe, Schoß, Bett)	9	Schlag mit einem Gegenstand	
Tot im Bett aufgefunden	6	(Plastikspielzeug, Staubsauger-	
Stoß durch einen der Eltern	2	düse, Haarbürste)	4
Prügel durch den Bruder	1	Das Kind wurde gestoßen oder	
Umkippen eines Behälters		zu Boden geworfen	2
mit heißem Wasser	1	Das Kind wurde in heißes Was-	
Das Kind ging verloren	1	ser gehalten	1
		Unbekannt	1
		Das Kind wurde mit dem Ell-	
		bogen vom Babysitter gestoßen,	
		während dieser das TV-Pro-	
		gramm ansah	1

In den meisten dieser Fälle, nämlich bei neun Kindern, wies der Körper äußere Spuren einer offensichtlich neueren Verletzung auf. Bei den Kindern, die erkennen ließen, daß sie mit Händen und Füßen geschlagen worden waren, war dies an zahlreichen blauroten Blutergüssen ohne feste Konturen abzulesen, die außerdem Schwellungen aufwiesen und vorwiegend über das Gesicht, linke und rechte Kopfseite, Hals und Oberkörper verteilt waren. Wo das Gewebe unmittelbar einem Knochen oder den Zähnen auflag, gab es häufig Hautabschürfungen, in den schweren Fällen sogar Fleischwunden, letztere vor allem an der Innenseite der deutlich geschwollenen und gequetschten Lippen. Wenn ein Gegenstand als Waffe in der Hand gedient hatte oder als Wurfgeschoß verwendet wurde, so war dessen Umriß häufig an der Form der Verletzung zu erkennen. So rührte z. B. eine deutlich konturierte Quetschung mit Hautabschürfung von einem Schlag mit einer Staubsaugerdüse oder einer Haarbürste (s. Abb. 6). Bei dem Kind, das in der oberen Hälfte seines Unterleibs von einer halbvollen, durch das Zimmer geschleuderten Milchflasche aus Plastik getroffen wurde, war äußerlich lediglich ein kleiner, halbkreisförmiger, scharf umrissener Bluterguß zu sehen, während sich in der genau darunter liegenden Leber ein ähnlich scharf konturierter, leicht halbkreisförmiger Leberriß fand (Abb. 7). Dieses Kind, das im Krankenhaus dreieinhalb Stunden lang untersucht wurde, starb an den Folgen einer inneren Blutung, wobei die Entstehungsgeschichte der Verletzung erst nach der postmortalen Untersuchung zutage gefördert wurde. Bei drei Kindern der Gruppe fanden sich nur minimale äußere Anzeichen von Verletzungen in Form von deutlich umrissenen blauroten Blutergüssen der Hautoberfläche. Bei einem Kind gab es weder für eine länger zurückliegende noch für eine neuere Verletzung äußere Anzeichen.

In einem Fall führten äußere extensive Verbrennungen zweiten und dritten Grades (durch Hitze verursacht), die über den ganzen Unterleib und die unteren Körperextremitäten verteilt waren, zu einem irreversiblen Schock mit Todesfolge ohne sonstige Befunde. Dazu war es gekommen, als ein älterer Bruder das Kind dadurch bestrafen wollte, daß er es in einen

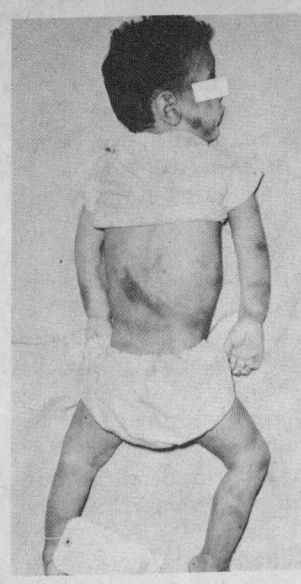
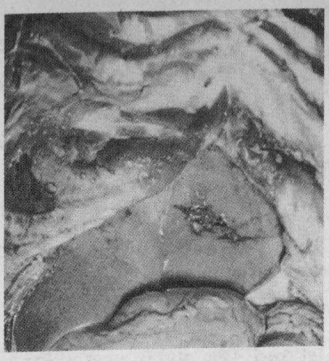

Abb. 6: Rückansicht eines Kindes, das bei einem einmaligen Auftreten von Gewalttätigkeit geschlagen wurde und keine früheren Narben aufwies.

Abb. 7: Leberriß, verursacht durch eine halbvolle Milchflasche aus Plastik, die durch das Zimmer geschleudert wurde.

Kessel mit heißem Wasser hielt, den Behälter jedoch umstürzte und das Wasser ausgoß, so daß das Opfer ausrutschte und in die heiße Wasserlache fiel. Der Bruder wiederum war selbst das Opfer wiederholter Mißhandlungen und wies zahlreiche ältere Narben auf. Er hatte angenommen, daß die seinem Bruder zugedachte Strafe sich im Rahmen dessen bewegte, was man von ihm als Babysitter erwartete.

Innere Untersuchung

Die innere Untersuchung der Kinder aus der ersten Gruppe enthüllte in den meisten Fällen den wahren Umfang der äußeren Verletzungen und ermöglichte deren genaue Lokalisierung. Weder an den langen Röhrenknochen noch am Schädel oder den Rippen fanden sich Anzeichen früherer Frakturen. Bei zwei Kindern stellten wir Schädel- und bei drei Kindern Rippenbrüche neueren Datums fest. Der häufigste pathologische Befund war ein subdurales Hämatom. Dieses war akut, ohne Andeutung einer Organisation und in den meisten Fällen verbunden mit einem lokal begrenzten Bereich einer neueren Subarachnoidealblutung und darunter liegender Kontusion der Hirnrinde, kenntlich an einer leichten rosaroten Verfärbung, die sich an den Rändern abschwächte, sowie deutlich umrissenen dunkelrotvioletten Petechien. Bei den Kindern, die gegen die Wand oder auf den Boden geworfen wurden, gab es Hinweise auf eine primäre Kontusion in der Umgebung der Läsionen der Kopfhaut, zugleich auch auf eine Rückstoßverletzung, wie aus einer kontralateralen Subarachnoidealblutung und Kontusionen des Gehirns geschlossen werden konnte. Eine Untersuchung der Galea aponeurotica enthüllte häufig zahlreiche, scharf umgrenzte Blutungen, deren Umrisse oft denen des als Prügelwerkzeug benutzten Gegenstandes entsprachen, selbst wenn es keine sichtbaren äußeren Blutergüsse, Hautabschürfungen oder Fleischwun-

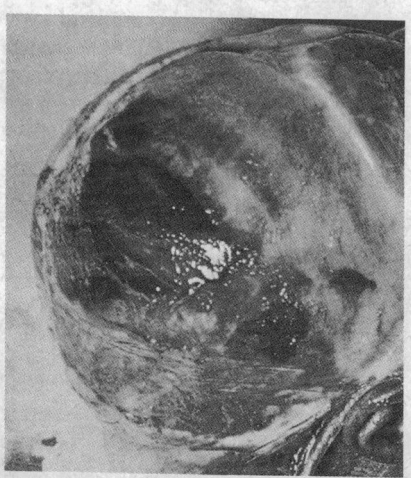

Abb. 8: Lichtreflex der Kopfhaut enthüllt mehrfache Blutungen der Galea aponeurotica, die äußerlich nicht sichtbar waren.

den gab (Abb. 8). Für den Pathologen sind diese mehrfachen galealen Blutungen oft der einzige Anhaltspunkt dafür, daß die von den Eltern gegebene Schilderung mit dem tatsächlichen Hergang einer Verletzung nicht übereinstimmt.

Während die äußere Untersuchung der Vorderseite von Brustkorb und Unterleib möglicherweise lediglich minimale, schwach ausgeprägte Blutergüsse ergibt, die erst genauer erkannt werden können, wenn die Bauchwand aufgeschnitten wird, können die darunter befindlichen Eingeweide und Rippenbrüche die Auswirkungen der Verletzung sehr viel deutlicher zeigen. Innerhalb des Thorax können sich extensive Blutungen in den Thymus und das Mediastinum anterior finden, während in den Lungen und dem Epikard verhältnismäßig geringfügige vorgelagerte Blutungen festzustellen sind. Bei einem der Fälle mit schweren vorderen Kontusionen der Lungen, wobei etwa ein Drittel der vorderen Oberfläche des Brustfells betroffen war, fand sich ein geradliniger, senkrechter Riß der vorderen Wand der rechten Herzkammer. In etlichen Fällen haben wir extensive Blutungen in die Bauchwand an verschiedenen Stellen beobachtet – auch dies ein Anzeichen für zahlreiche Schläge. In den frei beweglichen Darmwindungen waren die subperitonealen Blutungen gering und weit verteilt, obwohl innerhalb der fester angewachsenen Radix mesenterii die Blutung viel ausgedehnter war. Ein Riß der Milzkapsel in Verbindung mit extensiven retroperitonealen und intramesenterischen Blutungen wurden in einem Fall beobachtet.

Angeblicher und zugegebener Hergang der Verletzung

Eine Nachbefragung nach Beendigung der medizinischen Untersuchung förderte eine völlig andere Schilderung zutage als sie zunächst im Krankenhaus abgegeben worden war. Tabelle 4 enthält die Schilderungen des Tathergangs bei der Einlieferung der Leiche sowie die Geständnisse bei der Nachbefragung. In acht Fällen wurden die Eltern zu einem Eingeständnis bewogen, daß sie das Kind geschlagen hatten. Darunter waren fünf Fälle, in denen kein Gegenstand als Prügelwerkzeug verwendet wurde. In drei Fällen wurden Gegenstände benutzt, die sich in greifbarer Nähe befanden, nämlich ein

Plastikspielzeug, die Düse eines Staubsaugers und eine Haarbürste. In zwei weiteren Fällen wurden die Kinder dadurch verletzt, daß man sie in einem Wutausbruch zu Boden geworfen oder gestoßen hatte. In einem Fall bestand zwar eine Diskrepanz zwischen einem angeblichen Unfall des Kindes und dessen innerer Verletzung, aber die Eltern waren zu keinem Geständnis über den wahren Ablauf des Geschehens zu bewegen, so daß die tatsächliche Ursache unbekannt blieb.

Die Täter waren meistens die natürlichen Eltern, wobei in fünf Fällen der Vater für die Verletzungen verantwortlich war, die Mutter in drei, ein Stiefvater in einem sowie in drei Fällen Geschwister im Alter von 14 bis 17 Jahren, die mit der Aufsicht über die Kinder in der Wohnung betraut waren. Die einzelnen Schilderungen glichen sich weitgehend, daß es nämlich zu einem Zeitpunkt der Ermüdung eines der Eltern zu einem extremen Wutausbruch gekommen sei. Der Wutausbruch wurde häufig dadurch ausgelöst, daß das Kind ununterbrochen schrie und die Eltern sich gestört fühlten. In drei anderen Fällen hatte ein Beschmutzen der Unterwäsche, des Bettes oder des Fußbodens die Tat ausgelöst. Eine Mutter hatte versucht, ihr Kleinkind dadurch zum Kauen zu zwingen, daß sie ihm das Essen in den Mund schob und mechanisch dessen Kiefer bewegte. Als es die Nahrung trotzdem verweigerte, brachte dies die Mutter so auf, daß sie ihm mehrfach mit der Faust ins Gesicht schlug. Der Hergang der Verletzung, ob am Kopf oder am Oberkörper, war in den meisten Fällen ähnlich und wurde als heftiger Gewaltexzeß nach einem Wutausbruch beschrieben, der dazu führte, daß mit Händen und Fäusten der Körperteil des Kindes bearbeitet wurde, der einem am nächsten war. Saß das Kind aufrecht in einem Hochstuhl oder Kinderwagen, so trafen die Schläge meist den Kopf; lag es dagegen auf dem Rücken, so wurde in den meisten Fällen die Vorderseite des Oberkörpers und des Unterleibs verletzt, wenngleich sich die Verletzungen nicht unbedingt auf diese Körperpartien beschränkten.

Auch wenn die tödlichen Verletzungen bei einigen dieser Kinder möglicherweise die Folgen einer einmaligen Tätlichkeit waren, deren nähere Umstände ansonsten denen einer typischen Kindesmißhandlung entsprachen, so läßt doch das fortgeschrittene Alter zumindest einiger Kinder dieser Gruppe, ihr allgemeiner Gesundheitszustand und der Zustand ihrer Behausung sowie das völlige Fehlen weiter zurückliegender Verletzungen die Vermutung zu, daß es sich bei dieser Gruppe um eine Reihe klinisch-pathologischer Fälle handelt, die sich völlig von den Fällen typischer Kindesmißhandlung mit wiederholten Verletzungen unterscheiden. Eine vollständige Zusammenfassung dieser Fälle findet sich in Tabelle 2 des Anhangs.

Kinder mit mehrfach wiederholten Verletzungen

Unter den 23 Kindern, die an den Folgen von Verletzungen starben, denen frühere Verletzungen vorangegangen waren, befanden sich sechs weiße und siebzehn farbige Kinder im Alter von zwei Monaten bis zu fünf Jahren, wobei das Durchschnittsalter bei 24 Monaten lag. 13 Kinder waren Knaben. Sie alle wurden kurz vor oder nach dem Exitus zum behandelnden Arzt oder ins Krankenhaus gebracht; fast alle Eltern gaben als Todesursache eine vorhergehende Verletzung an, nur in vier Fällen war das Kind angeblich tot in seinem Bettchen aufgefunden worden, ohne daß die Eltern eine Verletzung bemerkt hätten. Auch hier lautete die häufigste vorgebrachte Erklärung, das Kind sei die Treppe hinuntergefallen oder aus seinem Bettchen gestürzt. In zwei Fällen gaben die Eltern zu, das Kind geschlagen zu haben, und in einem weiteren Fall sagten sie, das Kind habe sich den Kopf bei dem Versuch angeschlagen, ihren Schlägen auszuweichen.

Äußere Untersuchung

Die äußere Untersuchung ergab eine umfassende Skala extremer Verletzungen. In vier Fällen waren nur kleine, deutlich umgrenzte Blutergüsse in Verbindung mit teilweise verschorften Abschürfungen zu beobachten, was völlig dem Bild von Verletzungen entsprach, die durch einen Sturz verursacht wurden. Bei 19 Kindern lagen wiederholte, extensive und äußerlich sichtbare Verletzungen vor, deren Entstehung nicht weit zurücklag.

Sofern die Verletzungen lediglich mit der Hand oder der Faust zugefügt worden waren, beschränkten sie sich im allge-

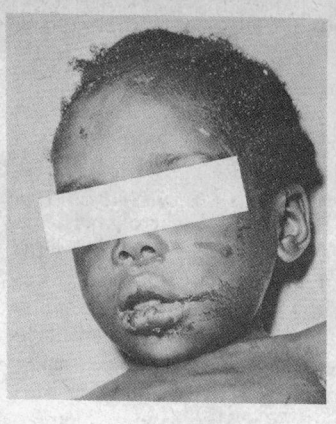
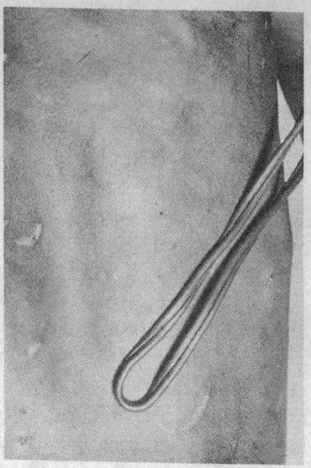
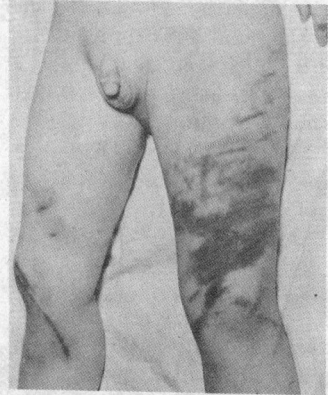

Abb. 9: Gesicht eines in typischer Weise mehrfach wiederholt geschlagenen Kindes, das von Narben, Abrasionen, Kontusionen und Lippenrissen in verschiedenen Stadien der Heilung gezeichnet ist.
Abb. 10: Gebräuchliches Schlaginstrument: Schlaufe eines Elektrokabels mit charakteristischem schleifenförmigem Striemen.
Abb. 11: Zahlreiche, sich überlagernde Blutergüsse am Oberschenkel als Folge wiederholter Stockschläge.

meinen auf schwach konturierte, unregelmäßige Blutergüsse, ähnlich den an den Kindern der ersten Gruppe beobachteten, in Verbindung mit Rissen, sofern sich darunter die Zähne oder der Schädelknochen befanden, und subkutanen Schwellungen unterschiedlichster Ausprägung (s. Abb. 9). Zum Schlagen benutzte Gegenstände, die einen charakteristischen Abdruck hinterlassen, wurden häufig beobachtet. Die gebräuchlichste Waffe war das geschlungene Ende eines Elektrokabels, das einen charakteristischen schleifenförmigen Striemen mit dunkelrot-violetten Verfärbungen und oft auch Hautabschürfungen hinterläßt (Abb. 10). Häufig wurden ältere, verheilte, ähnliche Striemen mit Narben, Hypopigmentierung und Hyperpigmentierung in verschiedenen Stadien festgestellt, daneben identische Abdrücke neuesten Datums mit jüngerer Blutung und Oberflächenkontusion. War das Kind mit einem Stock geschlagen worden, so zeichneten sich häufig dessen scharfe Kanten in den Umrissen des Blutergusses ab (Abb. 11), oft begleitet von einer Abschürfung der Haut. Blutergüsse und Abrasionen, die von Gegenständen herrührten, fanden sich nicht nur im Gesicht, am Hals und am Rumpf dieser Kinder, sondern am ganzen Kopf, an den Genitalien und den Körperextremitäten. Bei einzelnen Kindern dieser Gruppe waren ungewöhnliche und charakteristische Formen einer Abrasion bzw. Kontusion zurückgeblieben und machten es leicht, den benutzten Gegenstand etwa als Feile oder Gürtelschnalle zu identifizieren.

14 Kinder aus dieser Gruppe wiesen sichtbare, ausgedehnte und wiederholte Verletzungen auf, kenntlich an verheilten Narben und Striemen sowie neueren Abrasionen, Kontusionen und Lacerationen, die die älteren Verletzungen überlagerten. Die Anzahl einzelner Narben und Spuren, die bei den Kindern beobachtet werden konnten, schwankte zwischen 18 und 347, wobei die Oberschenkel vorn und an den Seiten sowie das Gesäß mindestens 30 einzelne, überlagerte geradlinige Blutergüsse jüngeren Datums aufwiesen, die von einem Lineal oder Stock herrührten, in Verbindung mit nicht weniger als 50 verheilten, geradlinigen Striemen in Form von hypo- und hyperpigmentierten Narben, in deren Innerem oft eine leichte Tendenz zur Keloidbildung nachzuweisen war (Abb. 12 a). Ein Einschnitt in die Gesäßbacken und die Fußsohlen

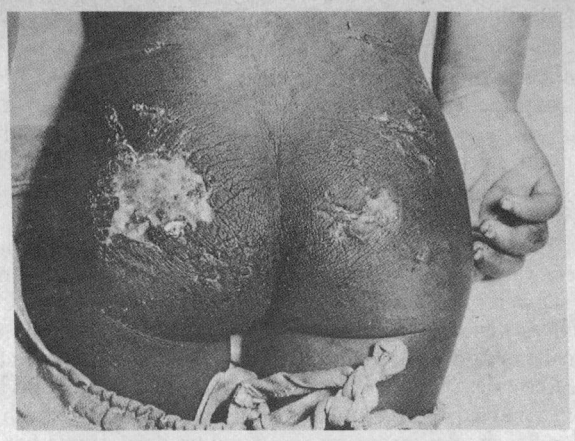

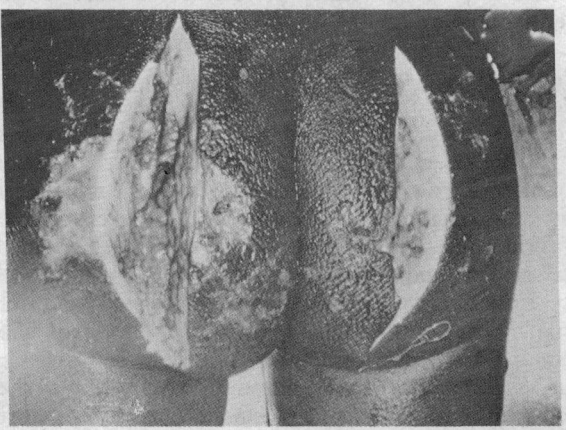

Abb. 12a: Verheilende Abrasionen und Kontusionen des Gesäßes mit Narbenbildung infolge wiederholter Schläge. b: Ein Einschnitt in die Gesäßbacken ermöglicht häufig die Aufdeckung früherer Blutungen und Narbenbildungen infolge früherer Verletzungen.

enthüllte bei etlichen Kindern subkutane Blutungen sowie äußerlich nicht zu erkennende Verletzungen (Abb. 12 b).

Knochenvorsprünge waren häufig der Ort von Ansammlungen subkutanen, fibrösen Bindegewebes, das sich auf dem Kopf als hyperostotischer Hirnhöcker darstellt, der anscheinend auf eine frühere Verletzung zurückzuführen ist, die an der extensiven Vernarbung der darüberliegenden Haut abgelesen werden kann.

Bei fünf Kindern dieser Gruppe fanden sich nur minimale äußere verheilende Verletzungen, in etwa vergleichbar denen der schwereren Fälle, jedoch von geringerem Umfang. Obgleich es bei zwei Kindern kein äußeres Anzeichen für ein verheilendes oder abgeheiltes früheres Trauma gab, gestanden die Eltern, das Kind des öfteren geschlagen zu haben, und bei einem Kind ergab sich aus der Röntgenaufnahme ein verheilender Bruch. Bei insgesamt vier Kindern der Gruppe ließen sich auf den Röntgenbildern verheilende Brüche erkennen, unter anderem am Schädel, Oberarmbein, Oberschenkelbein und an der Elle. Brüche ohne Anzeichen einer Heilung konnten in fünf Fällen am Kopf, in drei an den Rippen und in zwei Fällen am Oberarmbein nachgewiesen werden. Bei einem Kind, über das die Eltern angeblich nur eine Halbliterflasche mit heißem Wasser ausgeschüttet hatten, fanden sich Hitzeverbrennungen zweiten und dritten Grades, die sich von einer scharf ausgeprägten, quer verlaufenden Obergrenze aus über den rückseitigen Thorax, das gesamte Gesäß, Oberschenkel, Unterschenkel und Füße, einschließlich der Sohlen erstreckte. Später konnte nachgewiesen werden, daß dieses Kind in heißes Badewasser getaucht worden war und von einer früheren Bestrafung her einen verheilten Schädelbruch aufwies. An einem Kind überlagerten zahlreiche heilende und verheilte Abrasionen und Kontusionen eine symmetrisch geformte Brandnarbe auf dem Gesäß; die Eltern hatten das Kind vor längerer Zeit gezwungen, sich auf eine heiße Gasplatte in der Wohnung zu setzen, sobald es seine Windeln eingeschmutzt hatte. Auch bei einem anderen Kind fanden sich Brandwunden am Gesäß (Abb. 13). Es war gezwungen worden, sich auf eine Dampfheizung zu setzen, damit seine eingenäßten Windeln wieder trocken würden.

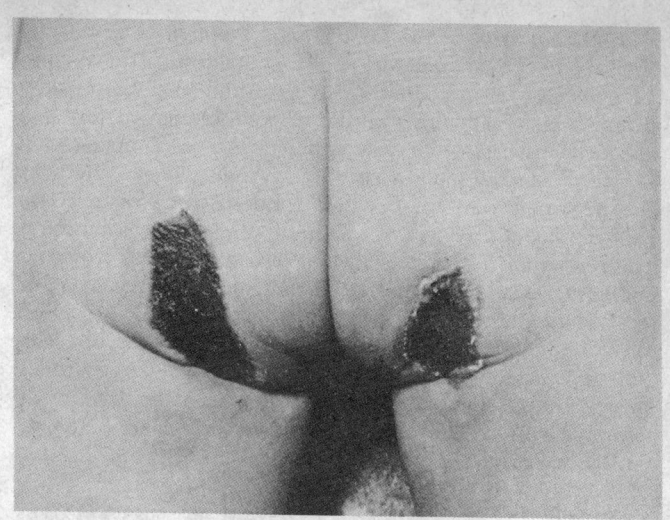

Abb. 13: Verheilende Verbrennung am Gesäß, verursacht durch Sitzen auf einer Dampfheizung zum Trocknen der Windeln.

Innere Untersuchung

Die innere Untersuchung enthüllte im wesentlichen dieselben Verletzungen wie bei der ersten Gruppe, allerdings von beträchtlich größerem Umfang. In acht Fällen stellten wir ein subdurales Hämatom ohne Schädelbruch fest, das bei einigen Kindern mit schweren Kontusionen der Hirnrinde und darüberliegender Subarachnoidealblutung verbunden war. Häufig stellte sich heraus, daß sich diese Blutung in unterschiedlichen Stadien befand, mit frischem, hellrotem Blut neben alten, resorbierten, partiell organisierten Hämatomen. In fünf Fällen waren schwere Schädelbrüche mit Kontusionen des Gehirns und Blutungen in allen Membranschichten verbunden. Eine eingehende neuropathologische Untersuchung des Gehirns führt oft auch zur Entdeckung von Tropfen in der weißen Substanz der Hirnrinde, aus denen der Neuropathologe an Hand einer histologischen Untersuchung unter Umständen auf zwei Verletzungen schließen kann, die zu verschiedenen

Zeitpunkten erfolgt sind (11). Häufig konnten aufgrund der Vielzahl der Blutungen der Galea aponeurotica, in Verbindung mit Anzeichen einer Resorption und eines Zerfalls des Blutpigments – abzulesen an der rötlich-braunen Verfärbung, die auch Blutergüsse an anderen Körperpartien kennzeichnen – grob die Zeiträume zwischen den verschiedenen Verletzungen bestimmt werden. Bei drei Kindern war eine schwere Kontusion des Gehirns von keinerlei Fraktur oder subduralem Hämatom begleitet. Schwere Verletzungen des Rumpfes und Unterleibs durch heftige Faustschläge zeigten sich bei sechs Kindern, bei denen häufig kaum Anzeichen einer äußeren Verletzung der Hautoberfläche zu finden waren, obgleich drei dieser Kinder extensive Lacerationen der Leber, zwei des Mesenteriums und eines der Milz aufwiesen – alles jeweils verbunden mit extensiven Blutungen in die Bauchhöhle und die Bauchwand.

Angeblicher und zugegebener Hergang der Verletzung

Diese Gruppe enthielt allgemein die schlimmsten Fälle von Mißhandlung aller untersuchten Kinder. Tabelle 5 zeigt dieselbe Gegenüberstellung von angeblichem und zugegebenem Hergang der Verletzung wie bei der ersten Gruppe. Mit wenigen Ausnahmen stammten diese Kinder aus Familien mit extrem niedrigem sozio-ökonomischem Status und lockeren Familienbeziehungen, wo ein älteres Geschwister oft über mehrere Tage oder Wochen hinweg die Rolle der Eltern übernehmen mußte. Dies kam in dem generell ungepflegten Äußeren der Kinder zum Ausdruck. Keine der Familien dieser Gruppe gehörte der oberen Mittelschicht oder der Oberschicht an.

Eine Mutter gab als Grund für die Mißhandlung an, das Kind habe seine Eltern ständig geärgert. Die Mutter interpretierte dies als ein Bedürfnis nach Aufmerksamkeit, das angeblich dadurch befriedigt wurde, daß die Eltern das Kind immer wieder schlugen, was schließlich zum Tod führte.

Sämtliche Todesfälle dieser Gruppe sind auf körperliche Verletzungen und Verbrennungen zurückzuführen, für die die Eltern die Verantwortung tragen. Dennoch haben gelegentlich auch ungewöhnliche Bestrafungsmethoden zu unerwarteten

Angebliche Ursache (Anzahl)		Zugegebene Ursache (Anzahl)	
Sturz von einem Möbelstück	10	Faustschläge	15
Sturz von der Treppe	7	Schläge mit der Hand	12
Tot aufgefunden	4	Schläge mit einem Gegenstand	
Schläge	4	(Gürtel, Elektrokabel, Gerte,	
Das Kind schlug seinen Kopf		Lineal, Kleiderbügel aus Draht,	
auf, als es Schlägen ausweichen		Lederriemen)	10
wollte	2	Das Kind schlug seinen Kopf	
Das Kind fiel zu Boden	1	auf, als es Schlägen ausweichen	
Unabsichtliches Ausschütten		wollte	1
von heißem Wasser über das		Dem Kind wurden Verbren-	
Kind	1	nungen mit einem Gasbrenner	
Das Bettgestell des Kindes ist		zugefügt	1
zusammengebrochen	1	Dem Kind wurden auf der Hei-	
Das Kind ist in der Badewanne		zung Verbrennungen zugefügt	1
ertrunken	1	Dem Kind wurden durch Ein-	
		tauchen in heißes Wasser Ver-	
		brennungen zugefügt	1
		Unbekannt	1
		Schläge mit der Hand und Ver-	
		nachlässigung	1

Todesfällen geführt. Adelson (4) hat über einen Fall berichtet, in dem ein Kind zur Strafe Pfeffer essen mußte und an den Folgen starb. In einem anderen Fall hatte ein Kind eine rote Pfeffersauce wieder von sich gegeben und mußte das Erbrochene nochmals essen, was den Tod herbeiführte. Und schließlich starb ein Kind, nachdem es von einer Seifenlösung geschluckt hatte, mit der die Eltern ihm den Mund auswaschen wollten.

Welche Bedeutung Verletzungen in der Lebensgeschichte der Eltern hatten, läßt sich an der Tatsache ablesen, daß von den neun Müttern dieser Gruppe, die als Täter festgestellt wurden, mehrere aussagten, sie selbst seien nicht nur in ihrer Kindheit, sondern auch in den Wochen und Monaten unmittelbar vor dem Tod ihres Kindes geschlagen worden. Die gewalttätigsten Mißhandlungen waren von einer 24-jährigen Mutter ausgegangen, die wiederholt von ihrem Mann geschlagen worden war. Dieser Mann ließ sie schließlich mit dem Kind sitzen, das ihm so sehr im Wege gewesen war. Die Mutter sprach in ihrem Geständnis von fast rituellen Orgien, in denen sie das Kind wiederholt an drei verschiedenen Tagen fast bis zur Bewußtlosigkeit geschlagen habe, bis es an den Folgen der Prügel starb, die es ein viertes Mal bekommen hatte. Eine vollständige Aufzählung dieser Fälle findet sich in Tabelle 3 im Anhang.

Wiederholte Folterungen (z. B. Verbrennungen durch Zigaretten), von denen klinische Ärzte oft berichten, konnten in keinem Fall nachgewiesen werden, noch gab es an den Körperextremitäten der Kinder dieser Gruppe irgendeinen Anhaltspunkt dafür, daß sie an ihr Bett oder Zimmer in einer Weise gefesselt worden wären, daß davon Abrasionen oder Narben zurückgeblieben wären. Vier dieser Kinder waren während des letzten Jahres vor ihrem Tod bei einem Arzt oder dem kommunalen Krankenhaus eingeliefert und untersucht worden, wobei an Hand von Röntgenaufnahmen in zwei Fällen Frakturen nachgewiesen wurden, die sowohl von den Eltern als auch von den behandelnden Ärzten als Unfälle infolge eines Sturzes aus dem Kinderbett erklärt worden waren. Eines der Kinder wies noch immer eine Verfärbung des Oberschenkelbeins auf, als es tot ins Krankenhaus eingeliefert wurde. Bei keinem der untersuchten Kinder gab es irgendeinen Hinweis auf eine organische Schädigung des Gehirns vor dem Zeitpunkt, zu dem das Kind zum letzten Mal mißhandelt wurde.

In diese Gruppe wurde auch ein Kind aufgenommen, das an den Folgen eines Bruchs des Mesenteriums mit retroperitonealer Blutung gestorben war, obwohl die Eltern zu keiner Zeit zugaben, das Kind so heftig mißhandelt zu haben. Hier liegt eines der größten Probleme für den forensischen Pathologen, wenn er zu einer definitiven Schlußfolgerung darüber gelangen soll, welche Ursachen zum Tod geführt haben. Denn die Behauptung, daß jedes subdurale Hämatom, selbst jeder Schädelbruch bei einem Kind, das Spuren von Striemen und Narben aufweist, die von Schlägen auf Rumpf und Körperextremitäten herrühren, auf eine Mißhandlung zurückzuführen ist, kann leicht ein Unrecht entstehen lassen, da diese Form der Bestrafung klinisch viel häufiger beobachtet wird als in den Fällen mit tödlichem Ausgang, und es ist unmöglich, mit Sicherheit auszuschließen, daß es sich um eine unfallbedingte Verletzung handelt, die lediglich frühere Mißhandlungen dieser Art überlagert. Bei zwei Kindern konnte während des Untersuchungszeitraums eine sorgfältige Nachbefragung verläßliche Zeugen dafür beibringen, daß das Kind bei einem Unfall Verletzungen erlitten hatte, die mit den post mortem beobachteten Traumata übereinstimmten. Allerdings überlagerten sie Spuren wiederholter Mißhandlungen durch Schläge, ähnlich denen, wie sie auch bei anderen Kindern festgestellt worden waren.

Im selben Untersuchungszeitraum wurden weitere zehn Kinder (acht farbige und zwei weiße) im Alter von einem bis 36 Monate untersucht und Nachforschungen über die Fallgeschichte angestellt. Die Kinder wiesen äußerlich Anzeichen von Verletzungen unterschiedlicher Intensität auf, angefangen von kleinen, geradlinigen Striemen bis hin zu massiven, einzelnen Kontusionen der Hirnhaut mit darunterliegender Fraktur des Schädeldachs. In vier Fällen wurde ein Sturz aus dem Bettchen angegeben, zwei Kinder waren angeblich von der Mutter versehentlich auf der Treppe fallen gelassen worden, und zwei Kinder waren den Aussagen der Mutter zufolge die Treppe hinunter gefallen. In zwei weiteren Fällen war das Zustandekommen der Verletzung unbekannt, oder die Eltern gaben keine Erklärung dafür an. Wiederholte Verhöre und eingehende Befragungen ergaben keine genügend große Diskrepanz zwischen der angeblichen Verletzung und dem pathologischen Befund, um eine körperliche Mißhandlung nachzuweisen. Innerhalb dieser Gruppe gab es drei Schädelbrüche, sechs subdurale Hämatome und eine Fraktur des Oberarmbeins (was eine Fett- und Knochenmarkembolie in der Lunge nach sich zog), und in einem Fall führte eine Lungenentzündung zum Exitus. Obgleich eine Untersuchung des Skeletts bei keinem dieser Kinder ein früheres Knochenleiden zum Vorschein brachte, haben etliche klinische Beobachter darauf hingewiesen, wie wichtig es ist, eine bereits vorhandene Knochenkrankheit als mögliche Nebenursache der festgestellten Knochenbrüche auszuschließen. Eine eingehende postmortale

Untersuchung muß nicht nur eine derartige Knochenkrankheit gegebenenfalls ausschließen, sondern auch andere Umstände, z. B. Krankheiten, die zu einer hämorrhagischen Diathese führen, die dann möglicherweise den Umfang der Verletzung vergrößert oder übertreibt, die für die pathologischen Endbefunde verantwortlich ist.

Schlußbetrachtung

Diese und andere Untersuchungen über Kindesmißhandlungen und verwandte Probleme auf dem Gebiet der forensischen Medizin zeigen, wie wichtig eine Zusammenarbeit zwischen den Ermittlungsbehörden und dem forensischen Pathologen ist, wenn Ursache und nähere Umstände eines Todesfalles aufgeklärt werden sollen. Der Kliniker, der mißtrauisch und objektiv zugleich sein muß, während er sich um das mißhandelte Kind kümmert und die Dienste hochqualifizierter Ermittlungsbeamter der Polizei und von Sozialarbeitern in Anspruch nimmt, kann entscheidend dazu beitragen, die Mortalitäts- und Morbiditätsraten dieser unglücklichen Kinder zu senken.

Danksagung

Der Autor dankt den Mitarbeitern des »Office of the Medical Examiner« der Stadt Philadelphia und dem Staat Utah, die ihm behilflich waren, viele der erforderlichen Befragungen und Untersuchungen durchzuführen, aus denen er sein Datenmaterial bezogen hat.

Teil 3
Psychiatrische und soziale Aspekte

5. Eine psychiatrische Untersuchung von Eltern, die Säuglinge und Kleinkinder mißhandelt haben

Brandt F. Steele und Carl B. Pollock*

Das Projekt und die untersuchte Stichprobe

Unsere Untersuchung über Tätlichkeiten von Eltern gegenüber ihren Kindern begann ohne eigentliche Absicht vor einigen Jahren, als C. Henry Kempe einen von uns beiden bat, mit den Eltern eines mißhandelten Säuglings auf der pädiatrischen Station zu sprechen, in der Hoffnung, wir könnten etwas darüber herausbekommen, warum und wieso jemand zu einer derart bedrückenden Verhaltensweise kommt. Bisher waren wir ähnlichen Bitten nicht gefolgt, weil Konsultationen auf der pädiatrischen Station nicht in unseren Bereich fielen, doch diesmal gaben wir aus Neugier nach, und damit begann unfreiwillig eine Untersuchung, die sich über mehrere Jahre hinweg erstrecken sollte. Diese erste Patientin, eine temperamentvolle, hysterische Frau mit einer dramatischen, an Abwechslungen reichen Lebensgeschichte erwies sich als eine geradezu herausfordernde »Goldgrube« für die Psychopathologie. Unsere Gefühle schwankten zwischen Entsetzen und Unglauben darüber, daß sie tatsächlich ihrem drei Monate alten Töchterchen eine Fraktur des Oberschenkelknochens und einen Schädelbruch beigebracht haben sollte, aber diese Gefühle schwanden rasch, und an ihre Stelle trat der Wunsch, diese Frau kennenzulernen, ihr Verhalten so weit wie möglich zu verstehen und herauszufinden, ob ihr mit einer Behandlung geholfen werden könnte. Seit langem waren wir immer wieder solchen Eltern begegnet, und es war deutlich geworden, daß ein Psychiater allein unmöglich alle in Frage kommenden Fälle aus reinem Interesse nebenher behandeln konnte. So wurden ein weiterer Psychiater und eine Sozialarbeiterin mit psychiatrischer Zusatzausbildung eingestellt, die während eines Teils

---

* Dr. Steele ist Professor der Psychiatrie und Leiter der psychiatrischen Kontaktabteilung an der University of Colorado School of Medicine, und Dr. Pollock ist Assistant Professor der Psychiatrie an derselben Institution.

ihrer Arbeitszeit an einem Problem arbeiteten, das ihre ganze Aufmerksamkeit gefangennehmen sollte.

Während eines Zeitraums von fünfeinhalb Jahren haben wir 60 Familien eingehend untersucht, in denen es zu schweren Mißhandlungen an Säuglingen und Kleinkindern gekommen war. In vielen Fällen begann unsere Bekanntschaft mit den Eltern dadurch, daß diese uns von der Pädiatrie überwiesen wurden, während das verletzte Kind noch im Krankenhaus lag. Andere Kontakte wurden mit den Eltern hergestellt, die ihre Kinder nicht so schwer mißhandelt hatten, daß eine stationäre Behandlung erforderlich gewesen wäre; sie wurden uns zum Teil von anderen Ärzten, Sozialstellen oder sonstigen Behörden überwiesen, und einige kamen aus eigenem Antrieb, weil sie Hilfe suchten. Wieder andere Fälle ergaben sich erst, als während einer Behandlung in der Psychiatrie oder der Ambulanz das Problem Kindesmißhandlung auftauchte. Ein Ehepaar haben wir beim ersten Mal im Gefängnis besucht, nachdem wir Zeitungsberichte über dessen Inhaftierung wegen Kindesmißhandlung gelesen hatten.

Unsere Untersuchungsgruppe von Vätern und Müttern darf nicht in dem Sinne als repräsentativ mißverstanden werden, daß damit irgendwelche Theorien statistisch bewiesen werden könnten. Weder haben wir mit einem validierten Verfahren zur Erhebung einer Stichprobe gearbeitet, noch handelt es sich um eine »Gesamtpopulation«. Sie ist lediglich repräsentativ für eine bestimmte Gruppe von Eltern, die ihren Kindern gegenüber tätlich wurden und eher aus »zufälligen« Gründen von uns betreut wurden, weil wir an dem Problem interessiert waren. Wir sind jedoch der Ansicht, daß unsere zufällig ausgewählte Gruppe ein Spektrum möglichen Verhaltens bei Kindesmißhandlungen abdeckt, das in vieler Hinsicht stereotype Vorstellungen, wie sie in der Vergangenheit über derartige Täter verbreitet waren, widerlegt.

Wir haben anfangs nur mit Eltern von schwer verletzten Kindern gesprochen; die dabei gesammelten Erfahrungen haben wir unter dem Titel »The Battered Child Syndrome« veröffentlicht (1). Zu den Verletzungen zählten schwere Frakturen des Schädels und der langen Röhrenknochen sowie subdurale Hämatome, andere, weniger schwere Brüche, Lacerationen, multiple Quetschungen und Verbrennungen. Schon bald wurde uns klar, daß wir es hier lediglich mit den extremen Auswirkungen eines viel weiter verbreiteten Phänomens zu tun hatten, und wir berücksichtigten nunmehr auch Fälle, bei denen das Kind mittelschwere Quetschungen durch starke Schläge, Schütteln, ruckhaftes Ziehen, Würgen oder dadurch davongetragen hatte, daß es durch das Zimmer geworfen worden war. Wie man aus allen untersuchten Fällen sehen kann, ist es sehr schwierig, eine Grenze zu ziehen zwischen »echter Mißhandlung« und den »zufälligen« Anzeichen für eine schwere Züchtigung, mit der das Kind für ein Vergehen bestraft werden sollte. Wir glauben, daß wir im Einzelfall bei der Einschätzung, ob die vorliegenden Verletzungen durch Mißhandlungen verursacht wurden oder nicht, sehr zurückhaltend waren. Es scheint ein stufenloses Spektrum von Tätlichkeiten zu geben, die von Eltern gegenüber ihren Kindern begangen werden, angefangen mit dem Brechen von Knochen und dem Beibringen von Schädelfrakturen über schwere Prügel mit Blutergüssen und heftigen Schlägen bis hin zu schwachen »Erinnerungsklapsen« auf das Hinterteil. Wer sich das einmal klarmachen will, der braucht nur die Familien seiner Freunde und Nachbarn zu beobachten, die Interaktionen zwischen Eltern und Kindern auf dem Spielplatz oder im Supermarkt zu verfolgen oder sich einfach daran zu erinnern, wie er die eigenen Kinder erzogen hat oder wie er selbst erzogen worden ist. Es ist fast schockierend zu sehen, wie oft Eltern ihre kleinen Kinder anbrüllen, ausschimpfen, mit der Hand schlagen, stoßen, prügeln oder heftig an den Gliedmaßen zerren. Deshalb waren wir der Auffassung, daß wir es bei unserer Arbeit mit Kindesmißhandlungen nicht mit einem isolierten, einmaligen Phänomen zu tun haben, sondern allenfalls mit der extremen Form von etwas, das wir als Muster oder Stil einer Kindererziehung bezeichnen möchten, wie sie in unserer Gesellschaft allgemein verbreitet ist.

Der vorliegende Bericht beschäftigt sich nur mit Fällen von Kleinkindern und Kindern, die in ihrer Mehrzahl höchstens drei Jahre alt waren und von ihren Eltern oder Aufsichtspersonen schwer mißhandelt wurden. Fälle von direktem Kindesmord wurden nicht berücksichtigt. Wir sind der Auffassung, daß die unmittelbare Tötung von Kindern eine gänzlich andersgeartete Erscheinung darstellt und während eines einmaligen, impulsiven Aktes bei Personen ausgelöst wurde, die eindeutig psychotisch sind (2). Es steht außer Zweifel, daß eine beträchtliche Anzahl körperlich mißhandelter Kinder schließlich an den wiederholt beigebrachten Verletzungen stirbt; trotzdem muß man diese Fälle ganz klar von denen unterscheiden, in denen der Tod durch eine einzige, direkte Tätlichkeit herbeigeführt wurde. Ein physischer Angriff auf das Kind mit dem Ziel, bei ihm ein anderes Verhalten zu erreichen, ist nicht dasselbe wie ein Angriff mit der Absicht, das Kind zu töten. Ebenso haben wir solche Fälle ausgeklammert, in denen die Kinder erst in einem höheren Alter Mißhandlungen ausgesetzt wurden. Wir sind der Ansicht, daß bei Mißhandlungen, die nur an Kindern von vier bis sechs und mehr Jahren erfolgen, ein anderer Verhaltenstypus vorliegt und daß die Tätlichkeit der Eltern durch eine andere Form der Psychopathologie bedingt ist. Bei Angriffen auf Kinder in diesem Alter spielt Sexualität eine weit größere Rolle als bei Tätlichkeiten gegenüber Kleinkindern.

Untersuchungsmethode

Unsere Untersuchungsmethode war klinisch und im wesentlichen an den üblichen Methoden der psychiatrischen Diagnose und therapeutischer Interviews orientiert. Dabei haben wir versucht, so tief wie möglich in die Persönlichkeit der Patienten einzudringen. Außer der unmittelbar psychiatrischen Methode haben wir nach Möglichkeit die Ergebnisse der Befragungen und Hausbesuche unserer Sozialarbeiterin ausgewertet; dadurch erhielten wir Informationen über allgemeine Lebensweisen und die jeweiligen tagtäglichen Interaktionen zwischen den Eltern einerseits und Eltern und Kindern andrerseits. Wir haben nicht nur zu dem Elternteil Kontakt aufgenommen, von dem die Mißhandlungen ausgingen, sondern auch mit dem Ehegatten. Das ergab sich oft zwangsläufig, da wir zunächst nicht immer wissen konnten, wer der Urheber der Verletzungen war. Im weiteren Verlauf wurden diese Kontakte beibehalten bzw. angeknüpft, da die Enthüllung von Eheproblemen deutlich werden ließ, daß die Behandlung beider Ehepartner die bei weitem sinnvollste Maßnahme war. Wo immer sich die Möglichkeit dazu bot, wurden mit den Eltern und anderen Verwandten des Täters im allgemeinen ziemlich informelle Gespräche geführt, und gelegentlich ergab sich die Gelegenheit, eine Mutter, die ihr Kind mißhandelt hatte, mit ihrer Mutter gemeinsam zu befragen und dabei deren Interaktion zu beobachten. Aus diesen Quellen erhielten wir Informationen, die die Erinnerungen, die der Täter an seine eigene Kindheit und Erziehung hatte, bestätigen, korrigieren oder erweitern konnten. Mit den meisten von uns untersuchten Personen führten wir eine ganze Reihe psychologischer Tests durch, in einigen Fällen auch mit dem Ehegatten, der sich an den Mißhandlungen nicht beteiligt hatte.

Die einzelnen Kontakte waren von unterschiedlicher Dauer. Einige wenige Eltern konnten wir nur in kurzen, diagnostischen Informationsgesprächen befragen. Die meisten wurden über einen Zeitraum von vielen Monaten hinweg betreut, manche sogar drei bis fünf Jahre lang. Wo ein längerer Kontakt nicht aufrechterhalten werden konnte, lagen die Gründe etwa darin, daß die Familie wegen eines neuen Arbeitsplatzes verzog, die Eltern sich scheiden ließen, zu weit entfernt wohnten oder in eine Strafvollzugsanstalt eingeliefert wurden. In seltenen Fällen kam es vor, daß der Kontakt abgebrochen wurde, weil wir keine Möglichkeit hatten, jemanden zurückzuhalten, der in extremer Weise Widerstände zeigte oder die Mitarbeit verweigerte. Mit der Zeit wurde die Beteiligung der untersuchten Eltern für sie zu einer freiwilligen Angelegenheit, obgleich die erste Begegnung dadurch zustande gekommen war, daß man ihnen »gesagt« hatte, sie sollten uns aufsuchen. In einigen wenigen Fällen hing die Dauerhaftigkeit des Kontakts mit der Belehrung durch einen Richter zusammen, eine Bewährungsfrist oder eine Freigabe des Kindes werde davon abhängig gemacht, daß die Eltern uns aufsuchten und wir einen Bericht abfaßten.

Die Art und Weise, wie wir im einzelnen eine Beziehung mit den betroffenen Eltern herstellten, war keineswegs stets dieselbe oder ein für allemal festgelegt. Wir waren uns von Anfang an darüber im klaren, daß wir es mit einem besonders schwierigen Personenkreis zu tun haben würden. Alle betreuten Personen, selbst diejenigen, die unsere Hilfe freiwillig erbeten hatten, zeigten ein ausweichendes und von Widerständen geprägtes Verhalten, und der Kontakt mußte mit allen möglichen Mitteln je nach der vorherrschenden Situation hergestellt werden. Oft mußten wir ihnen nachlaufen, entweder symbolisch durch Telefonanrufe und besondere Zugeständnisse im Hinblick auf den Termin der Gespräche oder im wörtlichen Sinne, wenn sie sich rasch aus den Sälen der Krankenhausstation, in der ihr Kind lag, von uns entfernen wollten. Einige der gewalttätigen Eltern wurden in unserer psychiatrischen Abteilung stationär behandelt – entweder, weil sie ein leicht psychotisches Verhalten zeigten, oder weil sie eine weniger starke, aber doch ausgeprägte seelische Störung aufwiesen. Die Entscheidung zu einer solchen Einweisung war jedoch nicht nur von medizinischen Erwägungen bestimmt, sondern auch durch unseren Wunsch, die Möglichkeit einer eingehenden Beobachtung zu haben. Mit den Patienten in der psychiatrischen Abteilung und denen, die ihr verletztes Kind im Krankenhaus besuchten, fanden tägliche oder doch mehrmalige Gespräche in einer Woche statt. Ambulant behandelte Patienten hatten regelmäßige Termine für Gespräche in unserem Arbeitszimmer, und zwar ein- bis dreimal in der Woche. Nach einer unterschiedlich langen Anfangsperiode mußten die Patienten entsprechend einem Plan einmal in der Woche zu einem Gespräch mit einem der beiden Psychiater erscheinen; daneben wurden sie alle 14 Tage etwa ein- bis zweimal von unserer Sozialarbeiterin besucht. In einer späteren Phase vergrößerte sich der Zwischenraum zwischen den einzelnen Besuchen, bis diese schließlich nur noch nach Verlangen erfolgten, so daß die Kontakte wieder aufgenommen oder verstärkt wurden, wenn der Patient in kritischen oder problematischen Situationen darum bat. Ein wesentlicher Bestandteil unserer Kontakte waren Telefongespräche. Wir sagten den Patienten, daß sie uns aus jedem Anlaß jederzeit anrufen könnten, und viele machten von diesem Vorrecht häufigen Gebrauch. In der Regel führte jeder Patient mit einem der Psychiater und mit der Sozialarbeiterin Gespräche, im allgemeinen zu unterschiedlichen Zeiten, manchmal jedoch auch mit beiden zusammen. Der Ehegatte des gewalttätigen Elternteils wurde weniger intensiv und häufig betreut, und zwar entweder durch einen Psychiater oder die Sozialarbeiterin. In wenigen Fällen fanden gemeinsame Gespräche des Psychiaters und der Sozialarbeiterin mit beiden Ehegatten statt. Obgleich jede von uns untersuchte Person der Patient eines der beiden Psychiater war, kannte auch der andere alle Eltern zumindest oberflächlich. Aus diesem Grund hatte keiner der Patienten eine Scheu, bei Bedarf ein anderes Teammitglied anzurufen, wenn der zuständige Therapeut gerade nicht abkömmlich war.

Es ist offensichtlich, daß wir bei unserer Tätigkeit im Hinblick auf die Behandlungsabsprachen mit den Patienten bei weitem flexibler und viel entgegenkommender waren und zur Verfügung standen, als dies normalerweise in der psychiatrischen Praxis oder der Sozialarbeit der Fall ist. Dies geschah bewußt und schien uns zweckmäßig, und zwar aus drei Gründen: Erstens hatten wir es mit einer Gruppe von Personen zu tun, die ein starkes Maß an konkreten Beweisen dafür brauchten, daß ihre Umwelt an ihnen ein Interesse hatte, bevor sie an ein solches Interesse überhaupt glauben konnten. Zweitens waren wir der Auffassung, daß wir unser Untersuchungsziel – ein Verständnis über die Ursachen tätlicher Angriffe auf Kinder zu gewinnen – nicht erreichen würden, ohne eine derart engagierte Beziehung herzustellen. Und schließlich mußten wir intensiv und verbindlich in das Leben dieser Patienten einbezogen werden, wenn wir unser Ziel erreichen wollten, das mißhandelte Kind ungefährdet bei den Eltern zu lassen bzw. zum frühestmöglichen Zeitpunkt aus der Klinik zu entlassen.

Gemessen an den üblichen Standards der Psychotherapie läßt sich nicht übersehen, daß wir vor allem am Anfang im Rahmen stark »infizierter« Beziehungen mit bedeutend verstärkten Abhängigkeiten und Übertragungsreaktionen gearbeitet haben. Ungeachtet dieser Schwierigkeiten konnten wir uns jedoch bei vielen Patienten in überraschend hohem Maß einer dynamischen, psychoanalytisch orientierten Therapie mit befriedigenden Ergebnissen nähern und diese beibehalten. Vor allem bei Patienten, mit denen ein länger dauernder Kontakt bestand, arbeiteten wir mit freier Assoziation und Traummaterial. Die Ausbildung einer echten Übertragungsneurose wurde nicht gefördert, aber wir machten ausgiebig Gebrauch von Deutungen der Übertragungsreaktionen.

In den nun folgenden Abschnitten sind die Informationen zusammengestellt, die wir aus vielen hunderten von psychiatrischen Interviews und Hunderten von Hausbesuchen der von uns betreuten Personen gesammelt haben.

Allgemeine Merkmale der Eltern in der Untersuchungsgruppe

Könnte man alle von uns untersuchten Personen zu einer Gruppe versammeln, so würde sich diese wahrscheinlich kaum von einer Gruppe unterscheiden, die dadurch zustande gekommen wäre, daß man in irgendeinem Großstadtvorort die ersten paar Dutzend Menschen ausgesucht hätte, die einem über den Weg liefen. Unsere Patienten bildeten keine homogene Gruppe, sondern eher eine zufällige Querschnittsstichprobe der Gesamtbevölkerung. Sie stammten aus allen sozioökonomischen Schichten – ungelernte Arbeiter, Farmer, Facharbeiter, Angestellte und Angehörige von Spitzenberufen. Einige lebten in Armut, einigen ging es vergleichsweise gut, die meisten lagen irgendwo dazwischen. Sie wohnten in Großstadtgebieten, kleinen Städten und in ländlichen Gemeinden. Ihre Wohnungen reichten von einer elenden Hütte bis zu erstklassigen Vorortvillen, und sie konnten unabhängig davon gut gepflegt oder auch unsauber sein.

Was die Schulbildung angeht, so gab es einige Personen, die nur unregelmäßig die Hauptschule besucht, während die qualifiziertesten unter ihnen sogar akademische Grade erworben hatten. Dementsprechend ergab der durchgeführte Intelligenz-Test IQ-Werte, die zwischen 70 und 130 lagen. Die Arbeitspapiere der Personen mit geringer Schulbildung wiesen auffällig häufigen Stellenwechsel und mehrfache Perioden der Arbeitslosigkeit auf. Die Personen, deren IQ höher lag und die eine bessere Schuldildung hatten, waren in ihren Industrie-, Wirtschafts- oder Bankberufen ohne Unterbrechung beschäftigt gewesen. Einige Personen hatten trotz genügender Intelligenz und Schulbildung nur kurze Zeit gearbeitet, was mit neurotischen Konflikten und Schwierigkeiten ihrer Persönlichkeitsstruktur zusammenhing.

Die von uns untersuchten Personen waren zwischen 18 und

40 Jahre alt, die Mehrzahl zwischen 20 und 30. Eine Ausnahme bildete ein elf Jahre altes Mädchen, das zwei Kinder mißhandelt hatte, auf die es aufpassen sollte. Die Ehesituationen unserer Gruppe schienen sich nicht signifikant von denen anderer Personen derselben sozio-ökonomischen Schicht der Gesamtbevölkerung zu unterscheiden. Bei einigen Paaren lief eine Scheidungsklage, oder es handelte sich lediglich um eine Beziehung von kurzer Dauer. Einige waren bereits geschieden und hatten ein zweites Mal geheiratet. Bei einigen war ein alter Ehekonflikt erneut aufgebrochen. Bei der überwiegenden Mehrheit konnte man hingegen von stabilen Familienverhältnissen sprechen. Diese beruhten nicht immer auf der sicheren Grundlage echter Zuneigung und einer glücklichen, partnerschaftlichen Beziehung. Oft handelte es sich eher um ein verzweifeltes, abhängiges Aneinanderklammern aus Angst, allein zu sein und alles zu verlieren, was die Partner trotz der bestehenden seelischen Unterschiede und Spannungen zusammenhielt. Wir kommen auf diesen Punkt noch zurück.

Sofern die untersuchten Personen einer Glaubensgemeinschaft angehörten, waren sie katholischen, jüdischen oder protestantischen Glaubens. Zu den letzteren zählten Anglikaner, Methodisten, Presbyterianer, Lutheraner, Mormonen, Mennoniten, Baptisten und Szientisten. Einige Familien gehörten keiner Kirche an oder waren nur passive Mitglieder. Eine äußerst kleine Minderheit war entschieden antiklerikal. Wir hatten den Eindruck, daß unter den Personen, die ihren Glauben aktiv praktizierten, ein überdurchschnittlich starkes Anhängen an einen rigiden, strengen, autoritativen, »bibeltreuen« Glauben vorherrschte.

Von der ethnischen Herkunft her waren die meisten Personen der Untersuchungsgruppe angelsächsische Amerikaner. Einige stammten auch aus Skandinavien, Irland, Deutschland, Osteuropa und Lateinamerika. In der Gruppe befand sich lediglich eine Negerfamilie, die wir nur kurz befragen konnten, aber unsere »Stichprobe« stammte aus einer Population, in der der Anteil an Negern weniger als zehn Prozent betrug. Es gab zwar Nachkommen von Einwanderern, aber niemanden, der selbst eingewandert war. Mit Ausnahme einer Familie war echter Alkoholismus kein Problem, und viele waren totale Abstinenzler. Unter denen, die Alkohol tranken, war dies gelegentlich die Ursache eines Ehekonflikts, hatte aber keinen entscheidenden und unmittelbaren Anteil an der Mißhandlung des Kindes.

Die eigentliche Mißhandlung des Kleinkindes erfolgt in der Regel durch nur einen Elternteil. In unserer Gruppe war dies in 50 Fällen die Mutter und in 7 der Vater. Bei zwei Familien konnten wir nicht sicher ausmachen, von wem die Mißhandlungen ausgegangen waren, und nur in einem Fall waren beide Eltern gegenüber dem Kind tätlich geworden.

Diese allgemeinen Merkmale der von uns untersuchten Eltern, wie wir sie oben geschildert haben, unterscheiden sich signifikant von denen, die bei Elmer* und anderen (3, 4) berichtet werden. Das besonders häufige Auftreten von Armut, Alkoholismus, zerrütteten Ehen und ein überdurchschnittlich hoher Anteil bestimmter rassischer Gruppen war in unserer »Stichprobe« nicht zu beobachten. Wir glauben nicht, daß unsere Daten in irgendeiner Hinsicht exakter sind als die anderer Autoren, sondern lediglich, daß unterschiedliche Berichte das zwangsläufige Resultat verzerrter Stichproben sind. Sozialämter, Wohlfahrtsorganisationen und städtische Krankenhäuser werden bei Kindesmißhandlungen unweigerlich in der Mehrzahl der Fälle mit Familien aus den untersten sozialen Schichten zu tun haben. Unsere Institution hingegen betreut Patienten aus einer Vielzahl gesellschaftlicher Schichten und arbeitet eng mit privat niedergelassenen Ärzten zusammen. Offensichtlich geht die Verzerrung unserer Stichprobe in eine ganz andere Richtung. Unsere Daten weisen eine große Anzahl mißhandelnder Frauen aus. Andere Untersuchungen zeigen im großen und ganzen eine Gleichverteilung der Geschlechter, einige sogar eine höhere Anzahl von Männern, die gegenüber ihren Kindern tätlich werden. Wir vermuten, daß der niedrige Anteil von Männern in unserer Studie zum Teil mit der niedrigen Arbeitslosigkeit unter den untersuchten Männern zusammenhängt. Es gab einfach rein zeitlich gesehen sehr viel kürzere Kontakte zwischen den Vätern und ihren Kleinkindern als bei den Müttern – infolgedessen waren die Kinder für eine viel geringere Zeitspanne

* Elmer, Elizabeth (1964; 1965): *The Fifty Families Study*. Unveröff. vervielfältigte Berichte aus dem Kinderkrankenhaus in Pittsburgh.

möglichen Angriffen der Väter ausgesetzt. In Stichproben, in denen die Frauen außerhalb des Hauses arbeiten und arbeitslose Männer mehr Zeit mit den Kindern zubringen, wird die Zahl männlicher Täter zweifellos ansteigen. Während der Faktor Berufstätigkeit bzw. Arbeitslosigkeit einen gewissen Einfluß auf die Häufigkeit von Mißhandlungen durch Väter hat, ist er doch mit Sicherheit nicht entscheidend. In unserer kleinen Gruppe haben sowohl berufstätige als auch arbeitslose Männer ihre Kinder mißhandelt.

Ähnliches könnten wir im Hinblick auf die anderen erwähnten sozialen, ökonomischen und demographischen Faktoren sagen. Im wesentlichen sind sie für den eigentlichen Akt der Kindesmißhandlung ziemlich unerheblich. Fraglos haben soziale und wirtschaftliche Schwierigkeiten das Leben der Menschen zusätzlich erschwert und zu einem Verhalten beigetragen, das andernfalls latent geblieben wäre. Aber solche Faktoren müssen eher als zufällige Verstärker und weniger als notwendige und hinreichende Ursachen angesehen werden. Nicht alle Eltern, die arbeitslos sind und finanzielle Sorgen haben, schlecht wohnen, unter einer zerrütteten Ehe leiden und am Rande des Alkoholismus leben, mißhandeln ihre Kinder; noch verhindert die Tatsache, daß jemand als abstinenter, überzeugter Protestant mit hohem IQ in stabilen Eheverhältnissen mit einer schönen Wohnung und genügend hohem Einkommen lebt, eine körperliche Gewaltanwendung gegenüber seinen Kindern. Diese Tatsachen werden von den meisten Personen bestätigt, die beruflich mit Kindesmißhandlungen zu tun haben. Wir haben sie trotzdem nochmals hervorgehoben, da große Teile unserer Gesellschaft, sogar Mediziner, noch immer der Meinung zu sein scheinen, Kindesmißhandlungen seien auf das »niedere Volk« mit geringem sozio-ökonomischen Status beschränkt. Das stimmt nicht.*

---

* Es dürfte sehr schwer sein, eine ärmere und mit größeren sozialökonomischen Schwierigkeiten kämpfende Gruppe zu finden als die lateinamerikanischen Wanderarbeiter auf dem landwirtschaftlichen Sektor der USA. Wir haben einige Zeit damit zugebracht, Gerüchten über Kindesmißhandlungen in dieser Gruppe nachzugehen, aber es gelang uns nicht, auch nur einen einzigen Fall zu belegen. Es ist nicht ausgeschlossen, daß es solche Fälle gibt, wir jedenfalls haben keinen feststellen können.

Die Psychopathologie der Täter

Allgemeine Kennzeichen

Wie wir im vorangegangenen Abschnitt ausgeführt haben, stellten die Eltern unserer Untersuchungsgruppe im Hinblick auf ihre allgemein deskriptiven Merkmale keineswegs eine homogene Gruppe dar. Aber auch was ihre Psychopathologie anging, waren sie heterogen. Sie fallen in keine einzige unserer normalen psychiatrischen diagnostischen Kategorien. Im Gegenteil, sie repräsentieren die gesamte Bandbreite seelischer Störungen, denen man bei jeder klinischen Population begegnet – Hysterie, hysterische Psychose, Zwangsneurose, Angstzustände, Depression, schizoide Persönlichkeitszüge, Schizophrenie, Charakterneurose usw. Bei den meisten Patienten war es unmöglich, eine einfache Diagnose zu stellen. Sie boten gemischte Krankheitsbilder, z. B. »phobische Zwangsneurose mit ausgeprägt masochistischen Zügen und leichter Depression.« Von der Mehrheit der Patienten konnte man sagen, daß sie wiederholten Depressionen ausgesetzt waren. Bei etlichen Patienten lagen psychosomatische Krankheiten vor wie Asthma, Kopfschmerzen, Migräne, Colitis, Dysmenorrhoea, Urticaria und Erbrechen. Soziopathische Züge wie das Einreichen ungedeckter Schecks waren sehr selten. Eine derartige Diagnose wurde in einem Fall gestellt, konnte aber nicht eindeutig abgesichert werden. Wir halten nichts von der Theorie, per definitionem jeden zum Soziopathen zu machen, der ein Kind mißhandelt. Zweifelsohne haben Soziopathen oft kleine Kinder mißhandelt, aber ebenso sicher besteht kein direkter Zusammenhang zwischen Soziopathie und Kindesmißhandlung.

Wir haben den Eindruck, daß unsere Patienten mit wenigen Ausnahmen seelische Probleme hatten, die schwer genug waren, eine Behandlung zu rechtfertigen, wenn die Patienten von sich aus einen Psychiater darum gebeten hätten. Wie bereits bemerkt, waren einige Patienten von uns während eines Aufenthalts in einer Klinik oder einem Krankenhaus aufgesucht worden, wo sie aus anderen Gründen als wegen Kindesmißhandlung behandelt wurden. Eine Patientin war während ihrer Adoleszenz wegen Depressionen und später nochmals wegen einer leichten Psychose nach der Entbindung in Behandlung. Das war ein Jahr, bevor sie ihr Kind mißhandelt hatte und in unsere Untersuchungsgruppe aufgenommen wurde. Die meisten unserer Patienten hatten jahrelang mit beträchtlichen seelischen Schwierigkeiten leben müssen und hatten das Gefühl, es lohne sich nicht oder es sei nicht möglich, irgendjemanden um Hilfe anzusprechen. Sie hatten es nicht vermocht, sich so zu verhalten, daß ihre Umwelt ihre Schwierigkeiten in einer adäquaten und mitfühlenden Weise hätte wahrnehmen können.

Man hat Personen, die Kinder mißhandelt haben, als »unreif«, »impulsiv«, »abhängig«, »sado-masochistisch«, »egozentrisch«, »narzißtisch« und »anspruchsvoll« bezeichnet. Solche Kennzeichnungen sind im wesentlichen zutreffend, aber gleichzeitig sind diese Eigenschaften so sehr unter der Gesamtbevölkerung verbreitet, daß sie zu einem besonderen Verständnis wenig beitragen können. Psychiatrische Diagnosen an Hand von Kategorien leisten ebenfalls nicht viel mehr und beantworten auch nicht die entscheidende Frage, warum eine bestimmte Person, Vater oder Mutter, die Kinder mißhandelt.

Anstatt zu versuchen, Kindesmißhandlung mit einer bestimmten Form psychischer Störungen oder einer allgemein akzeptierten Charakterbeschreibung zu verbinden, haben wir nach einem konsistenten Verhaltensmuster gesucht, das in Verbindung mit anderen psychischen Störungen, aber völlig unabhängig von diesen vorkommen kann. Obgleich wir es ständig mit der ganzen Skala seelischer Störungen zu tun hatten, haben wir uns durchgängig auf die Interaktion zwischen fürsorgender Person und Kleinkind konzentriert. Aus der direkten Beobachtung der Eltern in der Interaktion mit ihren Kindern und aus ihren eigenen Beschreibungen, wie sie mit ihren Kindern umgingen, wird deutlich, daß sie von ihren Säuglingen und Kleinkindern eine Menge erwarten und verlangen. Nicht nur, daß der Anspruch an die Leistungen der Kinder hoch ist, er ist auch verfrüht, und es liegt eindeutig jenseits der Verständnisfähigkeit des Kleinkindes, was man von ihm will und wie es darauf richtig reagieren soll. Die Eltern behandeln das Kind, als wäre es einige Jahre älter, als es eigentlich ist. Die Beobachtung dieser Interaktion führt zu dem deutlichen Eindruck, daß sich der Vater oder die Mutter unsicher und ungewiß sind, ob sie geliebt werden und daß sie das Kind als Quelle von Bestätigung, Trost und liebevoller Zuneigung sehen. Es ist kaum übertrieben, wenn man sagt, daß sich die betreffende Person wie ein angstvolles, ungeliebtes Kind verhält, das sein eigenes Kind erlebt, als sei es ein Erwachsener, der Trost und Liebe vermitteln könne. Das ist jenes Phänomen, das von Morris und Gould (5) als »Rollenumkehrung« beschrieben worden ist. Sie definieren sie als »Umkehrung der Abhängigkeitsrolle, in der die Eltern sich ihren Säuglingen und Kleinkindern schützend und Nahrung spendend zuwenden.« Wir sehen zwei grundlegende Faktoren beteiligt – eine hohe Erwartung und Forderung durch den Vater bzw. die Mutter an die Leistungsfähigkeit des Kleinkindes, der auf der Seite des Erwachsenen entspricht, daß dieser die eigenen Bedürfnisse, begrenzten Fähigkeiten und die Hilflosigkeit des kleinen Wesens nicht wahrnimmt: eine echte Fehlwahrnehmung des Kindes durch den Erwachsenen. Kaufman (6) hat denselben Vorgang als mütterliche oder väterliche Realitätsstörung und Fehlwahrnehmung des Kleinkindes bezeichnet. Er sagt, »das Kind wird nicht als solches wahrgenommen, sondern als eine symbolische oder wahnhafte Figur« und »kann als der psychotische Bestandteil des Erwachsenen bezeichnet werden, den dieser unter Kontrolle zu halten und zu zerstören versucht«. In seiner Schilderung spricht er außerdem von »Eltern, die extrem infantil sind und selbst gehätschelt werden möchten, die Abhängigkeit und die Bedürfnisse ihres Kindes übelnehmen und dies durch feindselige Akte äußern«. Kaufman ist der Ansicht, daß Eltern »viele ihrer Schwierigkeiten auf ihr Kind projizieren und der Auffassung sind, das Kind sei die Ursache ihrer Probleme« und »sie versuchen, ihre Angst zu verringern, indem sie gegenüber dem Kind tätlich werden, anstatt sich den eigenen Problemen zu stellen«. Er begreift dies als »Art eines schizophrenen Prozesses«, da die Betreffenden sich in besonderem Maße der Mechanismen der Verleugnung und der Projektion bedienen. Während wir mit Kaufmans phänomenologischen Beschreibungen und seiner Hypothese übereinstimmen, daß es sich um eine Störung der Ich-Funktion handelt, glauben wir jedoch nicht, daß dies unbedingt ein schizophrener Prozeß ist.

Unsere Vorstellungen des besonderen Typus der Ich-Funktion, der dabei eine Rolle spielt, wird später erörtert.

Hier zwei Beispiele für diese extremen Anforderungen der Eltern in Verbindung mit Nichtachtung des Kleinkindes:

Henry J. sprach über seinen 16 Monate alten Jungen und sagte: »Er weiß, was ich meine und versteht es auch, wenn ich ihm sage: komm her! Wenn er nicht sofort kommt, gehe ich zu ihm und ziehe ihn leicht am Ohr, um ihn daran zu erinnern, was er tun soll.« Im Krankenhaus stellte sich heraus, daß Jonnys Ohr gerissen und teilweise vom Kopf abgedreht war.

Kathy äußerte sehr heftig: »Während meines ganzen Lebens habe ich mich nie richtig geliebt gefühlt. Als das Baby zur Welt kam, dachte ich, es würde mich lieben; aber als es die ganze Zeit schrie, bedeutete dies, daß es mich nicht liebte, also habe ich es geschlagen.« Kenny war gerade drei Wochen alt und wurde mit beidseitigen subduralen Hämatomen ins Krankenhaus eingeliefert.

In diesen Anekdoten implizit verborgen und deutlicher fühlbar in dem Tonfall, in dem sie erzählt wurden, ist ein eigentümliches Gefühl der Eltern, im »Recht« zu sein. Wir haben es oft als »Gefühl der Rechtschaffenheit« bezeichnet. Von frühester Kindheit an erwartet man von den mißhandelten Kindern, daß sie ein beispielhaftes Verhalten an den Tag legen und eine respektvolle, gehorsame, rücksichtsvolle Einstellung gegenüber der Autorität von Erwachsenen und der Gesellschaft zeigen. Gängige elterliche Äußerungen waren: »Wer Kindern nachgibt, geht elend zugrunde.« »Man muß Kindern beibringen, Autoritäten zu gehorchen.« »Ich will nicht, daß aus meinen Kindern einmal Verbrecher werden.« »Kindern muß man den richtigen Respekt vor ihren Eltern beibringen.« Sicherlich sind solche Gedanken in unserer Gesellschaft besonders verbreitet und im wesentlichen akzeptierte Prinzipien der Kindererziehung. Die Eltern, die diese Grundsätze vertreten, fühlen sich völlig im Recht. Der Unterschied zwischen jemandem, der sein Kind mißhandelt, und einer elterlichen Person, die dies nicht tut, besteht darin, daß der erstere dem Kind solche Verhaltensnormen mit extremer Intensität und – was am wichtigsten ist – zu einem unangemessen frühen Zeitpunkt zu vermitteln sucht. Personen, die ihre Kinder schlagen, scheinen als Axiom anzunehmen, Säuglinge und Kleinkinder seien in erster Linie dazu da, die Bedürfnisse der

Eltern zu befriedigen, daß die Bedürfnisse dieser Kinder un-
wichtig sind und nicht beachtet werden sollten, und daß
Kinder, die diesen Anforderungen nicht genügen, eine Bestrafung verdienen.

Wir sind der Auffassung, daß Eltern, die ihre Kinder mißhandeln, dieses besondere Muster der Kindererziehung aufweisen, völlig unabhängig von ihren anderen Persönlichkeits-
eigenschaften. Es handelt sich nicht um ein isoliertes, seltenes
Phänomen, sondern eher um die extrem ausgeprägte Variante
eines Musters der Kindererziehung, das in allen menschlichen
Gesellschaften auf der ganzen Welt verbreitet ist. Berichte
über dieselbe Form von Tätlichkeiten gegenüber Säuglingen
und kleinen Kindern gibt es auch aus England (7, 8), Kanada
(9), Australien (10), Norwegen (11), Schweden (12), Deutschland (13), Italien (14), Ungarn (15), den Niederlanden (16),
Südafrika (17) und Hawaii (18). Während aus orientalischen
Ländern keine medizinischen Berichte über Kindesmißhandlungen in dem Sinne vorliegen, in dem wir das Problem
erörtern, gibt es für uns jedoch keine Zweifel, daß auch dort
Kinder mißhandelt werden. Ein Bekannter hat uns folgende
Beobachtung mitgeteilt: Eine chinesische Mutter, die vier
Kinder hatte, behandelte die beiden jüngsten in sehr unterschiedlicher Weise. Das kleinste Kind, das ursprünglich kein
Wunschkind gewesen war, entwickelte sich zu einem sehr
dicken, niedlichen Baby, das sämtlichen Normen eines idealen
Chinesenbabys entsprach. Ihm wurde viel Liebe und Fürsorge
zuteil. Das ältere, ursprünglich ein Wunschkind, war entsetz-
lich mager, nicht so niedlich und reagierte weniger auf die
Mutter. Diese betrachtete es als »undankbares Baby« und
stach es des öfteren mit Reißnägeln und Nadeln.

Dieses Muster einer Interaktion zwischen Fürsorgeperson
und Kleinkind und diese Form der Kindererziehung werden
wir in den folgenden Abschnitten behandeln.

*Äußere Verhältnisse und Lebensgeschichte der untersuchten
Eltern*

Bei der Beschreibung der Lebensgeschichte der von uns untersuchten Eltern werden wir uns auf die Faktoren konzentrieren, die in unmittelbarstem Zusammenhang mit dem Problem

der Eltern-Kind-Beziehung im Hinblick auf Kindesmißhandlungen stehen. Es ist nicht unsere Absicht, die Entwicklung anderer Aspekte der Persönlichkeit nachzuverfolgen, etwa die besondere Ausformung des ödipalen Konflikts und dessen Lösung, die Ursache zwanghafter Charakterzüge, psychosomatische Krankheiten usw. Diese folgen den verschiedenen Mustern, die aus dem Studium allgemein psychisch kranker Patienten bekannt sind und an dieser Stelle keiner näheren Erläuterung bedürfen. Sicherlich haben die vielfachen frühen Lebenserfahrungen unserer Patienten zur Entstehung der vielen Variationen ihrer Charakterstrukturen beigetragen, aber uns geht es darum, ihre Bedeutung als Ursachen jenes besonderen Typus einer Eltern-Kind-Beziehung hervorzuheben, wie er im vorangegangenen Abschnitt skizziert worden ist.

Die Lebensgeschichten der Patienten unserer Gruppe zeigen, daß sie ohne Ausnahme im selben Stil erzogen wurden und daß sie diesen insofern neubelebt haben, als sie ihre eigenen Kinder in derselben Art und Weise erzogen. Einige hatten schwere Mißhandlungen erduldet, und zwar waren sie von der Mutter oder vom Vater geschlagen worden; einige andere sagten, man habe nie »Hand an sie gelegt«. Alle hatten sie jedoch den Eindruck intensiver, allseitiger, ununterbrochener Ansprüche seitens ihrer Eltern. Vermittelt wurden diese Ansprüche in Form von Erwartungen, ein gutes, unterwürfiges Verhalten zu zeigen, sofort gehorsam zu sein, nie Fehler zu machen, die Eltern mitfühlend in ihrem Kummer zu trösten und elterliche Handlungen zu billigen und zu unterstützen. Sie hatten das Gefühl, daß diese elterlichen Ansprüche über das normale Maß hinausgingen, nicht nur was die Intensität, sondern vor allem was deren frühzeitigen Zeitpunkt anbetraf. Von dem Kind wurde bereits eine Leistung erwartet, als es noch gar nicht richtig verstehen konnte, was man von ihm erwartete und wie es dieser Erwartung nachkommen sollte. Die Patienten hatten den Eindruck, daß diese elterlichen Ansprüche von ständiger Kritik seitens der Eltern begleitet wurden. Was sie auch zu tun versuchten, sie hatten das Gefühl, es sei falsch, nutzlos, unangemessen und untauglich, es war nicht genug, es war nicht richtig, es war zur falschen Zeit, es verdroß die Eltern, es würde den Eltern in den Augen der umgebenden Welt Schande machen, oder es war nicht dazu angetan, das Ansehen der Eltern in der Gesellschaft zu heben. Zwangsläufig hatte das heranwachsende Kind guten Grund zu der Annahme, daß es ungeliebt war, daß seine eigenen Bedürfnisse, Wünsche und Fähigkeiten nicht beachtet würden, unerhört und unerfüllt blieben, ja, daß sie eigentlich falsch waren. Dies scheinen die wesentlichen Bestimmungsfaktoren in der frühen Kindheit der Eltern zu sein, die ihre eigenen Kinder später mißhandelten: eine übermäßige Forderung nach Leistung, verbunden mit einer Kritik an der erbrachten und scheinbar unzureichenden Leistung und eine Mißachtung des Kindes als Individuum mit eigenen Bedürfnissen und Wünschen. Alles war auf den Vater oder die Mutter hin orientiert, das Kind war weniger wichtig.

Von einem anderen deskriptiven Standpunkt aus waren alle von uns untersuchten Eltern als Säugling oder Kleinkind benachteiligt gewesen. Wir sprechen hier nicht von materieller Benachteiligung. Einige von ihnen waren in Armut aufgewachsen und mußten materiell sehr viel entbehren, andere lebten in durchschnittlichen Verhältnissen, und ein paar von ihnen hatten in materiellem Überfluß und Wohlstand gelebt. Was wir meinen, ist der Entzug fundamentaler mütterlicher Fürsorge – das Fehlen eines tief verankerten Gefühls, vom ersten Tag des Lebens an umsorgt und versorgt zu sein. Wenn wir diese Entbehrung einer mütterlichen Fürsorge beschreiben, so bedeutet das jedoch nicht, daß unseren Patienten keine mütterliche Fürsorge zuteil wurde. Im allgemeinen waren sie sogar Gegenstand besonderer Aufmerksamkeit. Die Mütter waren immer in ihrer Nähe und mischten sich jahrelang in alle Bereiche des Lebens des Patienten ein. Aber auch hier geschah dies mit einer Haltung voller Ansprüche, Kritik und Mißachtung, dazu angetan, die Mutter zufriedenzustellen und den Patienten außer acht zu lassen.

Unsere feste Überzeugung von der Bedeutung der »fehlenden mütterlichen Fürsorge« als höchst grundlegendem Faktor für die Entstehung elterlicher Mißhandlungen beruht auf mehreren Dingen. Sie beruht erstens auf den Erinnerungen der Patienten an ihre enttäuschenden Erfahrungen mit den eigenen Müttern. Sie belegten ihren Eindruck mit vielen Schilderungen von Vorfällen seit früher Kindheit bis hin zur Gegenwart und hatten das Gefühl, diese Art Beziehung habe

»das ganze Leben hindurch« bestanden. Selbst wenn man die unvermeidlichen Verzerrungen, Übertreibungen und Auslassungen in den Lebensgeschichten der Patienten berücksichtigt, kommt man an der tiefen Bedeutung dieser immer wieder geschilderten Struktur nicht vorbei. Daneben machten wir gelegentlich die so aufschlußreiche wie bedrückende Erfahrung, mit einer Patientin und deren Mutter zusammen zu sprechen. Bei diesen Gelegenheiten war es möglich, viele der Interaktionen zu beobachten, die unsere Patientin bereits beschrieben hatte. Die Mutter »zog die Sache an sich«, antwortete auf Fragen, die an die Tochter gerichtet waren, sagte der Tochter, was sie antworten sollte, deutete auf mannigfache Weise an, was sie von der Tochter erwartete, was diese tun sollte, kritisierte sie offen und versteckt und setzte sie herab, all das, ohne darauf zu achten, was die Tochter dachte, fühlte oder zu tun versuchte. Auch Ehepartner und Geschwister bestätigten die Lebensgeschichte dieser Patientin.

Von großem Interesse für uns waren die spärlichen, aber vielsagenden Daten, die die Kindheitserlebnisse einiger der Eltern der von uns untersuchten Patienten betrafen. Aus dem, was unsere Patienten über das Leben ihrer Eltern wissen, und aus dem, was uns diese (Großeltern) des mißhandelten Kindes selbst darüber erzählten und aufgrund von Informationsbruchstücken seitens anderer Verwandter hat es den Anschein, daß auch die Großeltern in einer Konstellation elterlicher Einstellungen aufgewachsen waren, die den oben beschriebenen ähnlich waren. Wir glauben, daß wir diesen Typus der Kindererziehung oder dieses Muster einer Eltern-Kind-Beziehung an drei aufeinander folgenden Generationen beobachten konnten. Tragischerweise wird beides unwillentlich von einer Generation der anderen weiter übermittelt. Es war weitgehend ein – wenn auch unausgesprochen – gesellschaftlich gebilligtes Verhalten, und bis zu einem gewissen Grade ist es wahrscheinlich kulturspezifisch.

Der wesentliche Punkt, der hier eine Rolle spielt, betrifft einen Zusammenbruch dessen, was wir als »mütterliche Fürsorge« bezeichnet haben – eine Störung des mütterlichen Affektsystems. Damit möchten wir nicht den Anschein erwecken, als ob wir uns dem allgemeinen Gesellschaftsspiel anschließen wollten, mit beredten Worten die Verantwortung für die individuellen Schwierigkeiten aller Welt auf »schlechte Mütter« zu schieben. Uns geht es vielmehr darum, den Prozeß zu erforschen und zu verstehen, in dessen Verlauf die tragischen Behinderungen der Eltern, die aus ihren eigenen unglücklichen Kindheitserfahrungen resultieren, unwillentlich wirksam werden, wenn sie im Hinblick auf die Fähigkeit ihrer Kinder, selbst gute Eltern zu werden, ähnliche Hindernisse neu errichten. Wir sind der Ansicht, daß unsere Beobachtungen das Verständnis von Kindesmißhandlungen erweitern und daß sie auch unser Wissen von den frühen psychischen Entwicklungen bei Kleinkindern und von den allgemein bei der Kindererziehung auftretenden Problemen vertiefen können.

Die Funktion der mütterlichen Fürsorge

Wir haben Kindesmißhandlung als ein Muster der Kindererziehung beschrieben, das durch eine Fehlsteuerung der normalen Funktion mütterlicher Fürsorge gekennzeichnet ist. Mit »Funktion der mütterlichen Fürsorge« meinen wir den Prozeß, innerhalb dessen der Erwachsene für ein Kind sorgt; d. h., daß eine – theoretisch – reife, fähige, selbstgenügsame Person für ein hilfloses, bedürftiges, abhängiges, unreifes Wesen sorgt. Wir nennen diese Funktion eine der »mütterlichen Fürsorge«, da sie im allgemeinen von einer Mutter ausgeübt wird, wenngleich sie auch von anderen übernommen werden kann. Es gibt fundamentale Bestandteile dieser Fürsorge, die wir als »praktische« oder »mechanische« bezeichnen können. Sie bestehen im Füttern, Halten, Kleiden und Säubern des Kleinkindes, Schutz vor Verletzungen und Schaffung von Bewegungsspielraum. Daneben gibt es die weniger sichtbaren Bestandteile der Besorgtheit, der Wahrnehmung und Berücksichtigung der Bedürfnisse und Wünsche des Kleinkindes und der geeigneten emotionalen Interaktion mit diesem. Diese letztgenannten Eigenschaften, die wir unter den Begriff »mütterliche Fürsorge« subsumieren, sind eine höchst wichtige Ergänzung der mechanischen Bestandteile. Sie schaffen die Atmosphäre, innerhalb deren die anderen Funktionen ausgeübt werden, und beeinflussen zutiefst die Reaktionen des

Kleinkindes, sein momentanes Wohlbefinden und seine spätere Entwicklung.

Körperliche Mißhandlungen von Kindern hängen mehr mit einer Störung der Mütterlichkeit zusammen als mit anderen Aspekten mütterlicher Fürsorge. Die Kleinkinder unserer Untersuchungsgruppe waren fast alle ausreichend ernährt, sauber und gut gekleidet, aber der seelische Zustand der fürsorgenden Person war gekennzeichnet durch ständige Spannung und häufige Störungen. Oft sind es die mütterlichen Akte des Fütterns, Waschens und Beruhigens, bei denen es zu einer Mißhandlung des Babys kommt. Das liegt an den Schwierigkeiten, eine mütterliche Haltung zu bewahren, und nicht daran, daß die fürsorgende Person nicht in der Lage ist oder kein Bedürfnis hat, sich fürsorglich zu verhalten. Wir werden auf diesen Punkt nochmals zurückkommen, wenn es um die näheren Umstände der Tätlichkeiten geht.

Störungen und Ausbleiben der eher mechanischen Bestandteile mütterlicher Fürsorge, z. B. Waschen und Füttern, ergeben das Bild des »vernachlässigten Kindes« oder des Kleinkindes, das »nicht gedeiht« (19, 20). Eltern, die ihre Kinder mißhandeln oder vernachlässigen, haben viele gemeinsame Merkmale. Beide brauchen und fordern von ihren Kindern sehr viel und sind unglücklich, wenn man auf sie nicht in der richtigen Weise reagiert; so ist es nicht überraschend, gelegentlich auf Kinder zu stoßen, die nicht nur mißhandelt, sondern auch verwahrlost sind. Und doch gibt es einen auffallenden Unterschied zwischen diesen beiden Formen einer Interaktion zwischen fürsorgender Person und Kleinkind. Eine Mutter, die ihr Kind verkommen läßt, reagiert auf schmerzliche Enttäuschungen, indem sie resigniert und keine Versuche mehr unternimmt, zumindest noch mechanisch für ihr Kind zu sorgen. Demgegenüber scheint eine Mutter, die ihr Kind mißhandelt, am aktiven Leben ihres Kindes ein stärkeres Interesse zu haben und unternimmt etwas, um es für ein Versagen zu bestrafen und dafür zu sorgen, daß aus ihm etwas wird und es seine Leistungen verbessert. In dieser Arbeit beschäftigen wir uns jedoch nur mit Verhaltensmustern in Verbindung mit der Mißhandlung, nicht mit der Vernachlässigung von Kindern.

Uns fehlt noch immer ein gesichertes Wissen über den

Ursprung und die Entwicklung der Komponenten des mütterlichen Verhaltens beim Menschen. Wir können bei der menschlichen Mutter nicht jene automatischen, wirksamen und fürsorgenden Verhaltensweisen beobachten, wie sie für Säugetiere, die noch keine Primaten sind, charakteristisch sind. Solche Verhaltensmuster sind artspezifisch, und man nimmt an, daß es sich bei ihnen um genetisch determinierte spontane Aktionen und Responsmechanismen handelt. Beim Menschen sind Menstruation, Ovulation, Schwangerschaft, Gebärvorgang und Stillen notwendig genetisch gesteuerte physiologische Prozesse, und zweifellos existiert in den meisten Frauen so etwas wie ein Trieb oder ein Wunsch, sexuelle Reife zu erlangen und Kinder zu bekommen. Trotzdem werden diese fundamentalen physiologischen Prozesse und psychischen Antriebe durch kulturelle Einflüsse und individuelle Erfahrung zutiefst modifiziert und kanalisiert. Selbst in den primitivsten Gesellschaften, die von Anthropologen untersucht worden sind, werden Sexualverhalten, Schwangerschaft und Kinderaufzucht weitgehend von den Gebräuchen, Tabus und gesellschaftlichen Sanktionen des einzelnen Stammes beeinflußt. Neuere Untersuchungen an stichprobenartig ausgewählten Kulturen auf der ganzen Welt enthüllen bemerkenswerte Unterschiede im Hinblick auf Säuglingsfürsorge und Kindererziehung (21).

In den westlichen Gesellschaften, insbesondere in den Vereinigten Staaten, haben die Vorgänge der Geburt, der Säuglingspflege und der Kinderaufzucht innerhalb der letzten Generationen einen einschneidenden Wandel erfahren. Die Medizin hat in ihrem erfolgreichen Bemühen, die Mütter- und Säuglingssterblichkeit und die Krankheitsanfälligkeit auf ein Minimum zu reduzieren, die Grundmuster radikal verändert, wie eine Mutter ihr Kind zur Welt bringt und in welcher Weise sie es versorgt. Kinderärzte haben sinnvolle neue Vorschläge und Richtlinien für einen idealen Umgang mit Kleinkindern und eine ideale Kindererziehung entwickelt; allerdings haben sich diese von einem Jahrzehnt zum anderen immer wieder geändert. Pädagogen, Psychologen, Psychiater und Soziologen haben ihre zahlreichen Ansichten darüber geäußert, wie Säuglinge und Kleinkinder erzogen werden sollten. Bücher über Säuglingspflege sind Dauerbestseller. Zeitschriften, Tageszeitungen, Radio, Fernsehen und Broschüren des Familienministeriums sind voll von Ratschlägen, Mahnungen und Warnungen im Hinblick auf den Umgang mit Kindern. Werbungen für Kindernahrung und Anpreisungen von Vitamin- und Mineralprodukten haben die Verwirrung noch vergrößert. Nicht genug damit, die meisten Mütter erfahren auch noch mehr als genug Kritik und gute Ratschläge von den eigenen Müttern, anderen weiblichen Verwandten, Nachbarinnen und Freundinnen. Dazu denke man sich noch die Aufforderung eines gereizten Ehemannes: »Um Gottes Willen, tu irgendwas gegen das Geschrei von diesem Kind!« Angesichts dieses Trommelfeuers grenzt es fast an ein Wunder, daß es noch Mütter gibt, die sich nicht aus der Ruhe bringen lassen und die anstehenden Aufgaben der Säuglingsfürsorge warmherzig und tatkräftig erledigen können. Neben all dem Nützlichen und den Vorteilen, die das moderne Wissen über einen besseren Umgang mit Kleinkindern mit sich gebracht hat, kommt es gelegentlich auch zu »Fehlzündungen«. Nicht selten haben wir Mütter in ihren heroischen Versuchen erlebt, dem besten Rat zu folgen, den sie bekommen konnten, und die dann feststellen, daß es mit ihrem Kleinen nicht klappt und das Kind nicht in der Weise reagiert, wie es dem Buch entsprechend hätte reagieren sollen. Solche Mütter, die möglicherweise vor allem selbst etwas unsicher sind, fangen an, nicht nur an ihrem Wert und ihren Fähigkeiten als Mutter stark zu zweifeln, sondern auch daran, daß mit ihrem Kind alles in Ordnung ist. Die Beziehung zwischen Mutter und kleinem Kind wird dann durch Spannungen belastet, und es kann zu ernsthaften Schwierigkeiten kommen. Wir halten es mit der Mutter, die dann, wenn das Buch etwas anderes als das Baby sagt, sich für das Baby entscheidet. Angesichts der ständig neu geführten Debatten über Brust- oder Flaschenfütterung, Stillen nach Bedarf oder nach Plan, Schnuller oder nicht, Zeitpunkt und Mittel des Sauberkeitstrainings usw. ist es wohl am besten, wenn Mutter und Kind das unter sich ausmachen können, anstatt sich in rigiden Vorschriften zu verheddern. Um das möglich zu machen, muß die Mutter unserer Ansicht nach über ein bestimmtes Maß an Mütterlichkeit verfügen. Unsere Gesellschaft bewertet ein gutes, mütterliches Verhalten sehr hoch und hält eine Überfülle von Ratschlägen zu allen Aspekten von dessen Verwirklichung bereit. Außerdem wird Mütterlichkeit sehr von uns bewundert und propagiert, nur hegen wir anscheinend die Erwartung, daß sie automatisch auftritt und zeigen uns in irgendeiner Weise irritiert oder bestürzt, wenn sie einmal fehlt. Anstatt von der verbreiteten Annahme auszugehen, Mütterlichkeit sei ein intuitives Verhalten und Bestandteil der angeborenen Ausstattung einer Frau, werden wir versuchen, ihren Ursprüngen nachzugehen.

Mütterlichkeit

Wenn wir von allen gesellschaftlich überformten Stilen und Routinen der mütterlichen Fürsorge abstrahieren, so gelangen wir zu einem Substrat mütterlichen Verhaltens, dessen Wurzeln in physiologischen Mechanismen und in der individuellen psychischen Erfahrung liegen müssen. In ihrem klassischen Buch »Psychosexual Functions in Women« hat Therese Benedek (22) all die subtilen Interaktionen zwischen Hormonspiegel, Menstruation, Schwangerschaft, Stillperiode und dem seelischen Befinden und mütterlichen Verhalten der Frau festgehalten. Helene Deutsch hat in ihren ebenso klassischen Untersuchungen »The Psychology of Women« (23) die Triebschicksale der Frau im Lauf eines Lebens und insbesondere während der Mutterschaft beschrieben. Trotz der Gültigkeit dieser Untersuchungen halten wir sie für unsere Untersuchung der Mütterlichkeit aus mehreren Gründen für weitgehend irrelevant. Mütterlichkeit beschränkt sich nicht auf biologische Mütter. Sie kann in vollem Umfang bei Adoptiv-, Pflege- und Hausmüttern in Findelheimen und bei Ammen auftreten. Kinder, selbst sehr junge Knaben und Mädchen, können sie gegenüber ihresgleichen und gegenüber Babys an den Tag legen. Selbst Männer können sich mütterlich verhalten, und wir glauben, daß eine Störung der Mütterlichkeit in den Versuchen des Mannes, Mutterpflichten zu übernehmen, der Hauptgrund dafür ist, wenn er seine Kinder mißhandelt.

Wir stimmen Josselyn (24) zu, die im Zusammenhang mit Mütterlichkeit schreibt, daß die Fähigkeit, Zärtlichkeit, Freundlichkeit und Einfühlung zu zeigen und ein geliebtes Objekt höher zu bewerten als sich selbst, »kein Vorrecht der Frau ist, sondern eine allgemein menschliche Eigenschaft«.

Deshalb können wir die Quelle der Mütterlichkeit nicht finden, indem wir allein die spezifisch weibliche Physiologie und Psychologie untersuchen. Wir müssen das Problem umfassender sehen.

Dem größten Teil unseres heutigen Verständnisses der menschlichen Psychologie liegt die Erkenntnis zugrunde, welchen Einfluß die Erfahrungen in der frühen Kindheit auf die psychische Entwicklung und die schließlichen Persönlichkeitszüge des Erwachsenen haben. Überraschend wenig ist jedoch geschrieben worden, das einen Zusammenhang hergestellt hätte zwischen solch frühen Erfahrungen und dem spezifischen Aspekt des Erwachsenenverhaltens, den man mit dem Begriff der Mütterlichkeit erfaßt. Es gibt seltene, anregende Hinweise in der Literatur auf die »Identifikation mit der Mutter«, aber das Thema ist kaum genügend weiterverfolgt worden. Benedek (25) kommt dem Kern der Sache nahe, wenn sie die Wiederkehr von Kindheitserinnerungen beschreibt, zu der es kommt, wenn der Erwachsene selbst Vater oder Mutter wird. Diese Erinnerungen knüpfen an zwei Themen an: wie man sich als Kind gefühlt hat und wie man von den Eltern behandelt wurde. Ein Großteil von ihnen wird natürlich unbewußt sein, und wahrscheinlich haben viele Erinnerungen unbestimmte Gefühle, Stimmungen und Atmosphären zum Gegenstand, aber auch klare, bestimmte Ereignisse. Dieses Aufleben der frühen Kindheitserfahrungen wird unausweichlich bewußt und unbewußt zutiefst die Verhaltensmuster des jungen Vaters oder der jungen Mutter gegenüber dem Kleinkind beeinflussen. In den Anfängen unserer Arbeit haben wir scherzhafterweise gesagt, daß mißhandelte Eltern der Verdrehung eines Sprichwortes folgten: »Was du nicht willst, das man dir tu, das füge einem andern zu!« Trotz der Oberflächlichkeit steckt darin auch Wahrheit. Es ist eine allgemeine Beobachtung, daß Menschen ihre Kinder in gewissem Grade in derselben Weise großziehen, wie sie selbst erzogen wurden, oft obwohl sie fest entschlossen waren, es anders zu machen als die Eltern.

Unsere Beobachtungen lassen vermuten, daß die Struktur eines elterlichen Verhaltens, wie es von Erwachsenen gezeigt wird, insbesondere ein Verhalten der Mütterlichkeit, ihren Ursprung wahrscheinlich in der frühesten Kindheitsphase hat.

Wie alle anderen Väter und Mütter zeigen mißhandelnde Eltern ihren besonderen Erziehungsstil zu der Zeit, zu der das Baby geboren wird oder bald danach. Ein deutliches Beispiel dafür ist der Fall von Bertie.

Bertie hatte ihrem ersten Kind in den ersten drei Lebensmonaten einen Schädelbruch und eine Fraktur des Oberschenkelknochens beigebracht. Während sie bei uns in Behandlung war, kam es zu einer weiteren, ungewollten Schwangerschaft, und sie brachte ein zweites Mädchen zur Welt. Einige Stunden nach der Entbindung brachte man ihr das Baby, damit sie es sehen und anlegen konnte. Anstatt nun das Kind dicht an ihren Körper zu halten, mit ihm zu schmusen und es liebevoll anzusehen, lag sie reglos da, während das Baby in Reichweite auf ihrem Bauch saß. Das Kleine war still. Bertie sagte: »Jetzt spinnt sie – schaut sie euch an – jetzt spinnt sie richtig!«

Diese kleine Geschichte eines gestörten »Anspruchsverhaltens« ist kennzeichnend für Berties aus den Fugen geratene Art, mütterlich zu sein, und für ihre tiefe Überzeugung, daß ein kleines Kind undankbar ist und nur Verdruß bereitet.

Seit wir beobachtet haben, daß ein bestimmtes Erziehungsverhalten in drei aufeinanderfolgenden Generationen auftritt und sich ab der Säuglingszeit äußert, haben wir zwischen beidem einen Zusammenhang vermutet. Das deckt sich auch mit dem zitierten Gedanken Benedeks, daß zum Zeitpunkt der Geburt eines Babys Erinnerungen darüber wiederkehren, wie man selbst aufgezogen wurde, die dann die väterliche bzw. mütterliche Haltung beeinflussen. Wie lange es dauert, bis sich diese Einflüsse beim Kleinkind bemerkbar machen, ist schwer zu sagen. Spitz (26) vermutet, daß nach einer Zeit von etwa drei Monaten eine reflexhafte Aktivität durch Lernen ersetzt wird; zu diesem Zeitpunkt bilden sich die Rudimente des Realitätsprinzips aus. Marquis (27) weist darauf hin, daß innerhalb von zwei Wochen nach der Geburt ein Lernen des Neugeborenen in Form einer konditionierten Respons erfolgen kann. Wir haben Kleinstkinder beobachtet, die auf äußerst übertriebene Anforderungen der Eltern innerhalb der ersten sechs Lebensmonate präzise Reaktionen gezeigt und Kinder, die im Alter von ein bis zwei Jahren auf elterliche Bedürfnisse extrem sensibel reagiert haben. Wir nehmen an, daß es sich dabei um erlerntes Verhalten handelt. Auch haben wir andere, nicht mißhandelte Kinder in einer Familie beobachtet, die denselben, ungewöhnlich hohen Grad der Reaktionsbereitschaft auf elterliche Forderungen zeigten, was ein Anhaltspunkt für einen zugrundeliegenden Stil der Eltern-Kind-Interaktion ist, die zu einer Mißhandlung führen kann, aber nicht muß.

Obwohl ein vormenschliches Primatenverhalten nicht ohne weiteres für ein Verständnis des menschlichen Verhaltens herangezogen werden kann, scheinen doch einige Beobachtungen auf verblüffende Analogien mit den Phänomenen zu verweisen, die bei menschlichen Eltern festgestellt wurden, die ihre Kinder vernachlässigen und mißhandeln. Wir beziehen uns hierbei besonders auf die Arbeiten des Ehepaares Harlow (28) über Affen:

»... vier unserer im Labor gezüchteten Weibchen hatten nie richtige Mütter für sich gehabt; eines von ihnen war in einem nackten Drahtkäfig und drei waren mit ausgestopften Attrappen als Mutterersatz aufgezogen worden. Die erste Woche, nachdem das Weibchen aus dem Drahtkäfig ein Junges zur Welt gebracht hatte, saß die Mutter unbeweglich an der einen Kante des Käfigs und starrte ins Leere, fast ohne von dem Neugeborenen oder von menschlichen Wesen Notiz zu nehmen, selbst wenn diese gegenüber dem Jungen kläffende Laute ausstießen oder es bedrohten. Es gab keinerlei Anzeichen mütterlicher Reaktionen, und wenn sich das Neugeborene näherte und Kontakt suchte, wurde es von der Mutter – oft recht heftig – zurückgestoßen.

Zwei weitere Affenmütter, die selbst keine echte Mutter gehabt hatten, wiesen beständig die Annäherungen ihrer Jungen zurück, gingen jedoch darüber hinaus häufig zu grausamen und grundlosen Angriffen über. Sie verprügelten und schlugen ihre Jungen, stießen wilde Laute aus und drückten die Gesichter der Affenbabys in den Boden aus Drahtgeflecht. In Gegenwart von Menschen schienen diese Angriffe noch gesteigert zu werden, und aus diesem Grund unterbrachen wir bei der dritten Mutter alle formellen Tests für drei Tage, da wir um das Leben des Jungen fürchteten. Die vierte Affenmutter, die ohne echte Mutter aufgewachsen war, ignorierte ihr Baby und wies es zurück, ohne jedoch eine übermäßige Grausamkeit an den Tag zu legen.«

Diese Beobachtungen lassen vermuten, daß ein Zusammenhang besteht zwischen dem Fehlen einer frühen Erfahrung, »bemuttert worden zu sein«, und Defiziten in der späteren elterlichen Funktion. Es bestehen jedoch einige wesentliche Unterschiede zwischen den früh-»kindlichen« Erfahrungen der Affenbabys der Harlows und denen von Eltern, die ihre

Kinder mißhandeln. Die Affen wurden nicht nur ohne jede Erfahrung einer Mütterlichkeit großgezogen, sondern auch ohne jede positive oder negative Aktion durch den Drahtkäfig oder die Mutterattrappe. Die mißhandelnden Eltern hatten in der Kindheit zu wenig Mütterlichkeit erfahren, waren aber gleichzeitig einem äußerst aktiven fürsorglichen Verhalten ihrer Mütter ausgesetzt, das mit Anforderungen und Kritik verbunden war. Das daraus resultierende Verhaltensdefizit besteht eher im Hinblick auf Mütterlichkeit als in einer praktischen mütterlichen Fürsorge. Die Affenbabys weisen möglicherweise eine größere Ähnlichkeit mit den Kindern auf, die Spitz (29, 30) beschrieben hat und die als Ergebnis eines noch tiefgreifenderen Mangels an mütterlicher Fürsorge zunehmend an Hospitalismus erkrankten. Robertson (31) hat eine leichtere Form derselben Krankheit beschrieben, die sich bei Kleinkindern einstellt, deren Mütter in gewissem Maße indifferent, unnahbar und unbeteiligt waren.

Die frühen Ursprünge von Mütterlichkeit und ihr weiteres Lebensschicksal

In mehreren Aufsätzen hat Therese Benedek die wechselseitig befriedigende Beziehung zwischen Mutter und Kleinkind und deren entscheidende Bedeutung für das unmittelbare Wohlergehen und die künftige Entwicklung des Babys beschrieben (25, 32, 33, 34). Sie betont vor allem die Herausbildung eines fundamentalen Gefühls des Vertrauens im kleinen Kind, daß seine Bedürfnisse befriedigt werden, ein Phänomen, das in erster Linie mit der Zufuhr von Nahrung, aber auch mit anderen Aspekten des Versorgtseins verbunden ist. Wenn wir uns die Formulierungen Benedeks zu eigen machen, so können wir sehen, warum mißhandelnde Eltern nicht imstande sind, auf dem Gebiet der Mütterlichkeit zureichende Fähigkeiten zu entwickeln. Soweit wir das aufgrund unserer Daten sagen können, hatte ihnen in ihrer frühen Kindheit die Erfahrung einer völlig befriedigenden, symbiotischen und vertrauenerweckenden Beziehung mit ihrer Mutter gefehlt.

Es ist bekannt, daß ein Kleinkind etwa ab dem dritten Monat beginnt, aus dem primären narzißtischen Zustand fehlender Differenzierung herauszugelangen und in einen Zustand übergeht, in dem es eine erste Wahrnehmung des Selbst als etwas von der Objektwelt Getrenntem entwickelt; es bildet sich ein Ich und ein Nicht-Ich heraus. Die frühkindliche Erfahrung der Außenwelt, der Mutter, ist eine Mischung aus lustvoller Bedürfnisbefriedigung und schmerzlicher Versagung. Diese beiden Bilder der Mutter liefern das Material für die erste wichtige Identifikation, die Lust verschaffende Mutter wird als Grundstein des Ich-Ideals und die Schmerz zufügende Mutter als Fundament des archaischen, bestrafenden Über-Ich introjiziert. Wir gehen auf diesen Punkt in dem Abschnitt über Aggression und Über-Ich ausführlicher ein. Im Augenblick konzentrieren wir uns auf die Vorstellung, daß eine frühe Identifikation mit dem Bild einer zuwenig fürsorglichen Mutter die Basis einer eingeschränkten Mütterlichkeit ist, die wir sowohl bei erwachsenen Männern als auch Frauen beobachten können. Im Inneren des mißhandelnden Erwachsenen hat ein ausgeprägtes Ungleichgewicht zwischen den beiden Mutterbildern bestanden, wobei die versagende Mutter weit mächtiger ist als die einfühlende, sorgende Mutter. Dieser frühe Zustand der Identifikation bildet den fruchtbaren Boden für eine Verstärkung durch viele spätere, ähnliche Erfahrungen des heranwachsenden Kindes. Hier einige Beispiele für solche verstärkenden Erfahrungen:

In der Pubertät versuchte Amy, mit ihrer Mutter darüber zu reden, wie sie sich anziehen und welche Frisur sie tragen sollte, um attraktiv und beliebt zu sein. Die Reaktion der Mutter war: »Schlag dir das aus dem Kopf. Nicht auf das Äußere, nur auf den Charakter kommt es an!«

Penny wünschte sich sehnlichst ein Paar Schlittschuhe, und ihre Mutter schenkte ihr schließlich ein Paar gebrauchte, die zu klein waren und die Füße drückten. Als Penny sich darüber beklagte, reagierte ihre Mutter verletzt und fühlte sich unverstanden. Sie schalt Penny und sagte ihr, sie solle die Schlittschuhe anziehen und dankbar sein.

Larry und sein älterer Bruder sollten jeder fünf Dollar dafür bekommen, daß sie für die Dauer eines langen Wochenendes auf die Milchfarm ihrer Eltern aufpaßten, während diese verreist waren. Der Bruder steckte das ganze Geld ein und gab Larry lediglich 15 Cent für eine Cola. Als Larry sich bei seinen Eltern über diese Ungerechtigkeit beschwerte, sagten sie nur: »Vergiß es!« und kümmerten sich nicht weiter darum.

Die Identifikation des mißhandelnden Vaters oder der Mutter mit einer verkümmerten Mütterlichkeit hält bis ins Erwachsenenalter hinein an. Sie wird begleitet von einem ebenso dauerhaften Unglauben an die Möglichkeit, eine sichere, mitfühlende, mütterliche Beziehung zu finden, obwohl man eine intensive Sehnsucht danach hegt.

Ein Beispiel hierfür ist Sally. Nachdem sie zur Welt gekommen war, führte ihre Mutter auf den Rat eines Kinderarztes einen festen Plan ein, nach dem das Kind exakt alle vier Stunden seine Nahrung erhalten sollte. Offensichtlich stand dies nicht in Einklang mit Sallys eigenen Bedürfnissen, und so schrie sie sehr viel. Ihre Mutter begegnete dem dauernden Schreien, indem sie persönlich das Baby in ein Zimmer brachte, die Tür schloß und das Haus verließ, bis es wieder Zeit war, das Kleine zu füttern. Sally kann sich selbstverständlich an diese Ereignisse nicht mehr erinnern, hat aber bei Familiengesprächen oft davon gehört, und in Interviews mit ihrer Mutter wurden sie bestätigt. Sie konnte sich daran erinnern, daß ihre Mutter kurz nach der Geburt ihres Bruders – sie war damals drei Jahre alt – arbeiten ging und sie während der folgenden Jahre abwechselnd verschiedenen Personen zur Obhut überließ, daß sie weder in der Kindheit noch in der Jugend eine enge Beziehung zu ihrer Mutter hatte und mit ihr nie über Dinge reden konnte, die sie bedrückten. Es ist kaum weiter verwunderlich, daß sie unter einer ganzen Reihe von psychosomatischen Krankheiten litt: Asthma, Migräne, verschiedenen Verdauungsstörungen und Knochen- und Muskelbeschwerden.

Gegenüber ihren beiden adoptierten Kindern zeigte Sally rigide, kontrollierende Einstellungen und Ansprüche, ihren Erwartungen im Hinblick auf Essen und allgemeines Verhalten zu entsprechen. Gelang es dem Kind nicht, sich richtig zu verhalten, so wurde es schweren körperlichen Strafen unterworfen, obwohl es dabei nicht zu Frakturen oder ernsthaften Verletzungen kam. Als sie einmal wegen eines Lendenwirbelbruchs das Bett hüten mußte, wobei ihr Leiden noch psychisch verstärkt wurde, ging sie nach ihren eigenen Worten »nur aus dem Bett, um die Kinder zu bestrafen.«

Obwohl Sally in der Lage war, viele Beispiele für die schlechte Beziehung zu ihrer Mutter zu schildern, war sie jedoch niemals imstande gewesen, ihrer Mutter gegenüber direkte Kritik zu äußern, noch konnte sie eine vom Psychiater geäußerte Kritik an der Mutter ertragen. Einmal hatten wir mit der Mutter gesprochen, und anschließend äußerte der Psychiater in einem Gespräch mit Sallys Ehemann Bob, er sehe, »wie schwierig es für Sally wohl gewesen sein muß, von ihrer Mutter irgendetwas von Bedeutung zu bekommen.« Bob gab diese Äußerung an Sally weiter, deren Reaktion darin bestand, daß sie sich für die nächsten vier Monate weigerte, mit dem Psychiater Kontakt aufzunehmen. Sie hatte den Eindruck, sie hätte gerade angefangen, ein gutes Verhältnis zu ihrer Mutter zu bekommen und mit ihr reden zu können, und die Äußerung des Psychiaters stellte eine Bedrohung der Möglichkeit dar, diese Ansätze weiterzuverfolgen.

Ihr starkes Bedürfnis, bemuttert zu werden, und ihr grundlegendes, hoffnungsloses Mißtrauen in die Möglichkeit einer solchen Beziehung wurde in einer anderen Situation offensichtlich. Während Sally zur Beobachtung in der Klinik war, nahm die Sozialarbeiterin Kontakt zu ihr auf. An einem wichtigen Punkt eines Gesprächs, als Sally weinte und die Sozialarbeiterin ihr mitfühlend die Hand auf die Schulter legte, wurden sie von der Stationsschwester unterbrochen, die Sally aufforderte, mitzukommen und an der regelmäßig stattfindenden Gruppentherapie teilzunehmen. Sally beschrieb diese Situation später so: »Als Frau D. ihre Hand auf meine Schulter legte, hatte ich zum ersten Mal in meinem Leben ein Gefühl der Hoffnung, und dann haben sie alles wieder kaputt gemacht.« Es brauchte mehrere Wochen, um dieses erschütterte Gefühl einer Verbindung und des Vertrauens wiederherzustellen.

Die meisten Menschen tragen in ihrem Inneren Überreste des doppelten Mutterbildes samt der daraus folgenden ambivalenten Gefühle. Wir haben den Eindruck, daß die Patienten unserer Untersuchungsgruppe, Männer wie Frauen, diese Ambivalenz in ungewöhnlich hohem Maße aufweisen, wobei die negative Seite überwiegt. Eine Patientin, Penny, drückte dies mit seltener Klarheit in einem Traum aus, den sie uns beim vierten Gespräch erzählte. »Ich war mit meiner Mutter zusammen, und es hing die übliche Spannung in der Luft. Ich glaube, wir waren in einem Motel oder etwas Ähnlichem und schliefen zusammen in einem Doppelbett. Ich wachte auf. Irgendetwas Weißes stand über mich gebeugt und bedrohte mich. Es war schrecklich. Ich rief meine Mutter um Hilfe. Sie antwortete: ›Ich bin deine Mutter‹, und es stellte sich heraus, daß sie selbst das weiße Wesen war, das mich bedrohte. Ich bin schreiend aufgewacht.« Pennys Assoziationen zu dem Traum berührten zwar einige Details, änderten jedoch den Sinn nur unwesentlich, der im manifesten Inhalt so deutlich zutage tritt: gerade die Person, zu der man hilfesuchend aufblickt, greift einen an. Penny hatte den Traum im Zusammenhang mit Material geschildert, das ihre Wut der Mutter gegenüber betraf, ihren strafenden Zorn gegenüber ihrem fünf Monate alten Sohn und das trostlose Gefühl, daß sie genauso schlecht war wie ihre Mutter. Da diese Schilderung in einem frühen Stadium der Therapie gegeben wurde, hatte der Traum wichtige Übertragungsbedeutungen. In dieser kurzen Episode sahen wir das Zusammenspiel vieler Vorstellungen der Patientin: ich habe eine schlechte Mutter; ich bin wie meine Mutter;

ich bin gemein zu meinem Kind; ich glaube nicht, daß mir jemals einer helfen kann.

Vieles von der bisherigen Diskussion scheint sich nur auf Frauen zu beziehen, aber es gilt in gleicher Weise auch für Männer. In ihren mütterlichen Eigenschaften sind sich Väter und Mütter, die ihre Kinder mißhandeln, ähnlich. In unseren Augen gibt es keinen wesentlichen Unterschied zwischen Männern und Frauen im Hinblick auf die Ursprünge der fehlenden Mütterlichkeit. Bei beiden spielt eine vorgeschlechtliche Identifikation mit dem mütterlichen Verhalten im frühen Stadium als Kleinkind eine Rolle. Bei Männern können später maskuline Bestrebungen und Identifikationen ein Überdauern der Mütterlichkeit zulassen oder abschwächen. Bei Frauen wird die frühe Identifikation mit der Mutter in die normale psychosexuelle Entwicklung verwoben, die zur Mutterschaft und Identifikation mit der Kinder gebärenden Frau führt. Wenn wir es ganz einfach ausdrücken wollen, so können wir sagen, daß wir der Überzeugung sind, daß Kinder behütende und Kinder gebärende Verhaltensweisen verschiedene und unterschiedliche Ursprünge haben.

Fehlendes Vertrauen

Benedek (32) hat ein Gefühl des Vertrauens beschrieben, das sich im Kleinkind als Resultat der wiederkehrenden Erfahrung entwickelt, richtig verstanden und von der Mutter versorgt zu werden. Erikson (35) hat über dasselbe Phänomen geschrieben und dafür den Begriff »Urvertrauen« gewählt. Ein Vertrauen, das in das Kleinkind eingepflanzt und durch spätere Erfahrungen verstärkt wird, impliziert den Glauben, daß andere um Hilfe gebeten werden können und daß man selbst als so wertvoll angesehen wird, daß man helfen kann. Es ist beständig und führt zu einer optimistischen Fähigkeit im Erwachsenenleben, gute Beziehungen mit anderen aufrechtzuerhalten, insbesondere dann, wenn man in Zeiten der Bedrückung oder der Not Zuspruch und Hilfe braucht. Eltern, die ihre Kinder mißhandeln, haben nie Erfahrungen gemacht, die in ihnen ein solches Vertrauen hätten bewirken können. Als Erwachsene halten sie es für ein sinnloses Unterfangen, innerhalb der Familie, des Freundeskreises oder bei Bekannten

Beziehungen zu suchen, in denen ihre Bedürfnisse befriedigt werden. Obwohl sie vielleicht stets von neuem versuchen, bei den eigenen Eltern irgendein Anzeichen von Liebe, Verständnis und Hilfe zu entdecken, wird ihnen im allgemeinen immer wieder Kritik und Verständnislosigkeit entgegengebracht und nicht das, was sie eigentlich suchen. Sie sprechen oft davon, daß sie »eine Menge guter Freunde« haben, aber bei näherem Hinsehen stellt sich heraus, daß es sich nur dem Namen nach um Freunde handelt. Solche Beziehungen sind eher distanziert, armselig, oberflächlich und unerfüllt. So zeigt der Erwachsene, der seine Kinder mißhandelt, eine Tendenz, ein Leben zu führen, das sich als entfremdet, asozial oder isoliert beschreiben läßt (3, 5, 36, 37). Es ist ein Fortbestehen jenes Musters eines fehlenden Vertrauens, das sich in der frühen Kindheit, die mit den Eltern zusammen verbracht wurde, ausgebildet hat. Gegenüber der übrigen Gesellschaft findet eine Übertragung der Einstellungen statt, die man ursprünglich den Eltern gegenüber hegte, auf nunmehr alle, bei denen man Hilfe und Verständnis zu finden hofft. Der Mangel an Vertrauen ist nicht nur am Zustandekommen dieser Übertragung beteiligt, sondern er verschleiert auch das Problem, indem er es dem seine Kinder mißhandelnden Erwachsenen fast unmöglich macht, gegenüber anderen seine wirklichen Bedürfnisse und Wünsche klar zu äußern. So wird die gesellschaftliche Umwelt, die nicht erfährt, was der Patient wirklich möchte, immer wieder unbefriedigende Reaktionen zeigen und damit den Kreislauf verewigen.

Neben den sichtbaren Formen der Isolierung von der Umwelt und der Unfähigkeit, von dieser Hilfe zu erbitten, gibt es viele weniger bedeutsame, aber interessante äußere Anzeichen für dieses Phänomen. Wir haben bemerkt, daß viele unserer Patienten selbst an hellen, warmen, sonnigen Tagen ihre Jalousien nicht hochziehen, wenn die meisten Menschen lieber aus dem Fenster sehen möchten. Viele von ihnen haben ihre Telefonnummer nicht ins Telefonbuch eintragen lassen, jedenfalls ist bei ihnen der Prozentsatz nicht registrierter Nummern höher als in der Durchschnittsbevölkerung, und sie haben weniger einsehbare Gründe dafür. Es sieht so aus, als ob sie mehr als nur die üblichen Schwierigkeiten haben, ihren Wagen technisch und optisch einwandfrei zu halten oder auch mit

Störungen von Haushaltsgeräten fertig zu werden. Wir haben im Spaß gesagt, daß jemand, der die Straße entlang geht und am hellichten Tag ein Haus mit heruntergelassenen Jalousien und zwei defekten Autos auf der Zufahrt sieht und feststellt, daß die Bewohner ein Telefon haben, das nicht im Telefonbuch eingetragen ist, ziemlich sicher sein kann, daß die Bewohner ihre Kinder mißhandeln.

Fehlendes Vertrauen lastet auch auf dem Eheleben des Erwachsenen, der sein Kind mißhandelt. Viele unserer Patienten haben genau wie viele andere neurotische Menschen eine eigenartige Fähigkeit bewiesen, Partner kennenzulernen und zu heiraten, die dazu tendieren, ihre Probleme eher noch zu verstärken als sie zu lösen. Der Ehegatte ist dem Patienten und dessen Eltern zu ähnlich. Trotz vieler anderer geschätzter Eigenschaften und vieler Fähigkeiten ist der Ehepartner oft bedürftig, abhängig und unfähig, seine Bedürfnisse klar zu äußern; gleichzeitig ist er fordernd, kritisch und unsensibel gegenüber dem Patienten. Eine sinnvolle Kommunikation zwischen Frau und Mann wird dadurch erschwert. Beide empfinden eine tiefe Sehnsucht danach, vom anderen verstanden zu werden, aber der Mangel an Urvertrauen führt dazu, daß sie zögern, ihre Bedürfnisse zu äußern, und selten kommt es zu einer beiderseitigen Befriedigung der Bedürfnisse. Die Ehe mag durch dieses gegenseitige Bedürfnis fest zusammengehalten werden, insbesondere weil keiner der Partner darauf vertraut, daß er seine Situation bei einem anderen Menschen verbessern könnte, aber die Ehe ist nur eine von vielen Situationen, die das Gefühl der Enttäuschung und Hoffnungslosigkeit beim Patienten verstärken.

Ein fehlendes Vertrauen, dessen Ursprung in einer unzureichenden Mütterlichkeit in der frühen Kindheit liegt und das in späteren Lebenserfahrungen wiederholt wird, zu denen der Patient selbst noch beigetragen hat, hat in ihm die Überzeugung befestigt, daß seine Bedürfnisse weder von den Eltern, noch vom Ehegatten oder von Freunden oder der Gesellschaft im allgemeinen jemals befriedigt werden können. Wenn die ganze übrige Welt ihn im Stich gelassen hat, dann wird ein solcher Mensch in einem letzten, verzweifelten Versuch, Trost und Liebe zu finden, sich seinem Kind zuwenden. Ein Beispiel hierfür ist die bereits zitierte Aussage von Kathy, daß sie sich zeit ihres Lebens von keinem Menschen geliebt gefühlt habe und von ihrem Kind erwartete, daß es dieses Bedürfnis befriedigte.

Aggression und Über-Ich

Eine Aggression, die an Kleinkindern ausgelassen wird, ist die verwirrendste Äußerung im Verhalten des Erwachsenen, der sein Kind mißhandelt, und stellt einen zentralen Punkt unseres Problems dar. Wir werden versuchen, den Ursprung und die Entwicklung der Aggression bei unseren Patienten nachzuzeichnen, nicht nur wegen des objektiv aggressiven Aktes der Kindesmißhandlung, sondern weil wir glauben, daß die aggressive Konstellation eine adäquate Entwicklung der Mütterlichkeit beeinträchtigt, die wir für so wesentlich halten. In der folgenden Diskussion gehen wir von direkten Beobachtungen von Kindesmißhandlungen und der Verhaltensrespons des Kleinkindes aus und ziehen unsere Schlüsse im Hinblick auf die psychische Entwicklung des Kleinkindes. Des weiteren schließen wir auf eine ähnliche psychische Entwicklung, die beim mißhandelnden Erwachsenen stattgefunden hat. Die Begründung dieser weitgreifenden Schlüsse beziehen wir aus den historischen Daten über die frühen Jahre unserer Patienten und aus den vielen Anzeichen dafür, daß diese weitgehend in derselben Weise behandelt worden sind, in der sie nunmehr mit den eigenen Babys umgehen. Wir glauben, daß wir in den Resultaten der Interaktion zwischen dem mißhandelnden Erwachsenen und dessen Kleinkind in statu nascendi die Entwicklung psychischer Prozesse verfolgen können, die beim Erwachsenen evident sind, deren Ursprünge jedoch nur in der Retrospektive untersucht werden können. Infolgedessen sprechen wir fast austauschbar von der beobachteten Entwicklung beim Kleinkind und unserer Rekonstruktion der Entwicklung des erwachsenen Patienten.

Wir unterstellen die Universalität eines angeborenen Aggressionstriebes, dessen Potential für aggressives Verhalten weitgehend dem libidinösen Trieb vergleichbar ist. Die von uns untersuchten Patienten zeigten keine Anzeichen eines ungewöhnlich starken aggressiven Grundtriebes. Es sind keine durch und durch »gemeinen« Menschen, noch scheinen sie wesentlich stärker bzw. schwächer aktions-orientiert zu sein als der Durchschnitt. Obwohl ihre Aggressionsabfuhr gegenüber Kindern offen und intensiv ist, zeigen sie gewöhnlich auf vielen Gebieten ihres Lebens eine deutliche Aggressionshemmung. Es ist unmöglich, die vielen Nuancen der Aggression zu diskutieren, ohne gleichzeitig jene Struktur der menschlichen Psyche zu erörtern, die die Abfuhr des Aggressionstriebes einer Zensur unterwirft und kanalisiert, nämlich das Über-Ich. Wir tun dies innerhalb des von Spitz (38) gewählten begrifflichen Rahmens, mit dem wir in seinen wesentlichen Punkten übereinstimmen.

Spitz ist der Auffassung, daß das Über-Ich im strengen Sinne seine endgültige Form zum Zeitpunkt der Lösung des ödipalen Konflikts annimmt, aber vor dieser Zeit gibt es wichtige Vorläufer und Rudimente eines Über-Ich, die bereits vom ersten Lebensjahr an existieren. Er hält die ersten Körperbeherrschungen für das früheste Rudiment und sagt:

». . . Unter den ersten Ansätzen, aus denen heraus das Über-Ich gebildet wird, gibt es einige, denen wir bislang nur wenig Aufmerksamkeit geschenkt haben. Sie gehören zum Wahrnehmungsbereich taktiler und visueller Eindrücke, wie z. B. eine körperliche Einschränkung des Kindes auf der einen, aber auch der Gesichtsausdruck und der Ton in der Stimme auf der anderen Seite, von denen dieses verbietende Eingreifen begleitet wird. In ähnlicher Weise wird die Nötigung zu körperlichen Tätigkeiten des Kleinkindes, ob ihm diese angenehm sind oder nicht, beim Anziehen, Wechseln der Windeln, Baden, Füttern, Bäuerchen machen lassen usw. zwangsläufig Gedächtnisspuren im Hinblick auf das atmosphärische Umfeld der Befehle hinterlassen. Diese physischen Ursprungserfahrungen von Verboten und Befehlen sind in der schließlichen Organisation des Über-Ich nur noch schwer wiederzuerkennen.«

Wir sind viel stärker als Spitz davon überzeugt, wie wichtig diese frühe Erfahrung in der Entwicklung erkennbarer Rudimente eines Über-Ich ist, wahrscheinlich weil wir in Situationen gearbeitet haben, in denen diese Phänomene viel deutlicher zutage traten als in den Untersuchungen von Spitz. Wir haben Eltern erlebt, die schon kurze Zeit nach der Geburt und in allen Bereichen der Säuglingspflege aggressiv mit ihren Kindern umgingen. Während sie ihnen Nahrung geben, sagen sie wütend: »Da, iß!«, wobei sie das Kleine schlagen oder an ihm zerren, damit es tut, was sie ihm sagen, oder sie schlagen dem Kleinen auf die Finger, wenn es bei der ersten Eingabe festerer Nahrung nach dem Löffel greift. Während der Prozeduren des Windelns und Badens wird dem Kind in gereiztem Ton gesagt, es solle »still sein«, »ruhig liegen«, begleitet von Püffen und zerrenden Bewegungen, die ausreichen, dem Kind Blutergüsse und Frakturen beizubringen. Das schreiende Kleinkind, das auf Beruhigungsversuche nicht reagiert, wird unter Umständen heftig geschüttelt oder auf den Kopf geschlagen. Diese Beobachtungen in Verbindung mit der von uns festgestellten Tatsache, daß Kleinkinder recht bald auf die elterlichen Kommandos richtig reagieren, führen uns zwangsläufig zu der Vorstellung, daß wir Zeuge der Entstehung von Rudimenten des Über-Ich sind. Es scheint auf der Hand zu liegen, daß die Veränderung im äußeren Verhalten des Kleinkindes von einer Art primitiven, intrapsychischen Wandels begleitet sein muß.

Spitz folgt Anna Freud (39) in seiner Annahme, daß der Mechanismus der Identifikation mit dem Aggressor eine vorläufige Phase in der Entwicklung des Über-Ich ist, und er nimmt an, daß dieser Vorläufer des Über-Ich zu Beginn des zweiten Lebensjahres auftritt, verbunden mit dem kindlichen Erwerb des semantischen »nein«. Auch wir neigen zu der Annahme, daß der klassische Mechanismus der Identifikation mit dem Aggressor so kompliziert ist, daß er sich nicht vor dem zweiten Jahr entwickeln kann. Allerdings scheint sich etwas höchst Ähnliches bereits früher zu ereignen. Ob man das als Vorläufer bezeichnen soll oder als etwas völlig anderes, ist eine strittige Frage. Es mag sein, daß es zu einem früheren Zeitpunkt eine einfachere, direktere Identifikation mit der Aggression und nicht mit dem Aggressor ist, da letztere einen gewissen Grad der Ausdifferenzierung der Objektbeziehungen voraussetzt. Eine derartige ursprüngliche Identifikation mit dem Aggressor, die mit den ersten Monaten nach der Geburt einsetzt, wird kontinuierlich durch elterliche befehlende und kritische Äußerungen verstärkt, vor allem wenn diese mit körperlichen Angriffen verbunden sind. Während des zweiten und dritten Lebensjahres, nach erfolgreicher Ausbildung von Objektbeziehungen, entwickelt sie sich zu einer echten Identifikation mit dem Aggressor. Eine derartige Identifikation ist nicht notwendig so global, daß sie zu einer undifferenzierten aggressiven Abfuhr führt; bei vielen unserer Patienten stellen wir eine ziemlich stark kanalisierte spezifische Identifikation mit einem Aggressor in Gestalt eines »Erwachsenen gegenüber seinem Kind« fest.

Man darf nicht vergessen, daß dann, wenn der Erwachsene dem Kleinkind mit Forderungen und Angriffen gegenübertritt, damit zugleich einige der grundlegendsten Bedürfnisse des Kleinkindes nach Zuwendung und Einfühlung frustriert werden. Diese Frustrationen sind wiederholte Reize für den grundlegenden Aggressionstrieb. Eine Reizung des Aggressionstriebes und die ihn begleitende Wut gegenüber der frustrierenden Person, verbunden mit der parallel dazu verlaufenden Entwicklung der Rudimente eines strengen Über-Ich, führen unweigerlich zu starken Schuldgefühlen. Dieses weitgehend unbewußte und überwiegend auf die Mutter bezogene Schuldgefühl bleibt während des Lebens des Patienten bestehen und bewirkt, daß ein Großteil der Aggression nach innen, gegen diesen selbst gerichtet wird. Es ist die Ursache dafür, daß beim Erwachsenen häufige Perioden der Depression auftreten, und trägt zu einem tief verwurzelten Gefühl der Minderwertigkeit und einer geringen Selbstachtung bei. Wenn die Mutter oder der Vater das Kleinkind als Verkörperung des eigenen schlechten Selbst fehlidentifizieren, so kann die volle Aggression des bestrafenden Über-Ich nach außen, auf das Kind gelenkt werden. Mit dem dritten Lebensjahr hatten unsere Patienten sowohl die Reizung aggressiver Triebe erfahren als auch in das archaische Über-Ich strenge, bestrafende, befehlende Elemente hereingenommen. Ihre frühesten Erinnerungen beschreiben oft diesen Zeitraum. Bertie erinnerte sich z. B., daß sie im Alter von drei Jahren hörte, wie ihre Eltern sich prügelten, daß sie darauf vor Angst zu schreien anfing und dann für ihr Schreien geschlagen wurde.

In den darauffolgenden Jahren werden dieselben Prozesse dadurch verstärkt, daß die Erfahrungen mit kritisierenden, fordernden und unsensiblen Eltern andauern, aber auch die »moralischen Ermahnungen« fortgesetzt werden. Mit dem letztgenannten meinen wir jene Erziehung, die das Kind im Hinblick darauf erfährt, was richtig und falsch ist, was in der Welt schlecht ist und einen Angriff rechtfertigt. Das Fehlen eines angemessenen Respekts gegenüber einer Autorität ist von unseren Patienten als höchst tadelnswertes Verhalten geschildert worden, das unter allen Umständen eine Bestrafung rechtfertigte. Ihre eigenen Eltern hatten ihnen das gesagt, und bezeichnenderweise verwenden sie dies immer wieder als legitime Rechtfertigung ihrer Einstellungen den Kindern gegenüber, und sie werden darin von allgemein geteilten gesellschaftlichen Normvorstellungen unterstützt,

Aggression an sich wurde von den Eltern gefördert, und den Kindern wurden auch Wege für deren Abfuhr gewiesen. Beispiele werden dies verdeutlichen.

Als Larry acht Jahre alt war, hatte ihm sein Vater den Umgang mit einem Gewehr beigebracht und ihn gezwungen, die Aufgabe zu übernehmen, auf der Farm jedes Tier zu erschießen, das krank zur Welt kam, verkrüppelt wurde, altersschwach oder auf irgendeine andere Weise »nutzlos« war! Diese Erfahrungen wirkten sich für ihn in dem Augenblick verheerend aus, als eines der betroffenen Tiere eines seiner eigenen war.

Dora, die als kleines Mädchen barfuß durch den Park gerannt war, merkte plötzlich, daß sie unversehens auf etwas getreten war und stellte fest, daß sie einen kleinen Frosch zertreten hatte. Sie war fürchterlich erschrocken und beichtete ihre Sünde einem Pfarrer, der sie kaum zu trösten vermochte. Daneben erzählte sie jedoch, sie habe ein anderes Mal in den nahen Wäldern einen Stein aufgehoben und eine Schlange darunter gefunden. Nachdem Spielkameraden gesagt hatten, es sei eine Giftschlange, zerschmetterte sie das Tier mit dem Stein im Vollgefühl, eine gute Tat vollbracht zu haben.*

Diese Beispiele zeigen die Abfuhr von Aggression über vom Über-Ich zugelassene Kanäle – so ist es z. B. richtig, schlechte Dinge zu zerstören. Darüber hinaus enthüllen sie einen anderen Faktor, den wir zeitweise außer acht gelassen haben, nämlich die Fähigkeit, Mitleid mit unschuldigen und hilflosen Wesen zu empfinden.

Dieses Bild trifft weder in seiner Gänze noch auf alle Eltern zu, die ihre Kinder mißhandeln. Obwohl wir uns primär auf die Elemente des elterlichen Verhaltens konzentriert haben, die mit der Kindesmißhandlung in Verbindung stehen, möchten wir betonen, daß man bei diesen Eltern auch Zuwendung,

---

* Von unseren Patienten haben wir keine Hinweise darauf erhalten, daß diese in ihrer Kindheit Tieren gegenüber eine grausame Haltung an den Tag gelegt oder diese gequält hätten, was McDonald (40) als häufiges Merkmal bei Personen mit Homizidneigungen festgestellt hat.

Zärtlichkeit, Rücksichtnahme und den Wunsch beobachten kann, ihren Kleinkindern Gutes zu tun. Es gibt ein gewisses Ich-Ideal und auch ein Über-Ich; die Balance zwischen beiden ist variabel. Es kommt vor, daß ein Kleinkind wiederholt mißhandelt wird, aber selten permanent. Zwischen Episoden der Mißhandlung können Eltern ein einigermaßen gutes Vermögen zeigen, für ihre Kinder mütterlich zu sorgen, während Forderungen und Kritik zeitweilig etwas eingeschränkt werden. Ebenso kann es vorkommen, daß einige Kinder in einer Familie ziemlich gut behandelt und kaum Bestrafungen unterworfen werden, obwohl ein anderes Kind in derselben Familie mißhandelt wird. Wahrscheinlich liegt der Kern der Frage, was den Unterschied zwischen einem nicht mißhandelnden und einem mißhandelnden Erwachsenen ausmacht, in dem Umstand, daß der letztere unter intensivem umweltbedingtem und intrapsychischem Streß in einen Konflikt zwischen Ich-Ideal und Über-Ich gerät, bei dem das bestrafende Über-Ich den Sieg davonträgt.

Identität und Identifikationen

Erikson (41) definiert Identität als das subjektive Gefühl, ein einmaliges, besonderes Individuum zu sein mit einer Kontinuität der Charakterentwicklung und der Fähigkeit, Solidarität mit gesellschaftlichen Gruppen aufrechtzuerhalten. Bei unseren Patienten konnten wir eine solche Identität nicht feststellen. Stattdessen fanden wir eine ziemlich lose Sammlung nicht integrierter, verstreuter Selbstbilder, mehrfache Identifikationen, die unverschmolzen voneinander getrennt bleiben, sowie starke, nicht aufgelöste Ambivalenzen. Unsere Patienten können gegenüber ihren Kindern wie ein selbstbewußter Erwachsener fühlen und fallen im nächsten Augenblick in die Rolle eines hilflosen, unnützen Kindes, das alles falsch macht. Sie können unvermittelt von einem freundlichen zu einem bestrafenden Verhalten übergehen. Sie wissen, daß sie Männer bzw. Frauen sind, wirklich sicher sind sie sich dessen jedoch nicht. Sie haben eine feste Vorstellung davon, was sie eigentlich sein sollten und eine andere, was sie tatsächlich sind. Jede Überzeugung, zu etwas gut zu sein, kann leicht von einem Gefühl der eigenen Schlechtigkeit abgelöst werden.

Im allgemeinen wissen sie nie so richtig, ob sie sich mit einer Gruppe verbünden sollen, selbst wenn sie sich ihr anschließen. Im Zusammenhang mit Kindesmißhandlungen ist eine fehlende sinnvolle Integration der beiden Erfahrungen, ein Kind zu sein und von den Eltern behütet zu werden, ein sehr entscheidender Mangel. Dies steht in engem Zusammenhang mit einer fortwährenden, intensiven Ambivalenz gegenüber der Mutter.

Die wichtigste Ursache dieser fehlenden Integration waren wahrscheinlich die andauernden Forderungen und kritischen Kommentare, die unsere Patienten von ihren Eltern zu hören bekamen. Konfrontiert mit ständigen Erwartungen, noch mehr zu tun und sich von anderen zu unterscheiden, hatten sie weder die Chance, jemals herauszufinden, was sie wirklich waren, noch irgendeine Kontinuität zu entfalten oder eigene Gedanken zu entwickeln. Versuche, sich mit anderen Menschen zusammenzutun, mit denen sie besser auskamen als mit den Eltern, wurden von diesen dadurch abgebrochen, daß sie die anderen schlecht machten oder einfach den Umgang mit ihnen verboten.

Eine ziemlich eindringliche Schilderung dieser Probleme der Identifikation und Identität gab uns Bertie:

»Ich schaue in einen Spiegel und weiß kaum, ob ich das bin. Manchmal bin ich wie meine Mutter, manchmal wie meine Großmutter. Manchmal bin ich wie die Mutter meines Mannes Jack. Manchmal bin ich wie seine Großmutter. Jack möchte mich im einen Augenblick so und im nächsten wieder anders haben. Jeder möchte, daß ich jemand anderer bin.« Zu einer anderen Zeit, »wenn ich allein bin, dann gleiche ich mehr als irgendjemand anderem in der Welt meiner Großmutter. Ich bin stiller, ruhiger, friedlicher und liebevoller. Ich kann wie sie sein, wie ich eigentlich auch sein möchte, aber wenn dann jemand kommt und sagt, warum ich dies oder jenes nicht so oder so mache, oder wenn er mich kritisiert, dann fühle ich mich ganz durcheinander und verloren. Ich versuche, alles zu werden, was sie mir sagen. Ich weiß kaum, wer ich bin. Ich habe noch immer so viel Angst vor meiner Mutter, daß ich mich noch immer fürchte, wenn sie böse mit mir war. Ich lasse die Rolläden runter, verschließe die Haustüre und lege die Kette vor. Wenn sie so verrückt wäre anzunehmen, ich hätte gegen sie aufgemuckt, sie würde kommen und mich halb tot prügeln.«

Die Kenntnis der wichtigsten Punkte aus Berties Lebensgeschichte wird ein Verständnis ihrer Äußerungen erleichtern. Sie war das erste Kind. Ihre Mutter schimpfte häufig mit ihr, weil die Schwangerschaft ihre gute Figur ruiniert, ihre Unterleibsorgane angegriffen und ihre Ehe zerrüttet habe – der Vater hatte nach der Geburt Berties Beziehungen zu anderen Frauen aufgenommen. Von der Säuglingszeit an bis in die frühe Kindheit ging die Mutter wiederholt mit Fäusten auf Bertie los, prügelte sie mit dem Leder zum Schärfen des Rasiermessers oder mit Drahtkleiderbügeln, und gelegentlich schlug sie sie auch noch, als sie schon erwachsen war. Es gab viele Kämpfe zwischen den Eltern, und einmal, als sie 12 oder 13 Jahre alt war, wurde Bertie Zeuge, wie ihre Mutter auf eine vermeintliche Geliebte des Vaters schoß; die Kugel durchlöcherte den Hauskittel der Frau, ohne sie zu verletzen.

Mit ihrem strengen, pseudo-moralistischen Vater, einem Polizisten, verband sie eine ziemlich warmherzige Beziehung, die die Mutter beständig dadurch zu stören versuchte, daß sie jeweils dem einen erzählte, wie schlecht der andere sei. Bertie war der Liebling der Großmutter und erwiderte diese Liebe ohne zu zögern. »Sie war die einzige Frau, vor der ich nie Angst gehabt habe.« Die Mutter versuchte erfolglos, auch diese Verbindung zu hintertreiben, indem sie über die Großmutter herzog und oft verhinderte, daß die beiden sich sahen.

Bertie wurde während der Flitterwochen schwanger. Sie war bestürzt und wütend. Sie wollte das Kind nicht, weil es ihre Jugend zerstören, ihre Freiheit und ihr Glück beenden und ihre Aussichten auf eine gute Ehe zunichte machen würde. Während der Schwangerschaft sprach sie oft mit Jack darüber, daß sie befürchtete, er werde das Kind verderben, und daß sie sich Gedanken darüber machte, wie lange es dauern würde, bis sie das Kind an Disziplin gewöhnen könnte. Als ihr kleines Mädchen Cindy einen Monat alt war, stellte man bei ihm ein gebrochenes Bein fest, nachdem es »das Bein zwischen die Stäbe des Bettchens eingeklemmt und sich umgedreht hatte.« Im Alter von drei Monaten wurde das Kind mit einer Schädelfraktur und beiderseitigen subduralen Hämatomen unbekannter Ursache ins Krankenhaus gebracht. Zu dieser Zeit kamen wir das erste Mal mit Bertie zusammen; sie war die erste Patientin unserer Studie. Nach eingehenden Gesprächen auf der pädiatrischen Station kam Bertie ins Büro, und wir baten unsere Sekretärin, eine sehr gebildete Frau, den ersten Eindruck festzuhalten, den sie von Bertie hatte. Sie schrieb: »Bertie ist sehr feminin, süß, hübsch, ausgeglichen und zeigt keinerlei Befangenheit, hierher zu kommen. Das einzig Ungewöhnliche an ihrer Erscheinung waren ihre ziemlich sexy aussehende rauchschwarze Hose und die modernen Schuhe, die eher als Abendkleidung oder für eine Cocktailparty geeignet gewesen wären. Das paßte nicht zu ihrer übrigen Garderobe.« Und nachdem sie auf Einzelheiten des Gesprächs mit ihr eingegangen war, schloß sie: »Mein allgemeiner Eindruck war der, daß unsere Unterhaltung einem typischen Plausch zwischen Hausfrauen aus Denver (oder sonstwo) entsprach. Alles in allem mochte ich Bertie, und sie erinnerte mich an viele typische amerikanische Mädchen, mit denen ich Bridge,

Golf usw. gespielt habe. Ich konnte mir nur schwer vorstellen, daß sie in der Lage sein würde, ihr Kind zu schlagen.«

Eine Woche später wurde Bertie in einem hysterischen und verwirrten Zustand ins Krankenhaus gebracht. Sie duckte sich und sagte immer wieder: »Bitte laßt sie mich nicht schlagen. Sie sollen aufhören, sich zu streiten. Tut die Revolver weg« usw. Sie hatte einen Selbstmordversuch unternommen, indem sie eine ganze Menge Pillen geschluckt hatte, die jedoch ungefährlich waren. An diesem Morgen war Bertie mit der nicht zu leugnenden Tatsache konfrontiert worden, daß sie bei Freundschafts-besuchen Geld und Kleidungsstücke gestohlen hatte, was schon länger vermutet, von ihr jedoch stets abgestritten worden war; (in der Vergan-genheit hatte man ihre Mutter zweimal beim Ladendiebstahl ertappt, aber die Anzeigen wurden niedergeschlagen). Sie ging ins Badezimmer, sah in den Spiegel und dachte: »Das ist alles wahr, selbst wenn ich es nicht wüßte. Mein Mann wird mich hassen und verlassen. Ich bin genauso schlecht wie meine Mutter. Ich kann mich zwar nicht daran erinnern, aber ich muß auch mein Baby verletzt haben. Ich verdiene es, zu sterben.« Dann nahm sie die Pillen und erlitt einen Kollaps. Der fast psychotisch regressive Zustand ging innerhalb weniger Tage fast vollständig zurück.

Viele Monate später hatte Bertie einen immer wiederkehrenden Traum, sich in einem Nebel zu befinden und auf den Friedhof zu gehen, wo ihre Großmutter beerdigt lag, an einen Baum gefesselt zu sein, sich zu fürchten, dann Kälte und Starre zu empfinden, als ob sie in einem Grab läge. Dann sah sie sich plötzlich mit ihrer Großmutter zusammen im Grab, und ihre eigene Mutter beugte sich über sie, sah auf sie herab und lachte hämisch und boshaft. Schreiend und von Entsetzen geschüttelt wachte sie schließlich auf.

Bertie hat sich mit der Aggression und dem Diebstahl der Mutter sowie mit der Vorstellung der Mutter identifiziert, daß ein Kind das körperliche, seelische und eheliche Wohlbefin-den einer Mutter zerstören werde. Sie hat sich außerdem mit den strengen erzieherischen Grundsätzen sowohl der Mutter wie auch des Vaters identifiziert. Im Gegensatz dazu beobach-ten wir eine Sehnsucht nach Liebe und die Identifikation mit der freundlichen Großmutter, wobei sie fürchtet, daß sie dafür den Preis bezahlen muß, von ihrer Mutter getötet zu werden. Daneben besteht das fortwährende Gefühl, ein ertapptes, eingeschüchtertes, unnützes, hilfloses Kind zu sein, das versu-chen muß, jedermann zu gefallen. In der Tat, sie weiß nicht, wer sie ist.

Von größter Bedeutung ist Berties Betroffenheit über ihr ungeborenes Kind. Sie erwartet, daß es vom Vater verdorben wird, früh diszipliniert werden muß und ihr Leben zerstören wird. Natürlich beschreibt sie damit das Bild von sich selbst als Kind, noch genauer: ihr »schlechtes Selbst«. Das Baby als jemanden zu sehen, der als zweite Verkörperung des eigenen schlechten Selbst angegriffen wird, ist charakteristisch für Personen, die ihre Kinder mißhandeln. Jedoch nicht alle haben es so deutlich ausgedrückt wie Bertie, und nicht immer tritt es zutage, noch ehe das Kind geboren ist. Untersuchungen jener Erwartungen, die Eltern während der Schwangerschaft im Hinblick auf ihr künftiges Kind haben, sind sehr aufschlußreich, haben einen hohen prognostischen Wert und weisen auch den Weg zu einer Präventivtherapie.

Penny hatte bei uns Hilfe gesucht, da sie mit ihrer Feindseligkeit und ihren Tätlichkeiten gegenüber ihrem kleinen Jungen nicht zurecht kam. Zwei Jahre später wurde sie erneut schwanger, und es kam zu Konflikten wegen des Babys, das sie erwartete. Sie hatte das Gefühl, sie würde gut damit umgehen können, wenn es wieder ein Junge wäre. Obwohl sie gern ein Mädchen gehabt hätte, zeigte sie sich über diese Möglichkeit doch besorgt. »Wenn es ein Mädchen ist, dann werde ich es wahrscheinlich genauso behandeln, wie meine Mutter mich behandelt hat, und sie wird genauso wütend auf mich sein, wie ich es gegenüber meiner Mutter war. Da säße ich schön in der Klemme!« (Vgl. Berties oben geschildertes »Anspruchsverhalten«.) Daß sie den Konflikt äußern konnte, ermöglichte Penny, ihn durchzuarbeiten. Sie kam mit ihrem zweiten Kind sehr gut zurecht, das tatsächlich ein Mädchen war.

Allgemein übliche Beschreibungen des Kleinkindes durch Vater oder Mutter lauten: »Er kommt ganz auf mich heraus«, »Sie ist genauso unruhig wie ich als kleines Kind« oder: »Er hat alle meine schlechten Eigenschaften geerbt.« Die Vorstellung, das Kleinkind verkörpere das Äquivalent des schlechten Selbst der Eltern, ist als Fehlwahrnehmung oder Projektion bezeichnet worden. Um Projektionen kann es sich jedoch kaum handeln, denn zu ihnen gehört Verleugnung, und die entsprechende Formel lautet: »Nicht ich bin so, sondern der andere.« Wir haben den Eindruck, daß es in unserem Fall heißen muß: »Ich bin schlecht, und mein Kind ist genauso schlecht wie ich.« Das ist ein Identifikationsprozeß, den Fenichel (42) als »Umkehridentifikation« bezeichnet hat. Die Identifikationen mit dem »guten« und dem »schlechten« Mutterrest aus den ersten Lebensjahren können verstärkt und überdeterminiert werden durch die Identifikationen, die sich mit der Lösung der ödipalen Konflikte stabilisieren. Zu diesem Zeitpunkt kann die Identifikation mit dem gleichgeschlechtlichen Elternteil durch weitere Identifikationen mit dem Aggressor erschwert werden. Vor allem wenn der Aggressor der gegengeschlechtliche Elternteil ist, kann eine weitere Verwirrung der sexuellen Identität die Folge sein. Versuche unserer Eltern, in späterer Kindheit und Adoleszenz andere Vorbilder und neue Identifikationen zu finden, hatten nur teilweise Erfolg, da die Eltern ihre Forderungen fortsetzten, sich strikt an ihre Erwartungen zu halten und sich nicht nach außen zu orientieren. Die Übernahme neuer Vorstellungen in anderen »peer«-Gruppen wird beschränkt, und die alten Fixierungen bleiben bestehen.

Sekundäre Faktoren, die bei Kindesmißhandlungen eine Rolle spielen

Die Anteile anderer Elemente der elterlichen Psychopathologie

Bis jetzt haben wir uns auf jene grundlegenden psychologischen Faktoren konzentriert, die für das Verhaltensmuster der Kindesmißhandlung wesentlich sind. Daneben gibt es andere Faktoren, die zwar keine wesentlichen Bestandteile sind, jedoch Begleiterscheinungen, die ebenfalls Mißhandlungen auslösen und einen Einfluß darauf haben können, welches Kind für einen Angriff gewählt wird. Drei dieser Faktoren sind: starke, ungelöste Geschwisterrivalität, zwanghafte Charakterstruktur und ungelöste ödipale Konflikte mit übermäßig starken Schuldgefühlen. Die folgende Schilderung ist ein eindeutiges Beispiel für eine Geschwisterrivalität, die eine Kindesmißhandlung begünstigt:

Naomi war das vierte Kind und wurde bis zum sechsten Lebensjahr die meiste Zeit von Babysittern betreut; dann kam sie zur Großmutter, der gegenüber sie das Gefühl hatte, ungeliebt zu sein. Sie hatte weder beim Vater und erst recht nicht bei der Mutter das Gefühl, daß sie sich wirklich um sie kümmerten. Eine ältere Schwester war die einzige Person, die sie gern mochte oder von der sie sich geliebt fühlte. Ein drei Jahre älterer Bruder war der Liebling der Familie, und sie hatte den Eindruck, ihr Leben sei zerstört, weil sie vernachlässigt wurde, während er alles bekam. Sie haßte und beneidete ihren Vater, den Bruder, den Ehemann und überhaupt alle Männer. Ein militantes Gerechtigkeitsgefühl, das ihr Verhalten zu bestimmen schien, konnte nur unzulänglich ihre tiefsitzenden Gefühle verdecken, als Mutter zu versagen und wertlos zu sein. Ihr erstes Kind, ein Mädchen, wurde streng erzogen und wurde sehr unterwürfig, gehorsam und arbeitswillig. Trotzdem sagte Naomi: »Ich würde auch sie schlagen, wenn sie mir gegenüber aufsässig oder rebellisch würde.«

Eine unerwünschte Schwangerschaft führte zwei Jahre später zur Geburt eines Sohnes. Naomi sagte: »Er kam zu kurz nach dem Mädchen und betrog es um seine Kindheit. Ich entwöhnte ihn mit zweieinhalb Monaten, weil es das Mädchen aufbrachte, wenn ich ihn stillte. Ich hasse ihn; der bloße Anblick seiner Genitalien macht mich wütend. Ich habe keine Zeit für ihn; ich wünschte, daß er nie geboren wäre oder daß ich ihn jemandem in Pflege geben könnte, der ihn gern hätte. Ich möchte ihn schlagen, verletzten, schütteln, aus dem Weg haben.« Sie sagte auch, sie sähe all ihre unerwünschten Eigenschaften in ihm. Naomi schlug ihren kleinen Jungen grün und blau und behandelte ihn äußerst grob, und mit zwei Jahren hatte er schon drei Kopfwunden hinter sich, die genäht werden mußten.

Offensichtlich war die Geschwisterrivalität Naomis, gesteigert durch neiderfüllte Wut gegenüber Männern, für die Auslösung der Angriffe auf ihren kleinen Jungen mitentscheidend. Ebenso deutlich wird jedoch aus ihrer Geschichte, daß sich auch bei ihr die zugrundeliegende Einstellung des Forderns und Kritisierens findet, die für mißhandelnde Eltern kennzeichnend ist. Nur die glücklichen Umstände des Geschlechts, des Zeitpunkts der Geburt und der Fähigkeit, den Erwartungen der Mutter entsprechend zu reagieren, hatten ihrem ersten Kind Mißhandlungen erspart.

Zwanghafte Persönlichkeitszüge lenken oft elterliche Erwartungen und Mißbilligungen gegenüber dem Verhalten des Kleinkindes in besondere Richtungen. Die Konflikte über Schmutz und Unreinlichkeit führen zu einer übermäßigen und verfrühten Anforderung an das Baby, zu essen, ohne etwas zu verschütten oder die Nahrung herumzuschmieren und die Ausscheidungsfunktionen unter Kontrolle zu bringen. Kann das Kleinkind diesen Anforderungen nicht nachkommen, so erregt dies den Zorn der Eltern. Die unvermeidliche Neigung älterer Kleinkinder, ihr Spielzeug zu verstreuen und frisch gewaschene Kleidung wieder schmutzig zu machen, wird ebenfalls zu Schwierigkeiten führen, wenn die Mutter oder der Vater übermäßig auf Ordnung und Sauberkeit bedacht sind. Wir gehen davon aus, daß das Verhalten des Kleinkindes das Unbewußte der Eltern anspricht, so daß ein Durchbrechen der eigenen abgelehnten Impulse droht, sie zu beschmutzen. Durch aggressive Verdrängung beim Erwachsenen und durch aggressive Tätlichkeit gegenüber einem ähnlichen schlechten Verhalten beim Baby müssen Abwehrkontrollen aufgebaut werden.

Der Stellenwert eines ungelösten ödipalen Konflikts ist schwerer einzuschätzen. Im oben geschilderten Fall von Bertie ist es einfach, die Schwierigkeit und die Schuldgefühle zu sehen, die sie wegen ihrer eigenen ödipalen Probleme empfindet, und wie sie ihr kleines Mädchen als Rivalin um die Zuwendung des Gatten sieht. Weitere Anhaltspunkte, die in diese Richtung wiesen, stammten aus häufigen Träumen Berties, in denen eine attraktive Brünette ihren Mann verführte und wegnahm. Sie identifizierte diese Frau stets als jemand, der genauso aussah, wie ihre kleine Cindy aussehen würde, wenn sie einmal groß war. Nur selten hatten wir die Möglichkeit, ein so deutliches ödipales Material bei unseren Patienten zu beobachten. Häufiger lag der Fall so, daß das, was an der Oberfläche als ödipale Rivalität erschien, sich bei näherer Untersuchung der unbewußten Motive nicht so umstandslos bestätigte. Die Mutter, die auf ihr kleines Mädchen wütend ist, das sich mit dem Vater gut versteht, und der Vater, der gegenüber dem kleinen Jungen aggressiv ist, der in seiner Beziehung zur Mutter glücklich ist, sind in Wirklichkeit nur auf das Kind wütend, weil es etwas bekommt, was als mütterliche Zuwendung betrachtet wird, nach der sie sich so sehr sehnen und die sie in der eigenen Kindheit so völlig vermißt haben. Somit liegt das Problem mehr in der Geschwisterrivalität als im ödipalen Konflikt begründet.

Wir sind der Auffassung, daß nur wenige unserer Patienten eine echte ödipale Situation mit allen Implikationen erfahren haben. Die meisten ihrer Konflikte und Fixierungen sind prägenital. Waren es Knaben, so hatten sie nicht etwa häufig Phantasien einer zärtlichen, sexuellen Beziehung mit der Mutter, sondern sie waren in ihren ambivalenten Gefühlen ihr gegenüber befangen und konnten sich nur auf Distanz halten und sich nach warmherziger Mütterlichkeit sehnen. Die untersuchten Mütter hingegen wandten sich als kleine Mädchen mit leichten Regungen sexueller Liebe dem Vater zu, vermischt mit der Hoffnung, daß dieser ihnen die fehlende Mütterlichkeit geben könne.* Natürlich sind nie zwei Patienten einander gleich; einige waren weiter gegangen als andere. Jene mit hysterischen Persönlichkeitszügen waren offenbar nicht in der Lage gewesen, eine intensive ödipale Situation zu lösen, und jene mit einer im allgemeinen gesünderen Persönlichkeitsstruktur hatten sich trotz präödipaler Fixierungen weiter und erfolgreicher entwickelt.

Zilboorg (43) betont in seiner Erörterung des Eltern-Kind-Gegensatzes die Rolle der ödipalen Konflikte. Er beschreibt ältere Kinder, und wir stimmen darin überein, daß eine Mißhandlung von Kindern von drei oder vier Jahren, besonders wenn sie erst in diesem Alter beginnt, zutiefst von Ängsten der Eltern im Hinblick auf Sexualität und Rivalität beeinflußt wird. Wir stimmen voll und ganz Zilboorg zu, bei dem es heißt:

». . . Je stärker das ›Gewissen‹ der Eltern, d. h. je stärker ihre Hemmungen sind, um so größer wird ihre Feindseligkeit gegenüber der Freiheit des Kindes sein. Technisch ausgedrückt bedeutet das: für das Unbewußte der Eltern spielt das Kind die Rolle des Es; die Eltern folgen ihm symbolisch für eine Weile und stürzen sich dann mit aller Macht des Über-Ich auf das Kind; sie projizieren auf das Kind ihr eigenes Es und bestrafen es anschließend, um den Forderungen ihres unerbittlichen Über-Ich nachzukommen.«

Im Zusammenhang mit der Mißhandlung von Kleinkindern haben wir es jedoch mit den frühesten prägenitalen Determinanten und nicht mit ödipalen Residualkonflikten zu tun.

---

* Zwei unserer Patientinnen hatten offen inzestuöse Beziehungen mit ihrem Vater gehabt. Sie beschrieben diese mehr als Befriedigung abhängiger Bedürfnisse nach Liebe und Tröstung, als daß sie eine echte sexuelle Bedeutung gehabt hätten. Die eine Patientin litt unter leichten, die andere unter psychotischen Depressionen.

In der Mehrzahl der Fälle ist es nur ein Elternteil, von dem die eigentliche Mißhandlung des Kleinkindes ausgeht. Allerdings trägt der Partner fast immer zu diesem Verhalten bei, indem er es entweder offen akzeptiert oder auf eine subtilere Weise bewußt oder unbewußt unterstützt. Ein Beispiel hierfür ist die starke Rückendeckung, die Eltern einander geben, wenn sie ihre Unschuld bezeugen, obwohl eindeutig feststeht, daß beide von der Mißhandlung ihres Kindes wußten. Selbst wenn der eine Elternteil den anderen offen beschuldigt und das mißhandelnde Verhalten des anderen in dem Gefühl der eigenen Unschuld bezeugt, wenn der Fall offiziell untersucht wird, so stellt sich bei näherer Prüfung heraus, daß er oder sie das Verhalten zuvor gebilligt hat.

Zu einer weniger kaschierten Anstiftung von Kindesmißhandlung kommt es, wenn einer der Ehepartner die Ansicht äußert, daß das Kleinkind verwöhnt werde und mehr Disziplin brauche oder bestraft werden müsse, um seinen übermäßigen Eigensinn zu brechen und um es wieder unter Kontrolle zu bekommen. Ebenso kann es geschehen, daß einer der Eltern, der sich überfordert und frustriert fühlt, das Kleinkind dem anderen anvertraut und ihn auffordert, etwas Drastischeres zu unternehmen, um das auf die Nerven gehende Verhalten des Babys zu unterbinden. Der Elternteil, der nicht aktiv an der Mißhandlung des Kindes beteiligt ist, zeigt vielleicht ein unverhältnismäßig starkes Interesse an dem Kleinen oder schenkt ihm zuviel Aufmerksamkeit, was im Ehepartner neidische Empfindungen, Verlassenheitsängste und Wutgefühle weckt, die ihn dazu bringen, das Kind zu schlagen.

Die direkte Kritik eines Mannes an der Fähigkeit seiner Frau, für das Baby zu sorgen, die deren Fehler und Unzulänglichkeiten hervorhebt, kann einen Angriff auf das Kind zur Folge haben. Solche Ehemänner scheinen sich zumindest unbewußt darüber im klaren zu sein, was geschehen wird; trotzdem wiederholen sie dieses Verhalten immer wieder.

Ein Verhalten, das in irgendeiner Weise eine Zurückweisung oder ein Verlassen des Partners bedeutet, ist denkbar geeignet, eine Mißhandlung auszulösen. Wenn die eigenen Bedürfnisse eines Elternteils zu wenig beachtet oder zurückgewiesen werden, so wendet sich dieser unverzüglich mit verstärkten Ansprüchen dem Kleinkind zu, und die Wahrscheinlichkeit eines Angriffs erhöht sich. Eine Frau sagte ihrem Mann, sie habe Angst davor, im Haus mit dem Baby allein zu sein, das zuvor bereits einmal verletzt worden war, und bat ihn, bei ihr zu bleiben. Der Mann ignorierte jedoch ihre Bitte und verließ das Haus. Kurz darauf ließ sie ihre Enttäuschung an dem Kind aus, das ein subdurales Hämatom davontrug. Ein weniger offensichtliches Verhalten, bei dem der andere im Stich gelassen wird, kann ähnliche Folgen haben.

Zahlreiche Handlungen des Elternteils, der nicht unmittelbar an den Mißhandlungen beteiligt ist, werden völlig verständlich, sobald man entdeckt, daß dieser weitgehend dieselben Lebenserfahrungen gemacht hat wie der mißhandelnde Ehepartner und im Hinblick auf Eltern-Kind-Beziehungen ein ähnliches Syndrom von Einstellungen entwickelt hat. Dieselben Gefühle unbeachteter Sehnsüchte nach Fürsorge, Gefühle der Minderwertigkeit und Hoffnungslosigkeit, wenngleich weniger intensiv, finden sich auch bei ihm verbunden mit der tiefen Überzeugung, daß Kinder die Bedürfnisse der Eltern befriedigen sollten. Somit ist die Ehe, ohne daß es den Partnern zu Bewußtsein kommt, fast zu einer Geheimabsprache geworden, die Kinder in einer bestimmten Weise zu erziehen. Ein Elternteil spielt die Rolle des Täters, der andere steht als Mitverschwörer hinter den Kulissen. Solche Tendenzen bei den Ehepartnern werden offensichtlich, wenn derjenige, der die Mißhandlungen verübt hat, im Verlauf einer therapeutischen Behandlung seine Aggressionen verliert und nunmehr der andere Teil anfängt, das Kind zu mißhandeln. Das Kleinkind wird gewissermaßen zum Sündenbock für Konflikte zwischen den beiden Gatten. Die Unfähigkeit, über ihre enttäuschten Abhängigkeitsbedürfnisse hinwegzukommen und zwischen ihnen bestehende Gegensätze aufzulösen, führt dazu, daß sie sich dem Kind zuwenden, um von dort eine Tröstung zu erfahren. Kann das Kind diese Bedürfnisse nicht befriedigen, so wird es mißhandelt. Es wird deutlich, daß nicht nur der Elternteil einer therapeutischen Behandlung bedarf, von dem die Mißhandlungen ausgingen, sondern auch dessen Ehepartner.

Es besteht kein Zweifel, daß auch das Kleinkind schuldlos und unwillentlich zu dem Angriff beitragen kann, dem es ausgesetzt ist. Ein Kind, das infolge einer vorehelichen Schwangerschaft geboren wird oder ungeplant zu kurz nach der Geburt eines anderen Kindes zur Welt kommt, kann für die Eltern höchst unwillkommen sein und sein Leben unter dem Unstern beginnen, für die Eltern unnütz und eine undankbare Last zu sein. Solche Kinder werden dann eher als sichtbare Zeichen für einen sexuellen Verstoß oder als zusätzliche, ungewollte Bürde und nicht als Objekte wahrgenommen, die die eigenen Bedürfnisse der Eltern befriedigen. Ein Kind kann auch »unkooperativ« oder als Reinfall erlebt werden, wenn es ein Mädchen ist, obwohl sich die Eltern einen Jungen gewünscht hatten und umgekehrt. Babys provozieren bei ihrer Geburt sehr unterschiedliche Verhaltensmuster der Eltern. Einige Eltern sind enttäuscht, wenn es ein sehr stilles Kind ist anstelle des ersehnten lebhaften und stärker auf die Umwelt reagierenden Babys. Andere wieder sind enttäuscht, wenn ihr Kind sehr aktiv und aggressiv ist und einen eigenen Kopf zeigt, während sie sich ein friedliches, willfähriges Kind gewünscht hatten. Eine wesentliche Ursache für Konflikte ergibt sich dann, wenn Babys mit gewissen größeren oder kleineren Mängeln geboren werden und aus diesem Grund eine intensivere medizinische und allgemeine Betreuung benötigen. Oft sind solche Säuglinge nervös, schreien, sind schwer zu beruhigen und in ihrer Fähigkeit begrenzt, sich so zu verhalten, wie man dies von einem normalen, glücklichen Kind erwartet. Wird das Baby plötzlich krank, so kann sich dasselbe Bild ergeben. Vorzeitig zur Welt gekommene Kinder verlangen viel mehr Sorge und zeigen viel weniger Reaktionen, als daß die Bedürfnisse der Eltern schnell genug befriedigt werden könnten. Ein Beispiel zur Verdeutlichung einiger dieser Punkte ist folgender Fall:

Jerry und Connie hatten ihr erstes Kind, einen Jungen, als Folge einer Schwangerschaft, die dazu beigetragen hatte, daß sie die Ehe eingegangen waren. Unglücklicherweise war dieser ansonsten völlig gesunde kleine Junge mit einer angeborenen Striktur der Uretermündung zur Welt gekommen, was während der ersten sechs Lebensmonate zwei längere

Krankenhausaufenthalte samt operativen Eingriffen erforderlich machte. Es war allzu verständlich, daß es ein nervöses, wimmerndes und schwer zu versorgendes Baby war, das eine überdurchschnittliche Fürsorge brauchte und seinen Eltern gegenüber ein weniger glückliches und befriedigendes Verhalten zeigte. Als er acht Monate alt war, kam sein Vater von einem ungewöhnlich harten Arbeitstag spät abends nach Hause und traf seine Frau völlig aufgelöst und gereizt an, weil es mittlerweile zu Spannungen mit seiner Mutter gekommen war. In dem Versuch, ihren inneren Aufruhr niederzukämpfen, ließ die Frau Jerry mit dem Kind allein und ging zu ihrer eigenen Mutter. Jerry, der müde war und selbst Zuwendung gebraucht hätte, von Connie verlassen, sah sich der Aufgabe gegenüber, sich um ein schreiendes Baby zu kümmern. Nach mehreren Versuchen, das Kind zu beruhigen und zu füttern, wurde er ungeduldig und wütend und schlug das Kind, so daß es einen Schädelbruch davontrug. Glücklicherweise hatte diese Verletzung keine schweren Folgen. Jerry kam etwa drei Jahre später zu uns in Behandlung, weil es ihn bedrückte, daß er gegenüber dem kleinen Willie noch immer eine sehr bestrafende Haltung einnahm und ihm oft übermäßig viel Schläge oder Prügel gab. Zu dieser Zeit war ein zweiter Junge, Benny, geboren worden, der mittlerweile neun Monate alt war. Jerry schilderte seine Einstellung gegenüber Benny als extrem anders, und als wir ihn nach dem Grund fragten, sagte er: »Na ja, Benny ist genau so, wie ich mir immer ein Kind vorgestellt habe. Immer wenn ich mit ihm balge, balgt er mit. Er tut alles, was ich von ihm will.«

Somit liegt es auf der Hand, daß besondere Merkmale des Kleinkindes, z. B. sein Geschlecht, der Zeitpunkt der Geburt, sein Gesundheitszustand und sein Verhalten als Faktoren im Hinblick auf Kindesmißhandlungen eine Rolle spielen. Milowe und Lourie (44) geben eine interessante Darstellung der Rolle des Kindes samt einer anschließenden Diskussion. Um die Behauptung zu untermauern, es sei »allein die Schuld des Kindes«, wird oft die Tatsache angeführt, daß mißhandelte Kinder in der Pflegefamilie gelegentlich erneut angegriffen und verletzt wurden, in die sie zu ihrem eigenen Schutz gegeben worden waren. Wir hatten keine Möglichkeit, einen derartigen Fall zu untersuchen, noch haben wir einen Hinweis auf eine entsprechend sorgfältige Untersuchung gefunden; aber unsere Erfahrungen lassen uns an der Behauptung zweifeln, es liege immer nur am Kind selbst, wenn es geschlagen werde.

Obwohl das Kind an den Enttäuschungen und Bürden der Eltern beteiligt ist, kann dies kaum als Entschuldigung oder adäquate Erklärung für die Mißhandlung von Kindern gelten. Die Beteiligung des Kindes gehört zu den zwangsläufigen Zufällen, denen wir alle ausgesetzt sind, als Menschen und als Eltern. Es muß nochmals betont werden, daß das Wesen des Problems in den übermäßig hohen Anforderungen liegt, die Eltern an ihre kleinen Kinder richten und dabei nicht beachten, daß diese gar nicht in der Lage sind, diese Erwartungen zu erfüllen.

Nähere Umstände der Mißhandlungen

Die meisten Eltern, die ihre Kinder mißhandelt haben, stehen vor Schwierigkeiten, wenn sie einfach schildern sollen, was zu der Zeit geschah, als ihr Kind verletzt wurde. In gewissem Maße liegt das an ihrem Widerstreben, etwas zu enthüllen, das kritisiert werden könnte. Manchmal ist die Ursache ein mehr oder weniger unbewußtes abwehrendes Vergessen oder eine Amnesie. Beide Faktoren schwächen sich im allgemeinen ab, wenn die Eltern therapeutisch behandelt werden. Öfter anzutreffen und unmöglich zu eliminieren ist eine diffuse »Verschwommenheit« im Hinblick auf den eigentlichen Angriff, obwohl die Ereignisse, die diesem unmittelbar vorangingen oder folgten, ganz deutlich erinnert werden können. Wir haben diese Unklarheit weder als kognitiven Mangel noch als psychologische Verdrängung angesehen, sondern mehr als eine normale Verschwommenheit, die jedermann empfindet, der einen extrem intensiven inneren Aufruhr zu beschreiben versucht. Unter Berücksichtigung aller sonstigen Informationen, die wir über die psychologischen Verhaltensmuster der Patienten besaßen, einschließlich der Schilderungen der Geschehnisse, vor, während und nach dem Angriff sowie aus assoziativem Material haben wir von den näheren Umständen des Angriffs eine Vorstellung entwickelt, für die es unserer Ansicht nach gewichtige Gründe gibt.

Die von uns befragten Eltern stehen jeder Aufgabe der Kinderfürsorge mit drei unvereinbaren Einstellungen gegenüber: erstens dem gesunden Wunsch, dem Kleinkind etwas Gutes zu tun, zweitens einem tiefen, verborgenen Sehnen, das Kleine werde so reagieren, daß die Leere im Leben des Patienten ausgefüllt und seine geringe Selbstachtung gestützt wird, und drittens einer harten, gebieterischen Forderung nach der korrekten Reaktion des Kindes, bestärkt von einem Gefühl, als Vater oder Mutter im Recht zu sein. Solange die fürsorgende Aufgabe einigermaßen zufriedenstellend gelöst werden kann und die Reaktion des Kindes in etwa den elterlichen Erwartungen entspricht, kommt es nicht zu Tätlichkeiten und es wird kein Schaden angerichtet, wenn man davon absieht, daß die Aggressionen des Kindes angereizt werden, was von der Entwicklung eines strengen Über-Ich im Kleinkind begleitet wird. Aber sobald irgendetwas den Erfolg der elterlichen Fürsorge gefährdet oder das Gefühl verstärkt, ungeliebt und minderwertig zu sein, tritt die harte, gebieterische Haltung in den Vordergrund, und die Wahrscheinlichkeit eines Angriffs erhöht sich. Der Anteil des Kindes an dieser Störung kommt durch fortwährendes, nicht zu beruhigendes Schreien zustande, durch ungenügende körperliche oder emotionale Reaktionen entsprechend den elterlichen Bedürfnissen, oder indem es durch eigene körperliche Aktivität Tätigkeiten der Eltern behindert. Zu bestimmten Zeiten fühlt sich der Erwachsene vielleicht besonders ungeliebt, minderwertig, bedürftig und wütend und deshalb besonders verletzlich, weil eine wichtige Person, etwa der Gatte oder ein Verwandter, ihn kurz zuvor kritisiert oder verlassen hat, oder weil er in anderer Hinsicht irgendwelche scheinbar unüberwindliche Schwierigkeiten hat.

Auf einer tieferen psychologischen Ebene beginnen die Ereignisse damit, daß der Vater oder die Mutter das Kleinkind, für das sie sorgen, mit einem Objekt zur Befriedigung ihrer Bedürfnisse gleichsetzen, was sich mit einem Vorgang vergleichen läßt, bei dem der Erwachsene die Verluste ersetzen will, die er seinerseits als Kind von den Eltern erfahren hat. Da er aus der eigenen Vergangenheit weiß, daß dieselben Personen, bei denen er Liebe sucht, gleichzeitig diejenigen waren, die ihm gegenüber tätlich wurden, wird das Kleinkind auch als gefährliche Elternfigur wahrgenommen. Es kam oft vor, daß die Patienten uns gesagt haben: »Wenn das Baby so schreit, klingt es wie die Stimme meiner Mutter (oder meines Vaters), wenn sie (oder er) mich anbrüllt, und das kann ich nicht ertragen.« Die Wahrnehmung, kritisiert zu werden, ruft bei diesen Patienten Minderwertigkeitsgefühle hervor. Außerdem verstärkt sie die Frustration ihres Bedürfnisses nach Liebe, so daß Wutgefühle in ihnen aufkommen. Zu diesem Zeitpunkt scheint ein starkes Schuldgefühl zu bestehen, der Patient wird von Hilflosigkeit und Panik übermannt, und seine Gefühle sind höchst diffus. Plötzlich kommt es zu einer Verschiebung der Identifikation. Die Über-Ich-Identifikation mit den eigenen bestrafenden Eltern gewinnt die Oberhand. Das Kleinkind wird als das schlechte Selbst der eigenen Kindheit wahrgenommen. Die aufgestaute Aggression richtet sich nach außen, und das Kind wird mit voller Zustimmung des Über-Ich geschlagen.

Diese plötzliche Verschiebung der Identifikation ist, so müssen wir zugeben, schwer zu belegen. Unsere Patienten können nicht alles, was mit ihnen in einem so tiefen inneren Aufruhr geschieht, deutlich schildern. Wir deuten es als Regression unter äußerster Anspannung, und zwar auf eine frühe Stufe der Über-Ich-Entwicklung, auf der die Identifikation mit dem Aggressor ein strenges, bestrafendes Über-Ich ausgebildet hat, das stärker war als das sanftere Ich-Ideal. In einem solchen regressiven Zustand tritt das strengere, bestrafende Über-Ich unweigerlich in den Vordergrund.

Einige Eltern werden nach erfolgter Mißhandlung ihre rigide Einstellung und das Gefühl beibehalten, im Recht zu sein, sie werden keine Schuldgefühle wegen der Aggression haben, darauf bestehen, daß sie nichts Falsches getan haben und gegenüber jedem sehr empfindlich reagieren, der sich in ihre Angelegenheiten zu mischen versucht. Auf der anderen Seite gibt es Eltern, die Gewissensbisse bekommen, weinen und sofort einen Arzt aufsuchen, wenn das Kind schwer verletzt wurde.

Es ist uns nicht möglich gewesen, von allen Patienten eine eindeutige Schilderung darüber zu erhalten, was sie dem Kind eigentlich zu dem Zeitpunkt angetan haben, zu dem es schwer verletzt wurde, selbst wenn sie eine Mißhandlung zugaben. Sie wiederholten beharrlich, sie hätten nichts anderes getan als sonst auch. In einigen Fällen kann dies einen Abwehrvorgang des Vergessens bedeuten. In anderen haben wir den Eindruck, daß es sich wahrscheinlich um eine wahrheitsgemäße Aussage handelt. Sie haben sich daran gewöhnt, das Kind immer wieder zu schlagen oder an ihm zu zerren und waren sich der zusätzlichen Kraft nicht bewußt, die sie aufgewendet hatten, als sie dem Kind eine Fraktur beibrachten.

Die folgenden kurzgefaßten Fallgeschichten werden in Verbindung mit den bereits angeführten Bruchstücken die Hauptströmungen der Lebensgeschichte der Patienten illustrieren, die mit ihrem späteren Mißhandlungsverhalten zusammenhängen.

Amy, 26 Jahre alt, ist die Frau eines erfolgreichen Ingenieurs in leitender Position. Sie suchte uns auf, da sie unter Depressionen litt, Angst vor einer Zerrüttung der Ehe hatte und darüber beunruhigt war, daß sie ihrem kleinen Jungen gegenüber keine liebevollen Gefühle hegte und oft wütend auf ihn war. Sie stammte aus einer wohlhabenden Familie aus einer Großstadt an der Westküste. Ihre Eltern waren hervorragende, agile Intellektuelle, die während der ersten Lebensjahre anscheinend nur sehr geringes Interesse an ihren Kindern hatten. Sie wurde zusammen mit ihrer Schwester und ihrem Bruder, die beide jünger waren als sie, von Erzieherinnen betreut, an die Amy sich nur noch schwach erinnern konnte. Eine von ihnen war sehr fürsorglich, liebevoll und freundlich gewesen. Sie erinnerte sich auch an eine andere, die fordernd, hart und unangenehm war und Amys lange Haare als Bestrafung einer unsanften Haarwäsche unterzog und ihr die Nase zuhielt, wenn sie nicht essen wollte. Wir vermuten, ohne dies genauer belegen zu können, daß die Erzieherinnen die kleinen Kinder ebensosehr dafür erzogen, daß sie den hohen Verhaltensstandards der Eltern genügten, wie sie den unterschiedlichen Bedürfnissen und Vorlieben ihrer Schützlinge nachkommen wollten.

Als Kind hatte Amy mehr Umgang mit der Mutter, aber wirklich vertraut oder verstanden fühlte sie sich von keinem der beiden Eltern. Beide hatten insofern zwanghafte Züge, als nach ihrem Wunsch alles in vollkommener Ordnung zu sein hatte und Aufgaben »sofort« erledigt werden mußten. Ihr Vater war sehr distanziert und an Kindern nicht interessiert, da sie mit ihm nicht auf einer genügend hohen Ebene reden konnten. Als Amy etwa 13 Jahre alt war, unterzogen sich beide Eltern einer Psychotherapie. Danach war ihr Vater warmherziger und fand auch an Kindern Gefallen, aber er behielt noch immer ein Verhalten bei, das ihn stets zum Mittelpunkt des Geschehens machte, während die übrigen Anwesenden – nicht nur innerhalb der Familie, sondern in allen geselligen Situationen – in erster Linie ihm ihre Aufmerksamkeit widmen mußten. In den letzten Jahren hatte sich Amy mehr mit der Mutter verbunden gefühlt und den Eindruck gewonnen, daß sie freier und offener miteinander sprechen konnten als früher. In ihrer Kindheit hatte Amy sich unfähig und linkisch gefühlt, sie glaubte, niemand könne sie gern haben, und auf intellektuellem Gebiet hielt sie sich für etwas schwerfällig. Obwohl sie in der Schule gute Zensuren bekam, hatte sie den

Eindruck, nie gut genug zu sein, um das Wohlgefallen der Eltern zu finden. (Ihr IQ liegt über dem Durchschnitt.)

Amy wurde zwar weder körperlich bestraft noch offen hart kritisiert, trotzdem empfand sie einen starken Mangel an Zustimmung und entwickelte ein tiefsitzendes Gefühl, minderwertig, unnütz und unfähig zu sein, anderen zu gefallen; sie hielt sich geradezu für »zurückgeblieben«. Auf dem College zeigte sie ordentliche, wenn auch keine überragenden Leistungen, und nach dem Examen arbeitete sie eine Zeitlang und erwarb ein beträchtliches Maß an Selbstachtung und Selbstsicherheit. Mittlerweile war sie eine sehr attraktive und ziemlich beliebte Frau geworden und führte eine gute Ehe. Sie und ihr Mann sind wohlgelittene, aktive Mitglieder innerhalb ihrer gesellschaftlichen Kreise.

Von ihrem ersten Kind, Lisa, das inzwischen zweieinhalb Jahre alt ist und gut gedeiht, sagte Amy: »Anfangs mochte ich sie nicht besonders und fühlte mich mit ihr nicht sehr verbunden, bis sie einige Monate älter war und eine größere Vielfalt an Reaktionen zeigte.« Als Lisa ein Jahr alt geworden war, machte sie unter der ermutigenden Anleitung der Mutter die ersten Geh- und Sprechversuche. Danach hatte Amy eine noch höhere Meinung von ihr, und in der Hauptsache kamen beide gut miteinander aus. Wenn Lisa jedoch schlechte Laune hat oder sich nicht gut benimmt, zuviel wimmert oder schreit, kommt es gelegentlich vor, daß Amy sie recht heftig schüttelt oder schlägt. Ihr zweites Kind Billy kam knapp anderthalb Jahre nach Lisa zur Welt. Er kam einen Monat zu früh, und es mußte ein Kaiserschnitt vorgenommen werden. Zuerst saugte er nicht kräftig genug, und die Nahrungszufuhr wurde ein Problem. Außerdem war Amy nach der Entbindung eine Zeitlang krank. Sie hatte für den Jungen nie warmherzige Gefühle, fühlte sich nie richtig vertraut mit ihm, noch liebte sie ihn wirklich und war ihm gegenüber sogar noch ungeduldiger als gegenüber Lisa. Sein »Greinen« machte sie »wahnsinnig« und brachte sie so weit, daß sie ihn haßte. Weil er so viel weinte und zuwenig zufriedenstellende Reaktionen zeigte, wurde sie zunehmend ungeduldiger mit ihm und ließ ihn allein oder strafte ihn hart. Sie verwandte nur wenig Zeit darauf, ihn zu knuddeln oder mit ihm zu spielen, und infolgedessen zeigte er noch weniger Reaktionen und gedieh weniger gut als unter normalen Umständen. Als er sieben Monate alt war und wegen einer Routineuntersuchung zum Kinderarzt gebracht wurde, sagte dieser unglücklicherweise zu Amy: »Es kann sein, daß Ihr Kind zurückgeblieben ist.« Amy fühlte sofort eine Aversion gegenüber Billy, haßte seinen Anblick, konnte ihn nicht ohne Widerstände aufnehmen oder füttern und begann noch am selben Abend, ihre Mißhandlungen zu verstärken. Sie fühlte sich deprimiert, wütend und reizbar. Auch schien es ihr, als wolle Billy keine Fortschritte mehr machen. Als sie sich jedoch bei einem anderen Arzt nochmals vergewissern wollte, sagte dieser, Billy sei völlig normal entwickelt. Amy fühlte sich sicherer, aber nicht überzeugt. Sie bemerkte, daß Billy auf sie reagierte und lebendig wurde, wenn sie sich ihm gegenüber gut und liebevoll fühlte, daß er jedoch »dumme« Reaktionen zeigte, wenn sie Depressionen hatte oder auf ihn wütend war. Dieses Bewußtsein ihres Einflusses auf ihn diente nur dazu, ihre Gefühle der Wertlosigkeit und Schuld zu verstärken. Zu Zeiten, zu denen er wenig Reaktionen zeigte oder sich scheinbar »zurückgeblieben« verhielt, vor allem wenn er zuviel schrie oder wimmerte, behandelte sie ihn grob, schüttelte ihn, schlug ihn schwer und würgte ihn heftig. Das Kind wies keine Frakturen, dafür jedoch Quetschungen auf. Amy beschrieb einen Wechsel zwischen Gefühlen der Wut über Billy, weil er »zurückgeblieben« war, und starken Schuldgefühlen, weil sie ihn mit ihrer eigenen Haltung und ihrem Verhalten »mundtot« gemacht hatte.

Amy schilderte, daß sie auf die Aufgaben der Mutterschaft ungenügend vorbereitet wurde und sich überfordert fühlte. Dies wurde verstärkt durch ihr Gefühl, daß sie versuchte, die Pflichten einer Mutter ohne die Hilfe anderer Personen zu übernehmen, die ihrer Mutter früher zur Verfügung gestanden hatten. Eine weitere Schwierigkeit entstand dadurch, daß ihr Mann, obwohl nach außen hin sehr mitfühlend gegenüber ihren Schwierigkeiten und in seinen Äußerungen hilfsbereit, sich in Krisenzeiten zurückzog und ihr zu verstehen gab, daß er die Art und Weise stark mißbilligte, in der sie mit den Kindern umging. Auch hatte sie das Gefühl, daß es keinen Menschen gab, an den sie sich wirklich wenden konnte, um über ihre Probleme zu sprechen und Trost und Hilfe zu finden, ohne zu sehr zur Rede gestellt und kritisiert zu werden. Außerdem hatte Amy einen Vetter, der zurückgeblieben war, und sie wurde von Phantasien gequält, welche Last es für eine Mutter sein würde, ein zurückgebliebenes Kind großzuziehen.

Dieser Fall zeigt die Identifikation des mißhandelnden Elternteils mit den Einstellungen seiner eigenen Eltern gegenüber deren Kindern, die vorzeitige hohe Erwartung und das Bedürfnis nach Reaktionsleistungen des Kindes sowie die Unfähigkeit, mit dem Ausbleiben einer zufriedenstellenden Reaktion fertigzuwerden. Am deutlichsten zeigt er die Fehlwahrnehmung des Kleinkindes durch die Eltern als Verkörperung jener schlechten Verhaltenszüge (»zurückgeblieben« zu sein), für die die Mutter (bzw. der Vater) selbst als kleines Kind kritisiert worden ist. Im Lauf der therapeutischen Behandlung verringerten sich Amys Depressionen und Gefühle der Wertlosigkeit. Sie begann, sich im Umgang mit ihren Kindern glücklicher zu fühlen, und diese reagierten entsprechend auf ihre Verhaltensänderung. Vor allem Billy machte Fortschritte, wuchs schnell und wurde ein glücklicheres Baby, an dem sie mehr Freude hatte. Amy und ihr Mann konnten sich allmählich besser verständigen, und ihr aggressives Verhalten gegenüber den Kindern verschwand fast völlig. Nach sechsmonatiger Behandlung mußte diese beendet werden, da ihr Mann in eine andere Stadt versetzt wurde. Glücklicherweise hatten wir die Gelegenheit, sie und die Kinder vier Jahre später nochmals zu sehen. Amy ging es gut, und die beiden Kinder waren lebendig, glücklich und aufgeweckt. Sie und ihr Mann hatten unserer Ansicht nach gut daran getan, keine weiteren Kinder zu bekommen. Die Verbesserung, zu der es in dieser Situation gekommen war, ist zum Teil auf unsere therapeutische Behandlung zurückzuführen, aber wir vermuten, daß sie auch etwas damit zu tun hat, daß die Kinder im Verlauf der Zeit größer und im Hinblick auf ihr Reden und Verhalten für die Mutter unweigerlich eine dankbarere Aufgabe wurden.

Larry, 27 Jahre alt, ist ein ruhiger, schüchterner, bescheidener kleiner Mann, der als Schweißergehilfe arbeitet. Von Kindheit an quälte er sich mit einem tiefen Gefühl der Minderwertigkeit, Wertlosigkeit und Unsicherheit im Hinblick auf sich, seine Arbeit und seine mitmenschlichen Beziehungen. Daneben hegte er einen meist stark unterdrückten tiefen Groll gegen eine Welt, die sich ihm gegenüber ungerecht verhielt.
Als drittes von fünf Kindern wuchs er auf einer ländlichen Milchfarm auf. Das älteste Kind, eine Schwester, kam zehn Jahre vor ihm zur Welt. Es gelang ihm nie, durch seine Eltern oder Verwandten die Wahrheit über sie in Erfahrung zu bringen, aber er glaubt, daß alle Anzeichen dafür sprechen, daß sie eine Halbschwester und ein uneheliches Kind der Mutter ist, das diese mit in die Ehe brachte. Der Groll, den er gegenüber seiner Mutter hegte, beruhte zum Teil auf dieser Situation. Er hatte das Gefühl, daß seine beiden jüngeren Schwestern in der Kindheit den Eltern lästig waren und Verdruß bereiteten. Sein zwei Jahre älterer Bruder nutzte ihn aus, und seine Eltern waren immer auf dessen Seite und erlaubten ihm vieles, für das Larry kritisiert oder bestraft wurde. Dieser Bruder war ein ziemlich wilder Bursche, und als er während eines Urlaubs von der Marine einen schweren Autounfall hatte, sagte Larry: »Zu schade, daß es ihn nicht ganz erwischt hat.« Dann stellte sich jedoch heraus, daß die Verletzungen tödlich waren. Überwältigt von Schuld- und Schamgefühlen nahm Larry Urlaub von der Armee, um den Leichnam des Bruders in seinen Heimatort zu überführen.
Larrys Eltern waren tief religiös. Er vermutete, daß dies bei seiner Mutter nach ihrer unehelichen Schwangerschaft in Fanatismus umgeschlagen war. Sie war gegen Nikotin, Alkohol, Kaffee, Tee und fast alles,

was irgendwie mit Vergnügen zusammenhing. Selbst nachdem er geheiratet hatte, sagte seine Mutter seiner Frau, sie dürfe ihm keinen Kaffee kochen. Larry hatte das Gefühl, daß sie mit ihm stets viel strenger gewesen war als mit den anderen Geschwistern. Sie zwang ihn, weitgehend gegen seinen Willen, die Sonntagsschule und den Gottesdienst zu besuchen. Die Mutter schalt ihn wegen kleinerer Vergehen und nörgelte und kritisierte so lange an ihm herum, bis er das Gefühl hatte, daß alles, was er tat, falsch war und er es ihr nie recht machen könnte. Gelegentlich begehrte er dagegen auf, indem er rauchte oder trank. Larrys Vater war ein mäßiger Trinker, der jedoch nach dem Tod seines Sohnes völlig abstinent wurde. Er bekam oft Wutausbrüche, und einmal schlug er Larry wegen einer Geringfügigkeit mit einem großen Stück Holz. Larry kann sich weder bei der Mutter noch beim Vater an regelmäßige Prügel erinnern, aber es gab beständig verbale Angriffe und kritische Bemerkungen. Er hatte den Eindruck, daß beide Eltern, besonders seine Mutter, ihm überhaupt nicht zuhörten und erst recht nicht seine unglücklichen Gefühle und sein Bedürfnis nach Trost und Beachtung verstanden.*

Während er in der Armee war, plante er mit seiner Braut Becky die Hochzeit. Becky sollte an seinen Garnisonsort ziehen, und an Weihnachten wollten sie heiraten. Jeden Tag wartete er an der Busstation, aber sie kam nicht. Traurig und hoffnungslos betrank er sich. Monate später erzählte ihm ein Freund, sie habe am ersten Januar einen anderen geheiratet. Als er ein Jahr später auf Urlaub zu Hause war, sah er sie wieder. Mittlerweile war sie geschieden, und sie beschlossen zu heiraten. Aus ihrer ersten Ehe hatte sie einen Jungen, Jimmy.

Larry war von Becky abhängig und befürchtete, sie zu verlieren. Wenn er Jimmy sah, wurde er an die Zeit erinnert, da Becky ihn verlassen hatte. Er hatte das Gefühl, daß sie Jimmy vorzog; er war dem Jungen gegenüber krittelig, und manchmal schlug er ihn. Becky hatte damit gedroht, Larry wegen seiner Abneigung gegenüber Jimmy zu verlassen. Während ihrer fünfjährigen Ehe gab es finanzielle Schwierigkeiten, und dann gingen Larry und Becky immer zu ihren Eltern, die ihnen so lange helfen sollten, bis Larry eine neue Stelle fand. Becky konnte diese Episoden nicht ertragen und warf Larry vor, er sei als Familienvater unfähig, sich genügend um das Wohlergehen der Familie zu kümmern.

Sie haben zusammen noch drei Kinder. Mary, vier Jahre alt, wird von beiden Eltern sehr geliebt, obwohl sich Larry über sie leichter ärgert als über ihr zweites Kind David, der zweieinhalb Jahre alt ist. David ist ein »sehr netter, lebhafter, aufgeweckter, wohlerzogener kleiner Junge.« Er ist sehr zugänglich, und beide Eltern mögen ihn und gehen gut mit ihm um. Maggie, viereinhalb Monate alt, wird von beiden Eltern als von Anfang an »etwas anders« gesehen. Sie schien blauer im Gesicht, schrie nicht so

---

* Vgl. unsere früheren Äußerungen über Larry.

stark wie die beiden anderen Babys und war überdies ziemlich nervös. Becky mag Maggie gern und ist ihr gegenüber sehr mütterlich. Larry wird ihr und Mary gegenüber leicht gereizt, mehr als bei David, aber er hat keine solche Abneigung gegen sie wie gegen Jimmy.

Maggie wurde mit Symptomen und Anzeichen eines doppelseitigen subduralen Hämatoms ins Krankenhaus eingeliefert. Sie war allein mit ihrem Vater zusammengewesen, als dieser eine plötzliche Körperschlaffheit, Bewußtlosigkeit und einen Ausfall der Atmung bemerkte. Er führte eine Mund-zu-Mund-Beatmung durch, und das Kind wurde mit dem Rettungswagen in die Klinik gefahren. Der Vater erzählte von einem ähnlichen Vorfall, der einen Monat zurücklag, als Maggie dreieinhalb Monate alt war; als sie mit dem Vater allein war, wurde sie plötzlich schlaff und erbrach sich. Erst eine Woche später wurde deswegen ein Arzt konsultiert, der einen vergrößerten Schädelumfang konstatierte. Eine Röntgenbeobachtung ergab keine Anhaltspunkte für Frakturen des Schädels oder der langen Röhrenknochen. Wegen der subduralen Hämatome wurden zwei Kraniotomien vorgenommen. Während das Kind einen Monat lang in der Klinik behandelt wurde, hatten wir häufig Gelegenheit, mit den Eltern zu sprechen. Wir waren beeindruckt von Beckys Wärme, Einfühlungsvermögen und Besorgtheit über das Wohlergehen ihrer Tochter Maggie. Larry hingegen behielt eine unsichere, distanzierte und ausweichende Haltung bei, obwohl er oberflächlich einen entgegenkommenden Eindruck machte. Was mit Maggie genau geschehen war, konnte nicht geklärt werden, aber es schien offensichtlich, daß sie ein Trauma erlitten hatte. Unserer Ansicht nach war es wahrscheinlich Larry, der das Kind mißhandelt hatte, obgleich er keine Aussagen machte und sich unschuldig gab. Wir hatten den Eindruck, mit Larry und Becky eine zwar schwache, aber doch ausreichende Beziehung hergestellt zu haben und erlaubten ihnen, Maggie mitzunehmen, allerdings mit der unbedingten Auflage, daß sie nie mit Larry allein gelassen werden durfte.

Eine Woche später rief Larry an und bat um einen dringenden Termin. All seine Ängste, Scham- und Schuldgefühle brachen aus ihm heraus, und er erzählte die ganze Geschichte. Vor zwei Tagen war Präsident Kennedy bei einem Attentat ums Leben gekommen. Larry war erschüttert und überwältigt von Sympathiegefühlen für Kennedy und seine Familie, Wut auf den Attentäter, Schmerz über den ungerechten, sinnlosen Verlust einer bewunderten Person und dem Gefühl einer Mitschuld. In diesem inneren Aufruhr trank er in einer Kneipe ein paar Glas Bier, kam nach Hause und beichtete Becky, was er Maggie angetan hatte; anschließend rief er bei uns an. Die Geschichte hatte sich so abgespielt: Larrys Chef sagte ihm, daß er ihn entlassen müsse; ein Bauauftrag war unvermittelt storniert worden, und es gab keine Arbeit mehr. In einem Gefühl der Entmutigung, Hoffnungslosigkeit und des Alleingelassenwerdens ging Larry nach Hause, sagte Becky mit schamrotem Gesicht, er habe seinen

Job verloren und fragte sie, ob sie mit den Kindern zu ihren Eltern gehen wolle. Ohne etwas zu sagen, stand Becky auf, ging aus dem Haus und ließ Larry allein mit Maggie zurück. Das Baby fing an zu schreien. Larry versuchte, es zu beruhigen, aber das Schreien dauerte an, und er suchte nach der Flasche, die er nirgends finden konnte. Das unaufhörliche Schreien und seine Gefühle der Enttäuschung, Hilflosigkeit und Wertlosigkeit wurden überstark. In einem halbverwirrten »Trübungszustand« schüttelte er Maggie äußerst heftig und schlug sie auf den Kopf. Plötzlich kam ihm zu Bewußtsein, was er getan hatte, und er begann mit der Mund-zu-Mund-Beatmung. Dann kam Becky zurück, und das Kind wurde ins Krankenhaus gebracht.

Im Leben Larrys kommt es immer wieder zu Situationen, in denen er das Gefühl hat, unbeachtet und verlassen zu sein und hilflos bei den Versuchen zu versagen, den Erwartungen anderer zu genügen. Dieses Bild von ihm selbst als jemand, der wertlos und unfähig ist, ist ein Ausdruck dafür, daß er die Haltung seiner Eltern ihm gegenüber während seiner Kindheit in sein Über-Ich einverleibt hat; es wurde durch seine späteren realen Mißerfolgserlebnisse noch verstärkt. Daneben bestehen starke Identifikationen mit den aggressiven Zügen seines Vaters, Schwache, Hilflose und Krüppel zu kritisieren und zu attackieren.

Der Angriff auf Maggie erfolgte zu einem Zeitpunkt, da mehrere wunde Punkte Larrys zugleich berührt worden waren. Er hatte den Verlust seines Arbeitsplatzes für sich so erlebt, daß man ihn nicht berücksichtigte und er ein Versager war; seine Frau »verließ« ihn erneut, wobei sie ihn unausgesprochen kritisierte, er fühlte sich hilflos gegenüber dem Verlangen des schreienden Babys, und seine eigenen tiefen Sehnsüchte nach Liebe und Fürsorge mußten unausgesprochen bleiben. Enttäuschung und Wut stiegen in ihm hoch, so daß er das Kind mißhandelte. Larry sagte, in seinem »getrübten« Zustand habe er ein seltsames, flüchtiges Gefühl gehabt, sich selbst zu schlagen.

Später stellte sich heraus, daß einen Monat zuvor die Umstände ähnlich gelagert waren, als Maggie ebenfalls, wenngleich weniger stark, verletzt worden war. Becky hatte seit kurzem für die Abende eine Arbeit angenommen, um das unzureichende Einkommen Larrys aufzubessern. Kurz nachdem er von der Arbeit gekommen war, mußte sie aus dem

Haus, so daß er allein das Essen machen, das Geschirr abwaschen und die Kinder zu Bett bringen mußte. Er empfand diese Tätigkeiten als schwierig und war wütend über das Geschrei der Kinder, besonders über Maggie. Eines Abends, als er sich überfordert, hilflos und unfähig fühlte, irgendjemanden um Hilfe zu bitten, wurde er dem Baby gegenüber tätlich.

Larrys Beziehung zu Becky war stark beeinflußt von seiner unbewußten Neigung, sie mit seiner Mutter zu identifizieren. Diese Übertragung wurde durch die realen Umstände begünstigt, daß Becky ein Kind aus einer früheren Beziehung hatte, Larry bedrängte, öfter zur Kirche zu gehen, sich stets auf die Seite Jimmys stellte und Larry nicht berücksichtigte, ihn häufig kritisierte, weil er ihren Erwartungen nicht genügen konnte, und ihn mehrmals im Stich gelassen hatte, nicht nur emotional, sondern auch indem sie das Haus verlassen hatte. Am wichtigsten und wirksamsten war Larrys dranghaftes Abhängigkeitsbedürfnis, bei Becky jene Mütterlichkeit zu finden, die er nie erfahren hatte. Trotz seiner Enttäuschung versuchte er immer wieder sehnsüchtig, bei ihr alle ungestillten Bedürfnisse früherer Jahre zu befriedigen. Wenn sie ihn im Stich ließ, gab es nur noch die Kinder, bei denen er Reaktionen zu finden hoffte, die seine traurige Stimmung aufheitern konnten.

Psychologische Tests*

Psychologische Tests mit Eltern, die ihre Kinder mißhandelt haben, haben einige interessante Ergebnisse erbracht, die unsere Eindrücke stützen, die wir im Verlauf der klinischen Beobachtung gewonnen haben. Erstens gibt es keine Anzeichen für einen signifikanten Zusammenhang zwischen Intelligenz, soweit sie durch Intelligenztests erfaßt wird, und Kindesmißhandlung. Die bei den von uns getesteten Patienten erhobenen IQ-Werte liegen zwischen 73 und 130, wobei die

* Dieser Abschnitt ist in Zusammenarbeit mit Dr. Richard Waite geschrieben worden. Dr. Waite ist Associate Professor für klinische Psychologie und Direktor der Kinderabteilung am Department für Psychologie an der University of Colorado School of Medicine. Wir sind ihm für seine Unterstützung sehr dankbar.

meisten in den Durchschnittsbereich (90-110) fallen. Im Hinblick auf den kognitiven Stil tendieren diese Personen eher zu einer Aktions-Orientierung als zu einer überlegten Haltung und einem Aufschub unmittelbarer Bedürfnisbefriedigung. Das gilt jedoch nicht für alle Patienten. Zweitens deuten die Testergebnisse auf keine einzige grundlegende Persönlichkeitsstruktur im gewöhnlichen nosologischen Sinne hin, die den Patienten zu eigen wäre. Einige wenige Patienten wiesen eine Ich-Pathologie von psychotischem Ausmaß auf. Andere zeigten eine offensichtliche Ich-Stärke auf allen Gebieten. Bei einigen fanden sich Persönlichkeitszüge mit hysterischen Tendenzen, und etliche Patienten hatten zwanghafte Züge. Allerdings reflektieren diese »Muster« in weitem Umfang die Abwehr- und andere Mechanismen des Ich, die das Gesamtverhalten des Patienten steuern.

Bei den Patienten, denen die gesamte Testbatterie vorgelegt wurde,* werden allgemeine, zugrundeliegende Konflikte deutlich. Die Testberichte erwähnen insbesondere starke oralabhängige Bedürfnisse als signifikante intrapsychische Problembereiche für alle getesteten Patienten. Bei vier Fünftel der Patienten werden ungelöste Identitätskonflikte als Hauptdeterminanten ihres Verhaltens angeführt, und bei fast ebensovielen wurden depressive Züge und/oder ein ausgeprägtes Gefühl der Wertlosigkeit festgestellt. Fast genauso stark verbreitet waren Anzeichen für Mißtrauen, Argwohn und das Gefühl, Opfer zu sein, aber nur bei einem Patienten waren diese so deutlich, daß er als paranoid bezeichnet werden konnte. Es wird betont, daß diese Problemfelder an Personen mit höchst unterschiedlicher Persönlichkeitsstruktur beobachtet wurden, deren Testverhalten und Oberflächeneinstellungen extrem voneinander abwichen. Alle Patienten zeigten eine Abwehr gegenüber der bewußten Erfahrung von depressiven Affekten, wobei ihre Mechanismen sich in der Komplexität und Wirksamkeit unterschieden. Einige setzten flexible und starke Formen der Charakterabwehr ein, bei anderen wiederum zeigten sich klassische neurotische Abwehrmecha-

* Zur Testbatterie gehörten grundsätzlich der Wechsler Intelligenz-Test für Erwachsene, der Rorschach-Test, der TAT (Thematic Apperception Test) und in den meisten Fällen der Satzergänzungstest und Figurenzeichnen.

nismen. Nichtsdestoweniger weisen die Testergebnisse deutlich darauf hin, daß bei allen Patienten depressive Züge zugrunde lagen. Eine Untersuchung der Art der Depression bei diesen Fällen ergab, daß es sich neben Über-Ich-Zwängen und Schuldgefühlen, die häufig ebenfalls mitwirkten, mit einer Ausnahme im wesentlichen um anaklitische Depressionen handelte.

Die folgenden Kommentare, die Zusammenfassungen der Testberichte darstellen, verdeutlichen die Art der Depression und der oralen Sehnsüchte, die wir bei den Patienten feststellen konnten.

»Eine intensive und überdauernde Angst, verlassen zu werden oder einen Verlust von Versorgung und Schutz zu erleiden.« »Ein seit langem bestehendes Gefühl, zurückgewiesen worden zu sein.« »Starke, fortdauernde, ungestillte Abhängigkeitsbedürfnisse«. »Wahrscheinlich wünscht sie sich im stillen, daß ihr jemand die Pflichten und die Verantwortung abnimmt und sie mehr wie ein geliebtes kleines Mädchen behandelt.«

Die Identitätsprobleme, die in den Testberichten erwähnt werden, verweisen auf Entwicklungsdefizite, eine gelungene Synthese von Identitätsbruchstücken zustande zu bringen. Die Testergebnisse legten den Schluß nahe, daß diese Patienten häufig bewußt nicht nur ihre eigene Zulänglichkeit als Gattin und Mutter, Ehemann und Vater bezweifeln, sondern daß sie auch aktiv wünschen, etwas anderes zu sein. Einige Patienten haben anscheinend als einen wesentlichen Aspekt ihrer Identitätskonflikte Teilidentifikationen als kleine Mädchen oder Jungen beibehalten, ein Ergebnis, das mit dem Vorherrschen ungestillter oral-rezeptiver Sehnsüchte in direktem Zusammenhang steht.

Die Hypothese, daß es diesen Patienten nicht gelungen ist, eine Synthese von Identitätsfragmenten herzustellen, wird durch einen Blick in die Rorschach-Protokolle noch bestätigt. Die Patienten gaben Deutungen, in denen nach traditioneller Interpretation ungenügend gefestigte Identitäten zum Ausdruck kommen. Sie betonen Tätigkeiten und Orientierungen wie Rollenspielen, abgerichtet zu sein oder eine Maske aufzusetzen. So lauteten beispielsweise die Deutungen eines Patienten unter anderem: »Ein Kind, das sich als Indianer verkleidet hat«, »Erwachsene tanzen Ballett« und »Kinder beim Halloween«.* Ein anderer sah moderne Tänzer und eine Kreuzung zwischen einer Ratte und einer Katze. Ein dritter Patient sah in dem Bild dressierte Seehunde, und ein vierter nahm eine Maske und ein Kostüm als leere Hülle wahr.

Die kurzen, direkten Erwähnungen von Kindern in den Testberichten beschreiben diese als »nervös«, »anspruchsvoll«, »weinerlich«, »gut, wenn sie schlafen« oder als »schlechte kleine Kinder, denen es leid tut, was sie angestellt haben.« Was auffälligerweise in den Berichten fehlt, sind Anspielungen auf gute, versorgende Mütter, im Gegensatz zu häufigen Schilderungen von bestrafenden, entziehenden und verbietenden Müttern. Nicht selten werden Väter übermäßig als der Elternteil idealisiert, der Wünsche eher erfüllt. Über-Ich-Zwänge werden im allgemeinen als intensiv geschildert, häufiger in Form einer Identifikation mit der Mutter als mit dem Vater.

Das Material, das wir im Verlauf von Gesprächen und der therapeutischen Behandlung der Patienten gesammelt hatten, führte zu der Hypothese, daß diese Patienten besondere Schwierigkeiten hatten, mit ihren Müttern und den inneren Bildern von diesen Müttern zurechtzukommen. Die Testergebnisse von sieben Frauen wurden daraufhin untersucht, wie weit sie diese Hypothese stützen würden oder nicht. Es bleibt nur die Frage, aus welchen Testreaktionen der Patienten insbesondere auf die Bilder des TAT solche Schwierigkeiten vermutet werden können. Dies ging jedoch nicht deutlich als ein abgegrenzter Problembereich aus den Testreaktionen hervor – d. h. ein neutraler Auswerter, der diese Antworten mit denen anderer psychiatrischer Patienten verglichen hätte, hätte wahrscheinlich in dieser Dimension keine auffälligen Unterschiede entdeckt. Sicherlich wiesen ihre Antworten auf Bild VII des Rorschach-Tests, von dem häufig gesagt wird, daß es Wahrnehmungsreaktionen stimuliert, in denen Phantasien über Mutterfiguren zum Ausdruck kommen, keine ungewöhnlichen Brüche auf. Ihre Reaktionszeiten auf dieses Bild unterschieden sich nicht von denen auf die anderen Testbilder, und der Inhalt der Reaktionen war unterschiedlich und nicht ungewöhnlich. Es wurde festgestellt, daß in Picassos Bild »La

---

* Halloween ist in den USA der Abend des 31. Oktober, an dem sich die Kinder – ähnlich wie beim Karneval – verkleiden (A. d. Ü.).

Vie«, das zu den Testbildern gehörte, fünf von sechs Patienten eine Mutter sahen, die dem jungen Paar das Kind wegnahm oder die Frau wieder zu sich holte, worin sich Probleme mit der Mutter ausdrücken *können*, da wir nicht wissen, wie oft solche Antworten von anderen Patienten gegeben werden. Dies ist wahrscheinlich das Bild, das am ehesten Konflikte der Patienten aktualisiert, da es mit einer signifikant längeren Reaktionszeit verbunden ist als die anderen Testbilder und einige Patienten große Schwierigkeiten hatten, eine Geschichte dazu zu erfinden. Es gibt jedoch noch andere Faktoren, die zu diesem Konflikt beitragen können. So werden z. B. auf diesem Bild nackte Personen abgebildet, oder es vermag bewußte Phantasien zu stimulieren, die mit einer fürsorglichen Haltung gegenüber Kindern zusammenhängen und angesichts der eigenen erfahrenen Mißhandlungen für die Patienten möglicherweise irritierend sind. Des weiteren haben wir uns besonders genau die Reaktionen der Patienten auf Bild XII-F des TAT angesehen: dieses Bild zeigt eine alte Frau, die häufig als hexenähnliche Person beschrieben wird, die unmittelbar hinter einer freundlichen, jungen Frau steht. Drei von sechs Patienten konnten zu diesem Bild keine Geschichte erfinden, und die anderen drei hatten damit sichtlich Schwierigkeiten. Aber auch hier muß man vorsichtig sein, diese Ergebnisse als Unterstützung der Hypothese heranzuziehen, da wir über keine Vergleichsdaten verfügen.

Schließlich wurden die Antworten auf die Fragengruppe des Intelligenztests untersucht, mit der die Auffassungsgabe des Probanden geprüft wird; wir wollten feststellen, ob die Patienten mit bestimmten Fragen größere Schwierigkeiten hatten als mit anderen – d. h., wir suchten nach den Fragen, die der Patient auf einem geringeren Niveau als die anderen Fragen der Fragengruppe beantwortet hatte. Drei Fragen kristallisierten sich deutlich heraus, die sich für die Patienten als schwierig erwiesen. Die erste lautete: »Warum sollte man schlechten Umgang meiden«; sechs von sieben Patienten erreichten hier eine niedrigere Punktzahl als bei den anderen Fragen. Eine Deutung dieses Ergebnisses ist schwierig, da es mehrere Möglichkeiten gibt. Vielleicht ist das Ergebnis einfach ein Ausdruck der Schuldgefühle der Patienten wegen ihres fehlangepaßten mütterlichen Verhaltens oder auch des Gefühls, von anderen beeinflußt zu sein. Die zweite Frage, die zu Störungen der kognitiven Organisation führte, hieß: »Was bedeutet das Sprichwort, man solle das Eisen schmieden, solange es heiß ist?« Hier lagen fünf von sieben Patienten unter der erwarteten Punktzahl. Die aggressive Bedeutung dieser Frage ist wahrscheinlich der wichtigste Faktor in der Erklärung für diese Störung. Die dritte Frage lautete: »Warum brauchen wir Gesetze gegen die Kinderarbeit?« Auch hier lagen bei fünf von sieben Patienten die Punkte unterhalb des Erwartungswerts. In dieser Frage, die in direktem Bezug zu Kindern und deren Ausbeutung steht, ist es die Überzeugung des Patienten, Kinder dienten der Befriedigung der Bedürfnisse des Erwachsenen, die wahrscheinlich in erster Linie für die Verminderung der kognitiven Fähigkeit verantwortlich ist.

Auch hier sind vergleichende Studien zwischen diesen und anderen Patienten wünschenswert, was die Antworten auf die Fragengruppe angeht, mit der die Auffassungsgabe der Probanden geprüft wird. Um die Bedeutung dieser Ergebnisse zu untermauern, müßte man untersuchen, ob Patienten ganz allgemein mit diesen Fragen Schwierigkeiten haben oder nicht.

Zusammenfassend kann man sagen, daß die Testergebnisse in gewisser Weise die Hypothese stützen, daß Eltern, die ihre Kinder mißhandeln, ziemlich starke orale Konflikte und tief verwurzelte Gefühle der Depression und der Wertlosigkeit haben und daß es ihnen nicht gelungen ist, altersgemäße Ich-Identifikationen auszubilden. Wie weit sie auch andere Hypothesen stützen, muß im Augenblick noch offen bleiben. Außerdem verweisen die Testergebnisse auf eine signifikante Vielfalt der Persönlichkeitsstrukturen im Hinblick auf die Komplexität der Abwehr- und der Ich-Anpassungsmechanismen, die ihnen zu Gebote stehen. Sie deuten darauf hin, daß ein Verhalten der Kindesmißhandlung sich nicht auf ein oder zwei diagnostische Krankheitsbilder beschränkt und daß dieses Verhalten auch bei Personen auftreten kann, die ein relativ flexibles und anpassungsfähiges Ich haben.

Die Behandlung

Ungeachtet der damit verbundenen Schwierigkeiten war die Psychotherapie der Patienten unserer Untersuchungsgruppe für sie wie für uns sehr befriedigend. Manchmal hatte die Behandlung keinen Erfolg – zum Teil aufgrund unkontrollierbarer äußerer Umstände, wenn der Patient z. B. den Wohnsitz wechselte, eine Gefängnisstrafe verbüßen mußte oder für einen Kontakt zu weit entfernt wohnte, und zum Teil deshalb, weil unser Wissensstand der Schwere des psychischen Problems nicht gewachsen war. Bei der großen Mehrheit der Patienten erwies sich die Behandlung als manchmal mehr, manchmal weniger erfolgreich. Es gab mehrere Erfolgskriterien. Von erstrangiger Bedeutung war es, wenn sich die Interaktion zwischen dem Kind und dem betreffenden Elternteil so geändert hatte, daß die Gefahr einer körperlichen Verletzung des Kindes ausgeschlossen und die Wahrscheinlichkeit einer ernsten seelischen Schädigung verringert wurde. Neben diesem Wandel in der Art des Umgangs mit dem Kind und diesem eigentlich vorausgehend, vollzog sich eine Veränderung im allgemeinen psychischen Apparat des Patienten, was sich in Anzeichen dafür äußerte, daß dieser mit innerseelischen Konflikten besser umgehen konnte, sowie in einer Verbesserung der ehelichen Beziehung, anderer persönlicher Beziehungen und im Umgang mit den zahlreichen Problemen des täglichen Lebens. Als Therapeuten sahen wir den Patienten als menschliches Wesen und nicht als jemanden, der mit dem Stigma behaftet war, seine Kinder mißhandelt zu haben. Wie bereits bemerkt, wiesen unsere Patienten alle Arten psychischer Krankheitszustände auf, denen man in jeder Praxis begegnet, und unsere Therapie bestand in vieler Hinsicht in der Anwendung von Techniken, die bei jeder normalen Therapie angewandt werden. Da jedoch das Symptom der Kindesmißhandlung mit den in den vorangegangenen Abschnitten erörterten Faktoren zusammenhängt, ergeben sich bestimmte Probleme, die bei einer therapeutischen Behandlung besonders berücksichtigt werden müssen.

Wahrscheinlich hat der Therapeut zuallererst Schwierigkeiten, mit seinen eigenen Gefühlen gegenüber jemandem umzugehen, der einen kleinen Säugling oder ein Kleinkind verletzt hat. Die meisten Menschen reagieren mit Unglauben und Verleugnung oder entsetzt und mit einer zornigen Gefühlsaufwallung gegenüber dem Urheber der Mißhandlung. Es ist jedoch sinnvoller, eine neutralere Haltung zu gewinnen und sich zu diesem Zweck von Anfang an vor Augen zu halten, daß nicht nur ein Kleinkind verletzt worden ist, sondern daß auch der Täter selbst ein verletztes Kind ist. Glücklicherweise hat unser Forschungsziel uns zu einem umfassenden Interesse an den gesamten Lebensumständen des Patienten bewogen und nicht nur zu dem Versuch, ein Symptom zu kurieren. Je mehr der Therapeut dieselbe Neugier zu mobilisieren vermag, die er gegenüber anderen Patienten verspürt, um so besser wird er auf einen Erwachsenen eingehen können, der sein Kind mißhandelt hat. Aggressive Handlungen gegenüber Kleinkindern sind Symptome für einen tiefreichenden Konflikt und können am besten dadurch verhindert werden, daß man in die Gesamtpersönlichkeit eindringt anstatt das Symptom zu behandeln. In diesem Sinne gleicht die Therapie solcher Patienten weitgehend einer Therapie, wie sie bei Symptomen wie Frigidität, Impotenz oder Waschzwängen angewandt wird. Wer mißhandelnde Eltern vor diesem Hintergrund sieht, wird feststellen, daß er viel besser in der Lage ist, mit jenen zunächst wenig förderlichen Emotionen umzugehen, die sich bei einem Therapeuten einstellen, der zum ersten Mal mit diesem Problem konfrontiert wird.

Eine andere Schwierigkeit, die sich beim ersten Kontakt ergibt und einige Zeit fortbesteht, ist die Einstellung des Patienten gegenüber einer Hilfe von außen und seine Wahrnehmung des Therapeuten. Möglicherweise ist der Patient leicht aggressiv und sagt, weder habe er eine Behandlung nötig, noch sei er daran interessiert, und für ihn sei das Projekt nur ein Täuschungsmanöver. Er habe nichts verbrochen, es gebe lediglich einige Schreihälse, die wegen nichts und wieder nichts ein großes Lamento machten, und der Therapeut verschwende nur seine Zeit. Andererseits mag es sein, daß der Patient demütig, sanft und unterwürfig ist und den Wunsch äußert, in jeder Weise mitzuarbeiten. Dies sind – ganz grob – die beiden Möglichkeiten, wie Patienten darauf reagieren, wenn ihre Kindesmißhandlungen entdeckt wurden und sie deswegen von Ärzten, Sozialarbeitern, Untersuchungsbeamten oder anderen anklagend angesprochen und mit Strafen bedroht worden sind. Diejenigen, die aus eigenem Antrieb kommen und Hilfe suchen, zeigen wahrscheinlich eher eine unterwürfige, zur Mitarbeit bereite Einstellung und äußern ihr Vertrauen auf einen Erfolg der Behandlung.

Es kommt nun darauf an, diese anfangs gezeigten Einstellungen nicht für bare Münze zu nehmen, sondern sie als erste Anhaltspunkte dafür anzusehen, auf welche Weise ein therapeutisches Arbeitsbündnis hergestellt werden kann, das für eine erfolgreich verlaufende Therapie entscheidend ist. Es handelt sich hier um Personen, denen die frühe Lebenserfahrung eine noch nicht vergessene Lektion erteilt hat, daß nämlich diejenigen, die man um Hilfe bittet, dieselben sind, die einen angreifen, und daß es hoffnungslos ist, um Hilfe zu bitten. Sie haben gelernt, daß ein kleines bißchen Sicherheit darin liegt, sich selbst zu verleugnen und unterwürfig zu versuchen, das zu tun, was andere von einem erwarten. Zugleich sind sie davon überzeugt, daß eine sehr gute Möglichkeit, mit den Problemen fertigzuwerden, darin besteht, sie möglichst aggressiv anzupacken. Bei dieser Konstellation und angesichts eines weitgehend fehlenden Urvertrauens ist es nicht verwunderlich, daß sie an eine Behandlung nur zögernd, mißtrauisch und mit einer ganzen Anzahl anderer offen zutage tretender Einstellungen herangehen.

Diese Situation ist nicht so schlecht, wie es auf den ersten Blick vielleicht scheint. Der Patient trifft auf den Psychiater in einer schweren Krise der Bestürzung über die eigene Verhaltensweise, ausgelöst durch seine inneren Konflikte oder durch die Reaktion der Umwelt. Er fühlt sich vom eigenen Gewissen oder von der Gesellschaft angegriffen. Als zwangsläufige Folge wird seine Sehnsucht nach Liebe und Schutz verstärkt, und dies erschließt dem Therapeuten einen geeigneten Zugang zu einem Kontakt. Wir haben gelernt, uns von den ersten, negativen und zurückweisenden Haltungen eines Patienten nicht abschrecken zu lassen, insbesondere wenn er oder sie von anderen Personen bereits einem Verhör unterzogen oder attackiert wurde. Es ist nicht so schwer, zum Patienten zu sagen: »Es sieht so aus, als hätten Sie eine ziemlich schlimme Zeit hinter sich. Wir wollen sehen, was wir da machen können.« Solche einfachen Äußerungen eines Wohlwollens vermitteln dem Patienten zumindest den schwachen Eindruck, man habe ihm zugehört, ohne ihn sogleich zu kritisieren. Der Therapeut ist dann gewissermaßen »auf der Seite der Engel« und bietet Zuflucht und Schutz vor der bedrohlichen Welt. Mitfühlendes Zuhören ist ebenso wichtig für den Patienten, der freiwillig kommt oder seine Mitarbeit anbietet. Auch sein Mißtrauen gegenüber einer Behandlung ist sehr stark, obwohl es gut kaschiert ist.

Es ist ein Gemeinplatz, daß psychiatrische Patienten die Zeit und die Aufmerksamkeit gern genießen, die ihnen der Therapeut widmet, sowie das Vorrecht, angehört zu werden. Wir sind davon überzeugt, daß Personen, die ihre Kinder mißhandeln, dies noch stärker brauchen und dankbarer darauf reagieren als alle anderen Patienten, mit denen wir zu tun hatten. Wenn es jemanden gibt, der einem zuhört, so hilft dies, das notwendige Vertrauensgefühl aufzubauen und legt den Grundstein für die Entwicklung eines Gefühls der Selbstachtung und Identität. Ein wichtiger Bestandteil der Besserung des Patienten hängt unmittelbar damit zusammen: die Identifikation mit dem Therapeuten. Wir wissen, daß wir entscheidende Fortschritte gemacht haben, wenn der Patient sich etwa in der Richtung äußert: »Wissen Sie, ich höre meinem Kind in derselben Weise zu wie Sie mir. Es ist jetzt für mich eine wirkliche Person, und es macht mir viel Spaß.«

Aber der Therapeut muß nicht nur zuhören können, er muß auch Fragen stellen. So lange noch nicht bekannt ist, wer von den beiden Eltern das Kleinkind mißhandelt hat, sind Fragen danach oft fruchtlos und bringen den Therapeuten in die Rolle eines unwillkommenen Anklägers. Wenn das ernsthaft verletzte Kind im Krankenhaus ist, so wird die notwendige Information im allgemeinen spontan kurz vor dessen Entlassung gegeben. Im Fall nicht stationär behandelter, weniger schwerer Verletzungen wird im allgemeinen ohne direkte Fragen oder Vorhaltungen offenbar, wer das Kind geschlagen hat. Der Therapeut kann den Patienten ohne weiteres nach dessen gegenwärtigen und vergangenen Lebensumständen fragen und danach, wie dieser als Kind erzogen wurde. Das führt in ungezwungener und unaufdringlicher Weise zu der Frage, wie er mit den eigenen Kindern umgeht. Jede direkte Frage, die in irgendeiner Form eine Anklage enthält, wird am besten vermieden. Auf die Frage: »Werden Sie wütend, wenn Ihr Kind schreit?« wird man wahrscheinlich eine unwahre oder ausweichende Antwort bekommen. Wenn man hingegen fragt: »Geht es manchmal fast über Ihre Kräfte, wenn das Baby so viel schreit?«, so wird man wahrscheinlich einiges Material zu diesem Problem zutage fördern, einschließlich Gefühlen der Enttäuschung und Wut.

Obgleich der Schutz des Kleinkindes ein wesentliches Ziel ist, sollte der Therapeut kein direktes Interesse an dem Kind zeigen, auch wenn das paradox erscheint. Die Aufmerksamkeit sollte fast ausschließlich auf die elterliche Person gerichtet sein. Der Grund liegt darin, daß eine Wendung der Aufmerksamkeit zu dem Kleinkind den Patienten wieder in jenes alptraumartige Gefühl zurückversetzt, daß niemand seine Bedürfnisse anhört und daß damit seine Hoffnungslosigkeit und sein Mangel an Vertrauen verstärkt werden. Unser wahrscheinlich wichtigster Grundsatz bei der Behandlung bestand darin, den Patienten dazu zu bewegen, sich an uns statt an sein kleines Kind zu wenden, um eine Möglichkeit zu finden, wie seine Bedürfnisse befriedigt werden könnten. Wenn dies selbst in bescheidenem Umfang gelingt, so verringern sich die Anforderungen an das Baby und die elterliche Enttäuschung, und das Kind ist im wesentlichen sicher. Ein Hinweis auf dieses Element der Sicherheit kann darin gesehen werden, daß der Patient außerhalb der vereinbarten Gesprächstermine anruft und über seine Gefühle der Einsamkeit, Enttäuschung und zunehmender Spannungen spricht, weil er sich damit an den Therapeuten und nicht an das Kleinkind wendet, um eine Antwort zu bekommen.

Eng damit verbunden ist das therapeutische Ziel, die isolierte Lebensweise des Patienten zu ändern. Nachdem ein stabiles Bündnis mit dem Therapeuten geschlossen ist, kann der Patient ermutigt werden, mehr äußere Sozialkontakte mit Freunden oder Nachbarn zu suchen. Dies kann am besten dadurch geschehen, daß man dem Patienten behilflich ist, seine eigenen Bedürfnisse nach Kontakt zu erkennen und die Angst davor abzuschwächen, und weniger dadurch, daß man ihm direkte Ratschläge oder Anweisungen gibt. Je mehr die Eltern mit anderen Menschen zu tun haben, um so weniger werden sie das Baby dazu benützen, ihnen als Trostmittel zu dienen.

Patienten bedürfen oft der Ermutigung, etwas so Einfaches zu tun wie einen Babysitter zu finden, so daß sie sich von Zeit zu Zeit für andere Aktivitäten freimachen können. Dies muß vorsichtig geschehen, weil die Eltern leicht das Gefühl haben, »draußen gelassen« zu sein, sobald die Aufmerksamkeit auf das Kleinkind gelenkt wird. Eine Mutter brachte es auf die knappe Formel: »Wenn meine Mutter kommt und mir wegen Billy helfen will und ihn aufnimmt, dann habe ich das Gefühl, daß sie mir nicht nur Billy weggenommen hat, sondern auch, daß Billy mir meine Mutter wegnimmt. Dann bin ich auf beide wütend.« Sie fügte hinzu, daß selbst ihr Bedürfnis nach Hilfe wegen ihres Babys für eine andere Person, die ihr das Kind abnahm, bedeuten würde, daß sie eine schlechte Mutter sei, so daß sie eine Kritik fürchtete. Solche komplizierten Gefühle unterstreichen die Notwendigkeit, den elterlichen Bedürfnissen vorrangig Aufmerksamkeit zu schenken.

Ein häufig auftretendes Problem in der Therapie sind die Bitten der Patienten um Ratschläge. Aus ihrer lebenslangen Verpflichtung heraus, das zu tun, was andere wollen, stellen sie viele Fragen darüber, was sie tun sollen und wie sie es am besten machen. Das Erteilen solcher Ratschläge ist sinnlos; der Patient wird sie unterwürfig und auf eine Art und Weise befolgen, daß sie nicht funktionieren, und wenn er sich gesünder fühlt, so wird er sie nicht beachten. Eine psychotherapeutische Standardfloskel von der Art: »Warum fragen Sie danach?« ist genauso zwecklos. Sie bringt den Patienten in Verlegenheit; er fühlt sich zurückgewiesen und kann darauf nur mit einer lahmen Bemerkung reagieren: »Weil ich eben nichts falsch machen möchte.« Das bringt einen keinen Schritt weiter. Ein sinnvoller Weg ist es, mehrere Möglichkeiten anzubieten, darunter den eigenen Standpunkt, und diesen dadurch zu neutralisieren, daß der Therapeut den Vorschlag macht, der Patient könne eine der genannten Möglichkeiten auswählen oder selbst eine überlegen, die ihm besser zusage. Im allgemeinen fahren Patienten mit dieser Ermutigung ganz gut, sie gewinnen Selbstvertrauen und Selbstachtung. Dasselbe Prinzip gilt für das Problem, »Grenzen zu setzen« oder Kontrollen einzuführen. Personen, die ihre Kinder mißhandelt haben, sind bereits im Übermaß Kontrollen unterworfen, auf die sie nur schwach reagiert haben. Anstatt ihnen zu empfehlen, bestimmte Verhaltensweisen zu unterlassen, kann man bei ihnen eher eine Verhaltensänderung herbeiführen, wenn man die Frage so stellt: »Glauben Sie, Sie könnten sich eine andere Möglichkeit vorstellen, mit der Situation umzugehen, und zwar so, daß deutlicher wird, was Ihnen eigentlich fehlt?«

Die Patienten unserer Untersuchungsgruppe waren ganz besonders empfindlich, wenn sie in irgendeiner Form zurückgewiesen oder im Stich gelassen wurden. Wir haben bereits bemerkt, daß das Gefühl, vom Ehegatten, einem Elternteil oder einer anderen wichtigen Person verlassen worden zu sein, ein wichtiger Auslöser für eine Mißhandlung sein kann. Ein solches symptomatisches Agieren geschieht auch in der Reaktion auf den Therapeuten. In den Anfängen unserer Arbeit haben wir den Fehler gemacht, daß einmal alle drei Therapeuten zur selben Zeit für ein paar Tage verreist waren. Einige Patienten reagierten darauf in der Weise, daß sie ihren Kindern gegenüber wieder tätlich wurden, allerdings in abgeschwächter Form. Seitdem haben wir dafür Sorge getragen, daß jederzeit mindestens ein Therapeut für die Patienten zur Verfügung stand, falls ein Kontaktbedürfnis aufkam. In der Regel ist es durchaus sinnvoll, den Patienten mitzuteilen, wann man verreist und wann man wieder zurückkommt, selbst wenn diese Abwesenheit den feststehenden Terminplan für therapeutische Gespräche nicht tangiert. Solche Informationen scheinen die Zuversicht und das Vertrauen des Patienten zu stärken. Telefonkontakte können ihre Tücken haben. Es läßt sich nicht vermeiden, daß Eltern zu unpassenden oder unmöglichen Zeiten anrufen und sich zurückgewiesen fühlen, wenn man sich sehr kurz faßt. Wenn man genügend Zeit findet, um zu sagen: »Ich habe eine Minute Zeit für Sie, wenn es sehr dringend ist, aber wenn Sie ein paar Stunden warten können, können wir ausgiebiger darüber reden. Ist Ihnen das möglich?«, so reagieren die Patienten darauf im allgemeinen positiv. Nachdem sie derartige Erfahrungen öfter gemacht haben, verhalten sie sich mehr wie normale Patienten, die bei der Sekretärin eine Nachricht hinterlassen, man möge sie bitte zurückrufen, wenn man Zeit habe. Es muß nochmals betont werden, daß Zeit und Aufmerksamkeit für diese Patienten unschätzbare Gaben bedeuten.

Die Beendigung einer Behandlung kann erneut Gefühle hervorrufen, verlassen und zurückgewiesen zu werden, und nicht selten wird es ein schwaches, vorübergehendes Wiederaufleben von Tendenzen geben, zuviel zu verlangen und gegenüber dem Kleinkind zu aggressiv zu werden. Dies bietet dem Therapeuten die Möglichkeit, präzisere Deutungen anzubieten, und der Patient vermag tiefere Einsichten zu gewinnen, während der Konflikt durchgearbeitet wird. Wir vermuten, daß es bei einigen Patienten deshalb zum Agieren gekommen ist, da sie wußten, daß wir uns für das Problem von Kindesmißhandlungen interessierten, und der einfachste Weg, unser Interesse wachzuhalten, bestand darin, daß sie ihr Kind mißhandelten. Aufgrund unseres Forschungsinteresses sagten wir den Patienten, wir würden uns freuen, von ihnen wieder zu hören, selbst wenn die Behandlung ausgelaufen und technisch beendet war. Während wir diesen Abschnitt niederschrieben, fühlte sich unsere erste Patientin Bertie ein wenig einsam und rief uns an, was sie ungefähr jedes halbe Jahr tat. Ihre beiden Töchter gedeihen prächtig, die eine im Kinderhort, die andere in der Schule. Manchmal muß sie ihren Mann besänftigen, weil er meint, sie sei zu nachsichtig mit den Kindern und er ihnen mit einem Riemen Disziplin beibringen will. Insgesamt kommt sie ganz gut zurecht. Wir hatten auch mit ihrem Mann gesprochen, aber da seine Arbeit Kontakte mit uns äußerst schwer machte, mußte seine Behandlung vorzeitig beendet werden.

Eine Behandlung des Elternteils, der an den Mißhandlungen nicht direkt beteiligt war, ist immer zweckmäßig, wenn von ihm ein bedeutsamer Beitrag oder eine Provokation zur Mißhandlung ausgegangen ist. Wir hatten schon erwähnt, daß unsere Patienten dazu neigen, jemanden zu heiraten, der ihnen im Hinblick auf Lebensgeschichte und Charakterstruktur ziemlich ähnlich ist. Wenn also eine Mutter anfängt, in der Behandlung ihrem kleinen Kind gegenüber mehr Toleranz und Beachtung zu zeigen, kann es leicht geschehen, daß der Vater die Rolle des Täters übernimmt, wenn auch oft in abgemilderter Form. Weitere Fortschritte können der Frau die Möglichkeit geben, besser auf den Mann einzugehen, so daß dieser sich mit seinen Bedürfnissen nicht länger an das Kind wendet. Trotzdem ist eine Behandlung beider Partner die sinnvollste Lösung, sofern sich dies einrichten läßt. Unaufgelöste Geschwisterrivalität, die zu einer Konkurrenz der Eltern um die Zuneigung des Kindes führt, kann in der Therapie des Elternteils, der keine Mißhandlungen begangen hat, ein guter Ansatzpunkt sein. Wir sind der Ansicht, daß unsere allgemeinen Therapieprinzipien gleichermaßen für beide Gatten gelten, da deren Psychodynamik ähnlich ist, was die Mißhandlung der Kinder angeht.

Die bei weitem schwierigste Aufgabe in der Therapie besteht darin, den Patienten behilflich zu sein, eine bessere Beziehung zu ihren eigenen Eltern herzustellen, insbesondere zu ihren Müttern. Wir haben den Eindruck, daß die eigene Fähigkeit der Patientin zu einem mütterlichen Verhalten behindert bleibt, solange sie nicht das Gefühl hat, daß zwischen ihr und der Mutter eine Einträchtigkeit und eine gewisse Beziehung besteht. Das immer wiederkehrende Gefühl der Enttäuschung beim Patienten gegenüber der Mutter, die Angst vor ihr und die starke Ambivalenz ihr gegenüber lassen die Aufgabe als fast unlösbar erscheinen. Erst wenn ein starkes therapeutisches Arbeitsbündnis mit zunehmendem Vertrauen in den Therapeuten zustande gekommen ist, kann überhaupt der Versuch gemacht werden, die Patienten in die Richtung zu lenken, daß sie auch die guten Seiten der Mutter sehen. Selbst dabei muß man vorsichtig und geschickt vorgehen. Nach und nach und mit etwas Glück kann die Patientin ihre eigene Weise finden, bei Gesprächen mit der Mutter das Gleichgewicht zu bewahren, und vielleicht entdeckt sie sogar Möglichkeiten, zu ihrer Mutter so nett zu sein, daß diese mit echter Zuneigung und Bestätigung reagiert. In welchem Maße auch immer eine Beziehung und eine neue Identifikation mit der »guten« Mutter hergestellt werden kann, wird sich unmittelbar in der Auslösung mütterlicher Verhaltensweisen der Patienten ausdrücken. Obgleich es möglich ist, die Annäherung des Patienten an seine Mutter in einer ausschließlich therapeutischen Situation zu erreichen, haben wir uns in fast allen Fällen der zusätzlichen Hilfe einer einfühlsamen Sozialarbeiterin bedient. Nach einer Anfangsperiode unterschiedlicher Dauer, während der sie abgewiesen und getestet wurde, brachten ihr die meisten Patienten Vertrauen entgegen, und sie wurde zum sinnvollen Ziel deren angestauter Sehnsüchte, bemuttert zu werden. Sie war eine einfühlsame, auf Kritik und Kontrolle verzichtende Ersatzmutter, die immer zur Verfügung stand, und ermöglichte so den Patienten eine neue Erfahrung und Objektidentifikation. Die therapeutische Bedeutung dieser Beziehung war oft erheblich. Neben ihrem immanenten Wert erleichterte und beschleunigte sie die Behandlung durch den Psychiater. Eine gute Beziehung zu unserer Sozialarbeiterin war häufig der erste Schritt bei den Versuchen der Patienten, aus der Beschränkung ihrer Isolation auszubrechen und mehr Sozialkontakte zu schließen. Oft war die Beziehung die Brücke für die Patienten in Richtung auf eine Neugestaltung der Beziehung mit der eigenen Mutter.

Die Sozialarbeiterin wurde bei einigen Fällen sehr früh eingeschaltet und sprach mit dem Patienten kurz bevor oder nachdem dieser mit dem Psychiater das erste Gespräch geführt hatte. Während dieser den Kontakt in Form von Gesprächen fortsetzte, die in seinem Arbeitszimmer stattfanden, pflegte die Sozialarbeiterin den Kontakt vorwiegend durch Hausbesuche, bis die Behandlung beendet war. Dieses Prinzip hat sich als ganz zweckmäßig erwiesen. Der Patient hatte so die Möglichkeit, mit zwei Personen unterschiedlichen Geschlechts zu sprechen, die sich gemeinsam bemühten, ihm zu helfen. Außerdem konnte er zwischen zwei Alternativen wählen. Wenn er mit dem Psychiater nicht zurechtkam, konnte er sich an die Sozialarbeiterin wenden und umgekehrt und dabei Probleme freier äußern, so daß sich sein Gefühl der Hoffnungslosigkeit abschwächte. Diese Nebenhandlung mit Vorwärts- und Rückwärtsbewegungen zwischen männlichem und weiblichem Therapeuten hatte für viele Patienten wegen ihrer individuellen Kindheitserlebnisse eine besondere Bedeutung. Wenn sie bei der Mutter vergeblich ihre Abhängigkeitsbedürfnisse befriedigen wollten, fühlten sie sich desillusioniert und enttäuscht. Wandten sie sich dann an den Vater, so wurde dieser überstark idealisiert, zum Teil, weil die Väter das Bedürfnis in bescheidenem Maße befriedigen konnten, aber noch mehr, weil die Beziehung zum Vater weniger mit ursprünglicher Ambivalenz und Angst befrachtet war. Aber die Väter konnten nicht genug von dem geben, was die Kinder brauchten, so daß diese wiederum enttäuscht wurden. Manchmal hatten sie den Vater gefragt, warum sie wohl mit der

Mutter solche Schwierigkeiten hätten, aber sie erhielten nur verständnislose Antworten, die ihnen nicht weiterhelfen konnten. In der Therapie wurde die Abwendung von der einen »elterlichen« Figur zur anderen erneut inszeniert und anders erlebt, so daß der Patient lernte, seine Situation besser zu verstehen. Wir hatten das Gefühl, daß dieses fehlende echte Vertrauen zu Männern oder Frauen sowohl bei männlichen Psychiatern als auch bei Sozialarbeiterinnen zu dem Eindruck beigetragen hat, daß es fast unmöglich sei, Eltern therapeutisch zu behandeln, die ihre Kinder mißhandelt haben.

In einigen Fällen wurde die Sozialarbeiterin erst nach mehreren Wochen eines Kontaktes mit dem Psychiater eingeschaltet. Wenn sie dann auf den Plan trat, konnten Probleme entstehen. Als eine Patientin gefragt wurde, ob sie damit einverstanden wäre, wenn die Sozialarbeiterin sie in ihrer Wohnung besuchen würde, reagierte sie überrascht und ein wenig verärgert, zögerte einen Augenblick und willigte dann ein. Viel später, als sie die Erfahrung gemacht hatte, daß die Bekanntschaft mit der Sozialarbeiterin »einer der größten Glücksfälle war«, die sie erlebt hatte, erzählte sie uns, was damals in ihr vorgegangen war. »Als Sie mich fragten, ob mich Frau D. besuchen könnte, dachte ich, wie kann er nur so dumm fragen. Gerade noch habe ich ihm erzählt, welche Angst ich vor Frauen habe und wie sehr ich sie hasse. Und dann will er diese Frau auf mich ansetzen, aber ich denke, er wird schon wissen, was er tut, also bin ich einverstanden.« Dieser Vorfall verdeutlicht das Nebeneinander von unterdrücktem Ärger, weil man dem Patienten scheinbar nicht richtig zugehört hat, der Bereitschaft, sich unverzüglich den Wünschen anderer zu fügen, und gerade soviel Vertrauen in den Therapeuten, um einen Konflikt in der Therapie durchzustehen.

Die Sozialarbeiterin leistet eine unschätzbare Hilfestellung, wenn eine Entscheidung zu treffen ist, ob ein Kleinkind in der Obhut seiner Eltern belassen werden kann, von denen es mißhandelt wurde, ob es zu Hause bleiben kann, sofern sich dort eine zuverlässige dritte Person beständig zu seinem Schutz aufhält, oder ob es unter der Vormundschaft des Jugendgerichts oder einer Kinderschutzbehörde in einem Pflegeheim untergebracht werden soll. Ihre Einschätzung der Situation, die sie aus Gesprächen mit den Eltern und Beobachtungen der Eltern-Kind-Interaktion in der elterlichen Wohnung gewonnen hat, trägt wesentlich dazu bei, welche Entscheidung getroffen wird. Deshalb ist es im allgemeinen für eine Sozialarbeiterin sinnvoll, von Anfang an an der Behandlung des Patienten beteiligt zu sein.

Von den bestehenden, für alle Bundesstaaten geltenden gesetzlichen Bestimmungen, alle Verletzungen von Kindern zu melden, die nicht auf einen Unfall zurückgehen, werden viele Bereiche unserer Gesellschaft betroffen – Beamte der Exekutive, Kinderschutzbehörden, Bewährungshelfer, Jugendgerichte, Staatsanwälte, Sozialarbeiter, Kinderärzte, Röntgenologen und Psychiater. Deshalb erfordert die Entscheidung über die besten Mittel, wie dem mißhandelten Kind und seiner Familie eine bessere Zukunft gesichert werden kann, die gemeinsame Anstrengung vieler Personen. Dem Arzt obliegt der Befund, ob es zu einer Verletzung gekommen ist, wie schwer diese ist und ob sie durch einen reinen Unfall verursacht wurde oder nicht. Wenn andere Ursachen als ein Unfall begründet vermutet werden können, so muß der Arzt den betreffenden behördlichen Stellen einen Bericht darüber zukommen lassen. Er wird ferner, so ist wenigstens zu hoffen, ein psychiatrisches Gutachten der Eltern oder der Pflegeperson empfehlen. Sozialarbeiter der Kinderschutzbehörde, der Ermittlungsbeamte und der Psychiater müssen anschließend ihre Informationen austauschen und entscheiden, ob die Situation es gerechtfertigt erscheinen läßt, eine Klage auf Entzug des Sorgerechts einzureichen und zu beantragen, das Kind in ein Pflegeheim einzuweisen. Das Jugendgericht wird dann von allen Betroffenen die entsprechenden Informationen benötigen, um eine begründete Entscheidung über das Sorgerecht zu treffen, das Kind zeitweilig der Obhut der Eltern zu entziehen und dessen Unterbringung anzuordnen. Die dem Richter übermittelten Informationen müssen gerechtfertigte Aussagen darüber enthalten, daß das Kind schwer und grundlos verletzt worden ist, daß die Gefahr einer Wiederholung der Mißhandlungen groß ist, daß die Situation innerhalb der Familie dem Kind entschieden zuwenig Schutz bietet und daß es unwahrscheinlich ist, daß die Aufsichtspersonen in der unmittelbaren Zukunft ihr Verhalten ändern werden. Psychiater und Sozialarbeiter können aufgrund ihrer besonderen

Kenntnisse den Grad der Störung und Pathologie innerhalb der familiären, ehelichen und sozialen Situation sowie die Bereitschaft der Eltern feststellen, sich einer therapeutischen Behandlung zu unterziehen, solange das Kind sich im Krankenhaus befindet. Das Kind kann dann in ein Pflegeheim entlassen oder mit einiger Zuversicht den Eltern zurückgegeben werden. In zweifelhaften Fällen kann das Gericht vorübergehend die Vormundschaft des Kindes an sich ziehen, den Eltern jedoch erlauben, das Kind auf Bewährung wieder zu sich zu nehmen mit der Auflage, daß die Eltern beständig mit der Sozialarbeiterin oder dem Psychiater in Kontakt bleiben und daß deren Berichte günstig ausfallen. Wer die Bereitschaft der Eltern feststellen will, sich einer Therapie zu unterziehen, muß auf der Hut sein und unterscheiden können zwischen einem sinnvollen therapeutischen Arbeitsbündnis und der Fähigkeit dieser Eltern, sich bereitwillig einer Autorität und bestimmten Regeln zu unterwerfen, während sie in ihrem Inneren eine starke Feindseligkeit verbergen. Wenn ein echtes, beständiges Bündnis mit dem Therapeuten besteht, ob Sozialarbeiterin oder Psychiater, so kann man das Kind unbesorgt in die Umgebung zurückbringen, in der es Mißhandlungen ausgesetzt gewesen ist. Die meisten Eltern reagieren wütend auf jeden Versuch, ihnen das Kind wegzunehmen und wehren sich dagegen, und wer sich der Aufgabe gegenübersieht, die Trennung des Kindes von den Eltern zu erzwingen, tut dies mit unbehaglichen und widerstrebenden Gefühlen. Wir haben die Feststellung gemacht, daß man viel erreichen kann, wenn der Sozialarbeiter, Psychiater oder ein anderer Arzt, der mit den Eltern über diese Trennung spricht, auf vorwurfsvolle Anklagen oder direkte Kritik gegenüber den Eltern verzichtet und sich statt dessen um Einfühlungsvermögen und Rücksichtnahme bemüht. In vielen Fällen sind die Eltern dann eher bereit, fühlen sich teilweise sogar erleichtert, da die Trennung sie für einige Zeit von der Aufgabe befreit, hilflos mit einer nicht zu meisternden Situation umzugehen.

Zu oft ist man in der Vergangenheit Kindesmißhandlungen in der Weise begegnet, daß man das Kind von den Eltern trennte, in ein Pflegeheim gab und damit das Problem als gelöst betrachtete. Während eine Trennung des Kindes von den Eltern sinnvoll und oftmals ein absolut notwendiger

Eingriff ist, bleiben die grundlegenden Probleme jedoch davon völlig unberührt. Früher oder später wird sich die Frage erheben, ob das Kind der elterlichen Aufsicht wieder anvertraut werden kann oder nicht. Auch kann es sein, daß die betroffenen Eltern noch andere Kinder haben oder künftig haben werden, die möglicherweise ebenfalls mißhandelt werden. Deshalb müssen die Bemühungen darauf gerichtet sein, nicht nur das unmittelbare Problem zu lösen und das Kleinkind vor weiteren Mißhandlungen zu schützen, sondern auch das Gesamtmuster der Eltern-Kind-Interaktion in dieser Familie zu erforschen und therapeutische Maßnahmen einzuleiten. Es liegt auf derselben Ebene, wenn wir davon überzeugt sind, daß es sinnlos ist, einen Erwachsenen, der sein Kind mißhandelt, im Kontext des Strafgesetzes zu »behandeln«, wobei eine Schuld festgestellt und eine Strafe verhängt wird. Wenn der Staatsanwalt keine Verurteilung erreicht, was sehr leicht geschehen kann, fühlt sich der Beschuldigte in seinem Verhalten freigesprochen; er setzt es fort und ist einer Behandlung kaum noch zugänglich. Auf der anderen Seite bewirkt eine Verurteilung mit Gefängnisstrafe nichts, das die Charakterstruktur und das Verhalten des Betroffenen wirklich ändern würde – sie ist viel wahrscheinlicher eine erneute verstärkende Wiederholung der Erfahrung von Mißachtung, Angriffen und Befehlen, es noch besser zu machen, genau die Dinge, die ihn in erster Linie dazu gebracht hatten, sein Kind zu mißhandeln. Eine unserer Patientinnen hat es so ausgedrückt: »Sobald ich aus dem Gefängnis raus bin, verlassen wir diesen Staat und ziehen an einen Ort, an dem uns keiner kennt. Dort werden wir Kinder haben und sie so erziehen, wie wir wollen.«

Zusammenfassung

Unsere Behandlung von Erwachsenen, die ihre Kinder mißhandeln, war darauf gerichtet, das grundlegende Muster der Kindererziehung zu verändern. Sie beruhte auf Hypothesen, die wir aus der psychologischen Untersuchung der Eltern unserer Untersuchungsgruppe abgeleitet haben. Wir waren in der Lage, mit fast allen 60 Familien einen guten Kontakt herzustellen, und mehr als drei Viertel dieser Gruppe zeigten eine wesentliche Verbesserung. Bei einigen waren die Veränderungen stark, bei einigen nur geringfügig, einige werden noch immer behandelt. Wir sprechen von einer Verbesserung, wenn es nicht mehr zu gefährlichen körperlichen Angriffen auf das Kleinkind kommt und wenn schwächere Tätlichkeiten in Form einer Bestrafung entweder ganz verschwinden oder so weit reduziert werden, daß keine Verletzungen des Kindes mehr vorkommen. Von gleicher Bedeutung war eine Verringerung der Ansprüche und der Kritik, begleitet von einer zunehmenden Anerkennung des Kindes als Individuum mit Bedürfnissen und Verhaltensweisen, die seinem Alter entsprechen. Weitere Kennzeichen für eine Verbesserung der Situation der Eltern waren wachsende Fähigkeiten, sich an eine größere soziale Umwelt zu wenden, die die eigenen Bedürfnisse in positiver Weise befriedigen und als Hilfsquelle dienen konnte, wenn Not am Mann war, anstatt bei den Kindern auf solche Reaktionen zu hoffen. Wir haben nicht immer versucht, und es ist uns auch nicht immer gelungen, alle psychischen Konflikte und Charakterprobleme unserer Patienten zu behandeln. Diese wurden nur in dem Maße angesprochen, in dem der Patient das Bedürfnis äußerte oder wir es im Hinblick auf das primäre therapeutische Ziel für notwendig hielten. Unserer Anschauung nach ist diese Behandlung von doppeltem Wert. Zum einen ist sie die humanste und konstruktivste uns bekannte Möglichkeit, mit einem zutiefst tragischen Aspekt im Leben bestimmter Personen umzugehen. Zum anderen sind wir zuversichtlich, daß der therapeutische Eingriff in einen Prozeß, der anscheinend von Generation zu Generation stets neu übermittelt wird, die Muster der Kindererziehung verändert, so daß es künftig in diesen Familien mehr Glück und weniger Tragödien geben wird.

Danksagung

Diese Untersuchung wurde gefördert von The Children's Bureau of the Department of Health, Education, and Welfare, Projekt Nr. 12: HS, Projekt 218.

6. Die Rolle des Sozialarbeiters

Elizabeth Davoren*

Die Rolle eines Sozialarbeiters in der gewalttätigen, oft erschreckenden Welt des mißhandelten Kindes hat in der überwiegenden Mehrzahl der Fälle darin bestanden, zu »heilen«, und daran wird sich auch in Zukunft nichts ändern. Der erste Schritt der »Heilung« und manchmal auch die einzige Heilung dieser Situation kann die Entfernung des mißhandelten Kindes aus seiner gefährlichen Umwelt sein. Von den Urhebern der Verletzungen, im allgemeinen der Vater oder die Mutter des Kindes oder beide, kann man nur hoffen, daß sie Hilfe von außen annehmen, so daß ihre anderen Kinder, sofern sie welche haben, oder die Kinder, die sie vielleicht noch haben werden, nicht ebenfalls gefährdet sind. Das vordringlichste Ziel einer Behandlung besteht natürlich darin, daß das von den Mißhandlungen betroffene Kind künftig bei der eigenen Familie sicher ist.

Meine Beteiligung an der Untersuchung über Kindesmißhandlungen kam durch Brandt Steele zustande, der mich eines Tages anrief und fragte, ob ich etwas dagegen hätte, eine Reihe von Müttern zu besuchen, die ihre Kinder schwer mißhandelt hatten, und über sie und ihre familiäre Situation so viel wie möglich herauszubekommen. Ich hatte zu Hause ein eigenes Baby und trug mich mit dem Gedanken, mich zumindest für einige Zeit aus meinem Beruf zurückzuziehen. Die Gelegenheit, nur von Fall zu Fall und ohne feste Arbeitszeit zu arbeiten, schien günstig, und ich freute mich auf ein Forschungsprojekt, an dem ich – selbst mit einer Forschungsaufgabe betraut – teilnehmen konnte, und auf eine Teilzeitbeschäftigung, die mir ermöglichen würde, Zeit und Energie auch noch auf andere Dinge zu verwenden. Seit damals sind vier Jahre vergangen. Der freie Forschungsauftrag auf Teilzeitbasis, den ich übernahm, wurde zu einer Lebensweise, ohne daß mir dies überhaupt bewußt wurde, und am Ende dieser Arbeit nehme ich gern die Möglichkeit wahr, anderen

---

* Elizabeth Davoren war die psychiatrisch ausgebildete Sozialarbeiterin, die vom Beginn der Untersuchung an mit B. F. Steele und C. B. Pollock zusammengearbeitet hat. Heute ist sie als Beraterin mehrerer Sozialbehörden in Kalifornien tätig.

mitzuteilen, was ich zusammen mit Dr. Steele und Dr. Pollock gelernt habe, als wir eine Antwort auf die Frage suchten: was bringt jemanden dazu, ein Kind schwer zu schlagen, es für sein Leben zu einem Krüppel zu machen oder vielleicht sogar zu töten?

Bevor wir diese Frage beantworten konnten, mußten wir erst einige andere Fragen stellen und beantworten: um welche Art von Leuten handelt es sich dabei? Wie werden sie von anderen gesehen, und wie sehen sie sich selbst? Wie leben sie? Was unterscheidet sie, wenn überhaupt, von anderen menschlichen Wesen? Wie sollten wir vorgehen, um das Los der Erwachsenen und Kinder zu bessern, die in einer so labilen und gefährlichen Situation lebten, daß sie zu Mißhandlungen an Kindern führte? Schon früh in unserer Arbeit lernten wir, daß die beste Möglichkeit, die Gefahr einer Kindesmißhandlung in einer Familie zu verringern, darin bestand, uns den Erwachsenen, die das Kind bedrohten, als stets verfügbare Quelle der Bedürfnisbefriedigung zur Verfügung zu stellen. Das ist der Grund dafür, daß unser Forschungsvorhaben zu einer Lebensweise wurde. Die Personen, die allmählich und widerstrebend zu unseren Patienten wurden, haben wir ermutigt, uns jederzeit anzurufen, wenn sie das Bedürfnis danach hatten, und wir versuchten, allen ihren Bitten zu entsprechen, soweit das menschenmöglich war. Da wir uns in dieser Weise zur Verfügung stellten, konnten wir sehr schnell einen Eindruck davon gewinnen, wie rund um die Uhr das Leben von Menschen aussah, die ihre Kinder mißhandelten – wir lernten ihre Persönlichkeiten und Lebensgewohnheiten kennen, wir erfuhren, welche Situationen am ehesten zu Krisen führten, wie sie auf Krisen reagierten, wie sie mit geringeren Problemen fertig wurden, und welche kleineren Probleme in ihren Augen zu großen wurden.

Mein Verhalten als therapeutischer Beobachter oder beobachtender Therapeut hing stark von den Bedürfnissen der Menschen ab, mit denen wir arbeiteten. Deshalb möchte ich gern die Merkmale der Patientengruppe beschreiben, die einen Einfluß auf mich hatten, selbst wenn die charakteristischen Eigenschaften der Untersuchungsgruppe schon an anderer Stelle festgehalten wurden. Besonders bemerkenswert an unseren Patienten war der Umstand, wie wenig sie sich von anderen Menschen zu unterscheiden schienen. Selbst für einen weniger zufälligen Beobachter (ich denke z. B. an Personen, die Familien wegen eines Adoptionsantrags beurteilen müssen) sind sie nichts anderes als ein Querschnitt der amerikanischen Bevölkerung. Sie sind reich, arm, hochintelligent, schwach intelligent, haben einen Universitätsabschluß oder haben nur die Hauptschule besucht, sind sauber oder unreinlich. Sie gehören unterschiedlichen Religionen oder überhaupt keiner an. Ihre beruflichen Tätigkeiten reichen von Spitzenpositionen mit hohen Gehältern bis hin zur Arbeitslosigkeit. Manche haben viele Kinder, manche nur eines. Ihre Beziehung zu dem mißhandelten Kind war so gelagert, daß sie für dessen Fürsorge verantwortlich waren, d. h., es waren Eltern, Pflegeeltern oder sogar Babysitter. Einige wenige Patienten waren Adoptiveltern, denen es gelungen war, über offizielle Stellen Kinder zur Adoption vermittelt zu bekommen, und zwar zu einer Zeit, da die Nachfrage nach solchen Kindern größer war als das Angebot. Trotz dieser riesigen Unterschiede im Hinblick auf die Lebensführung hatten die Personen, mit denen wir zu tun hatten, gemeinsame Eigenschaften, die sie nach unserer Ansicht mit allen Eltern teilen, die ihre Kinder schwer mißhandeln. Wenn von der Kenntnis dieser Eigenschaften intuitiv und nicht als wissenschaftlich gesichertes Wissen Gebrauch gemacht wird, so kann sie bei der Entdeckung und der Diagnose hilfreich sein; von unschätzbarem Wert jedoch ist sie im Hinblick auf die Art der therapeutischen Behandlung.

Die auffallendste Eigenschaft, die Personen gemeinsam haben, die ihre Kinder mißhandeln, ist ihre Einstellung gegenüber den Kindern. Ein Verständnis dieser Einstellung und ihrer Bedeutung kann einem dabei helfen, in das Verhalten dieser Menschen einen Sinn zu bringen. Jemand, der seine Kinder schwer mißhandelt, ist nicht imstande, das Kleinkind oder das Kind als unreifes Wesen zu sehen, das noch keine Fähigkeiten zu einer Wahrnehmung und Verhaltensmustern entwickelt hat, wie sie erwachsenen Menschen entsprechen. Wenn eine von uns betreute Mutter sagte, »Ich habe ihm beigebracht, nicht nach dem Löffel zu greifen, als er drei Wochen alt war, und jetzt tut er das auch nicht mehr«, dann sah sie einen drei Wochen alten Säugling als jemanden an, der zu koordinierten und kontrollierten Handbewegungen in der

Lage ist, der verstehen kann, daß ihr Schlag auf seine Hand bedeutete, daß er nicht nach dem Löffel greifen sollte, während sie ihm sein Essen gab, nur weil es ihr lästig war, zu versuchen, einen Säugling mit wedelnden Armen zu füttern. Drei Jahre später saß ich auf einen Imbiß wieder bei dieser Mutter, die mittlerweile ein zweites Kind bekommen hatte. Ihre sieben Monate alte Tochter saß in ihrem Hochstuhl, aß mit uns und hielt dabei beide Ärmchen hoch in die Luft gestreckt, während sie rasch und geübt von dem Löffel aß, den ihr die Mutter in den Mund schob.

Am selben Tag besuchte ich eine andere Mutter unserer Untersuchungsgruppe, die ihr zweites Kind bekommen hatte, ebenfalls eine sieben Monate alte Tochter, und beobachtete auch hier dieselbe steife Armhaltung des Kindes. Ich dachte an meinen sieben Monate alten Sohn zu Hause, der nach dem Löffel, der Tasse, dem Teller, nach allem griff, was in seiner Reichweite war, so daß alles um ihn herum, einschließlich der Person, die ihn fütterte, mit Brei bekleckert war. Ich beneidete diese jungen Mütter um ihre unproblematischen, sauberen Mahlzeiten. Wahrscheinlich konnte es jedoch nicht ausbleiben, daß die Neugier dieser Kinder durch etwas im Keime erstickt wurde, das in den Augen dieser Mütter einen wichtigen Bestandteil kindlichen Verhaltens darstellte.

Noch stärker ausgeprägt als die hohen Erwartungen im Hinblick auf die Koordination der Muskeln und das Verstehen von Befehlen sind die emotionalen Ansprüche, die von den Eltern an das mißhandelte Kind gerichtet werden. Dieses Kind, das möglicherweise gerade erst ein paar Tage alt ist, soll nun ein Klima der Wärme und des Wohlwollens schaffen und vor allem den Vater oder die Mutter lieben. Das Kind soll den Eltern das Gefühl geben, daß sie gebraucht werden und zu etwas gut sind. Das mißhandelte Kind ist dafür verantwortlich, eine Atmosphäre zu schaffen, die der fürsorgenden Person ein Gefühl der Ruhe und Sicherheit gibt, das sie nie zuvor empfunden hat. Für eine solche Person war es durchaus nichts Ungewöhnliches, wenn sie sagte: »Mich hat noch nie jemand geliebt. Ich dachte, mein Baby würde mich gern mögen. Wenn es schreit, habe ich das Gefühl, daß es sich nicht um mich kümmert.« Es kam ihnen einfach nicht in den Sinn, daß das Kind vielleicht schrie, weil es etwas brauchte.

Was mich bei meinen Beobachtungen bei Hausbesuchen am meisten in Erstaunen setzte, war die Tatsache, wie sehr die Mehrzahl der mißhandelten Kinder auf dieses Bedürfnis nach Trost eingingen. Ich erinnere mich an ein 18 Monate altes Mädchen, das seine Mutter tröstete, die Angstzustände hatte und in Tränen aufgelöst war. Zunächst setzte es die Flasche ab, an der es genuckelt hatte. Dann machte es eine Körperwendung, so daß es erst auf die Mutter zurutschen konnte, sie dann berührte und schließlich beruhigte (etwas, zu dem ich nicht in der Lage gewesen war). Als es merkte, daß seine Mutter wieder ruhiger war, ging es durch das Zimmer, legte sich hin, nahm die Flasche wieder auf und nuckelte weiter daran.

Das Kleinkind muß nicht nur für die Bedürfnisse seiner Eltern empfänglich sein, es muß auch unverzüglich gehorchen. Eine Mutter hatte einen ganzen Tag lang hysterische Anfälle, weil ihr kleiner Junge seinen Mantel nicht anbehielt, während er im Freien spielte. Mehr als alles andere müssen diese Eltern das Gefühl haben, die Kontrolle über ihr Kind zu behalten und nicht dadurch herabgesetzt zu werden, daß das Kind auf sie zuwenig reagiert. Kinder werden von ihren mißhandelnden Eltern als Quelle der Bedürfnisbefriedigung betrachtet. Selbst wenn diese Kinder vielleicht einen gepflegten Eindruck machen, haben die Eltern trotzdem nicht das Gefühl, auf das Kind und dessen Bedürfnisse eingehen zu müssen.

Beispiele für eine elterliche Aufsicht ohne jedes Einfühlungsvermögen zeigten sich bei den Maßnahmen des Sauberkeitstrainings. So beobachtete ich beispielsweise bei meinen Hausbesuchen eine der von uns untersuchten Mütter, wie sie mit einer Reihe von Manövern versuchte, die Darmtätigkeit ihres zweieinhalb Jahre alten Sohnes unter Kontrolle zu bringen. Phase eins bestand darin, daß sie ihn immer wieder aufforderte, sie zu bitten, ihn ins Badezimmer zu begleiten. Als dieser Dressurakt klappte, fing sie an, mit ihm zu schimpfen, sobald er ihr sagte, er müsse ins Bad. »Kind, kannst du nicht allein ins Bad gehen? Kapierst du das denn nie, du Dussel?« Er versuchte schließlich, auf der Toilette allein zurechtzukommen, aber manchmal ging es schief und er bekam die Hosen nicht rechtzeitig runter. Dann erhielt er jedesmal heftige Schläge und wurde beschimpft. Manchmal sagte sie auch: »Du kannst grade in deinen Hosen weiter stehen und gehen, Mr. Klugscheißer, das wird dir eine Lehre sein!« Er bekam Verstopfung. Die Mutter nahm Abführmittel und Klistiere zu Hilfe, begleitet von Prügeln, wenn seine überreizten Eingeweide für neue Mißgeschicke sorgten. Seine Verstopfung verstärkte sich. Noch mehr Abführmittel in Verbindung mit verschärften Strafen und Bestechungsgeschenken führten schließlich zum erwünschten Ergebnis – völlige Zufriedenheit der Mutter mit Umfang, Zeitpunkt und Ort der Darmentleerung. Dieses eine Beispiel soll nicht nur zeigen, wie ausgeprägt das elterliche Bedürfnis nach persönlicher Befriedigung durch das kindliche Verhalten ist, sondern auch, welche unmöglichen Ziele dem Kind in Vergangenheit, Gegenwart und Zukunft gesetzt werden.

Die Bedeutung dessen, was ich über die Einstellung der Eltern gegenüber ihren mißhandelten Kindern und den Zusammenhang mit der Behandlung dieser Kinder gesagt habe, wird offensichtlich, wenn man sich klar macht, *daß diese Eltern ihre Kinder so behandeln, wie sie selbst als Kinder behandelt worden sind.* Man hatte von ihnen Unmögliches verlangt, wobei ihre eigenen Bedürfnisse stets an zweiter Stelle hinter denen ihrer Eltern rangierten. Sie wurden nicht als eigene menschliche Wesen mit eigenen Sehnsüchten, Wünschen und Bedürfnissen gesehen. Und so hat sich in ihnen die Überzeugung befestigt, daß Kinder dazu geboren werden, für die Eltern zu sorgen und deren Probleme zu lösen. Und da kein Kind das vermag, wachsen sie, die später einmal selbst Eltern sein werden, in dem Gefühl auf, daß ihr ganzes Leben ein einziger Mißerfolg war und sie nunmehr völlig unfähig sind. Das Gefühl der Wertlosigkeit ist für sie überwältigend und steht ganz im Vordergrund. Ihre Eltern haben sie derart beherrscht, schikaniert und kujoniert, daß sie Angst haben, selbständig etwas zu unternehmen. Sie sehen in anderen Menschen niemanden, der ihnen helfen könnte; sie wenden sich an andere, um sie zu kritisieren, zu übertreffen, ihnen die eigene Überlegenheit zu beweisen und sich dann hilfloser als je zuvor wieder von ihnen abzuwenden. Denn was sie auch tun, sie werden immer das Ziel verfehlen und nie die Anerkennung der Eltern gewinnen.

Worauf läut das alles hinaus? Wenn die Mißhandlungen von einem Arzt, Nachbarn, dem Gericht oder anderen entdeckt werden und jemand, der im sozialen, juristischen oder medizinischen Bereich arbeitet, etwas unternehmen muß, so stellt sich bald heraus, daß diese Personen äußerst schwer zu erreichen sind. Ein entdeckter Täter, der sein Kind geschlagen hat, befürchtet eine Bestrafung, selbst wenn die den Fall bearbeitende Behörde gar nicht die Absicht hat, ihn zu bestrafen. Er befürchtet eine Bestrafung, da er seine Umwelt als feindselig und strafend wahrnimmt. Er fühlt sich nicht ganz wohl dabei, daß er das Kind geschlagen hat, da er die Mißbilligung der Umwelt spürt und weil ein Teil seines eigenen Wesens seine Tat ebenfalls nicht gutheißt. Eine Mutter, die befürchtete, sie könnte ihr Kind zu Tode würgen, drückte ihre Gefühle über ihr Verhalten so aus: »Obwohl ich den Kleinen sehr gerne mag, tue ich in meiner Nervosität Dinge, über die ich mich oft im selben Moment oder doch meistens zu einem späteren Zeitpunkt schäme.« Sie fuhr fort: »Oft, nachdem ich ihn geschlagen habe, lag er in seinem Bettchen und weinte, bis er eingeschlafen war. Ich saß daneben und weinte auch und wünschte, ich könnte mich selbst schlagen.« Zu der Zeit, als sie das sagte, konnte sie sich nicht erinnern, was sie zu den Angriffen auf ihr Kind provoziert hatte.

In der Regel fühlen sich Personen, die ihre Kinder schlagen, in ihrem Mißhandlungsverhalten völlig gerechtfertigt. Ein junger Mann, Vater von zwei schwer verletzten Kindern, erzählte uns von fortdauernden, grundlosen Strafen, die sein Vater über ihn verhängt hatte, der ihm z. B. den Kopf in die Klosettschüssel hielt. Er erklärte, daß er eben so aufgewachsen sei und seine Eltern nur wollten, daß er gut erzogen würde – sie wollten nicht, daß er je in Schwierigkeiten geriete. Und nun saß er im Gefängnis und zu allem Überfluß noch dafür, daß er seine Kinder getrimmt hatte, aus denen er wohlerzogene Erwachsene machen wollte, die nicht in Schwierigkeiten geraten sollten. Für einen solchen Patienten ist es schwer zu verstehen, warum er jetzt in der Klemme steckt. Was er wahrnimmt ist, daß man ihn jagt und ihm Fallen stellt. Daß jemand »Hilfe« anbieten könnte, macht die Situation sogar noch gefährlicher.

Hilfe im wahren Sinne des Wortes hat es in der Kindheit und

Jugend unserer Patienten nie gegeben. Geschenke und Gefälligkeiten der Eltern – von denen es eine Menge gab – waren Geschenke, die die Eltern entbehren konnten, aber nichts, das die Kinder benötigt hätten. Geschenkte Kleidung, die nicht paßte oder Möbel, die unsere Patienten als häßlich empfanden, oder Gefälligkeiten, die von wütenden Vorwürfen begleitet waren – dafür konnte man kaum dankbar sein. Wenn sie etwas annahmen, das sie eigentlich nicht wollten, nur um ihre Eltern nicht zu kränken, so fühlten sie sich durch das Geschenk und dessen Spender herabgesetzt. Es ist eine komplizierte Situation, die den Empfänger zu einigem verpflichtet. Hilfe? Wenn sie solche Formen annimmt, wer braucht da noch welche? Und wer will sie überhaupt?

Obwohl eine ganze Anzahl unserer Patienten gewisse Fähigkeiten entwickelt hatten, das zu sagen, was wir ihrer Ansicht nach von ihnen hören wollten, und obwohl sie es als zweckmäßig ansahen, so zu tun, als bäten sie um Hilfe, machten wir doch die Erfahrung, daß selbst eine immer wieder angebotene Hilfe abgelehnt wurde. Diese Erfahrung haben auch andere gemacht. So schreibt z. B. Leontine Young (1), die viele Fallberichte durchgearbeitet hat: »Was die Eltern in der Gruppe mit den schweren Mißhandlungsfällen angeht, so waren deren Reaktionen auf angebotene oder behördlich erzwungene Einzelfallhilfe anders als bei den anderen Gruppen. Die Berichte enthielten keine Anzeichen dafür, daß diese Eltern zu irgendeinem der Sozialarbeiter eine Beziehung aufnahmen. Mißtrauisch, verschlossen und feindselig vermieden sie nach Möglichkeit, über irgendwelche persönliche Angelegenheiten zu sprechen.«

Im allgemeinen wird man feststellen, daß ein Mensch, dem man helfen will, auf dieses Angebot mit einem von zwei Verhaltensmustern reagieren wird, die ihm vertraut sind – Flucht oder Unterwerfung. Wenn jemand innerhalb des institutionellen Rahmens eines Krankenhauses Menschen Hilfe anbietet, die in einem solchen Fall zu flüchten gewohnt sind, um sich zu schützen, so wird die Bereitschaft des voraussichtlichen Patienten zu einem Gesprächstermin mit jedem neuen Anlauf mehr schwinden, selbst wenn er den Termin völlig frei bestimmen kann. Die Therapie wird zu einem Wettlauf auf dem Korridor, während der Therapeut dem potentiellen Patienten zu beweisen versucht, daß er ihm nur helfen und ihn nicht verletzen möchte, und daß er außerdem sehr wohl die Möglichkeit hat, ihm zu helfen. Geht es um einen Hausbesuch und man macht einen Termin mit jemandem aus, dessen Abwehr in Flucht besteht, so kann man sicher sein, daß er zur fraglichen Zeit nicht zu Hause ist. Sagt man ihm nicht, wann man kommen will, so bekommt er es irgendwie doch heraus. Hat man ihn aber zu Hause erwischt, so versteckt er sich und tut so, als sei er nicht da. Ich bin 100 Kilometer weit gefahren, um eine Frau zu besuchen, die »nie aus dem Haus geht« – weg. Sechs Monate lang habe ich zweimal in der Woche einen Besuch abgestattet, um jedesmal eine Nachricht zu hinterlassen, weil die betreffende Person sich entfernt hatte. Ich weiß, daß das ziemlich langweilig klingt, aber ich sollte vielleicht hinzufügen, daß man in dem Augenblick, in dem jemand seine Flucht aufgibt und bereit ist, sich zu treffen, einen Menschen hat, mit dem man wirklich arbeiten kann. Wer dabei nicht hartnäckig ist, wird überhaupt niemanden zu einem Gespräch bewegen können.

Eine andere Gruppe von Personen, die sich eher unterwerfen statt zu fliehen, läßt es zu, daß man vom ersten Treffen an an ihrem Leben teilnehmen darf. Es kann sein, daß sie einem mit verdrießlicher Gleichgültigkeit, wütenden Angriffen oder sogar falscher Freundlichkeit begegnen. Man ist kein vertrauter Verbündeter, aber man ist erst einmal da. Als ich das erste Gespräch mit der ersten Patientin unserer Untersuchungsgruppe hatte, war ich sehr zufrieden, denn sie war recht mitteilsam, und ein Interview mit jemandem, der spricht, fällt einem nicht so schwer, jedenfalls dachte ich das. Als das Gespräch beendet war, hatte ich gemerkt, daß aus dem, was die Patientin erzählt hatte, kaum etwas Persönliches über sie selbst zu erfahren war. Als ich sie dann besser kennenlernte, wurde mir bewußt, daß ihr Reden dazu diente, andere anzugreifen und sich von ihnen zu distanzieren. Es wird einem schnell klar, daß dieser Menschentyp jemand ist, der sich selbst ständig Niederlagen bereitet. Wenn also der Patient die Oberhand gewinnt, während er sich zugleich eine neue Niederlage beibringt, so muß man sich stets vor Augen halten, daß er darin schon eine ziemliche Übung hat.

Es gab aber noch eine andere Reaktion bei einer dritten

Gruppe von Patienten, die wahrscheinlich wegen unserer besonderen Forschungssituation an uns überwiesen worden waren. Es waren Eltern, die Hilfe suchten, weil sie Angst davor hatten, ihre Kinder zu streng zu erziehen. Zunächst schienen sie offen und für Hilfe empfänglich. Als wir sie jedoch näher kennenlernten, stellten wir fest, daß sie es fertigbrachten, alle wirklich wichtigen Fakten aus der Diskussion zu lassen oder daß sie vieles sagten, das auf einer gestörten Wahrnehmung beruhte, oder daß sie die glatte Unwahrheit sagten. Selbst wenn sich mit Patienten aus dieser und aus der zweiten Gruppe Zwiegespräche ergeben, so sind sie doch oft bedeutungslos. Schließlich haben wir Möglichkeiten für uns gefunden, mit diesen schwierigen Verhaltensweisen umzugehen. Aber bevor ich über unsere Arbeit spreche, ist es vielleicht sinnvoll, einige andere Eigenschaften zu schildern, von denen eine therapeutische Behandlung beeinflußt wird.

Es ist ein weiteres Kennzeichen von Eltern, die ihre Kinder mißhandeln, daß sie nur sehr lose Beziehungen zu anderen Menschen haben. Zutiefst mißtrauisch gegenüber den Motiven der anderen und in dem Gefühl, daß sie ausgenützt werden, können sie weder in ihrer Familie noch bei Freunden oder Nachbarn Wärme und Verständnis suchen. Das führt zu einem offen feindseligen Verhalten gegenüber anderen. Wir wurden ziemlich heftig mit der Nase darauf gestoßen, wenn Eltern, die ihre Kinder mißhandelt hatten, bei uns in die Psychiatrie eingeliefert wurden. Innerhalb kurzer Zeit war die ganze Station, wenn nicht die gesamte Klinik – Ärzte, Krankenschwestern, Patienten, einfach alle – in Aufruhr.

Häufig wurden Teams des Stationspersonals gebildet, so daß für diese schwierigen Patienten eine »konsequente Pflege« sichergestellt wurde. Die konsequente Pflege war in der Regel bestrafend und ein Ausdruck der Abneigung, die unsere Patienten bei denen hervorgerufen hatten, die nett zu ihnen sein und ihnen helfen wollten. In der eigenen Wohnung lebten viele unserer Patienten hinter geschlossenen Jalousien, sperrten alle anderen Leute aus und sich selbst ein. Es gab eine überraschend hohe Anzahl von Telefonanschlüssen, die nicht im Telefonverzeichnis aufgeführt waren. Die meisten der von uns betreuten Patienten hielten in irgendeiner Weise die Beziehung zu ihren Eltern aufrecht, was eine riesige Bedrohung für ihre, wenn auch noch so geringe, persönliche Integrität darstellte, die sie schließlich in den vergangenen Jahren aufgebaut hatten. Ihre Eltern ließen sie bei jeder kritischen Situation unweigerlich im Stich und hatten fast kein Gefühl dafür, wann man sie wirklich brauchte; aber wenn sie eines hatten, dann rannten sie in die genau entgegengesetzte Richtung weg. Eine junge Mutter, deren Säugling mit subduralen Hämatomen eingeliefert worden war, nachdem sie ihn im Alter von 20 Tagen geschlagen hatte, konnte mit unserer Unterstützung erreichen, daß ihr Kind für ein paar Stunden zu ihr kommen durfte, als es drei Monate alt war. Sie hatte ihr Kind nicht mehr gesehen, seit es aus dem Hospital entlassen und Pflegeeltern übergeben worden war, und für sie war noch wichtiger als der Besuch des Kindes, daß zur selben Zeit auch ihre Mutter kommen würde. Die Mutter erschien sehr spät, und während sie in der Wohnung der Tochter weilte, richtete sie ihre ganze Aufmerksamkeit und die der anderen Anwesenden ausschließlich auf die eigene Person. Eine andere Mutter, die das Bein ihres Stiefsohnes gebrochen hatte und nach unserer Auffassung auch ihr viertes Kind, ihr eigenes kleines Mädchen geschlagen hätte, wenn wir sie nicht behandelt hätten, gab für ihre Eltern eine Party, nachdem es ihr und ihrem Mann gelungen war, sich wirtschaftlich sicherer zu stellen als im gesamten Zeitraum der bisherigen Ehe. Diese hatte eigentlich aus einer ganzen Anzahl finanzieller Katastrophen bestanden, aus denen die Eltern sie immer wieder gerettet hatten, was sich für das Paar sehr nachteilig auswirkte, denn dadurch wurde der Ehemann einer Verantwortung enthoben, die er sehr wohl hätte übernehmen können. Der Party kam insofern eine ganz besondere Bedeutung zu, als ihr Anlaß eine eigenständig erreichte Leistung des Ehepaares war. Die Ehrengäste, nämlich die Eltern, erschienen jedoch nicht und gaben auch nie eine Erklärung für ihr Fernbleiben. Dieses Beispiel verdeutlicht ebenfalls, wie sehr die Eltern unserer Patienten dazu neigten, deren Erfolge herabzusetzen und Mißerfolge hervorzuheben. Da ihre liebenswerten Seiten an ihnen nicht sonderlich beachtet wurden, während sie aufwuchsen, wissen diese Eltern weder, wie sie liebenswert sein könnten, noch fällt es ihnen leicht, andere liebenswert zu finden.

Dieses Charakteristikum, andere nicht zu mögen, spielt eine

große Rolle in der ehelichen Beziehung und kann für die Mißhandlung der Kinder eine besondere Bedeutung haben. Zum großen Teil allen Aspekten des Lebens und menschlicher Gemeinschaft entfremdet, sind diese Personen gezwungen, sich fast ausschließlich auf ihre Ehe und aufeinander zu verlassen. Sie können sich keine offenen gegenseitigen Feindseligkeiten leisten, und Eltern, die nicht direkt miteinander über mögliche Konfliktpunkte reden können, weil sie Angst haben, die auch noch so ungenügende wechselseitige Unterstützung zu verlieren, lassen ihren Ärger mit uneingeschränkter Zustimmung des Partners an dem dafür ausersehenen Kind aus. Die Ergebenheit, die beide Eltern gegeneinander empfinden, wird von einem gut Teil Eifersucht begleitet, die auf jede gleichgeschlechtliche Person gerichtet wird, welchen Alters auch immer, die dem Ehepartner ihre Aufmerksamkeit schenkt. Ich erinnere mich daran, daß es mir bei einem meiner Hausbesuche endlich gelungen war, einen Vater zum Sprechen zu bewegen, der bislang entweder Distanz oder offene Feindseligkeit gezeigt hatte. Die Freude über diesen Erfolg währte jedoch nicht lange. Die Mutter ging zum Kinderwagen, nahm ihr völlig eingenäßtes, von Fliegen umschwärmtes kleines Mädchen heraus und setzte sich zielbewußt zwischen ihren Ehemann und mich, während wir auf dem Sofa saßen und miteinander sprachen. Ihre Botschaft, ihren Mann in Ruhe zu lassen, war ziemlich klar. Eine andere Mutter weigerte sich mehr als ein Jahr lang, mich in ihre Wohnung einzulassen, nachdem ich ihrem Ehemann gegenüber mein Mitgefühl geäußert hatte, weil er als Kind das schwere Schicksal einer Waise tragen mußte. Die Intensität dieser Eifersucht war eine doppelte: einmal bestand ein scharfer Konkurrenzkampf zwischen den beiden Ehepartnern, bemuttert zu werden, zum anderen drohte ein Rivale, die Zuneigung des Partners zu gewinnen. Diese Drohung wurde überwunden, wenn entweder der Ehepartner beträchtlich weniger Aufmerksamkeit erfuhr oder wenn unsere Mitarbeit inzwischen als so wertvoll angesehen wurde, daß das Unbehagen der Eifersucht leichter zu ertragen war als die Trennung von der Sozialarbeiterin.

Eines der ersten und vordringlichsten therapeutischen Instrumente war nach meiner Erfahrung das Bemühen um eine echte Sympathie für den Patienten, mit dem ich arbeiten wollte. Wer bis hierher gelesen hat, stellt sich vielleicht die Frage: »Wie kann man jemanden wirklich mögen, der einem kaum die Möglichkeit gibt, ihn kennenzulernen, der einem von sich aus keine Sympathien entgegenbringt und dies auch ausspricht, der brutal zu seinen Kindern und vor allem selbst nicht besonders liebenswürdig ist?« Es ist nicht einfach. Im Gegenteil, es *ist* einfach – wenn man im Begriff ist, einen solchen Menschen zu besuchen –, sich unerwünscht, abgewimmelt und ein wenig unsicher über den Ausgang des Ganzen zu fühlen – denn man *ist* ja tatsächlich unerwünscht, abgewimmelt und unsicher. Als erstes Gebot gilt für mich, die Zurückweisung zu ignorieren. Es ist sowieso kein persönlicher Angriff, sondern einer auf die Welt schlechthin. Bevor man sich auf den Weg macht, muß man sich darüber im klaren sein, daß der Patient wahrscheinlich nicht sehr um Sympathie bemüht ist, und man sollte bestrebt sein, bei ihm ernsthaft nach etwas zu suchen, das man gern haben kann, selbst wenn es nur sehr unbedeutend zu sein scheint. Bei einer solchen Übung profitiert man auch für sich eine ganze Menge. Man muß lernen, seine eigenen Möglichkeiten klug einzusetzen und von allem Gebrauch zu machen, was man mit den besuchten Personen gemeinsam hat, so daß die Kontakte einen echten und warmherzigen Charakter bekommen. Es macht vieles einfacher, wenn man die Erwartungen an die Möglichkeiten des Patienten auf ein Mindestmaß reduziert. Von ihnen war bereits in der Vergangenheit zuviel erwartet worden. Es war leicht zu sehen, daß jede noch so geringe Anforderung seitens irgendeiner Person aus ihrer Umgebung auf hartnäckige Ablehnung stieß. In unserer Funktion als Sozialarbeiter richten wir häufig Erwartungen an die von uns besuchten Menschen, ohne uns dessen bewußt zu sein. Wir erwarten, daß wir imstande sind, ihnen zu helfen, oder wir erwarten irgendeine Reaktion. Es ist nicht leicht, mit einer uneingeschränkt gebenden Haltung in eine Situation zu gehen, ohne auf eine Gegenleistung zu rechnen. Diese Erwartungen sollten weitgehend abgebaut werden, denn zum einen machen sie die Menschen, mit denen man arbeiten möchte, nur wütend und zweitens sind sie sowieso dazu verurteilt, enttäuscht zu werden. Während man auf der einen Seite versuchen sollte, den Patienten in keiner auch noch so geringfügigen Weise zu fordern, ist es wichtig, ihn als Person mit bestimmten Fähigkeiten zu sehen und sich nicht auf seine geringe Selbsteinschätzung einzulassen.

Da Personen, die ihre Kinder mißhandeln, seit der eigenen frühesten Kindheit im Übermaß dominiert worden sind, kommt es darauf an, daß ein Helfer dem Patienten möglichst keinerlei Aufgaben abnimmt. Diese Menschen lassen sich sehr leicht beherrschen, und unbewußt ermutigen sie auch noch ein solches Verhalten. Sie bitten um Ratschläge, und man kann ihnen leicht etwas in den Mund legen. Wenn sie das, was man ihnen beibringen möchte, in der Form wiedergeben, daß sie es aussprechen, so hat man vielleicht ein Erfolgserlebnis, aber es ist ein leerer Erfolg, der in die Irre führt. Wenn man als Sozialarbeiter diesen Personen gegenüber Anweisungen erteilt oder »Grenzen setzt«, können mehrere Reaktionen die Folge sein. Befindet sich der Patient in einer relativ guten Verfassung, dann wird er einem schon sagen, was er von diesen »Grenzen« hält. Ist er das, was man von ihm erwartet – ein leicht zu beherrschendes menschliches Wesen –, wird er den Forderungen nachkommen, den Sozialarbeiter dafür hassen und das bei der nächsten Gelegenheit an seinem Kind auslassen und es mißhandeln. Wenn er sich in einem völlig beherrschbaren Zustand befindet, wird er alles so machen, wie man es ihm sagt. Man hat dann das Gefühl, daß man zwar sein Ziel erreicht hat, daß jedoch die ganze Situation nur so lange hält, als man selbst gegenwärtig ist. Unsere Patienten mußten wieder und wieder ausprobieren, ob wir ihnen etwas aus den Händen nahmen, und als sie schließlich herausgefunden hatten, daß wir bereit waren, uns wie vertrauensvolle Freunde zu verhalten und nicht wie Funktionäre, waren sie überglücklich und stolz auf sich selbst, weil es Menschen gab, die ihnen etwas zutrauten.

Es erleichtert einem manches, wenn man den Patienten sagt, wer man ist und was man tut. Man kann vorsichtig herauszufinden versuchen, was sie gern von einem wissen möchten und es ihnen dann sagen. Sie möchten eine ganze Menge wissen, aber sie können nicht darum bitten. Der Sozialarbeiter muß bereit sein, sich diesen Patienten mitzuteilen. Was sie in meinem Fall am häufigsten wissen wollten war, welche Gefühle ich gegenüber meinen eigenen Kindern hätte und wie ich mit ihnen umging. Ich versuchte, ihre Fragen so ehrlich wie möglich zu beantworten und sprach nicht nur über Dinge, die mir bei meinen Kindern leicht von der Hand gingen, sondern auch über Fehler, die ich gemacht hatte. Die meisten Patienten wollten keine eingehende Erklärung für meine Art, mit meinen Kindern umzugehen. Sie wollten wissen, wie alt sie waren und wie sie hießen, was sie für Kinder waren und ob meine berufliche Arbeit bedeutete, daß ich die Kinder im Stich ließ. Im allgemeinen wollen diese Menschen kein Dossier oder eine Fülle von Informationen über den Sozialarbeiter. Ich glaube, sie wollen hören, daß man bestimmte Fähigkeiten hat, ohne ihnen deswegen seine Überlegenheit zu zeigen, sie zu beherrschen oder etwas anderes sein zu wollen als sie. Wenn sie den Sozialarbeiter schließlich gut genug kennen, möchten sie gern hören, daß er Fehler machen und Mißerfolge ertragen kann, ohne sich diesen grundsätzlich zu unterwerfen.

Es ist sehr wichtig, daß der Sozialarbeiter sein ganzes Interesse den Patienten widmet. Das ist nicht immer leicht, vor allem, wenn der Patient oft nicht die Wahrheit sagt. Aber ein ungeteiltes Interesse an dem, was ein anderes menschliches Wesen zu sagen hat, das ist etwas, das mit einem Mindestmaß an Zeitaufwand geleistet werden kann. Die Patienten schätzen die ihnen entgegengebrachte Aufmerksamkeit als Geschenk, und es ist in der Tat eines, weil es letzten Endes dem Patienten zugute kommt, der es zu seinem Vorteil verwendet und lernt, anderen seine Aufmerksamkeit zu schenken, insbesondere seinen Kindern. Ich habe festgestellt, daß es wirklich sehr wichtig war, das Kind nicht zum Angelpunkt eines Hausbesuchs zu machen, obwohl die Sicherheit des Kindes der Grund für den Kontakt ist. Die Kinder, die ich im Verlauf unserer Untersuchung kennengelernt habe, waren freundlich und machten es einem leicht, auf sie einzugehen. Wenn mich die Mutter ignorierte oder wütend attackierte, oder wenn ich mit einem so langen Bericht über ihre Nöte empfangen wurde, daß ich ihn unmöglich ganz verarbeiten konnte, war es schwer, nicht der Versuchung zu erliegen, mit den Kindern zu spielen. Diese den Kindern gewidmete Aufmerksamkeit kann jedoch für eine Mutter oder einen Vater sehr bedrohlich sein, die diesen Kontakt mit dem Kind so wahrnehmen, als ob man ihnen damit zeigen wolle, daß man mit dem Kind besser umgehen könne als sie, und für sie ist dies die versteckte Form einer Kritik an ihnen. Außerdem bekommt die betreffende Person das Gefühl, daß sie vom Sozialarbeiter und dem Kind ausgeschlossen wird, das sich bis zum Alptraum steigert, unerwünscht zu sein. Langfristig gesehen ist es bei weitem sinnvoller, seine Aufmerksamkeit den Eltern der mißhandelten Kinder zu widmen und auf ihre Bedürfnisse einzugehen, so daß diese ihrerseits die Möglichkeit haben, die Bedürfnisse ihrer Kinder zu befriedigen.

Unter den Regeln, die ich mir selbst aufgestellt habe, gab es eine ohne jede Ausnahme: jemand, der anderen in sinnvoller Weise helfen will, muß stets so offen sein, daß er vorgefaßte Meinungen ändern kann, und er muß sich davor hüten, unflexibel zu werden.

Auf die Vorzüge, die damit verbunden sind, daß man die Gespräche mit den Patienten in den Räumen der Klinik führt, kann man schwerlich verzichten. Der Sozialarbeiter bewegt sich hier auf vertrautem Boden. Die Klinik ist voll von Menschen, die ihn kennen, mit ihm reden und sich über seine Anwesenheit freuen. Der Patient, der aus dem einen oder anderen oder überhaupt keinem Grunde auf die meisten Leute wütend ist, die er in der Klinik getroffen hat, wird die Versuche des Sozialarbeiters, freundlich zu sein, beinahe gern akzeptieren. Auf der anderen Seite bringen Hausbesuche lange Autofahrten mit sich, die oft ergebnislos enden, weil man niemanden angetroffen hat. Bei Hausbesuchen wird einem die Tür vor der Nase zugeschlagen, während es draußen windig und kalt ist. Hausbesuche stellen den Versuch dar, anderen die Möglichkeit zu geben, sich in den eigenen vier Wänden so wohl zu fühlen, daß sie die Gegenwart eines Fremden ertragen können. Hausbesuche sind der Versuch, so etwas Ähnliches wie ein Gespräch zustande zu bringen, während der Lautsprecher des Fernsehers plärrt.

(Die meisten Patienten hatten ungeachtet der Höhe ihres Einkommens einen Fernsehapparat, auf dessen Mattscheibe sie starrten, wenn sie mich ignorieren wollten). Hausbesuche bedeuten auch, daß Eltern nach ihren Kindern brüllen, Brot backen, das Badezimmer schrubben und sich Dutzenden von anderen dringenden Hausarbeiten zuwenden, so daß sie sich nicht mit einem zu beschäftigen brauchen. Aber Hausbesuche sind auch Fundgruben für wichtige Informationen. Während man versucht, sich irgendwie in die Situation mit einzubringen, kann man eine Menge Beobachtungen machen. Insbesondere kann man sehen, wie die Beziehung der beiden Eltern zu den einzelnen Kindern ist und wie die Kinder sich zum Vater oder zur Mutter verhalten. Obwohl der Sozialarbeiter als Feind oder als Spion betrachtet wird, ist es doch überraschend, wie wenig die Eltern den Versuch unternehmen, wenn überhaupt, in irgendeiner Weise ihr Verhalten gegenüber den Kindern zu ändern oder zu kaschieren. Es kam oft vor, daß unsere Patienten ihren Kindern sagten, sie sollten nicht glauben, sie würden ihrer Strafe entgehen, nur weil ich zu Besuch da war. Auf diese Weise wird man Zeuge von Vorfällen wie dem folgenden, bei dem eine Mutter ihre Kinder zwang, sich bei 40 Grad im Schatten in der Sonne aufzuhalten, angeblich weil sie die Kinder aus dem Haus haben wollte und dies der einzige Platz war, den sie vom Fenster aus unter Kontrolle hatte.

Das wahrscheinlich Schlimmste, das ich je über mich ergehen lassen mußte, war der Anblick von Eltern, die ihre Kinder sadistisch quälten. Wir alle haben erlebt, daß Mütter oder Väter ihre Kinder schlagen oder in anderer Weise öffentlich bestrafen. Sofern dies in einem Supermarkt geschieht, kann man sich leicht hinter die Cornflakes ducken oder sich abwenden, um dem Anblick zu entgehen. Aber wer mit den Eltern und dem Kind arbeitet und zum Zeugen solcher Szenen wird, der hat keinen Ausweg. In den Anfängen unserer Forschungsarbeit habe ich versucht, Eltern zum Einhalten zu bewegen, wenn sie meiner Ansicht nach ungewöhnlich grausam zu ihren Kindern waren, und obwohl das Kind in meiner Gegenwart etwas besser geschützt war, würde es doch sehr wahrscheinlich nach meinem Fortgehen verstärkten Angriffen ausgesetzt sein. So blieb ich denn ruhig, als eine Mutter auf die Trennungsangst ihres Dreijährigen damit reagierte, daß sie ihm den Arm verdrehte und ihn so heftig schlug, daß er zu Boden fiel und schrie, während sie sagte: »Ich weiß überhaupt nicht, warum er jetzt schreit, ich habe ihm kaum was getan.« Ich wußte, daß diese junge Frau, deren Mutter sie verlassen hatte, als sie gerade drei Jahre alt war, nie Trennungsängste haben durfte; deshalb konnte sie diese auch nicht bei ihrem Kind ertragen. Meine wirklichen Bemühungen zum Schutze des

Kindes würden darauf abzielen müssen, ihr behilflich zu sein, ihre eigenen Gefühle so weit zu ertragen, daß sie sie bewußt akzeptieren könnte. Übrigens war diese Methode erfolgreich. Ich habe von dieser Mutter folgende Nachricht erhalten: »Wenn das Kind schreit, dann schreit es – und zum ersten Mal, seit meine Vierjährige zur Welt kam, habe ich an den Kindern Spaß. Das Baby ist ein Charakter. Man muß einfach lachen, anstatt das zu tun, was man eigentlich tun müßte – ihr eins hinten drauf geben.« Die Mutter hatte zwar noch ihr Gefühl für die Notwendigkeit einer Bestrafung beibehalten, aber ihr Verhalten hatte sich geändert. Ich habe auf verschiedene Weise versucht zu intervenieren: ruhig, indem ich Deutungen anbot, indem ich sagte: »Ich mache mir Gedanken um Sie« und indem ich meine Autorität ausspielte. Es klappte nie; tatsächlich wurde es mir dadurch schwerer gemacht, mit der Mutter oder dem Vater des Kindes in Kontakt zu kommen, und das Kind war weiteren Mißhandlungen ausgesetzt. Ich bin der Ansicht, daß dies jeder Sozialarbeiter für sich selbst herausbekommen muß, denn es ist bestimmt nicht leicht einzusehen, daß der Schutz eines Kindes, sofern er nur von begrenzter Dauer ist, das Grausamste ist, was man diesem Kind antun kann.

Einige der Institutionen, die mit Eltern zu tun haben, die ihre Kinder mißhandeln, müssen diese Fälle einer Behörde melden, z. B. der Polizei, und nach dieser Meldung muß die betreffende Institution die Behandlung übernehmen. Obwohl sie dies nicht gleich zeigten, waren unsere Patienten doch äußerst empfindlich gegenüber den Personen, die »ihnen was sagten«, und sie betrachteten diejenigen, die die Meldung gemacht hatten, als Schufte und als ihre lebenslänglichen Feinde. Wir waren in der glücklichen Lage, zumindest während der frühen Kontakte mit unseren Patienten als Helfer angesehen zu werden. Wir konnten uns gegen die Welt auf ihre Seite stellen und sie verstehen, anstatt zu einer Welt zu gehören, von der sie sich nur mißverstanden fühlten. Ich bin der Ansicht, daß es am zweckmäßigsten ist, wenn derjenige, der die Meldung über die Familie macht, nicht auch die Therapie übernimmt. Falls dies nicht möglich ist, erfordert es mehr Geschick und Ausdauer vom Therapeuten, um aus einem Feind einen Verbündeten zu machen.

An einem Beispiel läßt sich die typische Reaktion einer ganzen Anzahl von Patienten verdeutlichen. Zwei kleine Jungen derselben Familie waren wiederholt wegen subduraler Hämatome in der Klinik behandelt worden. Als die Krankenkasse nicht mehr zahlte, wurde das jüngere Kind, das noch stationär behandelt wurde, in die Universitätsklinik überwiesen. Die Stationsärzte wiederum überwiesen die Eltern an unser Team, da sie sich mit der Erklärung über das Zustandekommen der Verletzungen nicht zufrieden gaben. Unsere Versuche, mit den Eltern ins Gespräch zu kommen, wurden stets mit neuen Entschuldigungen zurückgewiesen, die Eltern hätten gerade etwas Wichtiges zu erledigen. Als ihnen dann die Entschuldigungen ausgingen, hatten sie widerwillig einen Termin für Samstagabend mit uns ausgemacht, zu dem sie aber nicht erschienen. Wir gaben schließlich auf, denn wir hatten keine Möglichkeit, ein Gespräch bei uns oder einen Hausbesuch bei ihnen zu erzwingen, und sie kamen einfach nicht mehr ins Hospital. Dann passierte etwas Ungewöhnliches. Einige Verwandte des Vaters zeigten die Mutter beim Staatsanwalt mit der Begründung an, sie habe ihre dreijährige Tochter grausam mißhandelt. Den Eltern wurde vorläufig das Sorgerecht für alle Kinder entzogen, und das Gericht machte ihnen zur Auflage, uns in der Klinik aufzusuchen. Das war zwar keine erfreuliche Zusammenkunft, aber diese Eltern räumten uns in ihrem Leben einen – wenn auch kleinen und nur zeitweiligen – Platz ein. Auch jetzt, da ihre Kinder wieder bei ihnen sind, werden wir nicht ausgeschlossen, im Gegensatz zu allen anderen Personen, die zu einer Situation beigetragen hatten, die für sie äußerst schmerzhaft gewesen sein mußte. Sie haben sich von allen Verwandten des Vaters zurückgezogen und weigern sich – wahrscheinlich für immer –, sie zu sehen oder zu sprechen. Der Sozialamt, der Verteidiger, der Richter, das Personal unserer Klinik und anderer Krankenhäuser werden von ihnen aus tiefster Seele gehaßt. Obwohl auch wir offensichtlich verdächtig waren, konnten wir erreichen, daß zwischen uns eine Art Beziehung hergestellt wurde. Wir konnten zwar in dieser Situation keine substantielle Hilfe anbieten, da wir ihnen des öfteren sagen mußten, daß wir die Rückkehr ihrer Kinder guten Gewissens nicht befürworten könnten. Immerhin gehörten wir nicht zu denen, die die Mißhandlungen angezeigt hatten.

Es stimmt, daß einige Eltern darüber erleichtert sind, daß ihre Kinder geschützt werden, selbst wenn es der Schutz vor der eignen Mißhandlung ist. Aber diese Gefühle der Erleichterung sind ziemlich ambivalent. Man muß sich daran erinnern, daß Kinder für diese Menschen eine Quelle der Bedürfnisbefriedigung sind. Manchmal ist diese Bezeichnung soweit heruntergekommen, daß das Kind nur noch etwas ist, an dem man seine Wut auslassen kann, und nicht einmal mehr jemand, der für die Eltern etwas Gutes tun kann. Aber auch die Sündenbockrolle hat eine Funktion, noch dazu eine wichtige. Wenn man dieses Kind aus der Familie nimmt, ist es unerheblich, wieviel Kummer man den einzelnen Beteiligten damit erspart, man repräsentiert dabei eine Mutter (oder einen Vater), die dem Kind etwas entzieht – jemanden, der einem anderen etwas wegnimmt, jemanden, der damit zum Ausdruck bringt, daß der zu behandelnde Patient keine Rechte hat (was dieser tatsächlich selbst auch glaubt). Es ist viel leichter, das Vertrauen des Patienten zu gewinnen, wenn man als »Betreuer« angesehen wird, der ihm behilflich sein möchte, das Kind wiederzubekommen, das man seiner Obhut entzogen hat, und als jemand, der sich mit ihm verbündet, um Dinge zu bekommen, anstatt sie ihm zu nehmen.

Um die Frage beantworten zu können, welche Anzeichen einer Besserung bei den Menschen zu beobachten waren, mit denen wir gearbeitet haben, muß man erst eine andere Frage beantworten: Was bedeutet Besserung? Im Hinblick auf unsere Patienten bedeutete dies, daß die Kinder außer Gefahr waren, schwer verletzt zu werden, oder, sofern sich diese Kinder in einer etwas günstigeren Lage befanden, daß sie seltener körperlich bestraft und seelisch mißhandelt wurden. Einer verläßlichen Veränderung zum Guten hin, die nicht so leicht rückgängig gemacht werden konnte, ging im allgemeinen eine spürbare Verbesserung der wirtschaftlichen Verhältnisse der Familie voran oder lief mit ihr parallel – gleichgültig, in welchen wirtschaftlichen Umständen die Familie ursprünglich gelebt hatte. In jedem einzelnen Fall einer solchen Verbesserung erhöhten sich nicht nur Lohn oder Gehalt des Familienoberhauptes, sondern er hatte auch eine Stelle gefunden, die seinen Interessen und Bedürfnissen viel besser entsprach als seine frühere Arbeit. Falls sich dieser Erfolg unserer Behandlung verdankte, und wir vermuten, daß dies in den meisten, wenn nicht allen Fällen so war, so war es im allgemeinen doch kein Ergebnis einer direkten Arbeit mit dem Vater. Es ist möglich, daß mit einem Nachlassen der Ansprüche der Ehefrau an ihren Mann dieser einen Teil seiner Energie nunmehr dafür einsetzen konnte, seine Situation zu verbessern, und sie in der Lage war, diese Veränderung mitzumachen. Die Aktivitäten der Patienten wurden mit der Zeit für sie sinnvoller, und sie entwickelten einen Sinn dafür, sich auch einmal etwas Nettes zu gönnen. Sie taten keine Dinge mehr, die ihnen mehr Ärger als Befriedigung einbrachten. Eine Mutter gab z. B. ihre aufreibende Arbeit in einem Komitee auf und wandte sich einer für sie viel kreativeren Tätigkeit zu, der Keramik; eine andere nahm Schwimm- und Zeichenunterricht, anstatt dauernd bei ihrer Mutter zu sitzen und sich deren Klagen anzuhören; eine andere Frau, die ständig mit ihren psychosomatischen Beschwerden zu tun hatte, Pillen schluckte und viel schlief, fand plötzlich Spaß daran, Marmelade einzukochen, Gemüse anzubauen und mit ihren Kindern etwas zu unternehmen. Einige Mütter waren in der Lage, eine sinnvollere Beziehung zu der eigenen Mutter herzustellen, indem sie ihre neugewonnene Stärke dazu benutzten, sich nicht länger solchen Aspekten ihrer Mutter auszusetzen, die sie nicht mochten, und statt dessen das zu suchen, was sie an ihr gern hatten. Umgekehrt konnten die Mütter der Patientinnen an diesen mit der Zeit mehr Gefallen finden und hörten auf, sie zu bevormunden. Es bedeutete einen sehr wichtigen Schritt, wenn sie ihre Mutter als jemanden zu sehen vermochten, den sie wirklich gern hatten – selbst wenn sie weiterhin darüber enttäuscht waren, was diese Mütter ihnen antaten oder daß sie überhaupt nichts für sie taten.

Die meisten Mütter unserer Untersuchungsgruppe sagten mir ganz offen, daß ich ihnen jene Mütterlichkeit geben würde, die sie nie zuvor erfahren hatten. Daß sie mich als Mutter sehen konnten, war wichtig, ob sie nun darüber sprachen oder nicht. Aber solange sie nicht auch den eigenen Müttern positive Gefühle entgegenbringen konnten, zweifelten sie an ihrer eigenen Fähigkeit, ihren Kindern eine gute Mutter zu sein. Eine weitere Vorbedingung dafür, daß sie sich selbst akzeptieren konnten, war ein stärkeres Mitgefühl für ihre Mütter und/oder Schwiegermütter oder andere Mutterfiguren, die in ihrem Leben eine Rolle gespielt hatten. Dieses Mitgefühl war etwas ganz anderes als die Entschuldigungen, die einige Patienten bei den ersten Kontakten für ihre Eltern gefunden hatten. Es gab einige Patienten, die anfangs das Gefühl hatten, es sei wichtig, sich die Illusionen zu bewahren, die sie über ihre Eltern hatten. Eine Patientin, die sehr auf ein bestimmtes Bild ihrer Mutter und darauf bedacht war, sich nicht zu beklagen, versprach sich eines Tages, als sie über ihre Verantwortung gegenüber zwei jüngeren Zwillingsbrüdern sprach, und sagte: »Wenn meine Mutter wenigstens ein einziges Mal nach Hause gekommen wäre und etwas Nettes gesagt hätte, anstatt dauernd herumzunörgeln . . .« Sie verdeckte dies sogleich wieder, indem sie äußerte, sie habe das nicht so gemeint, und fortfuhr, über die guten Eigenschaften ihrer Mutter zu sprechen. Sie konnte kein Mitleid für ihre Mutter empfinden, da sie diese nicht kritisch zu sehen vermochte, ohne sich zugleich selbst angegriffen zu fühlen.

Ein geradezu riesiger Gewinn war es, wenn die Patienten mit der Zeit fähig wurden, Freundschaften aufzubauen. Bei einigen Patienten bestand der erste Schritt darin, daß ich selbst als Freund behandelt wurde. Ich wurde zu einem Imbiß eingeladen, erhielt Geschenke und wurde mit meinem Vornamen angeredet. Man befragte mich über persönliche Einzelheiten aus meinem Leben. Es erleichtert einem die Arbeit, wenn man diese Art von Beziehung ohne Schwierigkeiten akzeptieren kann. Ihre Intensität wird nicht von langer Dauer sein. Die Patienten werden andere Freunde gewinnen, die mehr Zeit für sie haben als der Sozialarbeiter und nicht dadurch bedrohlich sind, daß sie sie umerziehen wollen. Schließlich wird der Sozialarbeiter als Freund abgeschoben und für Notfälle als Therapeut reserviert – als ein freundschaftlicher Therapeut.

Ein anderes frühes Anzeichen dafür, daß der Patient sich besser fühlt, ist darin zu sehen, daß es ihm Spaß macht, wenn der Sozialarbeiter ein gutes Verhältnis zu seinem Kind hat. Dann bedeutet es keine Bedrohung der elterlichen Fähigkeiten und des Prestiges in der Familie mehr, wenn Kinder und Sozialarbeiter gut miteinander auskommen. Etwa zu dieser

Zeit kann man auch beobachten, daß die Kinder sich scheinbar weniger »gut erzogen« verhalten und natürlich auch weniger diszipliniert. Trotzdem sind sie meist noch immer gehemmter und weniger ungestüm als die meisten Kinder in unserer Gesellschaft.

Die Erfahrungen, die wir mit unserer kleinen Forschungsgruppe und deren therapeutischer Behandlung gemacht haben, können unmöglich von jenen Stellen wiederholt werden, die überall mit Kindesmißhandlungen zu tun haben. Die schwere Belastung vieler Einzelfälle verhindert jene uneingeschränkte Aufmerksamkeit für diese besonderen Patienten, die uns möglich war, und nur wenige werden die Neigung verspüren, Tag und Nacht einer Gruppe höchst anspruchsvoller Personen zur Verfügung zu stehen. Der Zweck unserer Studie bestand darin, möglichst viel über das tagtägliche Leben unserer Patienten in Erfahrung zu bringen – ihr Verhalten in einer Krise und ihre Reaktionen auf ihre Umwelt, Stunde für Stunde und Tag für Tag. Ich halte es für möglich, unsere Erfahrungen in der Weise zu modifizieren, daß auch andere mit diesem Personenkreis erfolgreich arbeiten können, ohne so viel Zeit und Mühen aufzuwenden wie wir. So spielte sich z. B. ein Großteil unserer Arbeit mit den bedrohten Kindern in deren Wohnung ab. Manchmal blieb das mißhandelte Kind in der Wohnung seiner Eltern, da wir dies unter unserer Überwachung und der Mitwirkung der Familie und von Freunden für praktikabel hielten. Anfangs waren wir auch der Ansicht, daß eine Entfernung des Kindes die Zusammenarbeit mit den Eltern fast unmöglich machen und die bestehenden Beziehungen innerhalb der Familie so sehr beeinträchtigen würde, daß diese einen bleibenden Schaden davontrügen. Obwohl wir in der Folgezeit nicht mehr so sehr davon überzeugt waren, daß eine Trennung des Kindes von den Eltern nach Möglichkeit zu vermeiden sei, hatten viele unserer Patienten nicht die Absicht, auch nur für sehr kurze Zeit auf ihre Kinder zu verzichten, und falls vor Gericht keine stichhaltigen Beweise vorlagen, wurde diesem Wunsch der Eltern im Urteil auch stattgegeben. Der Vorteil dieser Lösung lag darin, daß es nicht zu einem Bruch im Leben der Eltern und des Kindes kam. Der Nachteil bestand natürlich darin, daß das Kind gefährdet war, wenn wir nicht unsere ganze Aufmerksamkeit dieser Familie widmeten. Sofern das Kind einer Gefahr ausgesetzt ist und es keinen sehr verantwortungsbewußten Verwandten gibt, der die Situation übersehen kann, so wird der Therapeut Zeit und Energie sparen, wenn das Kind so lange andernorts untergebracht ist, bis er einigermaßen sicher sein kann, daß es außer Gefahr ist. Wo nur eine ununterbrochene Beobachtung das Leben des Kindes garantieren konnte und die Familie keine andere Lösung akzeptiert hätte, mußten wir Verwandte um ihre Hilfe bitten. Dies waren Situationen, in denen wegen Mangels an Beweisen das Gericht gezwungen war, das Kind in der Obhut der Eltern zu belassen.

Man muß auch berücksichtigen, daß die Entfernung des Kindes von den mißhandelnden Eltern als Bestrafung aufgefaßt wird, und wenn man als Sozialarbeiter an diesem Vorgang beteiligt ist, so wird man von den Eltern dieser strafenden Außenwelt zugerechnet. Das ist jedoch auch mit Vorteilen verbunden. Wenn die Eltern keine Möglichkeit mehr haben, ihre gegenseitigen Gefühle über das Kind kurzzuschließen, sind sie gezwungen, sich einigen dieser Gefühle unmittelbar zu stellen. Es ist während meiner Arbeit noch in jedem Fall vorgekommen, daß ein Vater oder eine Mutter im Gespräch über die Entfernung des Kindes sagte: »Wenn das Kind aus dem Haus ist, werde ich meinen Mann (oder meine Frau) verlieren.« In meinen Augen ist das Kind ein so integraler Bestandteil der Ehe, daß diese nicht ohne das Kind vorstellbar ist. Interessanterweise war eines der Argumente gegen eine Entfernung des Kindes von den Eltern, sie würden nicht damit fertig, was andere Leute von ihnen denken könnten, wenn sie nicht alle ihre Kinder im Hause hätten. Sie machten sich hauptsächlich Gedanken darüber, wie ihre Lebensweise auf andere wirkte und nicht, wie sie sich selbst dabei fühlten. Eltern, denen das Sorgerecht über ein Kind entzogen worden ist, haben im allgemeinen den sehnlichen Wunsch, das Kind wiederzubekommen. Dies kann ein ziemlich starker motivierender Faktor für die Therapie sein.

Es hat schon immer Mangel an ausgebildeten, erfahrenen Sozialarbeitern geherrscht. Wer in Wohlfahrtsorganisationen oder Sozialämtern mit der Supervision betraut ist, wird völlig zu Recht versuchen, für die Arbeit mit so schwierigen Patienten wie diese Eltern, die ihre Kinder mißhandelt haben, einen möglichst erfahrenen Therapeuten einzusetzen. Es kann nicht bestritten werden, daß die Patienten unserer Untersuchungsgruppe auf allzu junge, unsichere und unerfahrene Sozialarbeiter mit beträchtlichem Unbehagen reagiert haben. Diese Patienten, die sich selbst sehr unsicher fühlten, konnten Unsicherheit bei anderen kaum ertragen. Allerdings könnte die Bereitschaft des Therapeuten, sich an die Bedürfnisse der Patienten anzupassen, die fehlende Erfahrung weitgehend ersetzen. Meiner Ansicht nach sollte ein Sozialarbeiter, der mit Eltern zu tun hat, die ihre Kinder mißhandelt haben, folgende Eigenschaften aufweisen:

Er sollte möglichst wenig dazu neigen, andere zu führen.

Er sollte bereit sein, sich um die Patienten zu bemühen, sich jedoch nicht bei jeder Gelegenheit opfern, so daß alle in seiner Umgebung ein schlechtes Gewissen bekommen.

Er sollte neben seiner Arbeit noch andere Möglichkeiten haben, seine Bedürfnisse zu befriedigen, so daß er nicht darauf angewiesen ist, diese Befriedigung bei den Patienten zu suchen.

Er sollte über viel praktisches Wissen über das Verhalten von Kindern verfügen, das er bei passender Gelegenheit an die Eltern weitergeben kann, die ihre Kinder mißhandelt haben.

Es gibt sehr gute Bücher über das, was von Säuglingen und älteren Kindern erwartet werden kann. Vor allem die Veröffentlichungen von René Spitz können zu einem Verständnis der Fähigkeiten von Kleinkindern beitragen (2-6). Die Broschüren des Children's Bureau (7-9), die Veröffentlichungen von Arnold Gesell und Frances Ilg (10, 11), das Buch von Benjamin Spock (12) sowie das pädiatrische Handbuch von Silver u. a. (13) enthalten das Wichtigste, was man über Säuglinge und Kleinkinder wissen muß. Die ausgesprochene Achtung, die A. S. Neill (14, 15) gegenüber Kindern hegt, sowie seine Fähigkeit, ihr Verhalten nicht mit moralischen Kategorien zu qualifizieren, haben ihm zu ziemlich ungewöhnlichen Einsichten über das natürliche Verhalten von Kindern verholfen.

Die Aggressionstheorie von Konrad Lorenz (16) bezieht sich nicht nur auf tierisches, sondern – wenn auch nicht strikt – auch auf menschliches Verhalten auf allen Ebenen. Marian Morris (17) gibt ausgezeichnete Hinweise für die Beobachtung von Interaktionen zwischen Mutter und Kind. Dies ist zweifellos keine Übersicht über zugängliche Literatur zum Thema Säuglinge und Kleinkinder; ich habe lediglich das angeführt, was mir persönlich für meine jahrelange Arbeit mit Kindern besonders zustatten kam. Meine eigenen Kinder waren etwa genauso alt wie die von mir während der Studie betreuten Kinder, und ich habe eine Menge von ihnen gelernt. Neben der Lektüre dieser Bücher ist es bestimmt ganz sinnvoll, wenn der Sozialarbeiter, der keine eigenen Kinder hat, eine Zeitlang mit Kindern im entsprechenden Alter arbeitet.

Es wäre vorteilhaft, für diese Arbeit Sozialarbeiter zu finden, die gut zuhören können, eine ebensogute Beobachtungsgabe haben und ihr Selbstbewußtsein nicht dadurch stärken müssen, daß sie sich den Menschen überlegen fühlen, mit denen sie arbeiten.

Während unserer Untersuchung standen gewöhnlich jedem Patienten jederzeit zwei Therapeuten zur Verfügung, ein Psychiater und die Sozialarbeiterin. Daß der Patient sich an mehr als eine Person wenden kann, bedeutet für jeden Beteiligten eine Erleichterung. Dem Therapeuten wie dem Patienten bleiben aufreibende Situationen erspart. Besonders sinnvoll ist dies für einen Patienten, der zum ersten Mal lernt, mit seiner Wut auf Erwachsene offen umzugehen. Es kann sein, daß die eine oder andere Sozialbehörde mehr als einen Helfer stellen kann, aber wo dies nicht möglich ist, gibt es vielleicht Gemeindeschwestern, Ärzte, Lehrer oder andere Personen in der Gemeinde, die man dafür gewinnen kann, sich um einen oder mehrere Patienten zu kümmern.

Die personellen Veränderungen bei einer Behörde erlauben im allgemeinen keine langfristige Einzelfallhilfe mit einer Person. Wenn nach einer Um- oder Neubesetzung der neue Sozialarbeiter sehr an der Arbeit interessiert und bereit ist, sich dafür einzusetzen, daß dem Patienten weiterhin geholfen wird, dann muß ein solcher Wechsel nicht unbedingt eine Verschlechterung der Betreuung bedeuten.

Welche Alternative gibt es im Hinblick auf die viele Zeit, die wir für einige unserer Patienten aufgewandt haben? Es kann sehr lange dauern, bis das schier unendliche Bedürfnis nach tiefer, eingehender Aufmerksamkeit gestillt ist. Sobald die Patienten unserer Studie uns näher kannten und vertrauten, mußten sie auch wissen, daß wir bereit waren, uns sehr um sie zu bemühen. Das bedeutet jedoch nicht notwendig, so wie wir zu jeder Tages- und Nachtzeit telefonisch erreichbar zu sein oder von einem Moment auf den anderen auf eine Nachricht hin den Patienten so schnell wie möglich aufzusuchen. Aber der Patient wird es registrieren, wenn man seinetwegen ein Gespräch unterbricht oder von Zeit zu Zeit in der Privatwohnung ein Gespräch von ihm entgegennimmt, um seine Ängste zu beruhigen. Eine der Mütter unserer Studie habe ich drei Jahre lang immer wieder aufgesucht, und sie bereitete mir in jeder nur erdenklichen Weise immer wieder Ungelegenheiten. Dazu gehörte beispielsweise, daß sie mich an jedem freien Tag anrief und von mir verlangte, ich sollte etwas gegen eine ihrer zahlreichen Körperbeschwerden unternehmen, obwohl auf unserer Station ständig zwei Ärzte zur Verfügung standen und sie auch andere Ärzte leicht hätte erreichen können. Häufig rief sie an und drohte, ihre Kinder umzubringen; das war zwar wenig wahrscheinlich, aber immerhin nicht unmöglich. Wieviel Zeit ich auch bei ihr verbrachte, nie schien es genug zu sein. Als ich sie jedoch nach Beendigung des Projekts noch einmal besuchte, hatte sie das Gefühl, daß ich dies in meiner eigenen Freizeit tat, ohne daß es zu meinem Beruf gehörte. Dieser Umstand machte für sie den Besuch zu etwas, das sie wirklich für sich haben würde.

Ich habe nur sehr selten von der Möglichkeit Gebrauch gemacht, die Patienten zu einem Drink oder einem kleinen Imbiß einzuladen. Das kann unter Umständen zwar ganz sinnvoll sein, aber es muß sehr behutsam geschehen. So fuhr ich gelegentlich mit einer Mutter in ein Restaurant, wo sie Tee bestellte. Wenn ich ihr wie bei einigen anderen Patientinnen Süßigkeiten angeboten hätte, hätte sie vielleicht gern angenommen, aber sie konnte sich zu ihrer Korpulenz nicht bekennen, und es hätte sie in eine unerträgliche Lage gebracht, etwas angeboten zu bekommen, das dick macht. Wenn man diesen Patienten irgend etwas gibt oder etwas für sie tut, dann kommt es darauf an, daß man einen ganz besonderen Sinn für ihre Bedürfnisse, Vorlieben und Wünsche hat.

Die wahrscheinlich niederschmetterndste Erfahrung, die ein Sozialarbeiter machen kann, ist die, wenn er einen Adoptionsfall so sorgfältig und eingehend wie möglich bearbeitet und hinterher feststellen muß, daß die Adoptiveltern dieses Kind mißhandeln. Was kann man tun, um zu vermeiden, daß solche Kinder in die Hände von Adoptiveltern geraten, die potentiell zu Mißhandlungen neigen? Diese Frage ist sehr schwer zu beantworten. Wir waren hilflos, als ein Richter der endgültigen Adoption eines einjährigen Kindes zustimmte, das 17 ungeklärte Beinbrüche aufwies. Die Familie hatte sich strikt geweigert, mit uns Kontakt aufzunehmen, und wir konnten ihn nicht erzwingen. Alles, was wir tun konnten war, das Sozialamt zu unterstützen, sich gegen die Adoption auszusprechen, aber offensichtlich war das nicht genug. Wir hatten nicht die Möglichkeit, jede einzelne Voruntersuchung einer Sozialbehörde in einem Adoptivfall nachzuprüfen, bei dem dann später einer der Eltern das Kind mißhandelte. Im allgemeinen können diese Berichte nur von einem bestimmten Personenkreis innerhalb der Behörde eingesehen werden, und wir waren mit unserer eigenen Arbeit so sehr ausgelastet, daß wir keine Zeit für eine solche Untersuchung hatten, obwohl wir sehr daran interessiert waren. Mitarbeiter der Sozialbehörde sprachen bereitwillig mit uns über ihre Erhebungen und ihre Eindrücke und übermittelten uns auch zusammenfassende Berichte darüber. Hier ein Zitat aus einer solchen Zusammenfassung über den Vater, der ein Kind adoptieren wollte: »Er hatte das Gefühl, daß seine Eltern nicht übermäßig herzlich zu den Kindern waren, daß sie sie jedoch zu fleißigen und verantwortungsbewußten Christen erziehen wollten.« Es ist wohl keineswegs ungewöhnlich, daß Eltern ihren Kindern gegenüber diese Einstellung haben, aber wenn jemand von der eigenen Kindheit hauptsächlich das Gefühl hat, er sei streng erzogen worden, dann ist dies zumindest ein Hinweis für den Sozialarbeiter, der einen Adoptionsfall bearbeitet, daß seine weitere Untersuchung sehr sorgfältig sein muß.

Bei dieser Untersuchung ist es wahrscheinlich sehr hilfreich festzustellen, in welcher Weise potentielle Adoptiveltern in ihrer Kindheit Mütterlichkeit erfahren haben. Zu diesem Zweck wäre es ganz gut, wenn man unverfängliche Fragen zum Thema: »Was stellen Sie sich unter mütterlichem Verhalten vor?« so formulieren könnte, daß man darauf aufschlußreiche Antworten erhält. Säuglinge und Kleinkinder werden im allgemeinen zunächst für eine Probezeit von etwa sechs

Monaten bis zu einem Jahr in Adoption gegeben, bevor diese endgültig ist. In dieser Zeit kann der zuständige Sozialarbeiter darauf achten, ob das Kind ernsthafte Verletzungen aufweist. Es wäre ganz zweckmäßig, wenn diese Kinder während des ersten Jahres vom Kinderarzt des Sozialamtes betreut werden könnten. Auf diese Weise können die Kinder sorgfältig im Hinblick auf Körperwachstum und Verletzungen beobachtet werden. Meiner Ansicht nach ist es sehr wichtig, daß Adoptionen in einem herzlichen und entgegenkommenden Klima den potentiellen Adoptiveltern gegenüber vorbereitet werden, und es ist nicht einfach, herzlich und mißtrauisch zugleich zu sein. Das ist der Grund dafür, daß sich die Frage so schwer beantworten läßt, wie man Kinder schützen und gleichzeitig das Adoptionsverfahren in einer Weise durchführen kann, die es den potentiellen Eltern ermöglicht, Gefühle der Herzlichkeit und Liebe zu entwickeln, ohne daß sie sich wie in einem Schaukasten vorkommen müssen.

Unsere Arbeit mit Eltern, die ihre Kinder mißhandelten, hat uns sehr viel abverlangt, und manchmal war es so, daß wir nicht nur die Situation einer Familie nicht verbessert, sondern wahrscheinlich für alle Beteiligten alles nur noch schlimmer gemacht haben. Häufig fühlten wir uns selbst wie »mißhandelte Therapeuten«. Die Babys waren sicherer, aber am Anfang waren wir nicht einmal dieser Tatsache gewiß. Oft wußten wir gar nicht, was und warum wir es taten. Wir wußten nur, daß wir irgend etwas tun mußten. Wir machten sehr schmerzhafte Fehler, so daß uns einige Patienten und der bislang bei ihnen erzielte Fortschritt für längere Zeit verlorengingen. Aber als sich dann bei unseren Patienten jene Änderungen einstellten, die für sie und ihre Kinder von Dauer sein würden, spürten wir alle eine innere Aufregung und eine unbändige Befriedigung.

Es ist noch nicht sehr lange her, daß eine meiner früheren Patientinnen die Sekretärin anrief und sie bat, herauszubekommen, welche Blumen ich am liebsten hätte, jedoch ohne daß ich es erfahren sollte. Diese Patientin ließ mir an meinen neuen Wohnort einen Korb mit Gänseblumen schicken und hatte aus einer Zitatensammlung folgenden Spruch für mich ausgesucht und den Blumen beigegeben: »Der ist unser Freund, der uns mehr Liebe als Bewunderung entgegenbringt.«

Teil 4
Rechtliche Aspekte

7. Mißhandelte Kinder als juristisches Problem

Monrad G. Paulsen*

Nicht nur die Medizin, auch die Justiz befaßt sich mit der Mißhandlung von Kindern. Die Gesetzgeber haben als Antwort der Gesellschaft auf solche Fälle bestimmte Normen festgelegt, die dazu dienen sollen, eine Wiederholung des Vorfalls zu verhindern, die Geschwister des Opfers zu schützen und andere Personen abzuschrecken, die einem potentiellen Täterkreis zugerechnet weren können.

Die Reaktionen des Gesetzes auf Kindesmißhandlungen**

Ein Arzt, in dem sich der Verdacht regt, daß er ein mißhandeltes Kind behandelt, muß daran interessiert sein, die wesentlichen Bestimmungen zu kennen, mit denen gesetzlich versucht wird, Kinder vor Mißhandlungen zu schützen. Dabei sind folgende vier Bereiche gesetzlicher Maßnahmen ganz besonders wichtig:

1. Bestimmungen des Strafrechts, auf die man sich berufen kann, wenn Personen bestraft werden sollen, die Kinder verletzt haben.

2. Bestimmungen für Jugendgerichte, die allgemein bindend vorsehen, daß bei nachgewiesenen Mißhandlungen die Feststellung getroffen werden kann, daß die Eltern oder andere Pflegepersonen ein Kind »vernachlässigt« haben. Nach einem entsprechenden Schuldspruch kann das Jugendgericht eine Überwachung zum Schutze des Kindes verfügen oder dessen Entfernung von der Familie anordnen.

3. Eine in vielen Staaten bestehende Gesetzgebung, die »Schutzeinrichtungen« für mißhandelte und verwahrloste Kinder in Verbindung mit einem umfassenden Programm öffentlicher Einrichtungen der Kinderfürsorge autorisiert oder ins Leben ruft.

---

* Der Autor war Professor der Rechtswissenschaft in Columbia und Leiter der Columbia Study of Child-Abuse Reporting Laws. Heute ist er Dekan und John B. Minor Professor für Rechtswissenschaft an der University of Virginia School of Law.
** Dieser Teil des Kapitels stellt eine überarbeitete Fassung einer anderen, bereits veröffentlichten Arbeit des Autors dar: The Legal Protections Against Child Abuse, in: Children 42 (März/April 1966).

4. Gesetze, die die Anzeigepflicht bei Kindesmißhandlungsfällen festlegen und mittlerweile in allen Staaten der USA erlassen wurden; sie sollen dafür sorgen, daß vermutete Kindesmißhandlungen gemeldet werden, so daß die anderen erwähnten Maßnahmen zum Schutz der Kinder in die Wege geleitet werden können.

Das Strafrecht

Das Problem der Kindesmißhandlungen erfordert keine neue Strafgesetzgebung. Mord, schwere Körperverletzung, tätliche Angriffe und einfache Körperverletzung sind in allen Staaten der USA strafwürdige Verbrechen, selbst wenn sie von Eltern an ihren Kindern begangen werden. Darüber hinaus untersagen die bestehenden Strafgesetze ausdrücklich »Grausamkeit an Kindern«, und zwar mit diesen oder ähnlichen Worten. Die Gesetzgeber der einzelnen amerikanischen Bundesstaaten vergessen diese Tatsachen jedoch oft, wenn die Öffentlichkeit, von Zeitungsberichten über sensationelle Fälle aufgebracht, neue, aber unnötige Strafgesetze verlangt.

Strafrechtliche Sanktionen sind in jedem Fall ein wenig wirksames Mittel, um Kindesmißhandlungen zu verhindern. Das alltägliche Familienleben, das mit den intimsten Emotionen befrachtet ist, kann wohl kaum durch Androhung von Geld- oder Gefängnisstrafen leicht kontrolliert werden. Das Strafrecht kann das Beziehungsgeflecht der Familie des Kindes zerstören; es kann es aber nicht bewahren oder neu aufbauen. Es mag sein, daß die schwersten Fälle von Kindesmißhandlung juristisch verfolgt werden müssen, aber die Staatsanwälte sind oft nicht in der Lage, Vorkehrungen für die Fürsorge zu treffen, die ein Kind braucht.

Eine strafrechtliche Verfolgung ist eine schwerfällige Angelegenheit. Das Verfahren nimmt sehr viel Zeit in Anspruch – der Staatsanwalt muß den Fall vorbereiten, bei einem Aufschub muß auf Verteidiger, Richter oder Zeugen Rücksicht genommen werden. Eine Verurteilung ist schwer zu erreichen, da die Schuldfrage nicht so einfach geklärt werden kann, vor allem in Fällen von Kindesmißhandlung, da diese oft ohne Zeugen stattfindet, die den Täter vor Gericht belasten könnten. Falls der Täter nicht geständig ist, muß das Vergehen so schlüssig nachgewiesen werden, daß kein vernünftiger Zweifel mehr möglich ist.

Die Verfolgung strafwürdiger Vergehen liegt weitgehend im Ermessen des Staatsanwalts. Nicht alle Eltern, die gegenüber ihrem Kind tätlich geworden sind, werden unter Anklage gestellt. In jedem konkreten Fall kann der Staatsanwalt zu der Auffassung gelangen, daß der Fall am besten vor einem Jugend- oder – falls vorhanden – einem Familiengericht verhandelt wird. Die vielleicht größte Schwierigkeit, der sich der Staatsanwalt bei seiner Entscheidung gegenübersieht, den Fall nicht strafrechtlich zu verfolgen, sondern von einer anderen Stelle bearbeiten zu lassen, ist der Umstand, daß der Staatsanwalt ein gewählter Staatsdiener ist, der möglicherweise die Notwendigkeit verspürt, in einem stark publizierten und die Gemüter erregenden Fall dem öffentlichen Druck nachgeben zu müssen.

Der Anfang einer Strafverfolgung ist im allgemeinen das Ende der Chance, die familiäre Situation eines Kindes zu verbessern. Die Eltern reagieren fast immer äußerst empfindlich auf ein Verfahren. Die dadurch hervorgerufene Feindseligkeit macht eine Einzelfallarbeit mit der Familie des Kindes fast völlig unmöglich, solange sich der oder die Angeklagte auf freiem Fuß befindet.

Alles in allem helfen strafrechtliche Sanktionen dem Kind wenig. Die Hauptprobleme betreffen seine Fürsorge und Verwahrung.

Das Jugendgericht

In jedem amerikanischen Bundesstaat gibt es gesetzliche Bestimmungen, die den Jugendgerichten die Gewalt über »verwahrloste« Kinder geben. Und in jedem Staat, ungeachtet der besonderen Formulierung des Gesetzes über Jugendgerichte, ist die körperliche Mißhandlung eines Kindes durch einen Elternteil juristisch eine Form der »Verwahrlosung«. Die Bestimmungen über Verwahrlosung unterscheiden sich jedoch. Einige Staaten konzentrieren sich auf das Verhalten der fürsorgenden Person; in diesem Fall wird ein verwahrlostes Kind dadurch definiert, daß die Eltern es »Grausamkeit oder moralischer Verderbnis« ausgesetzt haben. Andere Staaten betonen die Umgebung des Kindes: »Ein Kind ist verwahrlost, das kein Heim oder einen geeigneten Aufenthaltsort hat oder dessen Heim ungeeignet ist, weil die Eltern oder ein Elternteil es verkommen lassen, grausam sind oder moralisch verdorben ...« Einige Staaten richten die Aufmerksamkeit einfach auf das Kind selbst; hier ist ein Kind verwahrlost, wenn es »einer grausamen und unmenschlichen Behandlung unterworfen ist und die Auswirkungen körperlicher Mißhandlungen aufweist«.

Die Unterschiede in den Formulierungen der Gesetze sind wichtig. Der Text gibt genau an, auf welche Beweise es ankommt, wenn man eine Verwahrlosung nachweisen will. So kann z. B. in den Staaten, in denen Verwahrlosung unter dem Aspekt des elterlichen Fehlverhaltens gesehen wird, ein solcher Fall nur nachgewiesen werden, wenn man Beweise dafür beibringen kann, daß die Eltern die Urheber waren. In diesen Staaten ist es in etlichen Fällen nicht möglich, einen Schuldspruch wegen Kindesverwahrlosung zu erwirken, da die Verletzungen nicht eindeutig mit dem Verhalten der Eltern in Verbindung gebracht werden können. Wenngleich die Jugendgerichte der meisten Staaten nur schwerwiegende Beweisgründe verlangen und keinen Beweis, an dem keine vernünftigen Zweifel möglich sind, müssen die Beweise doch im juristischen Sinne ausreichend sein. Situationen, aus denen sich keine objektiven Beweisgegenstände ergeben, können vor Gericht nicht angeführt werden.

In zahlreichen Fällen sind jedoch die Richter in ihrer Beweiswürdigung übermäßig vorsichtig. Verurteilungen wegen Kindesverwahrlosung können durchaus auf Indizienbeweisen beruhen. Es können korrekte Schlüsse über elterliche Schuld oder Unschuld gezogen werden – z. B. aus dem frühen Alter des Opfers, der Zahl und Art der Verletzungen, dem Ort, an dem sie sich ereigneten, den unzureichenden Erklärungen der Eltern sowie aus dem Umstand, daß die Eltern die Hüter des Kindes und damit die meiste Zeit in dessen Nähe sind. Nicht jedes Rechtsmittel muß auf der Aussage von Augenzeugen beruhen.

Eine neuere Auslegung von Richter Harold A. Felix am Family Court im Staate New York ist von besonderer Bedeutung, da er einen Indizienbeweis zuließ und den Eltern des Kindes die Beweislast in Form einer »befriedigenden Erklärung« auferlegte. In der Ablehnung eines Antrags auf Abweisung einer Klage wegen Kindesverwahrlosung schrieb Richter Felix, daß

»das Verfahren ... zweifellos eingeleitet wurde, nachdem sich Angestellte der Gesundheits- und Sozialbehörde darüber einig waren, daß es sich bei dem einen Monat alten Säugling Freddie um einen Fall von Kindesmißhandlung mit dem dafür typischen Syndrom handelte. Der Nachweis einer Mißhandlung durch einen Elternteil oder beide Eltern ist schwierig, weil derartige Handlungen normalerweise in den eigenen vier Wänden und ohne außenstehende Zeugen geschehen. Eine objektive Untersuchung des Problems der Kindesmißhandlungen, das mittlerweile immer drängerder geworden ist, hat unter anderem ergeben, daß es im allgemeinen immer nur ein Kind in einer Familie ist, das als Opfer gewählt wird; daß Eltern sich gegenseitig decken und sich Nachforschungen und Eingriffen von außen widersetzen; und daß der Erwachsene, der ein Kind verletzt hat, dazu neigt, solche Handlungen zu wiederholen und wegen seines Verhaltens keine Gewissensbisse hat.

Darum übernehme ich für diese Art von Verfahren, in denen es um eine Kindesmißhandlung geht, aus dem Beweisrecht beim Vorwurf der Fahrlässigkeit das Prinzip »res ipsa loquitur«* und mache mir die Auffassung zu eigen, daß der Zustand des Kindes für sich selbst spricht. Damit räume ich die Möglichkeit ein, daß aus dem Alter und der körperlichen Verfassung des Kindes auf eine Verwahrlosung durch die Eltern geschlossen werden kann, sofern diese körperliche Verfassung derart beschaffen ist, daß sie bei normalem Verlauf der Dinge nicht auftritt, wenn der Elternteil, der die Verantwortung und Obhut des Kleinkindes übernommen hat, das Kind beschützt und nicht mißhandelt. Und wenn keine befriedigende Erklärung der Eltern vorliegt, bin ich gezwungen, eine Tatsachenfeststellung zu treffen, daß eine Verwahrlosung durch einen Elternteil oder beide Eltern vorliegt. Damit wird dem Gericht die Möglichkeit eingeräumt, eine Untersuchung (sic) darüber anzustellen, ob die Eltern irgendwelche geistigen, körperlichen oder psychischen Schäden aufweisen, und/oder eine Beratung oder Therapie anzuordnen, falls dies erforderlich sein sollte. Das ist die Verantwortung des Gerichts gegenüber dem Kind.« (1)

Gesetze, die »Verwahrlosung« über die Umwelt des Kindes definieren, führen nicht zu den Beweisschwierigkeiten, wie sie sich bei Gesetzen ergeben, die auf das Verhalten der Eltern abheben. Die Tatsache, daß es zu mehreren Verletzungen unter ungenügend geklärten Umständen gekommen ist, kann für den Nachweis genügen, daß die »Umwelt (eines Kindes) seinem Wohlergehen abträglich ist.«

---

* Die Sache spricht für sich (A. d. Ü.).

Der Richter an Jugendgerichten hat eine Vielzahl institutionalisierter Möglichkeiten, die ihm ein Höchstmaß an Flexibilität gerantieren sollen, wenn es um Entscheidungen über die Verfügungsgewalt über das Kind geht. Er kann gegenüber den Eltern Verwarnungen oder Empfehlungen aussprechen. Er kann eine medizinische oder psychiatrische Behandlung des Kindes oder der Eltern anordnen. Er kann das Kind bei den Eltern lassen, aber eine Überwachung zu dessen Schutz verfügen. Er kann schließlich den Eltern das Sorgerecht für das Kind entziehen, sofern ein so extremer Schritt notwendig ist. Der Richter hat auch weitgehende Befugnisse, in dringenden Fällen unverzüglich zu handeln, aber leider kann es vorkommen, daß eine schnelle juristische Reaktion auf einen dringenden Fall deshalb nicht möglich ist, weil kein Jugendrichter innerhalb kurzer Zeit zu erreichen ist.

Es ist ebenfalls von Bedeutung, den Zusammenhang zwischen dieser Vielfalt an Befugnissen und dem erforderlichen Beweismaterial zu sehen, das ein Urteil wegen Verwahrlosung rechtfertigen würde. Der Nachweis einer Verwahrlosung kann nur erbracht werden, wenn zuvor zwei Fragen beantwortet sind: Was geschah wirklich, und welche »Tatsachen« liegen vor, die die »Verwahrlosung« ausmachen? Was ein Richter als »Verwahrlosung« ansieht, wird meiner Ansicht nach davon abhängen, welche Maßnahmen er zu ergreifen beabsichtigt.

Man muß sehen, daß Richter Felix vor der Niederschrift seiner Begründung nicht im Sinn hatte, das Kleinkind der Obhut der Eltern zu entziehen. Jugendrichter werden sicherlich von der Überzeugung geleitet, daß die vom Gericht angeordnete Maßnahme in einem bestimmten Verhältnis zum Grad der elterlichen Unfähigkeit stehen sollte, die sich aus der Beweisaufnahme ergab. Wenn eine Mutter unter dem Druck der Alltagsprobleme ihr Kind schwer geschlagen hat, könnte dies eine Verurteilung wegen Vernachlässigung rechtfertigen, sofern das Gericht damit beabsichtigt, eine weitere Untersuchung einzuleiten oder den Fall dem Sozialamt abzunehmen und einem Bewährungshelfer zu übergehen. Das Urteil wäre jedoch kaum zu vertreten, wenn das Gericht beabsichtigen würde, das Kind auch nur für den kürzesten Zeitraum seinen Eltern wegzunehmen.

Wenn die Eltern in einem Verfahren wegen Kindesverwahrlosung von einem Rechtsanwalt vertreten werden, so kann man davon ausgehen, daß der Nachweis körperlicher Mißhandlungen noch schwieriger sein wird, da die Beweise im Kreuzverhör eines Rechtsanwalts auseinandergenommen und geprüft werden. Diese aggressiv vorgenommene Befragung ist den meisten Ärzten zuwider. Sie scheint ein höchst ungeeigneter Weg zur »Wahrheitsfindung«, beruht jedoch auf der Überzeugung, daß ein Gericht der Wahrheit sehr nahe kommt (so nahe es ein Rechtssystem erlaubt), wenn die interessierten Parteien das Beweismaterial vorlegen, das für die von ihnen vertretene Auffassung spricht, und die gegnerische Seite die Stichhaltigkeit der Anklage prüft, indem sie mit Gegenmaßnahmen wie einem Kreuzverhör arbeitet. Während ein Anwalt zwar den Eltern raten kann, nicht jedes erdenkliche Rechtsmittel einzulegen, da dies zum Nachteil des Kindes ausschlagen könnte, haben die Eltern zweifellos das Recht, darauf zu bestehen, daß ihre Aufassung vor Gericht entschieden vertreten wird. Wenn ein Anwalt für sich zu dem Schluß gelangt, daß er den Standpunkt seines Klienten vor Gericht nicht gewissenhaft verteidigen kann, sollte er den Fall abgeben. Selbst Eltern, die ihre Kinder mißhandeln, haben das Recht auf einen Verteidiger, der ihre Interessen vertritt, wie sie den Fall sehen – und nicht einen Verteidiger, der mit der Auffassung der Eltern nicht übereinstimmt.

Die volle Anwendung der Befugnisse des Jugendgerichts kann dazu führen, daß das Kind bei den Eltern bleibt und trotzdem einen Schutz genießt, wenn der Richter nämlich vorsieht, daß von offizieller Seite in das Familienleben eingegriffen wird. Das Children's Bureau der Vereinigten Staaten hat die Warnung ausgesprochen, daß eine Überwachung zum Schutz des Kindes »keinesfalls zu einer bloßen Wachsamkeit degenerieren dürfe«, sondern »eine planmäßige Tätigkeit« sein müsse, »darauf gerichtet, die Situation des Kindes durch den Einsatz bewährter Maßnahmen aus der Einzelfallhilfe sowie der Ausnutzung anderer Möglichkeiten der Gemeinde zu verbessern.« (2)

Wir dürfen jedoch nicht vergessen, daß es viele Familien gibt, die diesen offiziellen Eingriff ablehnen werden. Eine vom Gericht angeordnete Überwachung zum Schutz des Kindes enthält ein wesentliches Moment der Gewalt. Aus diesem Grunde sollten derartige Anordnungen regelmäßig vom Jugendgericht überprüft und aufgehoben werden, falls die Notwendigkeit eines solchen Eingriffes nicht mehr besteht. In der Tat beschränkt die Family Court Act des Staates New York die Gültigkeitsdauer einer Anordnung auf Überwachung zum Schutz des Kindes in Fällen der Verwahrlosung auf ein Jahr, es sei denn, »das Gericht stellt nach Ablauf dieses Jahres fest, daß außergewöhnliche Umstände eine Verlängerung der Anordnung um ein weiteres Jahr erforderlich machen.« (3)

Der Jugendrichter steht natürlich in Fällen von Kindesmißhandlung vor dem Problem, die Interessen der Eltern gegen die Wahrscheinlichkeit abzuwägen, daß das Kind erneut verletzt wird. Nichts ist schwieriger, als eine Prognose über die Wiederholung eines Verhaltens abzugeben, das ein Kind gefährden kann. Das »Abwägen der Interessen« wird für einen Richter noch erschwert, der entscheiden muß, ob er ein Kind der elterlichen Obhut entziehen soll, wenn nicht völlig geklärt ist, wie weit die Eltern an der Verletzung des Kindes wirklich beteiligt waren.

Nichtsdestoweniger bedeutet die Entscheidung, ein Kind bei seinen Eltern zu lassen, das Anzeichen ungewöhnlicher Verletzungen aufweist, die allem Anschein nach absichtlich zugefügt wurden, daß der Richter damit den Tod des Kindes riskiert. Nicht alle Zweifel sollten zugunsten der Eltern ausgelegt werden. Die Personen, die einen Gerichtsbeschluß zu erreichen suchen, ein Kind aus einer gefährlichen Situation zu entfernen, dürfen nicht dazu gezwungen werden, jede plausible Erklärung für die Verletzungen des Kindes zu widerlegen. Eine zeitweilige Entfernung des Kindes ist nicht dasselbe wie ein endgültiger Entzug des Sorgerechts. Eltern, die einen Eingriff zum Schutz des Kindes akzeptieren und dadurch auch die eigene Situation verbessern, können und werden das Sorgerecht für ihr Kind wiedererlangen, wenn neue Anhaltspunkte vorliegen, die vermuten lassen, daß sie in der Lage sind, in geeigneter Weise für das Kind zu sorgen. Eltern haben ein Recht auf ihre Kinder, aber Kinder haben ein Recht auf Leben.

In vielen Staaten gibt es eine gesetzliche Grundlage für Einrichtungen zum Schutz von Kindern als Bestandteil öffentlicher Maßnahmen einer umfassenden Kinderfürsorge. Darüber hinaus haben diese Staaten freien Organisationen das Recht eingeräumt, Aufgaben zum Schutz von Kindern zu übernehmen.

Kinderschutzeinrichtungen haben das Ziel, innerhalb der Familien eine Verbesserung der Situationen zu erreichen, in denen Kinder mißhandelt oder vernachlässigt wurden, so daß damit auch die Umwelt des Kindes positiv verändert wird. Ein Hauptproblem besteht darin, daß diese Einrichtungen ihre Hilfe im allgemeinen aufgrund einer Beschwerde oder eines Hinweises von Dritten innerhalb der Gemeinde anbieten und nicht deshalb, weil ein Elternteil oder beide Eltern des Kindes darum gebeten haben. Einige der Eltern, die am ehesten Hilfe brauchen, würden diese freiwillig nie erbitten.

Kinderschutzeinrichtungen bieten ihre Hilfe an, ohne daß eine gerichtliche Verfügung vorliegen muß, wenngleich ihre Aktivitäten in einigen Fällen dieselben sein können wie jene, die durch einen Gerichtsbeschluß im Zusammenhang mit einer Überwachung zum Schutz des Kindes angeordnet werden.

Das Children's Bureau hat vorgeschlagen, daß eine staatliche oder lokale Wohlfahrtsbehörde folgende Aufgaben übernehmen sollte:

»Die Untersuchung von Klagen über Verwahrlosung, Mißhandlung oder das Verlassen von Kindern und Jugendlichen durch Eltern, Aufsichtspersonen, Erziehungsberechtigte oder Personen, die die Stelle der Eltern einnehmen, und aufgrund des Untersuchungsergebnisses dem genannten Personenkreis je nach Schwere des Problems die Dienste der öffentlichen Fürorge anzubieten oder die Polizei, das zuständige Gericht oder eine andere Kommunalbehörde über den Sachverhalt zu informieren.« (4)

Würden diese Vorschläge in ein Gesetz aufgenommen, so wäre eine Sozialbehörde *verpflichtet*, eine »Untersuchung« einzuleiten und »Dienste der öffentlichen Fürsorge anzubieten«, sofern Fälle von Kindesmißhandlung bekannt werden. Aber damit nicht genug. Es kann sein, daß die angebotenen

Dienste abgelehnt werden. In diesem Fall kann das Sozialamt »über den Sachverhalt informieren«, und zwar auch ein Jugendgericht.

In einigen Staaten sehen die Gesetze vor, daß Kinderschutzeinrichtungen geschaffen werden müssen; in anderen Staaten haben diese Einrichtungen lediglich die Genehmigung zu bestimmten Maßnahmen, während die endgültige Entscheidung örtlichen Verwaltungsstellen vorbehalten bleibt. Wenn jedenfalls die öffentliche Fürsorge Kinderschutzeinrichtungen vorsehen soll, die Klagen untersuchen und sich um mißhandelte und verwahrloste Kinder kümmern, dann darf der Gesetzgeber nicht nur die Möglichkeit für solche Aufgaben schaffen, er muß auch Vorsorge treffen, daß die Kinderschutzeinrichtungen als solche verwirklicht werden.

Die »ausgestreckte Hand« von Kinderschutzeinrichtungen bringt ein Problem mit sich, das nicht hinter den guten Absichten dieser Institution verschwinden sollte. Wenn eine Hilfe angeboten wird, die nicht erwünscht ist, kann dieses Angebot ein Moment des Zwanges annehmen. Es besteht die Gefahr, daß im Umgang mit den verletzbarsten Angehörigen der Gemeinde zuwenig Zurückhaltung gezeigt wird und diese möglicherweise durch eine sichtbare Autorität eingeschüchtert werden. Wie weit das Angebot von Maßnahmen zum Schutz von Kindern durch das Gericht oder die Verwaltung überprüft werden sollte, steht hier nicht zur Debatte. Es geht hier nur darum, auf das Problem hinzuweisen. Die Privatsphäre einer Familie sollte nicht leichtfertig angetastet werden.

Gesetze über die Meldepflicht von Kindesmißhandlungen

Welchen Schutz auch immer das Strafrecht, das Jugendgericht oder Kinderschutzeinrichtungen Kindern anbieten können, dies kann immer nur im Hinblick auf bekanntgewordene Fälle von Mißhandlung oder Verwahrlosung geschehen. Es gibt eine Reihe von Faktoren, die verhindert haben, daß vermutete Fälle von Kindesmißhandlung einer öffentlichen Institution mitgeteilt worden sind. Im allgemeinen können und werden Kinder dazu keine Aussage machen. Nachbarn und Freunde zögern, Beschuldigungen zu erheben. Ein Vater oder eine

Mutter, die ihr Kind mißhandeln und mit einer Erklärung schnell bei der Hand sind, entgehen einer Entdeckung, weil allgemein angenommen wird: »Diese achtbaren Leute sind doch bestimmt gar nicht imstande, ihren Kindern etwas so Schreckliches anzutun.« Die gesetzlichen Vorschriften, die eine Meldung verdächtiger Fälle ermutigen sollen, sind wesentlicher Bestandteil der gesetzgeberischen Versuche, Kinder zu schützen.

Die Grundzüge der gesetzlichen Bestimmungen über eine Meldepflicht bei Kindesmißhandlungen

Gesetzliche Bestimmungen über eine Meldepflicht bei Kindesmißhandlungen sind mittlerweile in jedem Bundesstaat der USA, im Distrikt Columbia und auf den Jungferninseln in Kraft. (5) Diese Bestimmungen versuchen, die Verfolgung eines Verdachts auf Kindesmißhandlung dadurch zu erleichtern, daß Ärzte und andere Personen die Pflicht (oder die ausdrückliche Erlaubnis) (6) haben, ihren Verdacht im Einzelfall der Behörde mitzuteilen. Um die Einhaltung des Gesetzes besser zu gewährleisten, wird dem Anzeigenden bis zu einem gewissen Grad eine Befreiung von juristischen Verpflichtungen eingeräumt, die sich aus der Übermittlung der Meldung ergeben würden. Die Bestimmungen aller Bundesstaaten sehen vor, daß nach dem Eingang der Meldung öffentliche oder private Organisationen geeignete Maßnahmen einleiten; damit ist die Hoffnung verbunden, daß die aufgrund der Meldung erfolgenden Schritte die Wahrscheinlichkeit weiterer Verletzungen des Kindes und/oder dessen Geschwister verringern.
  Den gesetzgebenden Organen der einzelnen Bundesstaaten wurden vier Entwürfe für ein Gesetz vorgelegt. Urheber waren das Children's Bureau der USA (7), der Council of State Governments (8), die American Humane Association (9) und die American Medical Association. (10) Der mit Abstand einflußreichste Entwurf war der des Children's Bureau.

Wer sollte der Meldepflicht unterliegen

Die Entwürfe des Gesetzes. Der vom Children's Bureau erarbeitete Entwurf für eine entsprechende Gesetzgebung hat in erster Linie eine Meldepflicht für Ärzte, einschließlich Chiropraktiker, Assistenz- und behandelnde Krankenhausärzte vorgesehen, wenngleich Belegärzte nur verpflichtet sein sollen, die Krankenhausverwaltung zu »informieren«, die dann ihrerseits der Meldepflicht genügt. Der Beratungsausschuß des Children's Committee der American Humane Association hat vorgeschlagen, die Meldepflicht auf das »Krankenhauspersonal (auszudehnen), das mit Kindern zu tun hat.« Der Council of State Governments empfahl, daß »Stationsschwestern, die in Abwesenheit eines Arztes ein Kind untersuchen, beobachten oder behandeln«, gegebenenfalls zu einer Meldung verpflichtet sein sollten, während die American Medical Association den Standpunkt vertrat, daß »jede Krankenschwester in der Klinik oder der Praxis eines niedergelassenen Arztes, jeder Lehrer oder jeder Sozialarbeiter, der in seiner offiziellen Eigenschaft tätig ist«, zu einer Meldung angehalten werden sollte.

Das Children's Bureau hatte eine Reihe von Gründen, warum es die Meldepflicht nur auf Ärzte beschränken wollte. Es war erstens der Ansicht, daß die meisten Fälle von Kindesmißhandlung öffentlich bekannt werden, sobald eine mit der Fürsorge betraute Person für ein Kind ärztliche Hilfe in Anspruch nimmt. Insbesondere wurde eine Meldung durch einen Arzt als Schutz des kleinen Wesens angesehen, das sich weder den Mißhandlungen entziehen noch sprechen und den Täter bloßstellen kann. Zweitens beabsichtigte der Entwurf, die Fälle von Verletzungen an Kindern aufzudecken, die ein Arzt – aufgrund seiner besonderen Ausbildung und Fähigkeiten – als mögliche Anzeichen einer Mißhandlung erkennen kann. In vielen Fällen ist nur die diagnostische Fähigkeit eines Arztes ein genügend feines Instrument, das eine Diskrepanz zwischen der körperlichen Verfassung eines Kindes und der Erklärung der fürsorgenden Person für das Vorkommnis registriert. Da der Entwurf darauf abzielte, die Ärzte zu verpflichten, solche Befunde zu melden, die sie als Fachmann im Verlauf einer Untersuchung erhoben hatten, stand der Gedanke, auch andere Personen einer Meldepflicht zu unterwerfen, gar nicht erst zur Debatte. Außerdem waren die Autoren des Entwurfs der Auffassung, daß Ärzte in der Vergangenheit fast nie eine Meldung gemacht hatten, und zwar aus Gründen, von denen sich andere Gruppen, etwa Lehrer oder Sozialarbeiter, nicht abhalten ließen, die anscheinend jene Fälle vermuteter Kindesmißhandlung, die von ihnen entdeckt wurden, öffentlichen Stellen mitgeteilt haben. Das Children's Bureau fürchtete, eine große Zahl von Ärzten werde eine Meldung als bloße Einmischung oder als Verletzung der ärztlichen Schweigepflicht ansehen. Die gesetzlich verankerte Meldepflicht sollte in beiden Fällen die Untätigkeit der Ärzte überwinden, auch wenn diese auf dem Widerwillen beruhte, in Verfahren »hineingezogen zu werden«, die vor Gericht enden und ihr Erscheinen als Zeuge erfordern würden. Wahrscheinlich wurden einige Ärzte auch aus Angst vor einer Zivilklage von einer Meldung abgehalten. Diese Furcht kann dadurch abgebaut werden, daß gesetzlich eine Immunität verankert wird. (11)

Kurz gesagt, der Zweck des Entwurfs des Children's Bureau war, jene Fälle ans Tageslicht zu bringen, die außer den Ärzten bislang allen anderen verborgen geblieben waren, die Berufspflichten eines Arztes so zu definieren, daß er durch eine Meldung den Schutz des Kindes ermöglichte, und sicherzustellen, daß kein Arzt durch sein Schweigen jene Personen unterstützte, die ihre Kinder mißhandelt hatten. Der Entwurf bringt außerdem die Befürchtung zum Ausdruck, daß eine umfassende gesetzliche Meldepflicht die Sozialbehörden mit einer Flut von Meldungen überschwemmen würde, die zumindest eine Eingangsuntersuchung erforderlich machten – ein Punkt, der nicht ganz mit der Beobachtung in Einklang steht, daß andere Personengruppen verdächtige Fälle gemeldet haben.

Der Vorschlag, daß auch Krankenschwestern in die Meldepflicht einbezogen werden sollten, ist offenbar nicht dazu gedacht, die Fälle aufzudecken, die nur ein Arzt aufgrund seiner Fachkenntnisse aufdecken kann. Dieser Vorschlag ist insofern widersprüchlich, als Krankenschwestern im allgemeinen nur solche verantwortlichen Tätigkeiten ausüben, die der behandelnde Arzt delegiert. Vielleicht ist dies der Grund dafür, daß der Council of State Governments die Meldepflicht auf Schwestern beschränken wollte, die in Abwesenheit eines Arztes tätig werden.

Auch die American Medical Association sprach sich in ihrem Entwurf gegen eine Beschränkung der Meldepflicht auf die

Ärzte aus, zum Teil, weil in diesem Falle die Eltern und andere Aufsichtspersonen dem Kind keine ärztliche Versorgung mehr zukommen lassen würden. Während dieses Argument vielleicht den Anschein erweckt, es richte sich generell gegen eine Meldepflicht der Ärzte, waren die Vertreter der AMA der Ansicht, eine Erweiterung des meldepflichtigen Personenkreises werde einer Presseberichterstattung entgegenwirken, die andernfalls ganz besonders auf die Meldepflicht der Ärzte hinweisen und damit die Eltern abschrecken würde, ihre Kinder ins Krankenhaus zu bringen. Eine Beschränkung des meldepflichtigen Personenkreises wurde auch als Zeichen einer Planung angesehen, die das Problem der Kindesmißhandlungen nur sehr unvollkommen bekämpfte. So warnte ein Leitartikel der Herausgeber im *Journal of the American Medical Association,* es sei »unklug, ein Gesetz zu planen und anzunehmen, das das gesamte Problem überhaupt nicht in den Griff bekommt.«

Vor kurzem hat eine von der American Humane Association veröffentlichte Studie im Gegensatz zu den Beratern des Kinderkomitees dieser Gesellschaft die Ansicht vertreten, die Meldepflicht solle auf alle Personen ausgedehnt werden. »Wenn wir die Vorstellung akzeptieren«, so heißt es in der Veröffentlichung, »daß die Aufdeckung der Fälle von Kindesmißhandlung eine allgemeine Verpflichtung aller verantwortlichen Bürger und aller kommunalen Behörden ist ... dann ist es wirklich an der Zeit, diese Pflicht gesetzlich zu verankern.« (12)

Wenngleich eine derartige moralische Verpflichtung nicht bestritten werden soll, so besteht doch die eigentliche Funktion eines Gesetzes über die Meldepflicht von Kindesmißhandlungen weder darin, das Potential zur Aufdeckung der Fälle zu erweitern, noch eine moralische Verpflichtung auszusprechen, sondern die Bereitschaft zur Erstattung einer Meldung zu stärken und damit die Zahl der tatsächlich aufgedeckten Fälle zu erhöhen. Anscheinend sind es in erster Linie die Ärzte, die mit den schwersten Fällen von Kindesmißhandlung zu tun haben aber nur in wenigen Fällen einen Bericht darüber weiterleiten. Wenn es gelingt, die Ärzte zu solchen Meldungen zu bewegen, ist ein sehr wichtiges Ziel erreicht. Aus diesem Grunde sollte sich der Gesetzgeber auf die moralische und die Berufspflicht des Arztes zu einer Meldung von Kindesmißhandlungen beschränken und zur Einführung praktischer Maßnahmen beitragen, mit denen die Bereitschaft hierzu erhöht werden kann – z. B. entsprechende Fortbildungsprogramme für Ärzte und die Einrichtung verwaltungstechnischer Verfahren für den Umgang mit diesen Meldungen. Von einer Pflicht, die »jedermann« betrifft, werden die Ärzte sich wahrscheinlich kaum persönlich angesprochen fühlen. Der Arzt, der es mit einem möglichen Fall von Kindesmißhandlung zu tun hat, steht damit vor einem Problem, mit dem eben nicht »jedermann« konfrontiert wird. Das Gesetz sollte ihm behilflich sein, die damit verbundenen Fragen in einer Weise zu lösen, daß er bereit ist, mit den Sozial- und Justizbehörden zusammenzuarbeiten, die einen Schutz der Kinder vor Mißhandlungen zu erreichen suchen.

Die Gesetzgebung in den Vereinigten Staaten. In allen Staaten mit Gesetzen gegen Kindesmißhandlung fallen die Ärzte unter die Bestimmungen der Meldepflicht. Entweder werden sie ausdrücklich genannt, oder sie sind in der Formulierung »jedermann« einbegriffen.

Die Bestimmungen einiger Staaten (13), der Jungferninseln und des Distrikts Columbia decken sich im wesentlichen mit der Auffassung des Entwurfs des Children's Bureau und beschränken die Meldepflicht (oder die Erhöhung der Bereitschaft zu einer Meldung durch eine Befreiung von gesetzlichen Vorschriften) auf alle Personen, die in gewisser Weise mit medizinischer oder Gesundheitsvorsorge zu tun haben – Ärzte, Chirurgen, Krankenhaushilfsärzte, Assistenzärzte, Osteopathen und Chiropraktiker bis hin zu Krankenhäusern bzw. der Krankenhausverwaltung. In der Aufzählung dieser Berufe drücken sich die Ansichten der einzelnen Staaten darüber aus, welche Ausbildung für die Ausübung eines Heilberufs erforderlich ist. In Illinois sind beispielsweise auch Podiater (Heilpraktiker für Fußleiden) und Praktiker der Christian Science zu einer Meldung verpflichtet, Washington nennt neben anderen »Chiropodisten« (Heilpraktiker für Fußleiden) und Iowa auch staatlich geprüfte Augenoptiker. In zwölf Staaten werden ausdrücklich auch Zahnärzte verpflichtet, Fälle von Kindesmißhandlung zu melden.

Oft wird die Aufzählung um jene Berufe erweitert, die Hilfsdienste für Personen darstellen, die in Heilberufen tätig sind. 21 Staaten führen unterschiedlich ausgebildete Krankenschwestern auf, fünf nennen auch Pharmazeuten, und zwei erwähnen unter anderem medizinisch-technische Assistentinnen.

Eine Prüfung der bestehenden Gesetze ergibt, daß es vielen Gesetzgebern nicht gelungen ist, überzeugende Gründe dafür anzugeben, die Meldepflicht auf die Personen zu beschränken, die eine Kindesmißhandlung bei einer ärztlichen Untersuchung feststellen. Ähnlich dem Entwurf der AMA haben einige Staaten ausdrücklich vorgesehen, daß auch Lehrer oder Schulverwaltungen oder auch Sozialarbeiter zu einer Meldung verpflichtet sind oder dazu angehalten werden sollen. Süd-Dakota und Maryland nennen auch Polizeibeamte, und Arkansas hat amtliche Leichenbeschauer in die Liste mit aufgenommen. In Nevada sind Anwälte und Geistliche zu einer Meldung verpflichtet, die letzteren auch in New Mexico.

Viele Staaten (14) haben eine allgemeine Meldepflicht eingeführt; dort muß jeder eine Meldung machen, dem eine Kindesmißhandlung bekannt ist. In Arkansas, Iowa und Maryland *müssen* bestimmte Berufsgruppen eine Meldung machen, während jede andere Person eine Meldung machen *kann*, eine Bestimmung, die zugleich jeden vor juristischen Nachteilen schützt, der in gutem Glauben freiwillig von einer Kindesmißhandlung Kenntnis gibt. Eine 1966 verabschiedete Ergänzung des betreffenden Gesetzes in Kalifornien hat im Hinblick auf den Leiter der Sozialbehörde einer County zwar weder eine Verpflichtung noch eine Autorisierung vorgesehen, einen Bericht zu verfassen, wenn er dies jedoch trotzdem tut, wird auch ihm Immunität gewährt.

Es gibt schwerwiegende Gründe dafür, die Meldepflicht auf Ärzte zu beschränken. Das Gesetz bezieht sich auf die Probleme, mit denen es vor allem Ärzte zu tun haben und die in der Regel eine Meldung erschweren. Andere Personen sind von derartigen Berufspflichten nicht betroffen. Es kann jedoch gut sein, daß etliche deshalb schweigen, weil sie eine Zivilklage wegen Verleumdung, übler Nachrede oder eines Eindringens in die Privatsphäre fürchten. Aus diesem Grund ist ein Verfahren am ehesten zu empfehlen, das Ärzte zu einer Meldung verpflichtet, aber jeden, der eine Meldung macht und in gutem Glauben handelt, vor zivilrechtlicher und strafrechtlicher Verfolgung schützt. Während es im allgemeinen gewiß nicht wünschenswert ist, den »schnüffelnden« Nachbarn zu ermutigen, seine Kenntnisse öffentlichen Stellen weiterzugeben, sollte die Möglichkeit, die Qualen eines Kindes zu beenden, in diesem Fall eine Ausnahme möglich machen. Tatsächlich ist es wahrscheinlich, daß selbst ohne eine entsprechende Gesetzgebung eine Meldung über ein anscheinend kriminelles Verhalten, die »in gutem Glauben« erfolgt, in besonderer Weise behandelt wird.

Sollte die Meldung als Möglichkeit eingerichtet oder zur Pflicht gemacht werden? In einigen wenigen Staaten wird in den Gesetzen über eine Meldung von Kindesmißhandlungen diese nicht zur Pflicht gemacht, aber es wird versucht, die Bereitschaft dazu zu erhöhen, indem den Personen Immunität zugesichert wird, die einen Fall von vermuteter Kindesmißhandlung den dafür zuständigen Behörden mitteilen.

Einige Ärzte haben sich gegen eine Meldepflicht ausgesprochen, weil sie dann keine freie Entscheidungsmöglichkeit mehr hätten, in bestimmten Fällen keine Meldung zu machen, in denen schwerwiegende medizinische Gründe dies rechtfertigten. Tatsächlich hat das entsprechende Gesetz des Staates Kalifornien in seiner Fassung von 1963 den Ärzten eine solche Möglichkeit ausdrücklich eingeräumt: »Ein Arzt oder Chirurg kann von der hier vorgesehenen Meldepflicht befreit werden, wenn dies seiner Ansicht nach die Gesundheit, die Pflege oder die Behandlung des Kindes gefährden würde.«

Das Argument für eine Meldepflicht beruht jedoch auf der Auffassung, daß die Entscheidung darüber, ob eine Mitteilung gemacht werden soll, keine rein medizinische Angelegenheit ist; es ist eine Frage der Sozialpolitik. Alles in allem wird es für besser gehalten, daß alle Fälle eines einigermaßen erhärteten Verdachts auf Kindesmißhandlung von einer Sozialbehörde untersucht werden sollten, die sich dann über das Jugendgericht oder die Polizei um den Schutz der Kinder kümmert.

Es muß daran erinnert werden, daß eine gesetzliche Meldepflicht jenen Ärzten eine Rückendeckung gibt, denen von den Patienten vorgeworfen wird, sie hätten kein Recht dazu, die

Behörden zu informieren. Im Februar 1966 hat das Committee on Infant and Pre-School Child der American Academy of Pediatrics eine gesetzliche Meldepflicht hauptsächlich aus diesen Erwägungen befürwortet. »Die allenthalben verbreitete Tatsache, daß der Arzt gesetzlich verpflichtet ist, einen Verdacht auf Kindesmißhandlung den Behörden zu melden, muß auch den Zweck verfolgen, empörte Reaktionen der Eltern gegenüber dem Arzt zu verhindern oder doch wenigstens abzuschwächen.« (15) Darüber hinaus wird es äußerst schwierig sein, ohne eine gesetzliche Meldepflicht ein auch nur annähernd wirklichkeitsgetreues statistisches Abbild des Phänomens Kindesmißhandlung zu gewinnen.

Halten gesetzliche Vorschriften zur Meldung von Kindesmißhandlungen Eltern davon ab, ärztliche Hilfe zu suchen, da sie fürchten, in ein entsprechendes Verfahren verwickelt zu werden? Sicherlich wird die Wirkung dieser Bestimmungen eine andere sein als die der Pflicht, eine Schußverletzung zu melden. Im letzteren Falle suchen die Opfer einen Arzt auf, weil ihre eigene Gesundheit oder ihr Leben auf dem Spiel stehen. Dagegen sind die Eltern mißhandelter Kinder für ihre eigene Person nicht gefährdet. Wir wissen zwar nicht (und werden dies wahrscheinlich auch nie erfahren), wieviele Eltern ihre Kinder nicht ins Krankenhaus bringen, weil sie eine Meldung befürchten, aber offensichtlich gibt es solche Fälle. Über eine Mutter, die der Kindesmißhandlung verdächtig war, hat das Oberste Gericht Kaliforniens geschrieben, »die Beklagte gab an, keinen Arzt gerufen zu haben, weil sie befürchtete, er werde über die Angelegenheit eine Meldung weiterleiten.« (16)

Alles in allem bedeutet eine gesetzlich verankerte Meldepflicht einen beträchtlichen gesellschaftlichen Gewinn. Sie erhöht die Bereitschaft, die Behörden über solche Fälle zu informieren. Sie schützt die Ärzte und erinnert sie an ihre Berufspflicht, bedrohten Kindern zu helfen. Die Zahl der Eltern, die bereit sind, das Leben ihres Kindes dadurch zu gefährden, daß sie keinen Arzt aufsuchen, ist wahrscheinlich gering. Viele, die in einem Augenblick innerer Spannung, starker Erregung oder einer Störung des seelischen Gleichgewichts ein Kind bewußt verletzen, werden sich später, wenn sie sich beruhigt haben, der schlechten Verfassung des Kindes annehmen. Was vielleicht am wichtigsten ist: die Gesetze haben die Bereitschaft zur Information über Fälle von Kindesmißhandlungen dadurch gefördert, daß sie eine einfache Möglichkeit des dafür erforderlichen Vorgehens überall publik gemacht und Fortbildungsprogramme für Ärzte gefördert haben, in denen über Art und Umfang des Problems aufgeklärt wird.

Mehr als die Hälfte der diesbezüglichen gesetzlichen Vorschriften sieht strafrechtliche Sanktionen vor, falls jemand einen ihm bekannten Fall von Kindesmißhandlung nicht weitermeldet. Die Strafen selbst bewegen sich zwischen einer »Höchststrafe von 25 $« in Vermont und »einer Höchststrafe von 500 $ ... oder einem Jahr Gefängnis oder beidem« auf den Jungferninseln. In Kalifornien, Florida, Nevada und Oklahoma sagen die gesetzlichen Vorschriften über die Meldepflicht zum Strafmaß selbst nichts aus. Da sie sich in den entsprechenden Strafgesetzbüchern finden, gelten für sie die allgemeinen Bestimmungen, die die Strafzumessung für alle Vergehen festlegen, für die kein eigenes Strafmaß festgesetzt wurde.

Einige Ärzte haben sich gegen diese Sanktionen ausgesprochen und argumentiert, die Integrität bestimmter Fachleute dürfe nicht dadurch verletzt werden, daß strafrechtliche Bestimmungen deren Pflichterfüllung gewährleisten. Außerdem dürften Ärzte, die eine Untersuchung an Kindern vornehmen, nicht der Gefahr einer strafrechtlichen Verfolgung ausgesetzt sein. Das letztgenannte Argument kann wenig überzeugen. Staatsanwälte werden zögern, konkrete Schritte zu unternehmen, vor allem, weil es schwer sein dürfte, den Nachweis eines schuldhaften Versäumnisses zu erbringen. Die meisten Vorschriften sehen eine Strafe nur bei »willentlichen« und »vorsätzlichen« Verletzungen der Bestimmungen vor. Es gibt in der Tat kaum einen anderen Grund, in das Gesetz eine strafrechtliche Bestimmung mit aufzunehmen als den, daß den betroffenen Eltern die Meldung eines Arztes plausibler erscheint, da er ja gesetzlich dazu verpflichtet ist.

Die Art der Verletzung. Von Ärzten (und anderen Personen), die aufgefordert oder verpflichtet werden sollen, Fälle von Kindesmißhandlungen zu melden, sollte man nicht verlangen, daß sie auch noch Detektiv spielen. Ein Arzt hat oft gute Gründe für die Vermutung, daß die erlittenen Verletzungen nicht durch einen unvermeidlichen Unfall verursacht wurden, aber es übersteigt seine fachliche Kompetenz, wenn er angeben soll, wer der Urheber der Verletzungen war. Das Alter eines Kindes, sein allgemeiner Gesundheitszustand, die Art der erlittenen Verletzung, Anzeichen früherer Knochenbrüche in unterschiedlichen Phasen der Heilung und ein unverhältnismäßig hoher Anteil an Verletzungen der Weichteile, das alles sind Anhaltspunkte, die ein Arzt mit der Schilderung vergleichen kann, die die Eltern vom Hergang der Verletzung geben, wenn er zu seinem Urteil gelangt, daß die Verletzungen unmöglich von einem Unfall herrühren können.

Einige Bundesstaaten haben sich die Formulierungen des Children's Bureau zu eigen gemacht und von den Ärzten gefordert, »eine oder mehrere schwere körperliche Verletzungen des Kindes (zu melden), die ihm durch die Eltern oder andere Pflegepersonen zugefügt wurden und nicht durch einen Unfall erklärt werden können.«

Diese Formulierung bedarf eines Kommentars. Es müssen nur »schwere« Verletzungen gemeldet werden. Während zwar schon eine »geringfügige« Verletzung eine pathologische Familiensituation signalisieren kann, ist dies doch sehr selten der Fall. In diesen Fällen die bürokratische Maschinerie zur Untersuchung der Umstände und zum Schutz des Kindes auf den Plan zu rufen, wäre unökonomisch. Der Wortlaut des Gesetzes spricht von »körperlichen« im Gegensatz zu »seelischen« Verletzungen, die der Meldepflicht unterliegen sollen. Vielleicht ist es eines Tages möglich, daß ein Arzt bei der Untersuchung eines Kindes ohne weiteres auch eine seelische Vernachlässigung nachweisen kann, aber so weit sind wir noch nicht.

Unglücklicherweise fordert das Gesetz den Arzt dazu auf, in seiner Meldung ein Urteil im Hinblick auf die Identität des Täters abzugeben. Zweifellos wurde das Gesetz so formuliert, damit Ärzte keine Verletzungen meldeten, die von einer Person außerhalb der Familie zugefügt wurden. Vermutlich werden verantwortungsbewußte Eltern in derartigen Fällen selbst für einen ausreichenden Schutz ihrer Kinder sorgen. Dem könnte jedoch mit einer Klausel begegnet werden, die einen Arzt von der Meldepflicht befreien würde, wenn er zu der Meinung käme, die Verletzung sei (ohne elterliche Vernachlässigung oder Einwilligung) nicht von einer Aufsichtsperson verursacht worden. In keinem Fall müßte er jedoch die Rolle eines Detektivs spielen.

Die vielleicht zufriedenstellendsten Formulierungen der heutigen Gesetzgebung finden sich in Arizona und Nord-Dakota, wo im Anschluß an die Richtlinien der AHA alle Verletzungen gemeldet werden müssen, »die nicht durch eine Krankheitsgeschichte erklärt werden können, die diese Verletzungen auf einen Unfall zurückführt.« Ein Problem dabei ist, daß es bestimmte unfallbedingte Verletzungen gibt, die ebenfalls gemeldet werden müßten. Wenn Aufsichtspersonen so unaufmerksam sind, daß ein Kind regelrecht in eine Situation versetzt wird, die ein großes Sicherheitsrisiko bedeutet, so liegt hier offensichtlich ein Fall vor, in dem von amtlicher Seite schützend eingegriffen werden muß.

Die überwiegende Mehrheit der einzelnen Gesetze definiert weder den Begriff der »Mißhandlung« noch den der »Verwahrlosung«. Es besteht keine Veranlassung für einen Arzt, der sich im unklaren ist, ob er einen Fall melden soll oder nicht, sich an Buchstaben zu klammern. Es genügt, wenn er mit seinem eigenen Begriff von Kindesmißhandlung arbeitet. Schließlich besteht seine Pflicht darin, *vermutete* Fälle zu melden. Jede drastische Maßnahme, etwa der Entzug des elterlichen Sorgerechts oder eine Bestrafung der Eltern, muß von anderen beschlossen werden.

Seltsamerweise verlangt kein einziges dieser Gesetze die Meldung von Fällen, in denen ein Kind an den Folgen von Mißhandlungen gestorben ist, ausgenommen vielleicht implizit wie in Arkansas, wo der Leichenbeschauer einen Bericht abfassen muß. Während mit dem Tod auch die Möglichkeit endet, ein bestimmtes Kind zu schützen, kann eine Untersuchung der näheren Umstände und der Familie jedoch den anderen Kindern noch helfen. Außerdem muß eine zuverlässige Statistik auch diese Fälle erfassen. Diesem Mangel in den Gesetzestexten wird an einigen Stellen dadurch abgeholfen, daß in der Praxis über derartige Vorkommnisse eine Meldung gemacht wird.

Einige Staaten rufen dazu auf, auch Fälle von Unterernährung zu melden. In der Tat wäre es keine Überdehnung der typischen gesetzlichen Formulierungen, wenn sie auch Unterernährung als eine Form schwerer körperlicher Mißhandlung oder Verwahrlosung aufnehmen würden. Es ist kaum ein Grund zu sehen, warum nicht auch die Meldung von schweren Fällen der Unterernährung bei Kindern zur Pflicht gemacht werden sollte. Es ist völlig richtig, daß es eine ganze Reihe möglicher Gründe gibt, warum ein Kleinkind trotz einer Nahrung nicht gedeiht, die für ein normales Kind völlig ausreicht, und doch gelangen Ärzte ziemlich häufig notgedrungen zu der Auffassung, daß ein Zustand der Unterernährung das Ergebnis elterlicher Fahrlässigkeit ist. Wenn derartige Fälle auftreten, muß ebenso zwingend die Gesellschaft eingreifen wie wenn es zu körperlicher Brutalität kommt. Im Fall Biddle gegen den Staat (17) war ein drei Monate altes Kind an Unterernährung und Wassermangel gestorben, da seine Mutter ihm zuwenig Nahrung und Flüssigkeit gegeben hatte, was wiederum mit Schwierigkeiten zusammenhing, die zwischen ihr und ihrem Mann bestanden. Sie fütterte das Kind nur dann, wenn sie und ihr Mann »miteinander auskamen«. Wäre das Kind rechtzeitig in ein Krankenhaus eingeliefert worden, und wäre der behandelnde Arzt zu der Auffassung gelangt, daß der körperliche Zustand des Kindes wahrscheinlich auf unzureichende Ernährung zurückzuführen war, für die es keine andere Erklärung gab als das Versäumnis der Mutter, dem Kind regelmäßig seine Nahrung zu verabreichen, so hätte eine Meldung an die richtige Behörde sehr wohl ein Leben und eine Familie retten können.

Die subjektive Einschätzung des Falles durch den Meldepflichtigen. Bis jetzt haben wir über die Art der Verletzung gesprochen, die gemeldet werden soll. Eine weitere Frage ist, wie sicher sich der Arzt sein sollte, bevor er verpflichtet oder aufgefordert wird, eine Meldung zu machen. Hier wird ein eigenartiges Versäumnis des Gesetzgebers offenkundig. Im allgemeinen verlangen (oder erlauben) die Gesetze eine Meldung, wenn der Arzt »vernünftige Gründe« oder einen »vernünftigen Anlaß« hat, zu »glauben« oder zu »vermuten«, daß eine Verletzung vorliegt, die der Behörde gemeldet werden sollte. Aber sie gehen nicht auf die Frage ein, ob der Arzt (oder jemand anderer) nur dann verpflichtet ist, eine Meldung zu machen, wenn er tatsächlich glaubt oder der Ansicht ist, daß derartige Gründe oder ein solcher Anlaß vorliegen. Wenn man die bestehenden Bestimmungen wörtlich nimmt, kann ein Arzt zur Meldung eines Falles *verpflichtet* werden, bei dem vernünftige Gründe für die Annahme (oder »Vermutung«) einer Mißhandlung vorliegen, ohne daß er selbst eine solche Vermutung teilt. In der Theorie bedeuten also etliche Vorschriften, die strafrechtliche Maßnahmen im Fall einer Nichtbeachtung vorsehen, eine strenge Verpflichtung. Gewiß wird niemand gerichtlich verfolgt werden, der sich nicht an den genauen Wortlaut des Gesetzes hält, aber diese Formulierung sollte doch richtiggestellt werden, und sei es auch nur aus sprachästhetischen Gründen.

Um es nochmals zusammenzufassen: der Autor vertritt die Meinung, ein Arzt sollte zu einer Meldung verpflichtet sein, wenn *er* vernünftige Gründe für den Verdacht zu haben glaubt, daß die Verletzung eines Kindes nicht das Ergebnis eines unvermeidlichen Unfalls war – vorausgesetzt, daß er nicht zu einer Meldung verpflichtet ist, wenn er zu der Auffassung gelangt, daß die Verletzung nicht von den Eltern, sondern von einer anderen Person herrührt. Es sei nochmals betont, daß die Klausel deshalb hinzugefügt wird, weil man normalerweise davon ausgehen kann, daß ein Elternteil eher als ein Vertreter der Gemeinde genügend Maßnahmen zum Schutz des Kindes gegenüber aggressiven Handlungen Dritter ergreifen wird.

Befreiung von gesetzlichen Vorschriften aus religiösen Gründen. Die Gesetze einiger Staaten und die im Distrikt Columbia anzuwendenden Bestimmungen sehen vor, daß keine Meldung gemacht werden muß, wenn Verletzungen oder Krankheiten des Kindes durch spirituelle Mittel oder Gebete behandelt werden. Bei den Hearings des Distrikts Columbia über die Meldepflicht von Kindesmißhandlungen sprachen auch

Vertreter der Christian Science und forderten, ein Kind, das nach den Grundsätzen der Christian Science behandelt werde, dürfe nicht in dem Sinne gesehen werden, »als habe es durch Vernachlässigung körperlichen Schaden genommen.« J. Buroughs Stokes, Leiter der Abteilung für Öffentlichkeitsarbeit der Christian Science in Washington, D. C., legte den Standpunkt seiner Sekte folgendermaßen dar:

»Wie vielleicht bekannt ist, verlassen sich Scientisten ausschließlich auf Gebete oder geistliche Mittel zur Heilung einer Krankheit oder einer Verletzung. Dieses Heilverfahren wird seit fast 100 Jahren angewandt und ist in keinem Bundesstaat Beschränkungen unterworfen, einschließlich des Distrikts Columbia. Wenn die Kinder von Angehörigen unserer Sekte krank werden, so vernachlässigen die Eltern diese nicht, sondern sie sind wie alle anderen Eltern darauf bedacht, daß sie bald wieder gesund werden. Dabei praktizieren sie ein System der Krankenfürsorge, das sich für sie als höchst wirksam und erfolgreich erwiesen hat und als Alternative einer medikamentösen Behandlung anerkannt worden ist.« (18)

In einer Gesellschaft, die sich ihrer Freiheit der Religion rühmt, bringt eine Exemtion leicht Probleme mit sich. Die meisten von uns setzen wenig Vertrauen in ein Heilverfahren, das mit geistlichen Mitteln arbeitet, aber wer dies tut, für den kann eine solche Überzeugung den Lebensinhalt ausmachen. Im allgemeinen lassen wir die Eltern entsprechend ihrem Gewissen für ihre Kinder sorgen und greifen nur ein, wenn aus der Gleichgültigkeit oder Brutalität einer Mutter oder eines Vaters deutlich wird, daß dieses Vertrauen fehl am Platze war. Andrerseits wissen wir, daß einige geistliche Heilpraktiker Scharlatane sind und daß einige der Eltern, die sich in der Behandlung ihrer kranken oder verletzten Kinder auf geistliche Mittel beschränken, an schweren seelischen Krankheiten leiden. Das Gesetz fand einen Kompromiß zwischen diesen widerstreitenden Überlegungen und verlangte, daß der Versuch zu einer Heilung »in gutem Glauben« unternommen werden müsse oder nach den Verfahren der »Christian Science« oder entsprechend den Lehren einer »allgemein anerkannten Religion«. Diese Befreiungen von der gesetzlichen Meldepflicht gehen zu weit. Alle Ärzte müßten verpflichtet sein, auch Fälle von körperlichen Leiden im Zusammenhang mit Heilungsversuchen unter Anwendung religiöser Mittel zu melden, wenn sie der Ansicht sind, daß menschliches Leben in

Gefahr ist. Dies würde politischen Entscheidungen entsprechen, die in anderen juristischen Bereichen getroffen wurden.

Die gesetzlichen Bestimmungen über die Behandlung der Meldungen

In fast allen Bundesstaaten werden die meldepflichtigen Personen angewiesen, unverzüglich eine mündliche Aussage zu machen und später einen schriftlichen Bericht einzureichen. Abgesehen von den Gesetzen einiger weniger Staaten verlangen die Bestimmungen, daß die Meldung Namen und Anschrift des Kindes und der Eltern enthalten muß, Art und Umfang der Verletzungen, mögliche Anzeichen früherer Verletzungen und deren Umfang sowie jede Information, die dazu dienen könnte, den Täter zu identifizieren.

Die ganz entscheidende Frage ist die, was tatsächlich unternommen wird, sobald eine Meldung eingegangen ist, da der Zweck dieser Gesetze darin besteht, konstruktive Maßnahmen auszulösen, so daß Leben und Gesundheit des Kindes künftig außer Gefahr sind.

Drei Aspekte dieser Gesetze haben einen Einfluß auf das, was nach einer Meldung geschieht. Erstens wird die Behandlung der gemeldeten Fälle in gewissem Umfang davon abhängen, welche Behörde vom Gesetz für den Empfang der Meldung vorgesehen ist – Polizei, Staatsanwaltschaft, Kinderfürsorge oder Jugendgericht.

Zweitens kann das Gesetz eine Absichtserklärung enthalten, die zwar technisch gesehen niemanden bindet, von der es jedoch sehr stark abhängen kann, in welcher Weise das eigentliche Verfahren ablaufen wird. In den einzelnen Gesetzen finden sich drei allgemeine Typen von Absichtserklärungen. Der erste, dargestellt am Beispiel des Staates Delaware, sagt lediglich aus, es sei der Zweck des Gesetzes, Kinder zu »schützen«; der zweite Typus, z. B. im Gesetz von Arkansas, erklärt es zur Absicht des Gesetzes, »die bestehenden bundesstaatlichen Institutionen zum Schutze der Bürger« auch zum Schutze der Kinder »einzusetzen«; der dritte, in Anlehnung an eine Formulierung aus dem Gesetz von Colorado, spricht von einem Zweck, »Institutionen zum Schutz des Bürgers« einzuschalten, um »künftigen Mißhandlungen vorzubeugen, das Wohlergehen dieser Kinder zu sichern und zu erhöhen und das Familienleben wo immer möglich zu erhalten.«

Schließlich kann das Gesetz explizite legislative Anweisungen im Hinblick auf die zu treffenden Maßnahmen enthalten.

In einigen Staaten werden die vorrangigen Aufgaben: den Bericht über eine Kindesmißhandlung entgegenzunehmen, die näheren Umstände zu prüfen, die zu ihr geführt haben und eine entsprechende Maßnahme zu ergreifen, ausdrücklich einer öffentlichen oder privaten Institution der Kinderfürsorge übertragen. In anderen Fällen trägt eine Wohlfahrtsorganisation die Hauptverantwortung für einen Eingriff, wobei jedoch auch eine Mitarbeit der Polizei vorgesehen ist. So kann es z. B. sein, daß die Meldung zuerst der Polizei gemacht werden muß, die diese dann an die Wohlfahrtsorganisation weiterleitet, oder der Polizei werden Ermittlungsfunktionen übertragen. Manchmal tragen sowohl die Polizei als auch die Sozialbehörde die Verantwortung für die Untersuchung des Falles. In sehr vielen Staaten ist die Polizei oder der Sheriff des Ortes für die Entgegennahme der Meldung zuständig.

In fünf Staaten liegt die Hauptverantwortung für die Behandlung von Fällen eines Verdachts auf Kindesmißhandlung bei den Staatsanwälten der lokalen Gerichte. Die wesentlichen Entscheidungen darüber, was mit einer Meldung über Kindesmißhandlung weiter geschehen soll, liegt nach den Gesetzen von sieben Staaten bei den Jugendgerichten, und in neun Staaten hat der Arzt (oder eine andere Person) die Wahl zwischen zwei oder mehreren Behörden, die über unterschiedliche Macht verfügen und unterschiedliche Funktionen ausüben (z. B. dem Staatsanwalt und einer Sozialbehörde). In Oregon müssen alle Meldungen an den »zuständigen medizinischen Untersuchungsbeamten« weitergeleitet werden.

Es ist besonders hervorzuheben, daß gemeldete Fälle höchst unterschiedlich behandelt werden können, je nachdem, welche Rolle und Funktion derjenige ausübt, der die Meldungen entgegennimmt. So glauben z. B. viele Sozialarbeiter (und andere), alle Meldungen müßten einer öffentlichen oder privaten Kinderschutzorganisation übermittelt werden. Ein Bericht der American Humane Association hat die Gründe hierfür dargelegt:

»Von allen möglichen Ermittlungsbehörden in einer Gemeinde, denen Meldungen über Kindesmißhandlungen übermittelt werden könnten, ist die Kinderschutzbehörde am besten geeignet, sich des Problems anzunehmen, was unter diesen Umständen ›mit den Kindern zu geschehen hat‹. Dazu gehört eine fachgerechte und qualifizierte Einschätzung künftiger Gefährdungen mißhandelter Kinder sowie darüber, ob ein Entzug des elterlichen Sorgerechts angebracht ist. Falls dies für notwendig erachtet wird, muß diese Maßnahme vom zuständigen Gericht ausgehen. Wenn dies jedoch nicht erforderlich erscheint, könnte die Gemeinde sicher sein, daß sich die Kinderschutzbehörde auch der Eltern annimmt, um zur Beseitigung der Ursachen ihres bösartigen Verhaltens gegenüber dem Kind beizutragen und ihnen behilflich zu sein, ihren Verpflichtungen als Eltern besser nachzukommen.

Wir sind uns bei dieser Wiedergabe unseres Standpunktes der Verantwortung der Polizei und anderer Strafverfolgungsbehörden für die Wahl der gegen die Eltern zu ergreifenden Maßnahmen völlig bewußt und erkennen diese auch an, ebenso die entscheidende Rolle des Jugendgerichts, vor allem, wenn ein unmittelbarer Schutz des Kindes und ein Entzug des Sorgerechts angesichts einer fortgesetzten Gefährdung des Kindes erforderlich werden.« (19)

Ein Hauptgrund dafür, die Polizei zum Adressaten der Meldungen zu machen, wird in einem Kommentar zu dem veröffentlichten Text des Gesetzentwurfs nach den Vorstellungen des Children's Bureau genannt: »Zum gegenwärtigen Zeitpunkt ist die Polizei die einzige Instanz, die mit Sicherheit in jeder Gemeinde vertreten ist und von jeder im medizinischen Bereich tätigen Person erreicht werden kann, die zu derartigen Meldungen verpflichtet ist.« Der Kommentar erkennt im Folgenden an, daß es in das Ermessen der Polizei gestellt ist, welche Schritte nach dem Eingang einer Meldung unternommen werden sollen.

»Nach dem Erhalt einer solchen Meldung kann der Polizeibeamte eine von mehreren Maßnahmen ergreifen, um den Schutz und die Fürsorge des Kindes zu garantieren. Er kann die Ermittlungen selbst vornehmen und das Kind in eine schützende Obhut geben, für die bereits Vorsorge getroffen wurde. Oder er kann den Fall einer öffentlichen oder privaten Fürsorgeinstitution übertragen, der die entsprechende Verantwortung vom Gesetz auferlegt worden ist. Diese Institution kann dann die Ermittlungen durchführen und nötigenfalls die unmittelbare Fürsorge des Kindes übernehmen.« (20)

Es sind einige Einwände dagegen vorgebracht worden, die Meldung an die Polizei zu leiten. Eine von der Polizei durchgeführte Ermittlung ist eher an einer Bestrafung der Schuldigen orientiert als daran, »Institutionen zum Schutz des Bürgers einzuschalten«. Außerdem kann der Anblick eines Polizeibeamten Eltern so sehr erschrecken, daß sie künftig nicht mehr dazu bereit sein werden, an einer Verbesserung der Lebensumstände des Kindes mitzuwirken.

Zweitens muß die mit den Ermittlungen betraute Person eine Reihe von Entscheidungen treffen. Soll der Fall dem Jugendgericht übergeben werden? Soll man das Kind den Eltern wegnehmen? Ist es besser, es im Krankenhaus zu lassen? Welchen Weg schlägt man in der Behandlung solcher Familienprobleme am besten ein? Diese Entscheidungen sollten nicht von einem Polizisten getroffen werden müssen, sie erfordern Geschick und Erfahrung im Umgang mit Problemfamilien. Captain Carl Hamm von der Abteilung Jugendhilfe der Polizei von Milwaukee hat dazu gesagt:

»Während sich der Polizeibeamte zwar als erster des Falles annehmen muß und dafür ausgebildet ist, ihn für das Gericht vorzubereiten, fehlen ihm hingegen die Voraussetzungen für eine Entscheidung, das Kind oder die Kinder den Eltern wegzunehmen, und über Maßnahmen, die für die Familie zu treffen sind; überdies ist er nicht ermächtigt, den Sozialbehörden Weisungen zu erteilen, die Kinder in der Familie zu lassen.« (21)

Im Gegensatz dazu gibt es Beobachter, die sich für eine Meldung an die Polizei aussprechen, weil eine Kindesmißhandlung häufig eine Verletzung des Strafgesetzes bedeutet, ob einem das paßt oder nicht, und meinen, daß die Polizeibeamten in dieser Hinsicht eine besondere Verantwortung tragen. Des weiteren wird angeführt, die Polizei habe in der Praxis ein weit größeres Verständnis für die menschlichen Probleme, die hinter Kindesmißhandlungen stehen, als es allgemein gesehen wird. Schließlich wird auf die Knappheit ausgebildeter Sozialarbeiter verwiesen und argumentiert, man dürfe sie nicht von ihren eigentlichen Aufgaben ablenken und polizeiähnliche Ermittlungen durchführen lassen, für die ihnen die Ausbildung fehle und die lediglich die wichtige Beziehung zu ihren Klienten zerstören könnten.

Es sollte darauf hingewiesen werden, daß das Children's Bureau inzwischen an den Orten eine Meldung an die Sozialbehörden befürwortet, wo es ausreichende Institutionen zum Schutz der Kinder gibt.

Die Staaten, die eine Meldung an das Jugendgericht vorgesehen haben, sind noch anderen Erwägungen gefolgt. Die Planung von Maßnahmen gegenüber einer Familie, in der es zur pathologischen Kindesmißhandlung gekommen ist, erfordere den wirksamen Einsatz einer staatlichen Autorität, so lautet das Argument. Die Entscheidungen über das Kind sollten nicht von mehreren voneinander getrennten Stellen getroffen werden, weil dadurch und durch die Beteiligung zu vieler Personen mit zu unterschiedlichen fachlichen Standpunkten nur Verwirrung gestiftet werden könne. Nachdem es zu einer Kindesmißhandlung gekommen sei, müsse man sich auf ein gemeinsames Vorgehen einigen. Gelinge das nicht, müsse unverzüglich das Gericht angerufen werden. Die Fälle könnten nur unter Anerkennung der Autorität dieser Institution wirksam behandelt werden.

Es gibt noch einen anderen Punkt. In einigen Staaten können Sozialarbeiter nur auf Weisung der Jugendgerichte tätig werden. Wo dies der Fall ist, kann man offensichtlich kaum umhin, das Jugendgericht unverzüglich einzuschalten.

Was gegen ein so frühes Eingreifen des Jugendgerichts spricht, ist in den unlängst (vom Children's Bureau) veröffentlichten »Standards for Juvenile and Family Courts« dargelegt worden.

»Die Person oder die Behörde, die die Meldung erhalten, die Ermittlung durchgeführt und eine gerichtliche Ermächtigung beantragt hat, eine Klage einzureichen, ist dafür verantwortlich, die Beweise zur Unterstützung der in der Klage erhobenen Vorwürfe beizubringen. Es ist wohl keine Frage, daß eine Ermittlung in diesem Zusammenhang und die Einreichung einer Klage keine Funktionen sind, die dem Gericht zustehen. Es geht nicht an, daß ein Gericht zugleich die Ermittlungen führt, eine Klageschrift einreicht und als Tribunal tätig ist, das über die Gültigkeit der Behauptungen in der Klageschrift befindet.«

Im Grunde genommen dürfte der entsprechend ausgebildete Sozialarbeiter mit Erfahrungen auf dem Gebiet des Kinderschutzes am ehesten die Frage beurteilen können, ob in einem gegebenen Fall die Zwangsmaßnahmen eines Gerichts erforderlich sind oder ob die Familie und das Kind durch Einzelfallhilfe oder in anderer Weise vom Sozialamt zureichend betreut werden können. Es ist unwahrscheinlich, daß Jugendrichter, die in der überwiegenden Mehrzahl aufgrund ihrer

Ausbildung mit den besonderen Techniken der Sozialarbeit nicht vertraut sind, diese Situationen besser einschätzen können. Es ist richtig, daß das Angebot schützender Maßnahmen ein Eindringen in die Privatsphäre einer Familie bedeutet. Die Gerechtigkeit gegenüber den Eltern gebietet, daß es ihnen ohne weiteres möglich sein muß, die Entscheidung eines Jugendgerichts daraufhin zu überprüfen, ob der Einsatz von Maßnahmen zum Schutz des Kindes gerechtfertigt ist oder nicht. Aber dieser Umstand ist kein Argument dafür, daß das Jugendgericht jeden Fall unter sich haben sollte, in dem es um Maßnahmen zum Schutz des Kindes geht.

Sicherlich ist es noch unzweckmäßiger, wenn die gesetzlichen Bestimmungen vorsehen, daß der Staatsanwalt die Meldungen erhalten soll. Viele Staatsanwälte sind als gewählte Beamte sicherlich darauf bedacht, eine Verurteilung zu erwirken. Eine große Polizeibehörde hat vielleicht wenigstens noch eine Spezialabteilung für Jugendarbeit.

Wenn der Staat die Möglichkeit einer Wahl zwischen mehreren Adressaten für die Meldung vorsieht, z. B. zwischen der Sozialbehörde und dem Jugendgericht, so hat er damit für zahlreiche nachteilige Konsequenzen gesorgt. Der Urheber der Meldung ist sich nicht schlüssig, die statistischen Erhebungen gestalten sich schwieriger, und vor allem kann es geschehen, daß ähnliche Fälle ganz unterschiedlich behandelt werden, je nachdem, wer der Empfänger der Meldung ist.

Wenn man die Praxis der ausschließlichen Meldung an die Sozialbehörde als den sinnvollsten Weg akzeptieren könnte, dann müßten die Ermittler des Sozialamtes einen genau definierten Bereich von Befugnissen haben, die das Gesetz für sie festlegt – einschließlich der gesetzlichen Macht, in Fällen äußerster Dringlichkeit ein Kind vorübergehend der Obhut der Eltern zu entziehen –, wie sie in einigen Staaten, einschließlich New York, der Polizei ausdrücklich eingeräumt werden. Behörden der Kinderfürsorge, die Maßnahmen zum Schutz von Kindern durchführen, bedienen sich in der Regel aggressiver Techniken der sozialen Einzelfallhilfe. Die Behörde »reicht ihre helfende Hand« ihren Klienten, ohne abzuwarten, bis sie darum gebeten wird. Die Befugnis einer solchen Behörde, in dieser Weise zu arbeiten, müßte entsprechend den Standards eindeutig definiert und beschränkt werden, die im allgemeinen für den Einsatz von Macht und Gewalt staatlicher Behörden gelten.

Die genauen Handlungsanweisungen nach Eingang einer Meldung über einen Fall von Kindesmißhandlung können sehr umfangreich sein. Als Beispiel für ein besonders eingehend formuliertes Gesetz mag das von Nevada dienen.*

In Nevada werden die Meldungen von der Polizeibehörde oder vom Büro des Sheriffs entgegengenommen. Diese Stellen sind befugt, eine Ermittlung einzuleiten und »die Meldung sogleich dem lokalen Büro oder der Sozialabteilung der Behörde für Gesundheit und Fürsorge weiterzugeben.« Diese wiederum muß daraufhin die näheren Umstände der Verletzung ermitteln, ihre Ursache, die Identität der verantwortlichen Person und »die zum Schutz des Kindes und dem Erhalt der Familie erforderlichen sozialen Maßnahmen« vorsehen. Von dieser Untersuchung ist auch die Polizeibehörde zu informieren. Die den Fall bearbeitende Stelle ist ausdrücklich befugt, ihn dem Distriktsanwalt zur strafrechtlichen Verfolgung zu übergeben oder beim Jugendgericht eine Sorgerechtsklage einzureichen, falls ein derartiger Schritt als notwendig erachtet wird. Offensichtlich schafft die Vorschrift, die Meldung an die Polizeibehörde weiterzuleiten, so daß diese eine Untersuchung des Falles vornehmen kann, die Möglichkeit, daß die Polizei nach freiem Ermessen im Einzelfall Maßnahmen ergreifen kann, völlig unabhängig davon, welche Schritte der Polizei oder der Staatsanwaltschaft sich aus den eigenen Ermittlungen der Sozialbehörde ergeben. Ferner darf nach den gesetzlichen Bestimmungen Nevadas kein Polizeibeamter ohne Rücksprache mit der Sozialbehörde ein Kind den Eltern wegnehmen, es sei denn, er ist davon überzeugt, daß diese Maßnahme dringend erforderlich ist, um weiteren Verletzungen vorzubeugen.

* Die Bestimmungen sämtlicher US-Bundesstaaten im Hinblick auf die Meldung von Kindesmißhandlungen finden sich im amerikanischen Original dieses Buches auf S. 203-227. Sie wurden in die deutsche Ausgabe nicht übernommen.

Nach Ansicht vieler Ärzte und Sozialarbeiter gehört die Einrichtung einer kommunalen oder staatlichen Zentralstelle zur Erfassung aller gemeldeten Fälle von Kindesmißhandlung unbedingt zu jenen sozialpolitischen Maßnahmen, mit denen das Problem der Kindesmißhandlungen umfassend bekämpft werden soll. In sechs Bundesstaaten ist eine solche Registerstelle vorgesehen. Welchen Zwecken sie dienen kann, wird davon abhängen, welche Daten erfaßt werden und welche Personen zu diesen Informationen Zutritt haben.

Zwecke. Eine Zentralkartei kann Daten für statistische Untersuchungen bereitstellen. Außer Informationen über das Vorkommen von Kindesmißhandlungen enthalten die Berichte Angaben über Alter und Geschlecht der betroffenen Kinder, Art der Verletzungen, Identität und Merkmale der Täter sowie andere Daten, die eine Sammlung von Fakten liefern, mit deren Material Forschungen durchgeführt werden können. Langfristig gesehen können die Informationen Schlußfolgerungen von großer Bedeutung hinsichtlich der Behandlung von Kindesmißhandlungsfällen ermöglichen.

Eine solche zentrale Sammelstelle kann Sozialarbeitern dienen, die mit dem Schutz von Kindern zu tun haben und die näheren Umstände eines gemeldeten Falles ermitteln müssen. Aus früheren Berichten gewonnene Informationen können sicherlich eine Entscheidungshilfe sein, wenn die Bedrohlichkeit einer Situation in einer bestimmten Familie eingeschätzt werden soll. Die Erfahrungen aus früheren Fällen können zur Grundlage einer Entscheidung des Sozialarbeiters werden, ob er den Fall zwecks weiterer Schritte dem Jugendgericht (oder dem Strafrichter) übergeben soll, oder ob Vorkehrungen zum Schutz des Kindes ausreichend sind. Eine solche Kartei schränkt auch die Möglichkeit ein, daß Eltern, die ihr Kind mehrfach mißhandelt haben, dies dadurch zu verbergen trachten, daß sie immer wieder einen neuen Arzt oder ein anderes Krankenhaus aufsuchen. In dem Maß, in dem ein permanenter Krankenhauswechsel zum Problem wird, kommt es auch darauf an, daß die Registratur ein möglichst großes geographisches Gebiet umfaßt. Es kann sich sogar als wünschenswert herausstellen, eine zentrale Datenerfassung für alle in den USA vorkommenden Fälle von Kindesmißhandlung einzurichten.

Die Befürworter einer Zentralkartei haben darauf hingewiesen, daß mit ihrer Hilfe auch leichter festgestellt werden kann, ob es sich bei dem von einem Arzt behandelten Fall um Kindesmißhandlung handelt oder ob die Verletzungen wahrscheinlich auf andere Weise zustandegekommen sind. So kann es vielleicht vorkommen, daß ein Arzt bei der Feststellung der Art der Verletzungen die Röntgenaufnahme untersucht, deren Befund von den Eltern keineswegs plausibel erklärt werden kann, aber noch nicht davon überzeugt ist, »einen vernünftigen Anlaß für den Verdacht« zu haben, daß die vorliegenden Verletzungen nicht auf einen Unfall zurückzuführen sind. Wenn über diese Eltern in der Kartei bereits eine Meldung wegen Kindesmißhandlung registriert ist, so wird diese Information für die meisten Ärzte in einer solchen Situation sehr wichtig sein. Wenn sie wissen, daß es bereits früher einen ähnlichen Vorfall in der Familie gab, kann dies ihre Zweifel ausräumen, so daß ihr Verdacht nunmehr begründeter ist.

Die Bereiche, in denen eine Zentralkartei angewandt werden kann, lassen sich am Beispiel der Situation in Illinois verdeutlichen.

Das Ministerium für Kinder- und Familienfürsorge in Illinois ist gesetzlich angewiesen, eine zentrale Registratur jener Fälle zu unterhalten, die »im Rahmen dieses Gesetzes gemeldet« werden. In Illinois sieht das Verfahren so aus, daß der Arzt »unverzüglich« dem nächstliegenden Büro des Ministeriums telefonisch oder persönlich eine mündliche Mitteilung machen und 24 Stunden nach der Untersuchung einen schriftlichen Bericht abschicken muß. Das Ministerium hat ein Formular erstellt, auf dem Sozialarbeiter kurz die Daten der mündlichen Mitteilung eintragen. Dieses Formular sowie eine Kopie des später niedergeschriebenen Berichts wird nach Springfield geschickt und in der zentralen Registratur in einer Akte gespeichert.

In Illinois ist das Regionalbüro des Ministeriums für die Ermittlungen des Falles verantwortlich. Das Regionalbüro muß innerhalb von zehn Tagen an die Zentrale in Springfield berichten, welche Ergebnisse die Untersuchung erbracht hat und welche Sozialmaßnahmen aufgrund der Meldung eines Verdachts auf Kindesmißhandlung ergriffen wurden; andere Informationen – der Bericht der Außenstelle enthält Informationen über die Familie, die Erklärung für die Verletzungen des Kindes und gegebenenfalls eine Schilderung anderer Mißhandlungen oder einer Vernachlässigung des Kindes oder seiner Geschwister, sofern dies entdeckt wird – werden ebenfalls in einem Formular festgehalten und in der Zentralregistratur gesammelt. Die Auflage eines zweiten Berichts ist in der alltäglichen Verwaltung der sozialen Dienstleistungen offensichtlich sinnvoll. Damit ist eine ständige Kontrolle möglich, wie schnell das Regionalbüro mit seinen Maßnahmen reagiert. Wird dieser Folgebericht nicht innerhalb von zehn Tagen eingereicht, so ist dies ein Signal für die Zentrale, nach den Gründen für die Verzögerung zu forschen.

Die Zentralkartei von Illinois enthält nur die Berichte, die im Zusammenhang mit dem Gesetz über die Meldung von vermuteten Fällen von Kindesmißhandlung verfaßt wurden. Während das Ministerium andere Berichte nachprüft, die sich als richtig herausgestellt haben, werden die die Untersuchung betreffenden Tatsachen nicht in der Zentrale in Springfield gesammelt, sondern nur in den normalen Akten der Fürsorgeabteilung geführt; sie werden dort genau wie alle anderen Fälle behandelt, in denen Schutz- oder Fürsorgemaßnahmen erforderlich waren, obwohl es sich eindeutig um Körpermißhandlung handelt. Daß die in der Zentralregistratur gesammelten Informationen in dieser Weise beschränkt werden, kann damit begründet werden, daß ihr Hauptzweck darin besteht, statistisches Material darüber zusammenzustellen, wie effektiv die gesetzlichen Vorschriften über die Meldepflicht bei Kindesmißhandlungen sind. Aber eine Statistik, die nur mit den in Springfield vorhandenen Berichten arbeitet, erfaßt damit nicht das Gesamtproblem im Staat Illinois. Diese Praxis begrenzt die Zweckmäßigkeit der Registratur als eines allgemeinen statistischen Werkzeugs, als eines Hilfsmittels für die Diagnose, ob es sich bei einem bestimmten Typ von Verletzungen möglicherweise um Mißhandlungen handelt, und schließlich auch als einer Erfassung von Familienproblemen, soweit sich diese in Verletzungen ausdrücken, die Kindern von ihren Eltern zugefügt werden.

Das Zentralregister ist streng vertraulich. Nur Sozialarbeiter und Mitarbeiter des Ministeriums haben Zutritt – aber keine Ärzte, die möglicherweise zusätzliche Belege suchen, um ihren Verdacht bei einer vorliegenden Verletzung zu erhärten. Vermutlich könnte ein Arzt Informationen über die näheren Umstände früherer Verletzungen eines Kindes erhalten, indem er einen für das Wohngebiet zuständigen Sozialarbeiter bittet, für ihn die Informationen einzuholen. Es wurde mitgeteilt, daß in den ersten vier oder fünf Monaten nach der Einrichtung des Registers Mitarbeiter des Sozialministeriums in über 50 Fällen Informationen erbaten.

Es ist nicht vorgesehen, Informationen wieder zu löschen, die einmal von der Zentralkartei erfaßt worden sind. Die Beamten des Ministeriums sind der Auffassung, daß dadurch niemand geschädigt wird, da die Aufzeichnungen nur einer kleinen Anzahl verantwortlicher Fachleute zugänglich sind. Die Gefahr einer Rufschädigung durch eine grundlose Anschuldigung nach einer falschen Diagnose ist natürlich in Illinois auf ein Minimum beschränkt, da die Ergebnisse der Untersuchung des Ministeriums zusammen mit den in der Meldung enthaltenen Tatsachen erfaßt werden, aufgrund deren die Untersuchung eingeleitet wurde.

Auf der Basis von Verwaltungsakten sind auch an mehreren anderen Stellen Zentralregister eingerichtet worden. Auf Anordnung des Leiters der Sozialbehörde von New York wurde für die ganze Stadt eine zentrale Registerstelle geschaffen. In Cincinnati hat der Community Health and Welfare Council von sich aus eine Aktensammlung »Rotes X« angelegt, um Kliniken, Ärzten und Polizeibehörden die Identifikation von Kindern zu ermöglichen, denen mehr als einmal Verletzungen zugefügt wurden. In diese Sammlung sind solche Fälle aufgenommen, bei denen sich verdächtige Symptome fanden, die »möglicherweise von einer beigebrachten Verletzung oder einer schweren Vernachlässigung herrühren«, für die jedoch kein unmittelbarer Beweis geliefert werden kann. Auch in Los Angeles und Denver werden vertrauliche Karteien geführt, in denen »vermutete« Fälle gesammelt werden, die jedoch nicht genügend eindeutig sind, um eine sofortige Untersuchung durch das Sozialamt zu rechtfertigen. Einige Staaten haben aufgrund einer Verwaltungsentscheidung eine Zentralkartei für den ganzen Bundesstaat zu statistischen Zwecken eingerichtet.

Die Existenz einer Zentralkartei, die nicht ausschließlich statistischen Zwecken dient, bringt schwierige Fragen im Hinblick auf die Privatsphäre des Bürgers mit sich. Es müßten Mittel und Wege gefunden werden, jene Fälle aus dem Register zu löschen, in denen nachgewiesen werden konnte, daß keine Mißhandlung des Kindes stattgefunden hat. Ein Eintrag in die Kartei kann zu einer unverantwortlichen Schädigung des guten Leumundes führen. Auch »autorisierte Personen« sind letztlich Menschen, die auf Eltern feindselig reagieren können, die in dem Register eingetragen sind; außerdem kann keine Garantie dafür gegeben werden, daß wirklich nur befugte Personen die Akten der Kartei einsehen können. 1966 hat das Komitee für Probleme von Kleinkindern und Kindern im Vorschulalter der American Academy of Pediatrics einen Vorschlag gemacht, der für sich selbst sprechen mag: »Dieses Problem (der Tilgung von Namen in dem Register) könnte gelöst werden, wenn alle Berichte zunächst in einer zeitlich befristeten Akte gesammelt und erst dann in einer langfristigen Akte geführt würden, wenn sich der Verdacht als begründet herausstellt oder wenn die Unschuld der Eltern weiterhin in Frage steht.« (22)

Eine andere Ursache einer möglichen ungerechten Behandlung der Eltern ergibt sich, wenn eine Kartei von einem Arzt benutzt wird, der unsicher ist, ob sein kindlicher Patient mißhandelt wurde und herauszufinden versucht, ob vielleicht schon ein anderer Arzt über dieses Kind eine Meldung angefertigt hat. Wenngleich der Umstand eines früheren Berichts ein Anhaltspunkt dafür ist, daß auch diesmal eine Mißhandlung vorliegt, kann der Arzt diese Meldung möglicherweise überbewerten. Die Gefahr ist bei jener Art Zentralkartei noch größer, in der alle Fälle eines »Verdachts« auf Kindesmißhandlung gespeichert sind, den Einzelpersonen (meistens Ärzte) geäußert haben, und die als unzureichend angesehen wurden, um eine Untersuchung und ein damit verbundenes Eindringen in die Privatsphäre einer Familie zu rechtfertigen. Über ein solches Register ist aus Los Angeles berichtet worden:

»Das Gesundheitsministerium von Kalifornien führt für mehrere Kliniken in Los Angeles eine Versuchskartei. Sie dient in erster Linie diagnostischen Zwecken – als Kommunikationsmedium zwischen den einzelnen Ärzten. Dorthin werden nur Fälle gemeldet, bei denen ein »schwacher Verdacht« besteht. Ein mit der Kartei verbundenes Krankenhaus kann diese zu Kontrollzwecken benutzen, wenn ein neuer Fall eingeliefert wird. Dem Frager wird der Name des Arztes und des Krankenhauses mitgeteilt, falls über das Kind bereits eine Meldung vorliegt, so daß er sich unmittelbar mit dem Verfasser des Berichts selbst in Verbindung setzen kann.« (23)

Bei einem solchen Vorgehen können sich zwei schwankende Meinungen leicht zu einer »begründeten« Vermutung summieren. Wenn man sich vor Augen hält, daß eine in dieser Weise zustandegekommene Vermutung der Anlaß für ein massives Eindringen in die Privatsphäre einer Familie durch eine öffentliche Behörde sein kann, dann sollte man nur Register einrichten, in denen so weit erhärtete Verdachtsfälle gesammelt werden, daß die Gemeinde der Meldung in irgendeiner Weise nachgegangen ist.

Die juristischen Probleme eines Arztes, der eine Meldung macht

Die Verletzung der ärztlichen Schweigepflicht

»In meinem Wartezimmer sitzt ein Mörder«, das war die Schlagzeile über einem emotionsgeladenen Artikel, der am 24. August 1964 in der Zeitschrift »Medical Economics« erschien. »Dies ist«, so die reißerische Einleitung, »eine wahre und schockierende Geschichte über Kindesmißhandlung und die juristische Hilflosigkeit des Arztes, der damit konfrontiert wurde.« Das Gefühl einer »juristischen Hilflosigkeit« auf seiten des Arztes rührte aus seiner Annahme, die Mutter könne ihn »wegen Verletzung der ärztlichen Schweigepflicht« belangen, wenn er »beim Staatsanwalt auch nur ein Wort über die Angelegenheit verlauten ließe.« Daran anschließend wird in dem Artikel die Hoffnung ausgedrückt, der Gouverneur werde ein Gesetz zur Meldepflicht von Kindesmißhandlungsfällen unterzeichnen, das Ärzte und Krankenhauspersonal verpflichten sollte, alle Fälle eines Verdachts auf Kindesmißhandlung zu melden und dem betreffenden Arzt Immunität vor gerichtlicher Verfolgung garantiere. In diesem Artikel wie auch in anderen populärwissenschaftlichen Veröffentlichungen wird die Lage des Arztes ziemlich übertrieben dargestellt. Bei den geltenden Gesetzen hätte der Arzt kein Gefühl einer »juristischen Hilflosigkeit« zu haben brauchen, da er das Recht zu einer Meldung des Falles hat, sofern er in gutem Glauben handelt.

Ärzte sind sich zwar über die Notwendigkeit im klaren, familiäre Verhältnisse aufzudecken und zu verändern, unter denen Kinder mißhandelt werden, befürchten jedoch, daß eine Meldung von solchen Fällen ohne gesetzlich garantierte Immunität sie in einen Prozeß mit den beleidigten Eltern verwickeln werde. Diese Befürchtung ist nicht unbedingt abwegig, da niemand voraussagen kann, wann jemand eine Klage einreicht. Es gibt Menschen, die einen Prozeß anstrengen, obwohl sie keine Aussichten haben, ihn zu gewinnen. Andrerseits werden wir noch sehen, wie gering die Chancen der Eltern sind, Schadenersatz zu erhalten. Eine Gegenklage der Eltern wird dem Arzt kaum finanzielle Nachteile einbringen, wenn dieser monatlich eine Versicherungsprämie dafür zahlt, daß die Versicherung für Schäden haftet, die im Zusammenhang mit der ärztlichen Praxis entstanden sind.

Es ist richtig, daß eine oberflächliche Kenntnis veröffentlichter Gerichtsentscheidungen die Existenz einer juristisch einklagbaren Pflicht vermuten lassen kann, daß Ärzte keine Tatsachen oder Äußerungen ihrer Patienten weitergeben dürfen, die ihnen in ihrer Funktion als Arzt bekannt geworden sind. Diese Haftung beruhte zum Teil auf Gesetzen der einzelnen Bundesstaaten, nach denen die Zulassung eines Arztes widerrufen werden konnte, wenn sein Verhalten »unehrenhaft oder nicht standesgemäß« war; das war wiederum im Fall einer »Weitergabe eines Berufsgeheimnisses zum Schaden des Patienten« gegeben. (24) Andere Gerichte haben eine solche Haftung aus Gesetzen des Bundesstaates abgeleitet, in denen ein Zeugnisschutz bei einem Arzt-Patient-Verhältnis festgelegt ist (25), wieder andere aus einer juristischen Erwägung der »ethischen Maximen«, die der ärztlichen Praxis zugrundeliegen. (26) Die Gerichte jedoch, die eine Zivilhaftung des Arztes für den Fall eines Vertrauensbruchs anerkannt haben, haben die Grundlage für die Auferlegung der Haftung insofern geklärt, als sie den Arzt schützen, der im guten Glauben handelt, den Interessen seines Patienten oder der Öffentlichkeit zu dienen.

Jene Prozesse, in denen Ärzte wegen eines Bruchs der Schweigepflicht verklagt wurden, haben im wesentlichen folgende Klärung der Rechtslage erbracht: einerseits besteht generell eine gesetzliche Schweigepflicht des Arztes, andrerseits ist er davon entbunden, wenn er bestimmte Kenntnisse an dritte Personen weitergibt, um legitime Interessen des Patienten oder einer anderen Person zu wahren, die von dem Leiden des Patienten mitbetroffen ist.

»Wo das Leben, die Sicherheit oder die Unversehrtheit oder andere wichtige Interessen in Gefahr sind, da kann jemandem, der über Kenntnisse verfügt, die die Gefahr abwenden können, das vorbehaltliche Recht eingeräumt werden, zur Abwendung der Gefahr diese Kenntnisse weiterzugeben . . .

Wer derartige Informationen an Dritte weitergibt, um eine bestimmte Person zu schützen, ist verpflichtet, die möglichen Vorteile und deren Umfang für den Empfänger der Information – falls diese richtig ist – abzuwägen gegenüber der Möglichkeit und dem Umfang einer Schädigung des Betroffenen, falls die Information sich als falsch erweist oder der Sachverhalt für eine Veröffentlichung ungeeignet ist. Ob im jeweiligen Fall das genannte Recht besteht, hängt von allgemein akzeptierten Normvorstellungen über ein menschlich anständiges Verhalten ab. Unter Anwendung dieser Normvorstellungen ist dieses Recht einzuräumen, wenn der Empfänger der Mitteilung ein so geartetes Interesse an der Angelegenheit hat und der Übermittler der Information mit ihm in einer solchen Beziehung steht, daß man es vernünftigerweise als die Pflicht des Erstgenannten ansehen würde, seine Kenntnis des Sachverhalts weiterzugeben . . .

Das Recht, um das es hier geht, wird als ›vorbehaltliches‹ oder als ›bedingtes‹ Vorrecht bezeichnet. Der Grund für die einschränkenden Adjektive liegt darin, daß von ihm nur unter Beachtung bestimmter Vorsichtsmaßnahmen Gebrauch gemacht werden darf: a) muß die Weitergabe der Information in gutem Glauben erfolgen, wobei auch ihr Wahrheitsgehalt ziemlich sicher feststehen muß, b) muß sie sachlich richtig weitergegeben werden, c) dürfen nur solche Informationen und d) nur an solche Personen weitergegeben werden, wie es für den vorliegenden Zweck erforderlich ist.« (27)

Gesetze über die Meldepflicht von Kindesmißhandlungen versuchen, den Arzt noch zusätzlich dadurch zu schützen, daß in besonderen Klauseln der Arzt ausdrücklich vor einer gerichtlichen Verfolgung wegen der Meldung eines derartigen Falles gesichert wird. Die unterschiedlichen Gesetze enthalten Immunitätsklauseln, die sich grob in drei Gruppen einteilen lassen.

In einigen Staaten wird ohne jede Einschränkung Immunität vor zivil- und strafrechtlicher Verfolgung gewährt, wenn jemand Informationen weitergibt oder an einem aufgrund dieser Informationen eingeleiteten Gerichtsverfahren teilnimmt. In einigen anderen Staaten wird diese Immunität unter der Voraussetzung gewährt, daß die Mitteilung »in gutem Glauben« oder »ohne Arglist« erfolgt ist. In einer dritten Gruppe von Staaten genügt statt des »guten Glaubens« die Annahme, in gutem Glauben gehandelt zu haben. Die verliehene Immunität bezieht sich in allen Fällen natürlich nicht nur auf Ärzte, sondern auf jede Person, die gesetzlich den Auftrag oder die Möglichkeit erhält, eine Meldung zu machen.

Es lassen sich einige Variationen in den Gesetzestexten feststellen. So erwähnen z. B. einige Gesetze nicht, daß sich die Immunität auch auf eine Haftung bezieht, die aus der Teilnahme an Gerichtsverfahren resultieren kann. In Wisconsin wird Immunität nur gegenüber strafrechtlichen Verfolgungen gewährt, während sie in Idaho, Maryland, Virginia und Washington auf zivilrechtliche Verfahren beschränkt bleibt. Das Gesetz von Massachusetts hält ausdrücklich fest, daß »die Meldung einer Kindesmißhandlung nicht den Tatbestand einer Verleumdung oder üblen Nachrede erfüllt«; Nebraska sieht vor, daß die Weitergabe solcher Informationen »absolut den Schutz des Gesetzes genießt und nicht den Tatbestand der Verleumdung, üblen Nachrede, Bruch der Schweigepflicht oder des Eindringens in die Privatsphäre erfüllt.« Vermutlich beziehen sich auch diese Gesetze nur auf zivilrechtliche Konsequenzen. Nevada erweitert die Immunität so, daß davon jede Haftung berührt wird, die mit der »Einleitung« einer Untersuchung oder einer anderen Maßnahme des Sozialministeriums zusammenhängt, während Oregon diesen gesetzlichen Schutz dadurch einschränkt, daß eine Meldung »in gutem Glauben« nur dann Immunität genießt, wenn sie auf »vernünftigen Gründen« beruht.

Diese wahrscheinlich unnötigen Immunitätsklauseln können

die Bereitschaft zur Meldung von Kindesmißhandlungen einfach dadurch erhöhen, daß es sie gibt und daß sie den Ärzten mitgeteilt werden können. Auch können sie Kläger von der Anstrengung eines Prozesses abhalten, die andernfalls bereit sind, die Chance eines Spielers auf einen Prozeßausgang wahrzunehmen, der an einzelnen Präzedenzfällen orientiert ist.

Haftung im Fall einer unterlassenen Meldung

Es ist unwahrscheinlich, daß ein Kind oder ein Erwachsener mit einer Klage gegen einen Arzt Erfolg hat, der den Behörden in gutem Glauben einen Fall von Kindesmißhandlung mitteilt. Auf der anderen Seite kann ein Arzt, der entgegen den gesetzlichen Bestimmungen einen derartigen Fall nicht meldet, zivilrechtlich haftbar gemacht werden. Wir sind in unserer Diskussion davon ausgegangen, daß das Gesetz über die Meldepflicht auch eine strafrechtliche Sanktion enthält, falls der Pflicht nicht genügt wird, und zwar entweder aufgrund des Gesetzestexts selbst oder aufgrund einer allgemeinen Strafbestimmung an anderer Stelle, die jedoch allgemein auf Verletzungen von gesetzlich vorgeschriebenen Verpflichtungen angewandt werden kann.

Wenn es kein Gesetz über die Meldepflicht gäbe, könnte dann ein Arzt zivilrechtlich belangt werden, der einen Fall von Kindesmißhandlung nicht den zuständigen Stellen meldet, weil durch sein Versäumnis ein Kind nicht geschützt werden konnte, so daß dieses Versäumnis eine »wesentliche Ursache« späterer Verletzungen war, die dem Kind von seinen Eltern zugefügt wurden? Grob gesagt ist ein Arzt, der einen Patienten behandelt hat, verpflichtet, »etwas zu unternehmen«. Was er tun muß, richtet sich nach dem, was ein einigermaßen umsichtiger Arzt in der Situation des behandelnden Arztes tun würde. Wenn man dieses Prinzip anwendet, so ist zweifelhaft, ob eine versäumte Meldung (nochmals: sofern keine gesetzliche Meldepflicht besteht) ein strafbares Vergehen bedeutet. Während viele Ärzte die Ansicht vertreten werden, daß ein Arzt die moralische Pflicht hat, eine augenscheinlich gefährliche Umgebung eines Kindes zu melden, werden doch nur wenige in der Unterlassung einer Meldung ein Vergehen sehen.

Die juristischen Konsequenzen einer Unterlassung sehen allerdings ganz anders aus, wenn ein Gesetz einem Arzt diese Meldung zur Pflicht macht. Wenn ein Kläger zu der Personengruppe gehört, deren Schutz mit dem Strafgesetz beabsichtigt war, und wenn der erlittene Schaden in seiner Art vom Gesetz verhindert werden sollte, so kann eine unentschuldigte Verletzung der gesetzlichen Bestimmungen eine Schadenersatzklage auslösen. In den meisten Staaten ist die Verletzung einer strafrechtlichen Bestimmung unter den geschilderten Umständen »Fahrlässigkeit an sich«. In anderen Staaten führt die Verletzung der strafgesetzlichen Bestimmungen zur Rechtsvermutung der Fahrlässigkeit, die widerlegt werden kann. Nach einer nochmals anderen Rechtsprechung ist ein solches Verhalten nur ein »Beweis« für Fahrlässigkeit.

Es ist zwar richtig, daß eine Mißachtung der gesetzlichen Meldepflicht den Säugling nicht unbedingt in eine schlechtere Lage bringt, als wenn die Eltern keinen Arzt aufgesucht hätten. Trotzdem hat es der Arzt versäumt, dem Kind einen vom Gesetz verlangten Vorteil zukommen zu lassen (und die Anzeichen für eine Mißhandlung zu melden). Hätte er seine Pflicht getan, so wären möglicherweise durch das Eingreifen der Sozialbehörde weitere Verletzungen des Kindes verhindert worden.

Abgesehen von Argumenten aus dem allgemeinen Zivilrecht gibt es Gerichtsurteile, die spezieller auf Ärzte anwendbar sind und schließen lassen, daß ein Arzt, der es versäumt, Anzeichen für eine Kindesmißhandlung zu melden, für spätere Verletzungen haftbar gemacht werden kann. So strengte beispielsweise im Fall Jones gegen Stanko (28) die Erblasserin Stankos eine Schadenersatzklage gegen einen Arzt an, da dessen angebliche Fahrlässigkeit einen vermeidbaren Todesfall verursacht habe. Der Gatte der Klägerin hatte für einen gewissen Mr. Thompson, der an Pocken erkrankt war, einige Angelegenheiten erledigt. In dem Prozeß verlangte die Klägerin eine Belehrung der Geschworenen, in der eine Passage aus dem Ohio General Code verlesen werden sollte, nach dem Ärzte verpflichtet sind, gefährliche Krankheiten dem Beamten für Gesundheitswesen zu melden. Die Belehrung sollte außerdem darauf verweisen, wenn die Jury feststelle, daß Thompson an einer solchen Krankheit leide und Jones versäumt habe, dies zu melden, so müsse sie aufgrund der gesetzlichen Bestimmung für die Klägerin entscheiden. Die Weigerung des Richters, die Geschworenen in dieser Weise zu belehren, war ein Revisionsgrund.

Der Umstand, daß die Fahrlässigkeit eines Angeklagten durch die Verletzung einer gesetzlichen Vorschrift erwiesen ist, beantwortet jedoch nicht die Frage, ob dieses Fehlverhalten des Beklagten die primäre Ursache der Schädigung des Klägers ist. Trotzdem ist es möglich, in einigen Fällen einen ziemlich engen Zusammenhang zwischen dem Versäumnis, eine Kindesmißhandlung zu melden, und den später durch die Eltern erlittenen Verletzungen des Kindes zu sehen. Es ist unumstritten, daß eine spätere Vernachlässigung oder strafrechtliche Vergehen (von seiten der Eltern oder anderer Fürsorgepersonen des Kindes), die der Beklagte vernünftigerweise vorhersehen konnte, ihn nicht von seiner Verantwortung für das eigene Handeln oder Versäumnis befreien oder entbinden.

Insgesamt schafft wahrscheinlich eine gesetzliche Meldepflicht in Verbindung mit strafrechtlichen Sanktionen für den Fall einer Nichtbeachtung die Möglichkeit, einem Kind Schadenersatz zuzusprechen, das mißhandelt worden ist, nachdem ein Arzt an ihm bereits Spuren früherer Mißhandlungen festgestellt hat, ohne darüber eine Meldung zu machen. Außerdem kann die Nichtbefolgung einer gesetzlichen Meldepflicht, sofern diese nicht mit einer strafrechtlichen Sanktion verbunden ist, eine zivilrechtliche Haftung des Arztes nach sich ziehen. Die Analogie zu den Fällen, in denen eine Haftung bei fahrlässigem Verhalten bejaht wird, weil gesetzliche Vorschriften nicht beachtet wurden, ist überzeugend.

Aufhebung des gesetzlichen Schutzes des Arzt-Patient-Verhältnisses

In einigen Bundesstaaten der USA steht das Vertrauensverhältnis zwischen Arzt und Patient unter einem besonderen gesetzlichem Schutz, der den Arzt in den Augen Außenstehender möglicherweise daran hindert, in einem Verfahren vor dem Jugendgericht oder in einem Strafprozeß wegen Kindesmißhandlung als Zeuge auszusagen. In der Regel untersagen diese Gesetze die Aussage eines Arztes im Hinblick auf Informationen, die er aufgrund seiner beruflichen Stellung und im Zusammenhang mit einer Behandlung eines Patienten erhalten hat, sofern diese Informationen für die Behandlung wesentlich waren. Dieser Schutz bezieht sich also auf den Patienten, der allerdings die Möglichkeit hat, darauf zu verzichten.

Die sich aus dieser Situation ergebenden möglichen Schwierigkeiten sind in vielen Staaten durch eine Gesetzgebung gelöst worden, durch die der Patient in Fällen von Kindesmißhandlung den gesetzlichen Schutz verliert. In einigen Staaten bleibt der Schutz weiterhin bestehen, obwohl inzwischen eine gesetzliche Meldepflicht für Kindesmißhandlungen eingeführt worden ist. Im allgemeinen ist jedoch der gesetzliche Schutz des Vertrauensverhältnisses zwischen Arzt und Patient in diesen Staaten in seiner Anwendung beschränkt. In Kalifornien und Idaho kann von ihm nur in Zivilverfahren Gebrauch gemacht werden und in Westvirginia nur vor dem Friedensrichter. In New York gilt der Schutz nicht, sofern der Patient jünger als 16 Jahre alt ist und vermutet werden kann, daß er einem Verbrechen zum Opfer fiel.

Man sollte erwarten, daß Staaten, die diesen Schutz gegenüber den Patienten nicht gewähren, auch keinen Grund hätten, ihn »aufzuheben«, aber Florida hat genau dies getan. Obwohl die dortigen Gesetze ein derartiges Privileg des Patienten nicht kennen, sieht das Gesetz über die Meldepflicht von Kindesmißhandlungen vor, das Privileg dürfe nicht als Begründung für den Ausschluß von Beweismaterial in Gerichtsverfahren herangezogen werden, die aufgrund einer Meldung des Arztes eingeleitet wurden. Die vielleicht wohlwollendste Erklärung für dieses Vorgehen des Gesetzgebers hat ein Rechtswissenschaftler aus Florida in seinem Kommentar gegeben: »Diese Klausel ist sicherlich vorsorglich in das Gesetz aufgenommen worden, falls künftig auch in Florida der Schutz des Verhältnisses zwischen Arzt und Patient gesetzlich verankert werden sollte.« (29)

Jedenfalls ist die in die meisten Gesetze zur Meldepflicht bei Kindesmißhandlungen aufgenommene Aufhebung des Schutzes wahrscheinlich überflüssig. Das Berufungsgericht von St. Louis hat gegen die Weigerung eines Gerichts entschieden, in einem Verfahren wegen Kindesmißhandlung das Zeugnis eines Arztes über die von dem Kind erlittenen Verletzungen einzuholen.

»Es kann keinem Zweifel unterliegen, daß unter gewöhnlichen Umständen der Vater oder die Mutter des Kindes als dessen natürliche Vertreter das Recht haben, von dem Schutz des Vertrauensverhältnisses zwischen Arzt und Patient zugunsten dieses Kindes Gebrauch zu machen, wenn dies im wohlverstandenen Interesse des Kindes liegt. Aber die hier vorliegenden Umstände waren völlig anders gelagert. Das Kind war nicht prozeßführende Partei, sondern Gegenstand des Verfahrens, dessen Zweck darin bestand, seine Interessen wahrzunehmen und sein Wohlergehen zu schützen.

... Wird das Privileg zugunsten der Eltern statt des Kindes beansprucht, oder werden Wohlergehen und die Interessen des Kindes nicht geschützt, so ist weder diesem Anspruch stattzugeben ... noch kann auf ihn gegebenenfalls von den Eltern verzichtet werden.« (30)

Schlußbetrachtung

Im allgemeinen haben die Staaten, die eine gesetzliche Meldepflicht bei Kindesmißhandlungen eingeführt haben, keine zusätzlichen Mittel bereitgestellt, mit denen gezielt sozialfürsorgerische Maßnahmen im Hinblick auf die zu erwartenden Meldungen neuer Kindesmißhandlungen hätten finanziert werden können. Entsprechende Anfragen an die Wohlfahrtsministerien der einzelnen Staaten wurden etwa so beschieden, wie es in einer Antwort von Utah zum Ausdruck kommt: »Soweit ich unterrichtet bin, tragen die Jugendgerichte und das Sozialministerium alle möglicherweise anfallenden Kosten.« Ausnahmen sind Massachusetts und Illinois, wo 100 000 bzw. 50 000 Dollar vom Staat zur Verfügung gestellt wurden, um den Druck und die Verbreitung von Broschüren, einen Tag und Nacht bereiten telefonischen Notdienst und zusätzliche Mitarbeiter zu bezahlen.

Es ist natürlich schwierig festzustellen, ob die im Gesamthaushalt der Bundesstaaten und im Haushalt der Sozialministerien enthaltenen Mittel aufgrund der Einführung der gesetzlichen Meldepflicht von Kindesmißhandlungen aufgestockt worden sind. So hat beispielsweise der Leiter der Abteilung Kinderfürsorge im Sozialministerium von Georgia berichtet:

»Für die durch das Gesetz vorgesehenen zusätzlichen Dienstleistungen sind keine besonderen Mittel bereitgestellt worden. Allerdings wurden für das Steuerjahr 1965/66 und 1966/67 der Abteilung für Kinder- und Jugendfürsorge erhöhte Mittel für Verwaltung und direkte Dienstleistungen bewilligt. Das bedeutet, daß für die Gesamtheit aller fürsorgerischen Maßnahmen für Kinder mehr Mittel als bisher zur Verfügung stehen, so daß der Staat die einzelnen Counties finanziell unterstützen kann, wenn zusätzliche Arbeitskräfte oder Fahrtkosten bezahlt werden müssen. Eine Erweiterung des Personals in der Kinderfürsorge hatte zur Folge, daß jetzt mehr Betreuer für den Kinderschutz einschließlich notwendiger Maßnahmen in Verbindung mit Kindesmißhandlungen zur Verfügung standen. Außerdem gibt uns das Budget in diesem Zeitraum erhöhte Mittel für Beköstigungen an die Hand. Dies kommt wiederum den Kindern zugute, die wegen Mißhandlungen durch ihre Eltern in Pflege gegeben werden müssen.«

Ohne zureichende finanzielle Unterstützung eines Gesetzes zur Meldepflicht von Kindesmißhandlungen ist eine solche Maßnahme ein vergebliches Unterfangen. In einer Forderung, durch Erweiterung des betreffenden Etats zur Verbesserung der Situation in New York beizutragen, heißt es in einem Leitartikel der New York Times:

»Wenn Gesetze nicht gleichzeitig Präventiv- und Rehabilitationsmaßnahmen vorsehen – die von der Kommunalverwaltung finanziert und unterstützt werden –, so unternimmt die Gesellschaft nichts, es sei denn, die Eltern des mißhandelten Kindes ins Gefängnis zu sperren. Das trägt wohl kaum zur Verwirklichung menschlichen Glücks – oder zum Schutz hilfloser Kleinkinder bei.« (31)

Ein Gesetz kann nur so gut sein wie seine praktische Handhabung, und diese wiederum hängt von den dafür bereitgestellten Mitteln ab.

Danksagung

Die Untersuchung über Gesetze zur Meldepflicht von Kindesmißhandlungen wurde unterstützt vom Ministerium für Gesundheit, Erziehung und Wohlfahrt der USA, im Rahmen des Child Research and Demonstration Grants Program No. R-194.

Der Jurist ist als Verteidiger wie als Vertreter der Anklage vor ein höchst schwieriges Problem gestellt. Er muß garantieren, daß die juristischen Rechte seiner Klienten unangetastet bleiben. Und doch, wer vertritt eigentlich das Kind? Jede beteiligte Person muß sich beständig die wohlverstandenen Interessen des Kindes vor Augen halten. Durch geschicktes Ausnutzen der Strafprozeßordnung kann ein Verteidiger häufig die Abweisung einer Klage wegen Kindesvernachlässigung erreichen; für ihn ist damit der Fall »gewonnen«. Aber im Hinblick auf das betroffene Kind ist dies in vielen Situationen keineswegs ein »Gewinn«. Der Anwalt, der dem Wohlergehen des Kindes nicht dieselbe Aufmerksamkeit schenkt wie den juristischen Aspekten des Falles, trägt an einer schweren Last, wenn das Kind zu Unrecht den Eltern wiedergegeben wird, die es mißhandeln.

Nur zu oft haben wir Staatsanwälte erlebt, deren Gleichgültigkeit dazu geführt hat, daß Kinder durch eine unkluge und vorzeitige Entscheidung den Eltern wiedergegeben worden sind. Ihre Bürde ist genauso schwer wie die des Verteidigers. Einige Anwälte, die eine Sozialbehörde vertreten, behandeln eine Klage auf Entzug des Sorgerechts noch immer so, als handle es sich um eine strafrechtliche Frage.

Nach unserer Erfahrung können viel sinnvollere Maßnahmen getroffen werden, wenn die juristischen Vertreter der beiden Parteien, die Eltern, Mitarbeiter der Sozialbehörde und der Arzt sich mit dem Richter zusammensetzen und unter Einhaltung der juristischen Formalitäten alle Aspekte des vorliegenden Falles gemeinsam erörtern. Dann ist der Richter in einer weit besseren Position, eine kluge Entscheidung zu treffen, die für alle Beteiligten sinnvollere Maßnahmen zur Folge haben wird.

8. Die Rolle der Polizeibehörden
Jack G. Collins*

Polizeibehörden müssen eine Unzahl verschiedener Funktionen ausüben, während sie die ihnen übertragenen Aufgaben übernehmen, Leben und Eigentum zu schützen und in allen größeren und kleineren Orten des Landes für Ruhe und Ordnung zu sorgen. Häufig werden diese Aufgaben der Polizei nur deshalb übertragen oder von ihr übernommen, weil sie von keiner anderen Instanz wahrgenommen werden. Wenn man über die Rolle der Polizei im Hinblick auf einen ihrer speziellen Aufgabenbereiche spricht, so muß man dessen Stellenwert im Zusammenhang mit dem ganzen Spektrum polizeilicher Tätigkeiten sehen. Die Aufgaben, die in erster Linie mit Verbrechen oder kriminellen Tätigkeiten zu tun haben und für die gesamte Kommune sehr wichtig sind, erfordern das Hauptaugenmerk und den häufigsten Einsatz der Polizei.

Schwerste Gesetzesübertretungen gegenüber Kindern, vor allem Säuglingen, stellen ein ernstes soziales Problem dar. Bei Kindesmißhandlungen geht es nicht um die Kümmernisse und geringfügigeren Anzeichen normaler oder vertretbarer Disziplinarmaßnahmen seitens der Eltern, sondern um so schwerwiegende Delikte wie verbrecherische Tötung, Tätlichkeiten mit tödlichen Waffen und unter Anwendung derartiger Mittel oder Gewalt, daß schwere Körperschäden die Folge sind. Es ist bereits in den vergangenen Kapiteln darauf hingewiesen worden, daß es keineswegs ungewöhnlich ist, bei mißhandelten Kindern Knochenbrüche, Schädelfrakturen, Hirnschäden, schwere Verbrennungen der Haut oder der Körperorgane durch ätzende Flüssigkeiten, Risse der Eingeweide oder andere Anzeichen einer bösartigen Tätlichkeit festzustellen. Vielenorts sind Ärzte, die mit mißhandelten Kindern zu tun haben, der Ansicht, daß die den Kindern von den Eltern zugefügten Verletzungen eine der Hauptursachen für Todesfälle bei Säuglingen und Kleinkindern sind. Die Erfahrung zeigt, daß viele Kinder, die diese bösartigen Tätlichkeiten

* Jack G. Collins ist stellvertretender Polizeipräfekt der Polizeibehörde von Los Angeles. Er hat mehrere Jahre als Leiter der Jugendabteilung gearbeitet.

überleben, auf immer verstümmelt sind – teilweise gelähmt oder geistig zurückgeblieben. So war beispielsweise eines der Ergebnisse einer in Denver durchgeführten Untersuchung, daß von 385 Opfern von Kindesmißhandlungen 85 an bleibenden Gehirnschäden litten.* Viele sind der Auffassung, daß schwer mißhandelte Kinder durch diese Gewaltanwendung zwangsläufig auch Schädigungen ihrer Persönlichkeit erfahren.

Die familiäre Umgebung des mißhandelten Kindes muß verändert und sicher gemacht werden, um eine Wiederholung solcher Gewalttätigkeit zu verhindern, aber die Erfahrung lehrt, daß die für die Fürsorge der betroffenen Kinder verantwortlichen Erwachsenen in den seltensten Fällen diese Umwelt freiwillig zu ändern bereit sind. Die mangelnden gesetzlichen Möglichkeiten, hier einzugreifen, bedeuten einen Verrat an den kindlichen Opfern und begünstigen eine Situation, die für die Gemeinschaft potentiell gefährlich ist und teuer zu stehen kommen kann.

Auch die beteiligten Erwachsenen müssen vor den Konsequenzen ihres eigenen impulsiven Verhaltens geschützt werden, da sie schließlich zu Mördern werden können, wenn niemand vorher eingreift. In bestimmten wissenschaftlichen Bereichen, die sich mit Verbrechen und deren Ursachen beschäftigen, macht sich eine Richtung bemerkbar, ein bestimmtes Verhalten, das zuvor als eindeutig krimineller Art definiert wurde, als Anzeichen einer »Krankheit« zu deuten. Viele Behörden, die sich mit der Mißhandlung von Kindern durch ihre Eltern beschäftigen, vertreten mittelbar oder unmittelbar dieselbe Ansicht, wenn sie sich dafür aussprechen, derartige Fälle den Sozialämtern zu melden und in die Anfangsermittlungen keine Polizeibeamten einzuschalten. Einige haben sich gegen die strafrechtliche Verfolgung der Eltern ausgesprochen und die Theorie vertreten, dadurch würden Rehabilitationsbemühungen erschwert und die Verbesserung der familiären Situation behindert (s. die Anmerkung der Herausgeber am Ende dieses Beitrags). Es mag sein, daß die grundlegenden und hauptsächlichen Ursachen für Kindesmißhandlung durch die

---

* C. H. Kempe et al., *The Battered-Child Syndrome*, J. Am. Med. Assoc., Vol. 181 (1962), S. 17-24.

Eltern in seelischen oder geistigen Störungen zu suchen sind; in dieser Hinsicht kann man Kindesmißhandlung vielleicht als »Krankheit« betrachten. Eine geringfügige Erweiterung des Geltungsbereichs dieser Theorie könnte jedoch leicht zu einer ähnlichen Schlußfolgerung im Hinblick auf viele, wenn nicht alle schweren Verbrechen gegen eine andere Person führen.

Die Polizeibehörden sind der Auffassung, daß mißhandelte Kinder geschützt werden müssen und daß die gegenüber solchen schweren Vergehen zu treffenden Maßnahmen und die Behandlung der hierfür verantwortlichen Eltern der Zuständigkeit der Gerichte vorbehalten bleiben sollten.

Polizeibehörde und die Rechte der Kinder

Die Polizei sieht ihre Aufgabe darin, die garantierten Rechte von Einzelpersonen und Gruppen zu bewahren und zu schützen. Die Auffassung darüber, welche Rechte einem Kind zustehen, haben jedoch im Lauf der Jahrhunderte eine fortwährende Veränderung erfahren.

Das alte römische Recht sah vor, daß der Vater die absolute Gewalt über seine Kinder hatte einschließlich des Rechts, über deren Leben oder Tod, Freiheit oder Sklaverei zu entscheiden. Der Staat verschaffte diesen Rechten Geltung, und keine Person oder Behörde durfte sich zum Fürsprecher eines Kindes machen. Das englische Gewohnheitsrecht legte fest, daß Väter die Gewalt über ihre legitimen, minderjährigen Kinder sowie deren Vormundschaft hatten. Der Vater war zur Unterstützung und zum Schutz seiner Kinder verpflichtet, aber diese Pflicht war rein symbolischer Natur und juristisch nicht durchzusetzen.

Im Mittelalter markierte die Verordnung, nach der ein Vater gezwungen werden konnte, seinen elterlichen Pflichten nachzukommen, den Beginn des Prinzips des *parens patriae*. Diesem Prinzip liegt die Annahme zugrunde, daß der Staat die Macht hat, in den Fällen die elterliche Autorität auszuüben, in denen die Eltern ihrer Verantwortung für die Pflege und das Wohlergehen ihrer Kinder nicht nachkommen. In den Vereinigten Staaten findet sich dieses Prinzip bereits in Gesetzestexten aus dem 18. Jahrhundert, aber eine organisierte Bewegung für den Schutz der Kinder kam erst gegen Ende des 19. Jahrhunderts auf.

Im Verlauf des 20. Jahrhunderts hat man zunehmend die unveräußerlichen Rechte von Kindern anerkannt, und das Verfahren der Anrufung von Gerichten, um ernsthafte Konflikte zwischen den Rechten der Kinder und dem Recht und der Verantwortung der Eltern zu schlichten, ist mehr und mehr praktiziert worden. Das Recht der Kinder auf Leben und normale Gesundheit trotz der Handlungen, Wünsche oder der Vernachlässigung durch ihre Eltern erfährt mittlerweile beträchtliches Interesse, was sich etwa in gesetzgeberischen Initiativen in den gesamten Vereinigten Staaten niederschlägt, um auf diese Weise die Einleitung juristischer Schritte zu ermöglichen. Die Gerichte haben sich inzwischen die Auffassung zu eigen gemacht, daß Eltern zwar berechtigt sind, ihre Kinder mit Maßen zu bestrafen, aber dies muß zum Wohle des Kindes dienen, ohne daß diesem böswillig körperliche Verletzungen beigebracht werden. Wenn eine Strafe jedes vernünftige Maß übersteigt und das Kind traumatische Verletzungen davonträgt, so bedeutet dies einen Verstoß gegen das Gesetz, und der Staat ist verpflichtet, einzugreifen und seine Polizeigewalt im Interesse des Kindes auszuüben.

Kinderfürsorge und Polizeibehörden

Ein so wichtiges Problem wie das der Kindesmißhandlungen erfordert zu seiner Lösung die gemeinsamen Anstrengungen aller beteiligten Personen und Behörden. Dies bedeutet eine Zusammenarbeit zwischen der Familie, dem Sozialamt, den medizinischen, polizeilichen, juristischen und den Erziehungsinstitutionen der Gemeinde.

Die für eine Lösung dieses Problems wichtigsten Institutionen sind das Sozialamt und die Polizei. Obgleich dieser Schluß auf der Hand liegt, sind es gerade die Behörden der Kinderfürsorge und der Polizei, die im allgemeinen das geringste Maß an gegenseitigem Verständnis und Toleranz zeigen, und oft ist es leider so, daß jede der beiden Institutionen über die eigentlichen Grundsätze, Funktionen oder Vorgehensweisen der anderen äußerst wenig weiß und sich kaum die Mühe macht, diese zu verstehen.

Das bedeutet nicht, daß Sozialarbeiter und Polizeibeamte ständig auf Kriegsfuß miteinander stehen oder daß eine der beiden Behörden sich weigert oder nicht in der Lage ist, mit der anderen zusammenzuarbeiten. Damit soll lediglich gesagt sein, daß die zugrundeliegenden Konzepte und Wertvorstellungen der beiden Institutionen genügend starke Unterschiede aufweisen, um zu gegensätzlichen Auffassungen und Mißtrauen auf beiden Seiten zu führen. Im allgemeinen verläuft die gemeinsame Arbeit gerade so harmonisch, daß die anstehenden Aufgaben bewältigt werden, aber eine verstärkte Zusammenarbeit und mehr gegenseitige Achtung und Vertrauen würde die Leistungsfähigkeit und den Erfolg beider Teile beträchtlich steigern.

Das mangelnde Vertrauen zwischen den beiden Behörden wird verständlicher, wenn man den Hintergrund und die geschichtliche Entwicklung der Kinderschutzorganisationen berücksichtigt. Ursprünglich übten sie ihre Tätigkeit mit »Polizeigewalt« aus und verfolgten sowohl gegenüber den vernachlässigten und mißhandelten Kindern als auch gegenüber den tätlichen Eltern einen autoritären Ansatz. Anfangs wurde diese Linie wegen der legalistischen Begründung der Bewegung und der Atmosphäre befürwortet und akzeptiert, in der die Behörden arbeiteten. Mit der Entwicklung der Praxis der Sozialarbeit erweiterten sich die Kenntnisse und das Verständnis auf diesem Gebiet, so daß sich auch die Auffassungen von Kinderfürsorge änderten, und mit der Zeit rückten die Kinderschutzorganisationen immer mehr davon ab, polizeiliche Maßnahmen als die einzige Möglichkeit anzusehen, Kinder zu schützen. Im Bereich der Kinderschutzeinrichtungen wurde die Polizei zum Symbol der Obrigkeit und eines Ansatzes, der sich auf die strafrechtliche Verfolgung und Bestrafung der Eltern beschränkte, die sich eines Vergehens gegen das Gesetz schuldig gemacht hatten. Die Befürworter der Einzelfallhilfe gegenüber Eltern, die ihre Kinder vernachlässigen oder mißhandeln, hatten für autoritäre oder strafende Methoden nur noch Verachtung übrig.

Es sieht so aus, als ob die Zunft der Sozialarbeiter insgesamt keinen Blick dafür hätte, daß auch die Einstellung der Polizei

bei der Behandlung von Kindesmißhandlungsfällen eine all-
mähliche Änderung erfahren hat. Die Polizei ist zwar nach
wie vor der Ansicht, daß dem Gesetz Geltung verschafft
werden muß, aber sie hat auch seit langem erkannt, daß es
wichtig und notwendig ist, die zahlreichen Aspekte dieser
äußerst schwierigen Fälle jenen Personen und Instanzen zu
überweisen, die sich in erster Linie mit der Rehabilitation und
der Veränderung der Umwelt befassen, in der es zu den
ungesetzlichen Handlungen gekommen ist. Aber sie ist auch
der Ansicht, daß solche Überweisungen und Rehabilitationsmaßnahmen sich innerhalb eines gesetzlichen Rahmens bewegen müssen.

Die Ziele beider Institutionen, der Polizei und der Kinderfürsorge, sind der Schutz vernachlässigter und mißhandelter
Kinder und die Verbesserung ihrer familiären Situation, aber
ihre jeweilige Rolle und ihre Arbeitsmethoden sind zwangsläufig verschieden. Das Hauptproblem ist anscheinend eine
fehlende Koordination der beiden unterschiedlichen Tätigkeiten. Damit verbunden ist die Notwendigkeit eines besseren
gegenseitigen Verständnisses der Vorstellungen und Funktionen, so daß sich beide Behörden in ihren Bemühungen wechselseitig ergänzen und unterstützen können. Der historisch
überholte Zusammenhang von Kinderschutz und Polizeimaß-
nahmen autoritärer Prägung darf einer künftigen Zusammenarbeit nicht mehr im Wege stehen.

Die Polizei, das mißhandelte Kind und die gesetzlichen Bestimmungen

Wie bereits erwähnt, müssen Rehabilitationsbemühungen bei
Fällen von Kindesmißhandlung darauf gerichtet sein, die Umwelt zu ändern, in der es zu der Mißhandlung gekommen ist.
Alle Anzeichen sprechen dafür, daß ohne eine Verbesserung
dieser Umwelt eine Wiederholung der Tätlichkeiten samt der
damit verbundenen Körperverletzungen zu befürchten ist. Da
jedoch die verantwortlichen Erwachsenen selten bereit sind,
die Situation zu ändern, muß jedes erfolgreiche Programm
einer Rehabilitation eine solide gesetzliche Grundlage haben.

Gesetzliche Bestimmungen, die ein legales Eingreifen ermöglichen, müssen folgende Punkte berücksichtigen:

Es muß gesetzlich verboten sein, Kinder zu verletzen.
Es muß eine gesetzliche Pflicht geben, Verletzungen an Kindern zu melden.
Jugendgerichte müssen die gesetzliche Möglichkeit haben, ungesetzlich verletzte Kinder unabhängig von sonstigen juristischen Schritten der Aufsicht der Eltern zu entziehen.
Eine Zentralstelle muß vom Gesetzgeber angeordnet werden, die alle Meldungen über Kindesmißhandlungen sammelt.

Die geltenden Vorschriften im Zusammenhang mit Vergehen wie Körperverletzung mit einer tödlichen Waffe, tätlicher Angriff mit der Wahrscheinlichkeit einer schweren Verletzung oder körperliche Mißhandlung reichen nicht aus, wenn es um Kindesmißhandlung geht, da sie sich häufig auf besonders gelagerte Fälle nicht anwenden lassen. Es ist nicht nur sinnvoll, sondern auch wichtig, daß es spezielle Gesetze gibt, die sich unmittelbar auf die strafbare Verletzung von Kindern beziehen. (So erklärt beispielsweise Paragraph 273 a des Strafgesetzes von Kalifornien das Handeln einer Person zu einem Verbrechen, die einem Kind körperliche Schmerzen oder seelische Leiden zufügt, sofern dies unter Umständen oder Bedingungen geschieht, die zu schweren Körperverletzungen oder zum Tod führen können. Es ist auch bereits strafbar, wenn diese Handlungen unter Bedingungen oder Umständen geschehen, die nicht zu schwerer Körperverletzung oder zum Tod führen können, und Paragraph 273 d erklärt eine Handlung zum Verbrechen, bei der eine Person vorsätzlich ein Kind einer grausamen oder unmenschlichen körperlichen Züchtigung oder Verletzung aussetzt, die zu einem traumatischen Zustand führt.)

Es ist gut möglich, daß die Motive, die bei der Mißhandlung von Kindern eine Rolle spielen, auf strafrechtliche Bestimmungen nicht ansprechen, und daß Eltern, bei denen es zu derartigen Ausbrüchen von Gewalttätigkeit kommt, von einer möglichen Bestrafung nicht abgeschreckt werden. Für das geregelte Leben einer normalen Gesellschaft ist es von fundamentaler Bedeutung, daß Personen, die persönliche oder Eigentumsrechte anderer verletzen, wegen dieser Vergehen gerichtlich verfolgt werden. Offensichtlich erbringt die Festnahme von Personen, die der Kindesmißhandlung verdächtig sind, ein wichtiges Ergebnis – nämlich eine unmittelbare Änderung der Umwelt. Es ist richtig, daß diese Änderung oft nur vorübergehend ist, aber durch diese Maßnahme schützt die Polizei das Kind vor fortgesetzter Mißhandlung und schafft anderen Behörden die Möglichkeit, ein längerfristiges Rehabilitationsprogramm einzuleiten (s. die Anmerkung der Herausgeber am Ende dieses Beitrags).

Häufig ist es unmöglich, Eltern strafrechtlich zu verfolgen, die für Verletzungen ihrer Kinder verantwortlich sind, da keine vor Gericht zugelassenen Beweise vorliegen. Die Opfer sind aufgrund ihres Alters oder der Verletzungen oft zu einer Aussage nicht imstande, und ausreichendes Beweismaterial über den körperlichen Zustand des Kindes kann oft nicht erhoben werden. Dieser Umstand läßt sich daraus ablesen, was aus 201 Fällen von Kindesmißhandlung geworden ist, die im Jahr 1965 der Polizei in Los Angeles gemeldet wurden. Nach ausgiebigen Ermittlungen blieben 15 dieser Fälle ungelöst, und in 30 Fällen einer vorläufigen Festnahme weigerte sich die zuständige Anklagebehörde, ein Verfahren einzuleiten, da das vor Gericht zulässige Beweismaterial nicht ausreichte. So war die Polizei in 22,4 Prozent der Fälle nicht in der Lage, eine Veränderung der Umwelt des Kindes dadurch herbeizuführen, daß der schuldige Erwachsene aus ihr entfernt wurde.

Das Amt für Bewährungshilfe der Los Angeles County hat erklärt, die Entscheidung einer Strafverfolgungsbehörde, eine strafrechtliche Klage gegen einen Vater oder eine Mutter nicht zuzulassen, die ihr Kind mißhandelt hätten, sei nicht als Beweis dafür zu werten, daß das Kind von keinem der Eltern mißhandelt worden sei, und falls das vorhandene Beweismaterial den Vorwurf stütze, daß das Kind weder durch einen der Eltern noch durch eine Aufsichtsperson genügend Fürsorge oder Aufsicht erfahre, so könne beim Jugendgericht im Interesse des Kindes eine Klage eingericht werden. 1959 hat der vorsitzende Richter des Jugendgerichts der Los Angeles County erklärt, der Strafprozeß gegen den beteiligten Erwachsenen und der Jugendgerichtsprozeß im Interesse des Kindes seien zwar Parallelfälle, aber nicht notwendig abhängig voneinander. Er stellte fest, daß nach kalifornischem Jugendrecht selbst dann Maßnahmen zum Schutz von Kindern getroffen werden können, wenn gegen die Eltern kein Verfahren eingeleitet wurde. Diese Rechtsauffassung bedeutete einen wichtigen Beitrag für den Schutz von Säuglingen und Kindern, die zu klein zum Sprechen sind oder zu eingeschüchtert, die Wahrheit zu sagen, wenn die Tätlichkeit im Verborgenen oder ohne kompetenten Zeugen geschah.

Die Vorteile eines bundesstaatlich zentralisierten Registers aller Meldungen über Kindesmißhandlungen liegen auf der Hand. Die hochmobile Bevölkerung unserer urbanisierten Gesellschaft wechselt häufig von einem Wohnsitz zum anderen, aber im allgemeinen geschieht der Wohnortwechsel innerhalb ein und desselben Staates der USA. Eltern, die ihre Kinder mißhandeln, aber nicht in eine andere Stadt ziehen, bringen diese Kinder oft zu immer neuen Ärzten im selben Wohngebiet, um zu verbergen, daß es sich um wiederholte Verletzungen handelt. Ein Zentralregister auf bundesstaatlicher Ebene ist wichtig, weil es Kinderschutzbehörden auf wiederholt auftretende Fälle aufmerksam machen kann.

Funktion der Polizei

Es ist die allgemeine Funktion der Polizeibehörden, Leben und Eigentum zu schützen und den öffentlichen Frieden zu sichern, und Polizeibeamte dürfen nur solche Aufgaben erfüllen oder Handlungen vornehmen, die ihnen gesetzlich vorgeschrieben oder erlaubt sind, damit sie ihren Funktionen gerecht werden können. Im Hinblick auf Kindesmißhandlungen bestehen diese Funktionen hauptsächlich darin, das Opfer unverzüglich zu schützen und die juristischen Verfahren einzuleiten, mit denen am Ende eine Rehabilitation der Familie ermöglicht werden kann.

Bei der Erfüllung ihrer Pflichten haben es Polizisten in erster Linie mit allgemein menschlichem und individuellem Verhalten zu tun, und infolgedessen begegnen sie einer fast endlosen Vielfalt von Situationen. Die Komplexität vieler dieser Probleme verlangt beträchtliche Kenntnisse und eine gute Ausbildung, was innerhalb der Polizei zu weitgehender Spezialisierung geführt hat. Eine Dienstanweisung, sich als Polizeibeamter auf dem Gebiet jugendlicher Täter oder Opfer zu spezialisieren, ist so verbreitet, daß sich innerhalb und zwischen den Staaten Berufsverbände dieser Beamten gebildet haben.

Wenn der Jugendabteilung einer Polizeibehörde eine Meldung über einen Verdacht auf nicht unfallbedingte Körperverletzung eines Kindes zugegangen ist, so ist sie für zwei Dinge verantwortlich, nachdem der Wahrheitsgehalt der Meldung geprüft wurde: erstens muß das Kind durch geeignete Maßnahmen geschützt werden, und zweitens ist festzustellen, ob genügende Beweise erhoben werden können, um gegen die für die Verletzungen verantwortliche Person oder die Personen strafrechtliche Schritte einzuleiten. Bevor irgendwelche Ermittlungen angestellt werden, ist das Opfer ärztlich gründlich zu untersuchen und zu versorgen. Im allgemeinen ist die Polizei darum bemüht, bei den Ermittlungen und der Bearbeitung des Falles das Kind den Eltern nicht wegzunehmen. Häufig ist es jedoch notwendig, das Opfer in schützende Obhut zu bringen, und zwar unter folgenden Bedingungen:

Beide Eltern haben das Kind mißhandelt.
Der unbeteiligte Elternteil sympathisiert mit dem Täter.
Der unbeteiligte Elternteil hat den Täter ermutigt.
Der unbeteiligte Elternteil hat nicht versucht, einzugreifen oder den anderen abzuhalten.
Es ist keine erwachsene verantwortliche Person zugegen, die das Opfer in ihre Obhut nehmen und es versorgen könnte.
Es ist nur ein Elternteil bei der Familie, nämlich der Täter selbst.

In solchen Fällen ist es für einen Polizeibeamten keine Frage, daß das Kind vor weiteren Verletzungen geschützt werden muß, bis ein Sozialarbeiter den Fall übernimmt.

Wenn die Ermittlungen genügend Beweise ergeben haben, die eine Festnahme der Personen rechtfertigen, die für die traumatischen Verletzungen des Kindes verantwortlich sind, nimmt die Polizei die Verdächtigen in Gewahrsam. Einige Sozialarbeiter haben an dieser Praxis Kritik geübt, weil dies ihre Rehabilitationsversuche erschwere. Hierbei muß daran erinnert werden, daß es eine gesetzlich bestimmte, kurze Zeitspanne gibt zwischen der Festnahme und der Vorführung vor den Richter, so daß die Maßnahme der Polizei fast unmittelbar danach rechtlich geprüft werden kann.

Die Verhaftung von Personen, die der Kindesmißhandlung

verdächtig sind, bewegt sich im Rahmen der gesetzlichen Bestimmungen über die Verfolgung von Verbrechern. Die Verhaftung und strafrechtliche Verfolgung von Eltern wegen ungesetzlich begangener Gewalttaten an ihren Kindern erfährt nicht die ungeteilte Zustimmung aller mit dem Problem beschäftigten Personen und Institutionen, aber vom Standpunkt der Polizei aus ist es das einzige gesetzliche Mittel, Rehabilitationsmaßnahmen anzuordnen und durchzusetzen.

Ein einheitliches und effektives Programm für die Behandlung von Kindesmißhandlungsfällen erfordert, daß alle entsprechenden Meldungen an eine einzige Behörde innerhalb eines einzelnen Gerichtsbezirks geleitet werden, aber es besteht Uneinigkeit darüber, welche der betroffenen Behörden innerhalb einer Kommune diese Meldungen entgegennehmen soll.

Argumente für eine Meldung an die Polizei

In allen ländlichen und städtischen Regionen der Vereinigten Staaten steht die Polizei Tag und Nacht zur Verfügung. Wenn ein Erwachsener in einem impulsiven, heftigen Ausbruch einem Kind traumatische Verletzungen beibringt, so ist unverzügliche Hilfe erforderlich, und sofortige Ermittlungen müssen geführt werden. Es ist kaum zweckmäßig, die Behandlung solcher Fälle einer Behörde zu übertragen, die außerhalb der normalen Geschäftszeiten und an Sonn- und Feiertagen nicht erreichbar ist. Verzögerungen können zum Tod von Kindern und zu vermeidbarer strafrechtlicher Verfolgung Erwachsener wegen Totschlags führen und haben auch in der Vergangenheit dazu geführt.

Die Polizei, die die Verantwortung für den Schutz aller Personen in einer Gemeinde trägt, wird in ihrer Tätigkeit behindert, wenn traumatische Verletzungen als Folge eines tätlichen Angriffs nicht an sie, sondern an andere Behörden gemeldet werden. Eine Behörde mit einer so schweren Verantwortung verdient und braucht uneingeschränktes Vertrauen in ihre Mitarbeit.

Es ist ein althergebrachtes Verhaltensmuster, daß Menschen die Polizei um Hilfe bei Straftaten bitten. Sie sind es gewohnt, Fälle körperlicher Gewaltanwendung der Polizei zu melden, und zweifellos würde es ihnen widerstreben, die schwere Körperverletzung eines Kindes einer anderen Behörde als der Polizei anzuzeigen.

Ermittlungen in Kindesmißhandlungsfällen und die Vorarbeiten zu deren schriftlicher Ausarbeitung und Darlegung vor Gericht sind eine anstrengende und zeitraubende Tätigkeit. In der Literatur finden sich zahlreiche Hinweise, daß überall in Amerika ein akuter Mangel an Organisationen besteht, die dem Schutz und der Fürsorge von Kindern dienen. In vielen Gemeinden gibt es diese Institutionen überhaupt nicht, und selbst in den meisten Großstädten sind sie personell unterbesetzt im Vergleich zu dem, was von ihnen an Leistungen erwartet wird. Deshalb ist es nicht sehr sinnvoll, von den Fürsorgeeinrichtungen für Kinder zu verlangen, Fälle von Kindesmißhandlung ausschließlich in eigener Verantwortung zu bearbeiten.

Die gesetzliche Befugnis von Sicherheitsbeamten, bei Vorliegen wichtiger Gründe fremde Wohnungen zu betreten, versetzt die Polizei in die strategische Position, verwahrloste und mißhandelte Kinder vor unmittelbar für sie nachteiligen Situationen zu schützen.

Unter allen Fällen von Kindesmißhandlung finden sich immer wieder schwerste Vergehen gegen die Person, für deren einwandfreie und erfolgreiche Darlegung vor Gericht unverfälschte und zulässige Beweise erforderlich sind. Derartige Beweise mußten bislang immer in Strafprozessen gegen erwachsene Personen vorgelegt werden, und inzwischen läßt sich ein eindeutiger und beschleunigter Trend in dieselbe Richtung bei Jugendgerichten beobachten. Die ursprünglich informelle, keineswegs feindselige Atmosphäre bei Jugendgerichtsverhandlungen wird immer mehr ersetzt durch eine formaljuristische Vorgehensweise. Strafrechtliche Ermittlungen und die Vorbereitungen des Prozesses machen den Einsatz erfahrener Ermittlungsbeamter erforderlich, die ihre Kenntnisse in jeder Phase dieser anspruchsvollen Tätigkeit voll einsetzen können, die lange Zeit in die Zuständigkeit von Beamten fiel, die mit Ermittlungen und Jugendproblemen zu tun hatten.

Die Erhebung und Überprüfung von Beweismaterial kann heute nicht mehr ohne ziemlich komplizierte photographische und labortechnische Verfahren erfolgen, etwa durch ballistische Tests, Analysen von Flecken, Flüssigkeiten und Substanzen usw. Die dafür notwendigen Einrichtungen arbeiten entweder für die Polizei oder werden von ihr selbst betrieben und sind im allgemeinen für Mitarbeiter von Sozialämtern nicht zugänglich.

Polizeiliche Maßnahmen zwingen andere Behörden, die sich mit Rehabilitationsprogrammen beschäftigen, ebenfalls zum Eingreifen. Wenn die Polizei jugendliche Opfer zu deren Schutz in ihre Obhut nimmt und/oder Erwachsene festnimmt, die der Körperverletzung an Kindern verdächtig sind, so werden automatisch auch andere Institutionen in den Fall eingeschaltet. Staatsanwälte, Straf- und Jugendrichter, Bewährungshelfer und andere betroffene Stellen des Sozialamts müssen zwangsläufig von sich aus zur Lösung des Problems beitragen. Dies führt zu einer offiziellen Besprechung und Erörterung der Kindesmißhandlungsfälle durch die kommunalen Behörden, die mit der Planung und Durchführung von Rehabilitationsprogrammen betraut sind.

Die Polizeibehörden bringen die besten Voraussetzungen mit, ein zentrales, bundesstaatliches Register aller erfaßten Fälle von Kindesmißhandlung einzurichten und zu betreiben. Städtische Polizeiapparate sind entweder in ein bundesstaatliches Nachrichtennetz eingeschaltet, oder sie haben Zugang zu diesem und können sich auf diese Weise rasch die nötigen Informationen beschaffen. Dies ist für ein effektives zentrales Meldesystem von wesentlicher Bedeutung.

Es bedarf keiner Frage, daß sowohl die Polizei als auch die Sozialbehörden den Schutz der mißhandelten Kinder zum Ziel haben, aber die Rollen der beiden Institutionen sind ganz verschieden. Für effektive kommunale Kinderschutzmaßnahmen sind die Funktionen beider Behörden unerläßlich; so müssen sich ihre Tätigkeiten gegenseitig ergänzen und unterstützen. Es wird allgemein anerkannt, daß die Aufgabenbereiche so unterschiedlich sind, daß keine Behörde die andere ersetzen könnte, aber das Verhältnis zwischen beiden ist leider allzuoft eines der Koexistenz statt einer Zusammenarbeit. Das bestmögliche Programm zum Schutz mißhandelter Kinder kann nur verwirklicht werden, wenn darin sowohl die Polizei als auch die öffentliche Fürsorge ihren angemessenen Platz haben und beständig um gegenseitiges Vertrauen, Verständnis und Achtung voreinander bemüht sind.

Anmerkung der Herausgeber

Es bestehen beträchtliche Meinungsverschiedenheiten darüber, welche Funktion die Polizei bei Kindesmißhandlungen übernehmen sollte. Eine von mehreren möglichen Auffassungen ist in diesem Beitrag dargelegt worden. Soweit die Herausgeber sehen, wird der hier vorgestellte Ansatz nicht von allen Polizeibehörden in den Staaten vertreten. In vieler Hinsicht stimmen wir mit dem Autor überein. Es bedarf keiner Frage, daß die einzige Tag und Nacht erreichbare kommunale Behörde die Polizei ist. Es ist durchaus vorteilhaft, daß die Polizei gut ausgebildete Ermittlungsbeamte und andere Mitglieder ihres Personals Ärzten und anderen Personen zur Seite stellt, die sich dem Problem von Kindesmißhandlungen gegenübersehen. Es ist auch sicher richtig, daß die Kommunikation zwischen Polizei und anderen kommunalen Behörden, etwa der Kinderfürsorge, verbessert werden müßte. Wir sind ebenfalls der Ansicht, daß „jedes erfolgreiche Programm einer Rehabilitation eine solide gesetzliche Grundlage haben (muß)." Diese gesetzliche Grundlage wird durch die Mitwirkung von Polizei und Jugendgerichten unterstützt und in ihrer Geltung bestätigt.

Der Punkt, mit dem die Herausgeber am wenigsten übereinstimmen, ist die starke Akzentuierung des strafrechtlichen Aspekts des Problems und der Notwendigkeit strafrechtlicher Ermittlungen. Wir sind der Ansicht, daß diese Sichtweise die Therapie behindert, die Kinderärzte und Psychiater den Eltern anbieten möchten. Dieser Aspekt ist in Kap. 2 und 5 ausführlich behandelt worden. Wir glauben, daß es keine Anhaltspunkte dafür gibt, daß der Verzicht auf eine strafrechtliche Maßnahme gegenüber Eltern, die ihre Kinder mißhandeln, das Problem verschärft. Der Autor behauptet auch, daß einer der Gründe für die Festnahme des Vaters oder der Mutter im Schutz des Kindes bestehe. Es ist ungewöhnlich, derartige Maßnahmen zum Schutze eines Kindes zu fordern. Wir halten es für sinnvoller, das Kind in ein Krankenhaus einzuweisen. Gelegentlich ist es vielleicht auch angebracht, den Eltern das Sorgerecht zu entziehen und das Kind der Fürsorge zu übergeben. Die Polizei müßte die gesetzliche Möglichkeit haben, jedes hospitalisierte Kind, bei dem Verdacht auf Mißhandlung besteht, 24 bis 48 Stunden in der Klinik festhalten zu können. Im allgemeinen kann das Kind geschützt werden, ohne daß die Eltern verhaftet werden müßten.

Sobald eine Festnahme erfolgt ist und eine Strafklage bevorsteht, sind die meisten Eltern nicht mehr zu einer Mitarbeit bereit. Wir sind der Ansicht, daß die langfristige Aussicht auf eine Wiedervereinigung der

Eltern mit dem Kind günstiger ist und eine Hilfe bei der Herstellung einer besseren Beziehung mit dem Kind und dessen Geschwistern beträchtlich erleichtert wird, wenn keine strafrechtlichen Schritte unternommen werden. Nachdem der Fall unter gemeinsamer Beteiligung der Polizei und der Kinderfürsorge untersucht worden ist, halten wir es für sinnvoller, von der Kinderfürsorge beim Jugendgericht einen Antrag auf zeitweiligen Entzug des Sorgerechts stellen zu lassen.

Ein weiterer Umstand, der gegen den Einsatz strafrechtlicher Maßnahmen spricht, ist die außerordentliche Schwierigkeit der Beweisführung, welcher der beiden Eltern das Kind mißhandelt hat und ob überhaupt eine Mißhandlung und nicht etwa ein Unfall vorliegt. Da dieser Nachweis häufig unmöglich ist, werden viele der eingereichten Klagen zugunsten der Eltern entschieden. In diesem Fall ist es äußerst schwierig, etwas für die schweren Mißhandlungen des Kindes zu tun, da es wenig Jugendrichter gibt, die eine Entfernung des Kindes von den Eltern erwägen, wenn diese bereits vor einem ordentlichen Gericht für unschuldig befunden wurden.

Schließlich teilen wir die Auffassung, daß alle gemeldeten Kindesmißhandlungen zentral erfaßt werden sollten. Wenn diese Zentralkartei völlig effektiv arbeiten soll, muß sie auch viele Fälle sammeln, bei denen nie eine Mißhandlung nachgewiesen wurde. Wir glauben jedoch nicht, daß solche Fälle im Zusammenhang mit einem Polizeibericht erfaßt werden sollten. Am sinnvollsten wäre es, wenn diese Kartei vom Sozial- oder Gesundheitsministerium der einzelnen Bundesstaaten betrieben würde.

Abschließende Bemerkung

»In der Kinderfürsorge gibt es wahrscheinlich nichts, das erfolgreichere Ergebnisse mit sich bringt als das richtige Verständnis und Vorgehen in der Sorge um das vernachlässigte und mißhandelte Kind und dessen Eltern.« (Kap. 2, S. 93)

Es war die Absicht der Herausgeber, einen Überblick über die Auffassungen von Experten auf ihren jeweiligen Gebieten zu geben, aus denen einige der neueren Entwicklungen in der Behandlung von Kindesmißhandlungen deutlich werden. Diese Beiträge haben zu provozierenden und auch kontroversen Fragen geführt. Wir hoffen, daß die unterschiedlichen Aspekte dem einzelnen Leser für seine speziellen Zwecke die nötigen Informationen liefern, um das Problem nunmehr in einem größeren Zusammenhang zu sehen.

Für viele liegt der zukunftsträchtigste und motivierendste Aspekt des Gesamtproblems im Bereich der vorbeugenden Maßnahmen. Wir stehen erst am Anfang unserer Einsichten, mit denen wir die Menschen besser verstehen können, die Kinder mißhandeln. Die Fundamente sind gelegt, und wir verfügen inzwischen über genügend Informationen, um uns eingehender mit der vorbeugenden und therapeutischen Seite des Problems zu beschäftigen. Zweifellos ist es weder praktisch durchführbar noch erstrebenswert, alle mißhandelten Kinder von ihren Eltern zu trennen. Wir müssen uns noch mehr darum bemühen, zuverlässige und validierte Testinstrumente zu entwickeln, mit denen jene Eltern ausgemacht werden können, die potentiell zu neuen Mißhandlungen fähig sind. Diese Eltern müssen dann mit sinnvollen therapeutischen Maßnahmen behandelt werden. Zur Zeit werden überall die verschiedensten Behandlungsprogramme entwickelt.

Für die Herausgeber und, wie wir hoffen, auch für den Leser ist es keine Frage, daß die komplexen Probleme im Zusammenhang mit einer sinnvollen Fürsorge für das mißhandelte Kind und dessen Eltern den Einsatz der erfahrensten Fachkräfte erfordern, die zur Verfügung stehen – ob Krankenschwestern, Sozialarbeiter, Polizeibeamte, Richter oder Ärzte – und die in der Lage sind, Laien bei ihrer Arbeit mit diesen Kindern und deren Eltern mit Rat und Tat zur Seite zu stehen. Ein wesentlicher Fortschritt ist erreicht, wenn innerhalb der einzelnen Disziplinen Spezialisten für die Durchführung von Forschungsprogrammen ausgebildet werden, um unser Verständnis zu vertiefen und auf viele noch offenstehende Fragen Antworten zu finden.

Selbst im Jahre 1973 gibt es anscheinend noch immer viele Kinder, die bei der Erziehung »die Rute fühlen« müssen. In der Tat, es ist an der Zeit, daß wir mehr »von ihren Rechten sprechen.« Der Fortschritt bewegt sich langsam, aber er ist sichtbar, und diejenigen, die den meisten Gewinn davon haben, leben unter uns.

R. E. H.
C. H. K.

Bibliographie

Bibliographie zu Kapitel 1

1 Samuel Noah Kramer, *From the tablets of Sumer: Twenty-five firsts in man's recorded history*, Indian Hills (Falcon's Wing), 1956.
2 William Burke Ryan, *Infanticide: It's law, prevalence, prevention and history*, London 1862.
3 Alice Morse Earle, *Child life in colonial days*, New York 1926.
4 Elizabeth Godfrey, *English children in olden time*, London 1907.
5 Robert H. Bremner, *Children and youth in America*, Cambridge (Harvard University Press) 1970.
6 George Frederic Still, *The history of paediatrics: The progress of the study of diseases of children up to the end of the XVIIIth century*, London (Dawsons of Pall Mall) 1965.
7 Philippe Ariès, *Centuries of Childhood: A social history of family life*, New York (Alfred A. Knopf) 1962.
8 Courtenay Dunn, *The natural history of the child*, New York 1920.
9 Samuel B. Halliday, *The little street sweeper; Or, life among the poor*, New York 1861.
10 Raffaello Balestrini, *Aborto, Infanticidio ed Esposizione d'infante*, Turin 1888.
11 Georg Dietrich Karl List, *Über Hurerei und Kindermord*, Mannheim 1784.
12 Robert Briffault, *The mothers*, 3 Bde., New York 1927.
13 Elsie Clews Parsons, *The family: An ethnological and historical outline with descriptive notes*, New York 1906.
14 W. H. Slingerland, *Child-placing in families*, New York 1919.
15 Bernard-Benoit Remacle, *Des hospices d'enfants trouvés en Europe, et principalement en France, depuis leur origine jusqu'à nos jours*, Paris 1838.
16 G. Emilio Curatulo, *Kunst der Juno Lucina in Rom*, Berlin 1902.
17 Ambroise Tardieu, *Etude médico-légale sur l'infanticide*, Paris 1868.
18 Leontine Young, *Wednesday's children: A study of child neglect and abuse*, New York (McGraw-Hill) 1964.
19 Hugh T. Ashby, *Infant mortality*, Cambridge 1922 (2. Aufl.).
20 Edward Stephens, *Relief of apprentices wronged by their masters*, London 1687.
21 Vincent J. Fontana, *The maltreated child: The maltreatment syndrome in children*, Springfield, Ill. (Charles C. Thomas) 1964.
22 Anne Allen und Arthur Morton, *This is your child: The story of the National Society for the Prevention of Cruelty to Children*, London (Routledge & Kegan) 1961.
23 A. E. Williams, *Barnardo of Stepney: The father of nobody's children*, London (Allen & Unwin) 1966.
24 Fielding H. Garrison, *Abt-Garrison History of Pediatrics*, Abdr. aus Bd. I von Isaac A. Abt (Hg.), *Pediatrics*, Philadelphia (W. B. Saunders & Co.) 1965.
25 Ernest Caulfield, *The infant welfare movement in the eighteenth century*, New York 1931.
26 R. B. H. Gradewohl, *Legal medicine*, hg. von T. A. Gonzales, New York 1954.
27 Christoph Gottlieb Büttner, *Kindermord*, Königsberg und Leipzig 1938 (Nachdr. der Erstausgabe von 1771).

28 F. Bourguin, *La protection sociale de l'enfance en France*, Paris 1938.

29 Janet E. Lane Clayton, *The child welfare movement*, London 1920.

30 Eustace Chesser, *Cruelty to children*, New York 1952.

31 Samuel X. Radbill, *The first treatise on pediatrics*, Am. J. Diseases of Children, Vol. 122 (1971).

32 Paul Zacchius, *Quaestionem medico-legalium*, Leyden 1661.

33 Theophile Bonet, *Sepulchretum*, Genf 1679.

34 Owsei Temkin, *Soranus' gynecology*, Baltimore 1956.

35 *Advice to young mothers on physical education of children, by a grandmother*, London 1823.

36 William A. Alcott, *The young mother*, Boston 1836.

37 Frederic N. Silverman, »*Unrecognized trauma in infants: The battered child syndrome, and the syndrome of Ambroise Tardieu*«; Vortrag in Minneapolis, Minnesota, vom 21. Oktober 1971.

38 Ambroise Tardieu, *Etude médico-légale sur les sévices et mauvais traitements exercés sur des enfants*, Annales d'hygiène publique et de médecine légale, 2. Reihe, Bd. 13 (1860).

39 Athol A. W. Johnson, *Lectures on the surgery of childhood*, London 1860.

40 Howard Barrett, *Management of infancy and childhood in health and disease*, London 1875.

41 J. Caffey, *Multiple fractures in the long bones of children suffering from chronic subdural hematoma*, Am. J. Roentgenol. Radium Therapy Nucl. Med., Vol. 56 (1946), S. 163–173.

42 F. N. Silverman, *The Roentgen manifestations of unrecognized skeletal traumas in infants*, Am. J. Roentgenol. Radium Therapy Nucl. Med., Vol. 69 (1953), S. 413-427.

43 P. V. Wooley Jr. und W. A. Evans Jr., *Significance of skeletal lesions in infants resembling those of traumatic origin*, J. Am. Med. Assoc., Vol. 158 (1955), S. 539-543.

44 C. Henry Kempe; Frederic N. Silverman; Brandt F. Steele; William Droegemueller und Henry K. Silver, *The battered-child syndrome*, J. Am. Med. Assoc., Vol. 181 (1962), S. 17-24.

Bibliographie zu Kapitel 2

1 Paul V. Wooley Jr., *The pediatrician and the young child subjected to repeated physical abuse*, J. Pediat., Vol. 62 (1963), S. 628-630.

2 John Caffey, *Multiple fractures in the long bones of infants suffering from chronic subdural hematoma*, Am J. Roentgenol. Radium Therapy Nucl. Med., Vol. 56 (1946), S. 163-173.

3 F. N. Silverman, *The Roentgen manifestations of unrecognized skeletal traumas in infants*, Am. J. Roentgenol. Radium Therapy Nucl. Med., Vol. 69 (1953), S. 413-427.

4 Lester Adelson, *Slaughter of the innocents: A study of 46 homicides in which the victims were children*, New Engl. J. Med., Vol. 264 (1961), S. 1345-1349.

5 Katherine Bain, *The physically abused child*, Pediatrics, Vol. 31 (1963), S. 895-897.

6 Howard Y. Earl, *10 000 children battered and starved, hundreds die,* Today's Health, 1965, S. 24-31.

7 Leitartikel in »The Denver Post« vom 16. Januar 1966.

8 Committee on Accidents in Childhood, *The battered baby,* Brit. Med. J. 1966, S. 601-603.

9 Fowler V. Harper, *The physician, the battered child and the law,* Pediatrics, Vol. 31 (1963), S. 899-902.

10 Rudolph A. Barta und Nathan J. Smith, *Willful trauma to young children: A challenge to the physician,* Clin. Pediatrics, Vol. 2 (1962), S. 545-554.

11 John R. Connell, *The devil's battered children,* J. Kansas Med. Soc., Vol. 64 (1963), S. 385-391.

12 Joseph Greenyard, *The battered child syndrome,* Med. Sci., Vol. 15 (1964), S. 82-91.

13 Patricia A. Russell, *Subdural hematomas in infancy,* Brit. Med. J. 1965, S. 446-448.

14 E. M. Eisenstein, B. G. Delta und J. H. Clifford, *Jejunal hematoma: An unusual manifestation of the battered child syndrome,* Clin. Pediatrics, Vol. 4 (1965), S. 436-440.

15 R. N. Kennedy, *Nonpenetrating injuries of the abdomen,* Springfield, Ill. 1960.

16 Anthony Shaw, *The surgeon and the battered child,* Surg. Gynecol. Obstet., Vol. 119 (1964).

17 Joseph D. Godfrey, *Trauma in children,* J. Bone Joint Surg., Vol. 46 (1964), S. 422-447.

18 G. T. Kiffney Jr., *The eye and the »battered child«,* Arch. Ophthal., Vol. 72 (1964), S. 231-233.

19 Irvin D. Milowe und Reginald S. Lourie, *The child's role in the battered child syndrome,* J. Pediatrics, Vol. 65 (1964), S. 1078-1081.

20 John Caffey, *Significance of the history in the diagnosis of traumatic injury to children,* J. Pediatrics, Vol. 67 (1965), S. 1008-1014.

21 M. Berant und J. Jacobs, *Scurvy and the battered child,* Clin. Pediatrics, Vol. 5 (1966), S. 230.

22 Ida G. Braun, Edgar J. Braun und Charlotte Simonds, *The mistreated child,* Calif. Med., Vol. 99 (1963), S. 98-103.

23 Helen E. Boardman, *A project to rescue children from inflicted injuries,* Social Work, Vol. 7 (1962), S. 43-51.

Bibliographie zu Kapitel 3

1 A. Tardieu, *Etude médico-légale sur les sévices et mauvais traitements exercés sur des enfants,* Ann. d. Hyg. Publ. et Méd. Lég., Vol. 13 (1860), S. 361-398.

2 J. Caffey, *Multiple fractures in the long bones of infants suffering from chronic subdural hematoma,* Am. J. Roentgenol., Vol. 56 (1946), S. 163-173.

3 S. West, *Acute periosteal swellings in several young infants of the same family, probably rickety in nature,* Brit. Med. J. 1888, S. 856-857.

4 S. T. Snedecor, R. E. Knapp und H. B. Wilson, *Traumatic ossifying periostitis of the newborn,* Surg. Gynecol. Obstet., Vol. 61 (1935), S. 385-387.

5 C. B. Rose, *Unusual periostitis in children*, Radiology, Vol. 27 (1936), S. 131-137.

6 J. Caffey, *Syphilis of the skeleton in early infancy: The nonspecifity of many of the roentgenographic changes*, Am. J. Roentgenol., Vol. 42 (1939), S. 637-655.

7 B. Epstein und M. Klein, *Luesähnliche Röntgenbefunde bei unspezifischen Skeletterkrankungen im Säuglingsalter*, Wiener med. Wochenschr., Bd. 86 (1936), S. 750-753.

8 F. D. Ingraham und H. L. Heyl, *Subdural hematoma in infancy and childhood*, J. Amer. Med. Assoc., Vol. 112 (1939), S. 198-204.

9 E. F. Flis und G. S. Frauenberger, *Multiple fractures associated with subdural hematoma in infancy*, Pediatrics, Vol. 6 (1950), S. 890-892.

10 M. J. Smith, *Subdural hematoma with multiple fractures*, Am. J. Roentgenol., Vol. 63 (1950), S. 342-344.

11 J. Meneghello und J. Hasbun, *Hematoma subdural y fractura de los huesos largos*, Rev. Chilena Pediat., Vol. 22 (1951), S. 80-83.

12 R.-A. Marquezy, Ch. Bach und M. Blondeau, *Hématome sous-dural et fractures multiples des os longs chez un nourrisson de 9 mois*, Arch. Franç. Pédiat., Vol. 9 (1952), S. 526-531.

13 J. Kugelmann, *Über symmetrische Spontanfrakturen unbekannter Genese beim Säugling*, Ann. Paediat. (Basel), Vol. 187 (1952), S. 177-181.

14 J. Marie, P. Apostolides, J. Salet, E. Eliachar und G. Lyon, *Hématome sous-dural du nourrisson associé à des fractures des membres*, Ann. Pédiat. (Paris), Vol. 30 (1954), S. 1757-1763.

15 H. Bakwin, *Roentgenologic changes in the bones following trauma in infants*, Veröff. des J. Newark Beth Israel Hosp., 1952.

16 H. Bakwin, *Multiple skeletal lesions in young children due to trauma*, J. Pédiat., Vol. 49 (1956), S. 7-15.

17 F. N. Silverman, *The Roentgen manifestations of unrecognized skeletal trauma in infants*, Am. J. Roentgenol., Vol. 69 (1953), S. 413-426.

18 Roy Astley, *Multiple metaphyseal fractures in small children*, Brit. J. Radiol., Vol. 26 (1953), S. 577-583.

19 P. V. Wooley Jr. und W. A. Evans Jr., *Significance of skeletal lesions in infants resembling those of traumatic origin*, J. Am. Med. Assoc., Vol. 158 (1955), S. 539-543.

20 H. H. Jones und J. H. Davis, *Multiple traumatic lesions of the infant skeleton*, Stanford Med. Bull., Vol. 15 (1957), S. 259-273.

21 W. J. Weston, *Metaphyseal fractures in infancy*, J. Bone Joint Surg., Vol. 39 (1957), S. 694-700.

22 S. H. Fisher, *Skeletal manifestations of parent-induced trauma in infants and children*, Southern Med. J., Vol. 51 (1958), S. 956-960.

23 M. S. Friedman, *Traumatic periostitis in infants and children*, J. Am. Med. Assoc., Vol. 166 (1958), S. 1840-1845.

24 J. Marti und H. J. Kaufmann, *Multiple traumatische Knochenläsionen beim Säugling*, Deut. med. Wochschr. 84 (1959), S. 984 ff.

25 D. S. Miller, *Fractures among children. I. Parental assault as causative agent*, Minn. Med., Vol. 42 (1959), S. 1209-1213.

26 D. H. Altmann und R. L. Smith, *Unrecognized trauma in infants and children*, J. Bone Joint Surg., Vol. 42 (1960), S. 407-413.

27 J. L. Gwinn, K. W. Lewin und H. G. Peterson Jr., *Roentgenographic manifestations of unsuspected trauma in infancy*, J. Am. Med. Assoc., Vol. 176 (1961), S. 926-929.

28 C. H. Kempe, F. N. Silverman, B. F. Steele, W. Droegemueller und H. K. Silver, *The battered-child syndrome*, J. Am. Med. Assoc., Vol. 181 (1962), S. 17-24.

29 T. McHenry, B. R. Girdany und Elizabeth Elmer, *Unsuspected trauma with multiple skeletal injuries during infancy and childhood*, Pediatrics, Vol. 31 (1963), S. 903-908.

30 C. T. Teng, E. B. Singleton und C. W. Daeschner Jr., *Inflicted skeletal injuries in young children*, Pediatrics Digest, Sept. 1964, S. 53-66.

31 J. Caffey, *Some traumatic lesions in growing bones other than fractures and dislocations: Clinical and radiologic features*, Brit. J. Radiol., Vol. 30 (1957), S. 225-238.

32 D. Rabouille, *Les jeunes enfants victimes des sévices corporels*, Diss. a. d. med. Fak. d. Universität Nancy 1967.

33 J. F. Brailsford, *Ossifying hematoma and other simple lesions mistaken for sarcomata*, Brit. J. Radiol., Vol. 21 (1948), S. 157-170.

34 L. E. Swischuk, *Spine and spinal cord trauma in the battered child syndrome*, Radiology, Vol. 92 (1964), S. 733-738.

35 J. McCort und J. Vaudagna, *Visceral injuries in battered children*, Radiology, Vol. 82 (1964), S. 424-428.

36 M. Bratu, J. C. Dower, B. Siegel und S. H. Hozney, *Jejunal hematoma, child abuse and Felson's sign*, Conn. Med., Vol. 34 (1970), S. 261-264.

37 E. M. Eisenstein, B. G. Delta und J. H. Clifford, *Jejunal hematoma: an unusual manifestation of the battered child syndrome*, Clin. Pediat., Vol. 4 (1965), S. 436-440.

38 J. J. Bongiovi und R. D. Logosso, *Pancreatic pseudocyst occurring in the battered-child syndrome*, J. Ped. Surg., Vol. 4 (1969), S. 220-226.

39 T. Kim und M. E. Jenkins, *Pseudocyst of the pancreas as a manifestation of the battered-child syndrome*, Med. Ann. D. C., Vol. 36 (1967), S. 664-666.

40 S. T. Snedecor und H. B. Wilson, *Some obstetrical injuries to the long bones*, J. Bone Joint Surg., Vol. 31 (1949), S. 378-384.

41 A. L. Griffiths, *Fatigue fracture of the fibula in childhood*, Arch. Disease Childhood, Vol. 27 (1952), S. 552-557.

42 B. G. Brogdon und N. E. Crow, *Little leaguer's elbow*, Am. J. Roentgenol., Vol. 83 (1960), S. 671-675.

43 C. L. Gillies und W. Hartung, *Fracture of the tibia in spina bifida vera. Report of two cases*, Radiology, Vol. 31 (1938), S. 621-623.

44 J. Oehme, *Periostale Reaktionen bei Myelomeningozele*, Fortschr. Gebiete Röntgenstr. Nuklearmed., Bd. 94 (1961), S. 82-85.

45 J. Gilden und F. N. Silverman, *Congenital insensivity to pain: A neurologic syndrome with bizarre skeletal lesions*, Radiology, Vol. 72 (1959), S. 176-189.

46 M. T. Gyepes, D. H. Newburn und E. B. D. Neuhauser, *Metaphyseal and physeal injuries in children with spina bifida and meningomyeloceles*, Am. J. Roentgenol., Vol. 95 (1965), S. 168-177.

47 F. N. Silverman, *Unrecognized traumas in infants, the battered-child syndrome, and the syndrome of Ambroise Tardieu*; Riegler-Vorlesung, Radiology, Vol. 104 (1972), S. 337-353.

48 J. Caffey, *On the theory and practice of shaking infants. Its potential residual effects of permanent brain damage and mental retardation*, Am. J. Disease Childhood, Vol. 124 (1972), S. 161-169.

Bibliographie zu Kapitel 4

1 W. J. Curran, *Tracy's »The doctor as a witness«*, Philadelphia (W. B. Saunders) 1965.
2 L. Adelsen, *Homicide by pepper*, J. Forensic Sci., Vol. 9 (1964), S. 391-395.
3 –, *Homicide by starvation*, J. Am. Med. Assoc., Vol. 186 (1964), S. 458-460.
4 –, *Slaughter of the innocents*, New England J. Med., Vol. 264 (1961), S. 1345-1349.
5 D. A. Bowen, *The role of radiology and the identification of foreign bodies at postmortem examination*, J. Forensic Sci. Soc., Vol. 6 (1966), S. 28-32.
6 T. J. Curphey, H. Kade, T. T. Noguchi und S. M. Moore, *The battered-child syndrome: Responsibilities of the pathologist*, Calif. Med., Vol. 102 (1965), S. 102-104.
7 M. S. Dine, *Tranquilizer poisoning: An example of child abuse*, Pediatrics, Vol. 36 (1965), S. 782-785.
8 D. L. Griffiths und F. J. Moynihan, *Multiple epiphyseal injuries in babies (battered baby syndrome)*, Brit. Med. J., Heft 5372 (1963), S. 1558-1561.
9 H. Hamlin, *Subgaleal hematoma caused by hair pulling*, J. Am. Med. Assoc., Vol. 204 (1969), S. 339.
10 B. S. Koel, *Failure to thrive and fatal injury as a continuum*, Am. J. Disease Childhood, Vol. 118 (1969), S. 565-567.
11 R. Lindenberg und E. Freytag, *Morphology of brain lesions from blunt trauma in early infancy*, Arch. Path., Vol. 87 (1969), S. 298-305.
12 J. McCort et al., *Visceral injuries in battered children*, Radiology, Vol. 82 (1964), S. 424-428.
13 G. E. Parker, *The battered child syndrome (The problem in the United States)*, Med. Sci. Law, Vol. 5 (1965), S. 160-163.
14 F. E. Palomegne und M. A. Hairston, *»Battered child« syndrome: Unusual dermatological manifestation*, Arch. Derm., Vol. 90 (1964), S. 326-327.
15 L. E. Swischuk, *Spine and spinal cord trauma in the battered child syndrome*, Radiology, Vol. 92 (1969), S. 733-738.
16 P. V. Woolley und W. A. Evans, *Significance of skeletal lesions in infants resembling those of traumatic origin*, J. Am. Med. Assoc., Vol. 158 (1955), S. 534-543.

Bibliographie zu Kapitel 5

1 C. H. Kempe, F. N. Silverman, B. F. Steele, W. Droegemueller und H. K. Silver, *The battered-child syndrome*, J. Am. Med. Assoc., Vol. 181 (1962), S. 17-24.
2 Lester Adelson, *Slaughter of the innocents*, New Engl. J. Med., Vol. 264 (1961), S. 1345-1349.
3 L. Young, *Wednesday's children: A study of child neglect and abuse*, New York (McGraw Hill) 1964.
4 Joseph Greengard, *The battered child syndrome*, Med. Sci., Vol. 15 (1964), S. 82-91.
5 M. G. Morris und R. W. Gould, *Role reversal: A concept in dealing with the*

neglected/battered child syndrome, in: Child Welfare League of America, *The neglected-battered child syndrome*, New York 1963, S. 29-49.

6 I. Kaufman, *Psychiatric implications of physical abuse of children*, in: *Protecting the battered child*, hg. von der Children's Division der American Humane Association, Denver 1962, S. 17-22.

7 R. Roaf, *Child care in general practice: Trauma in childhood*, Brit. Med. J., Heft 5449 (1965), S. 1541-1543.

8 E. Turner, *Battered baby syndrome*, Brit. Med. J., Heft 5378 (1964), S. 308.

9 W. Cochrane, *The battered child syndrome*, Can. J. Public Health, Vol. 56 (1965), S. 193-196.

10 B. Storey, *The battered child*, Med. J. Australia, Vol. 2 (1964), S. 193-196.

11 K. Gjerdrum, *The battered child syndrome*, Tidsskr. Norske Lägeforen, Vol. 84 (1964), S. 1609-1612.

12 A. Frick, *Mistreated small children*, Svenska Lokartidn., Vol. 61 (1964), S. 3004-3012.

13 E. Trube-Becker, *On child abuse*, Med. Klin., Vol. 59 (1964), S. 1649-1653.

14 F. Ferracuti, M. Fontaneu, A. Legramante und E. Zilli, *La sindrome de bambino maltratto*, Quaderni Crimino. Clin. 1965.

15 P. Antoni, *The tormented child syndrome*, Orv. Hetilap., Vol. 106 (1965), S. 1934-1937.

16 F. Kuipers et al., *Child abuse*, Ned. Tydschr. Geneesk., Vol. 108 (1964), S. 2399-2406.

17 H. N. Krige, *The abused child complex and its characteristic X-ray findings*, S. African Med. J., Vol. 40 (1966), S. 490-493.

18 P. H. Patterson et al., *Child abuse in Hawaii*, Hawaii Med. J., Vol. 25 (1966), S. 395-396.

19 M. Leonard, J. Rhymes und A. Solnit, *Failure to thrive in infants*, Am. J. Dis. Child., Vol. 111 (1966), S. 600-612.

20 G. Barbero, M. Morris und M. Redford, *Malidentification of mother, baby, father relationships expressed in infant failure to thrive*, in: *The neglected-battered child syndrome*, hg. von der Child Welfare League of America, New York 1963.

21 Beatrice B. Whiting (Hg.), *Six cultures: Studies of child-rearing*, New York und London (John Wiley & Sons) 1963.

22 T. Benedek, *Psychosexual functions in women*, New York 1952.

23 Helene Deutsch, *The psychology of women, Bd. II Motherhood*, New York 1945.

24 I. Josselyn, *Cultural forces, motherlines and fatherlines*, Am. J. Orthopsychiat., Vol. 26 (1956), S. 264-271.

25 T. Benedek, *Parenthood as a developmental phase. A contribution to the libido theory*, J. Am. Psychoanal. Assoc., Vol. 7 (1959), S. 389-417.

26 R. Spitz, *Relevancy of direct infant observation*, Psychoanal. Study Child, Vol. 5 (1950), S. 66-73.

27 D. Marquis, *Can conditioned responses be established in the newborn infant?* J. Genet. Psychol., Vol. 39 (1931), S. 479-492.

28 H. F. Harlow und M. F. Harlow, *The effect of rearing conditions on behavior*, Bull. Menninger Clin., Vol. 26 (1962), S. 213-224.

29 R. Spitz, *Hospitalism*, Psychoanal. Study Child, Vol. 1 (1945), S. 53-74. Deutsch in: A. Mitscherlich (Hg.), Der Kranke in der modernen Gesellschaft, Köln/Berlin 1967, S. 172-191.

30 –, *Hospitalism: A follow-up report*, Psychoanal. Study Child, Vol 2 (1946), S. 115-117. Deutsch in: A. Mitscherlich (Hg.), Der Kranke in der modernen Gesellschaft, a. a. O., S. 192.

31 J. Robertson, *Mothering as an influence on early development*, Psychoanal. Study Child, Vol. 17 (1962), S. 245-264.

32 T. Benedek, *Adaptation to reality in early infancy*, Psychoanal. Quarterly, Vol. 7 (1938), S. 200-215.

33 –, *The psychosomatic implications of the primary unit: Mother–child*, Am. J. Orthopsych., Vol. 19 (1949), S. 642-654.

34 –, *Psychobiological aspects of mothering*, Am. J. Orthopsych., Vol. 26 (1956), S. 272-278.

35 E. H. Erikson, *Childhood and society*, New York 1950. Deutsch: Kindheit und Gesellschaft, Stuttgart 1965.

36 S. Nurse, *Familial patterns of parents who abuse their children*, Smith College Studies in Social Work, Vol. 35 (1964), S. 11-25.

37 E. Merrill, *Physical abuse of children – An agency study*, in: Protecting the battered child, hg. von der Children's Division der American Humane Association, Denver 1962, S. 1-15.

38 R. Spitz, *On the genesis of super-ego components*, Psychoanal. Study Child, Vol. 13 (1958), S. 375-403.

39 Anna Freud, *The ego and the mechanisms of defense*, New York 1946. Deutsch: Das Ich und die Abwehrmechanismen, München o. J.

40 J. McDonald, *The threat to kill*, Am. J. Psychiat., Vol. 120 (1963), S. 125-130.

41 E. H. Erikson, *The problem of ego identity*, J. Am. Psychoanal. Assoc., Vol. 4 (1956, S. 56-121. Deutsch in: Erikson, Identität und Lebenszyklus, Frankfurt 1966, S. 123-212.

42 O. Fenichel, The psychoanalytic theory of neurosis, New York 1945.

43 G. Zilboorg, *Sidelights on parent–child antagonism*, Am. J. Orthopsychiat., Vol. 2 (1932), S. 35-43.

44 I. Milowe und R. Lourie, *The child's role in the battered child syndrome*, J. Pediat., Vol. 65 (1964), S. 1079-1081.

Bibliographie zu Kapitel 6

1 Leontine Young, *Wednesday's children: A study of child neglect and abuse*, New York (McGraw Hill) 1964.

2 René Spitz, *The role of ecological factors in emotional development in infancy*, Child Development, Vol. 20 (1949).

3 –, *Purposive grasping*, J. Personality, Vol. 1 (1951).

4 –, *The primal cavity*, Psychoanal. Study Child, Vol. 10 (1955).

5 –, *On the genesis of superego components*, Psychoanal. Study Child, Vol. 13 (1958).

6 –, *The genetic field theory of ego formation*, New York 1951

7 Children's Bureau (Hg.), *Infant care*, Veröff. Nr. 8 des US Department of Health, Education, and Welfare, Washington 1955.

8 –, *Your child from one to six*, Veröff. Nr. 30 der Social Security Administration, Washington 1945.

9 –, *Your child from six to twelve*, Veröff. Nr. 324 der Social Security Administration, Washington 1949.

10 Arnold Gesell und Frances L. Ilg, *Infant and child in the culture of today*, New York 1943.

11 –, *The child from five to ten*, New York 1946.

12 Benjamin Spock, *The pocket book of baby and child care*, New York 1946.

13 H. K. Silver, C. H. Kempe und R. Kempe, *Healthy babies, happy parents*, New York 1958.

14 A. S. Neill, *Summerhill: A radical approach to child rearing*, New York 1960. Deutsch: Erziehung in Summerhill, München 1965.

15 –, *Freedom – Not license*, New York 1966.

16 Konrad Lorenz, *Das sogenannte Böse*, Wien 1963.

17 Marian Morris, *Psychological miscarriage: An end to mother love*, Transaction, Heft 1, 1966.

Bibliographie zu Kapitel 7

1 In Sachen S., 259 N. Y. S. 2d 16 Y (Family Court 1965).

2 US Department of Health, Education, and Welfare, Social Security Administration, Children's Bureau: *Standards for Spezialized Courts Dealing with Children*. Veröff. Nr. 346 des Children's Bureau (1954).

3 New York Family Court Act, Abs. 354.

4 US Department of Health, Education, and Welfare, Social Security Administration, Children's Bureau: *Proposals for Drafting Principles and Suggested Language for Legislation on Public Child Welfare and Youth Services*; vervielfält. Mskr. (1957).

5 S. a. Paulsen, *The legal framework for child protection*, 66 Colum. L. Rev. 679 (1966) und Paulsen, *Child abuse reporting laws: The shape of the legislation*, 67 Colum. L. Rev. (1967). Der gesetzgeberische Hintergrund wird behandelt bei Paulsen, Parker und Adelman, *Child abuse reporting laws: Some legislative history*, 34 Geo. Wash. L. Rev., Vol. 482 (1966). Eine frühere Diskussion der einschlägigen Literatur und der gesetzgeberischen Probleme findet sich bei McCoid, *The battered child and other assaults upon the family*, Teil 1), 50 Minn. L. Rev. 1 (1965). Die diesen Veröffentlichungen zugrunde liegende Forschung wurde durch eine Förderung im Rahmen des US Department of Health, Education, and Welfare, Child Research and Demonstration Grants Program Nr. R/104 ermöglicht.

6 S. die Gesetze von New Mexico, North Carolina und Texas. Eine »Kann«-Bestimmung dehnt die Immunität für den Urheber der Meldung auf jede Art einer juristischen Haftung aus. Eine »Muß«-Bestimmung gewährt nicht nur Immunität, sondern macht die Meldung außerdem zur Pflicht.

7 US Department of Health, Education, and Welfare, Welfare Administration, Children's Bureau: *The abused child – Principles and suggested language for legislation on reporting of the physically abused child* (1963). Im folgenden abgek. als Children's Bureau, Principles for legislation.

8 Council of State Governments: *Program of Suggested State Legislation*, Chicago 1965. Im folgenden abgek. als Council, Program of legislation.

9 The American Humane Association, Children's Division: *Guidelines for legisla-*

tion to protect the battered child, Denver 1963. Im folgenden abgek. als »Richtlinien der AHA«.

10 American Medical Association: *Physical abuse of children – suggested legislation*, Chicago 1965, hektograph. Mskr. Im folgenden abgek. als Gesetzesvorschlag der AMA.

11 »Befindet sich jemand in der Situation eines Zeugen einer Kindesmißhandlung, so befürchtet er nicht nur eine juristische Haftung, sondern auch den Verlust kostbarer Zeit, und möglicherweise ist er entschlossen, weder mit der Polizei noch mit anderen Justizbehörden in Kontakt zu kommen.« H. Foster, *Lawmen*, medicine and good samaritans, 52 A. B. A. J. 223, 226 (1966).

12 Children's Division, American Humane Association, Child Abuse Legislation 17 (1966).

13 Arizona, Colorado, Delaware, Florida, Idaho, Illinois, Louisiana, Maine, Massachusetts, Michigan, New Jersey, Oregon, Rhode Island, South Carolina, Vermont.

14 Z. B. Indiana, Nebraska, Tennessee, Utah und Alabama.

15 Committee on Infant and Pre-School Child, American Academy of Pediatrics, *Maltreatment of children, the physically abused child*, Pediatrics, Vol. 37 (1966), S. 377 und 380.

16 Prozeß gegen Forbes, 44 Cal. Reptr. 753, 755, 402 P. 2d 825, 827 (1966). Ein Gesetz des Staates Virginia, das zur selben Zeit verabschiedet wurde wie das Gesetz über die Meldepflicht, erklärt es für ein strafwürdiges Vergehen, wenn jemand »wissentlich versäumt oder es unterläßt, sich um eine unverzügliche und ausreichende ärztliche Versorgung eines Kindes zu kümmern«.

17 206 Va. 14, 141 S. E. 2d 710 (1964).

18 Hearings im H. R. 3394 und H. R. 3411 und H. R. 3814 vor dem Unterausschuß Nr. 3 des Hauptausschusses des Hauses im Distrikt Columbia, 89. Kongreß, 1. Sitzung 36 (1965).

19 Richtlinien der AHA 10.

20 Children's Bureau, Principles for legislation 3-4.

21 Ausführungen von Carl Hamm vom Bureau of Maternal and Child Health aus Milwaukee (Wis.) auf einer öffentlichen Gesundheitskonferenz am 1. Mai 1964 (hektograph. Mskr.).

22 Committee on Infant and Pre-School Child, American Academy of Pediatrics, Pediatrics, Vol. 37 (1966), S. 377 und 380.

23 Protokoll einer Sitzung in San Francisco am 1. April 1965 des Bureau of Maternal and Child Health Dept. of Public Health von Kalifornien (hektograph. Mskr.).

24 Prozeß Simonsen gegen Swenson, 104 Neb. 224, 177 N. W. 831 (1920).

25 Prozeß Berry gegen Moench, 8 Utah 2d 191, 331 P. 2d 814 (1958).

26 Prozeß Hague gegen Williams, 37 N. J. 328, 181 A. 2d 345 (1962).

27 Prozeß Berry gegen Moench, 8 Utah 2d 191, 331 P. 2d 814 (1958).

28 118 Ohio St. 147, 160 N. E. 456 (1928).

29 18 Fla. L. Rev. 503, 510 (1965).

30 In Sachen M. P. S., einem Minderjährigen, 342 S. W. 2d 277, 283 (Mo. Ct. App. 161).

31 New York Times vom 5. März 1965, S. 32.

Anhang

Zusammenfassende Übersicht über Fälle von Kindesmißhandlung und Vernachlässigung von Kindern

Vorbemerkung des Herausgebers

Dr. Weston hat in den folgenden Tabellen alle wesentlichen Daten über die in seinem Beitrag (Kap. 4) abgehandelten Fälle zusammengestellt. Dieses Material wird hier aus zwei Gründen vorgelegt: einmal, um interessierten Einzelpersonen eingehendere Informationen über bestimmte Fälle zu liefern, und zum anderen – was eigentlich noch wichtiger ist –, um auf die so wesentliche Verantwortung und Verpflichtung eines jeden Mediziners hinzuweisen, d. h., daß in jedem einzelnen Fall die näheren Umstände im Zusammenhang mit dem Tod eines Kindes sorgfältig und umfassend erforscht werden müssen. In jedem Fall ist eine eingehende Untersuchung erforderlich, und es ist nicht weniger wichtig, daß möglichst vollständige Unterlagen gesammelt werden müssen. Solange nicht in jedem einzelnen Fall in dieser Weise verfahren wird, ist es unmöglich, Daten und Beobachtungen in einer ähnlich detaillierten Weise wie in Dr. Westons Bericht vorzulegen.

Es ist ein sorgfältiges und umfassendes Vorgehen wie in diesem Fall, das es dem medizinischen Gutachter ermöglicht, seine Ergebnisse in bestimmten Zeitabständen zu überprüfen, die auftretenden Probleme und seine Verfahrensweise zu systematisieren und zu sinnvollen Schlußfolgerungen und Empfehlungen zu gelangen. Nur so können wir erwarten, daß sich etwas ändert und auch auf sehr schwierigen Gebieten Fortschritte sichtbar werden.

Tabelle 1
Vernachlässigte Kinder

Alter (Mon.)	Hautfarbe	Geschlecht	Dauer der Schwangerschaft	Gewicht des Neugeborenen (Gramm)	Legitimität	Gewicht z. Zt. des Ablebens (Gr.)	Untergewicht (Prozent)	Windelekzem
1	schw.	weibl.	normal	2555	unehelich	1725	43	schwer
2	schw.	männl.	normal	2949	unehelich	2210	44	schwer
2	weiß	männl.	normal	2636	ehelich	2324	37	leicht
2	schw.	männl.	8 Monate	2549	ehelich	2730	20	leicht
2	schw.	männl.	normal	3061	unehelich	3854	12	leicht
3	schw.	männl.	normal	unbek.	unehelich	2965	22	leicht
3	schw.	männl.	normal	2608	unehelich	2274	45	minimal
3	weiß	weibl.	7 Monate	2637	ehelich	2110	47	o. B.
4	weiß	männl.	8 Monate	unbek.	ehelich	3225	16	o. B.
4	schw.	weibl.	normal	1927	unehelich	2530	21	schwer
4	schw.	männl.	normal	2609	unehelich	2925	37	schwer
4	weiß	männl.	normal	3572	unehelich	2081	65	leicht
4	schw.	männl.	normal	3260	ehelich	4705	18	schwer
5	weiß	männl.	normal	unbek.	unehelich	3404	50	schwer
5	weiß	weibl.	normal	3089	ehelich	2575	54	leicht
6	schw.	männl.	normal	3118	unehelich	3140	51	o. B.
6	schw.	männl.	7 Monate	2211	ehelich	2690	43	schwer
7	schw.	männl.	8 Monate	2040	ehelich	2690	37	o. B.
8	weiß	weibl.	7 Monate	unbek.	ehelich	2825	52	o. B.
8	schw.	männl.	normal	2834	unehelich	4088	38	schwer
8	schw.	männl.	8 Monate	2439	ehelich	5022	15	schwer
10	schw.	weibl.	normal	3855	unehelich	4097	61	schwer
11	schw.	männl.	normal	2664	unehelich	4310	42	leicht
13	schw.	männl.	7 Monate	2465	unehelich	6544	16	schwer

Geschwister		Erläuterungen
Anzahl	Zustand	

Anzahl	Zustand	Erläuterungen
7	leidlich	Extrem schmutzig; gänzlich mit Maden bedeckt; auf Gemeindekosten beerdigt
9	leidlich	Auf Gemeindekosten beerdigt; ein Geschwister starb mit 6 Wochen
5	leidlich; extrem verschmutzt	schmutzstarrend; vernix in axilla; auf Gemeindekosten beerdigt
2	leidlich	Extrem schmutzig; Eltern in Urlaub; mit achtzehnjähriger Tante zurückgelassen, die noch nie mit Säuglingen zu tun hatte; Wohnung schmutzstarrend
3	leidlich; schmutzig	schmutzstarrend; frühe Bronchopneumonie; auf Gemeindekosten beerdigt
11	schlecht; 1 Kind hospitalisiert	Extrem schmutzig; organisierende Bronchopneumonie
3	gut	Bei der Autopsie akute Mittelohrentzündung festgestellt; auf Gemeindekosten beerdigt
10	leidlich	Organisierende Bronchopneumonie; Mutter schwanger
4	gut	Die anderen Kinder leben bei den Großeltern; Wohnung extrem schmutzig; keine Heizung
6	schlecht; 1 Kind hospitalisiert	Durch ständiges Lutschen völlig aufgeweichtes Gewebe am Daumen; nekrotisierende Laryngitis; organisierende Bronchopneumonie; auf Gemeindekosten beerdigt
1	gut	Angeblich hatte die Mutter ärztlichen Beistand gesucht; Bronchopneumonie mit Lungenabszessen
6	gut; 1 Kind retardiert	Krankengeschichte einer eine Woche zurückliegenden Diarrhöe
3	leidlich; unsauber	Völlige Ablösung der Haut an den Genitalien; überlebte in der Klinik um sechs Stunden nach Einsatz von Bradykardie und Schockbehandlung
3	schlecht; hospitalisiert	Lebte noch fünf Stunden in der Klinik; blutiger Auswurf und Kot; Penis mit Bindfaden eingeschnürt; bei der Autopsie wurde ein Geschwür im Duodenum festgestellt
5	gut	Das Kind wurde nach dem Exitus mit neuem Kleidchen versehen; Wohnung sauber
6	leidlich	Schmutzverkrustet; mit Maden bedeckt; Wohnung extrem schmutzig
2	schlecht	Wohnung extrem verschmutzt; die Exkremente wurden täglich in den Vorgarten geleert
5	schlecht	Wohnung extrem schmutzig; die anderen Kinder waren unbekleidet; Exkremente auf dem Fußboden
2	leidlich	. . . . . .
2	leidlich; Flohbisse; unsauber	Extensive Schmutzverkrustung; Sekundärinfektion der Haut; mit Maden bedeckt
3	schlecht; Impetigo	Extreme Verschmutzung mit Krustenbildung; mit Maden bedeckt
10	leidlich	Finale Sepsis aufgrund einer Sekundärinfektion der Haut; Bronchopneumonie
2	leidlich	Das Kind war nach dem Exitus völlig gesäubert und neu eingekleidet worden.
6	Zwillinge schlecht; die anderen gut	Extreme Verschmutzung mit Krustenbildung; zahlreiche sekundär infizierte Flohbisse; ein Geschwister schon zu einem früheren Zeitpunkt gestorben; das Kind hat noch einen Zwillingsbruder

Tabelle 2
Traumatische Fälle aufgrund einer einmaligen Verletzung

Alter (Monate)	Haut- farbe	Ge- schlecht	Täter	neuere äußere Ver- letzungen	Frakturen	innere Verletzungen
1	schw.	männl.	Mutter	kleine Quetschungen im Gesicht und am Kopf	Rippen, jünger	Kontusionen: Hirn, Herz und Lungen
1	schw.	männl.	Mutter	2 kleine Blutergüsse auf der Kopfhaut	Schädel, jünger	Kontusion des Hirns; epidurale und subdura- le Blutung
2	weiß	männl.	Vater	einzelne Quetschung über dem Brustbein	o. B.	Leberriß
2	schw.	männl.	Vater	großflächige Quet- schung des Gesichts	o. B.	Kontusionen des Ge- hirns; Leberriß; subdu- rale Blutung
4	schw.	weibl.	Vater	Oberflächenquet- schung der Kopfhaut	o. B.	Kontusionen des Ge- hirns; subdurale Blutung
4	weiß	weibl.	Vater	Kontusionen der Lippe und des Gesichts	o. B.	subdurale Blutung
5	schw.	männl.	Mutter	keine sichtbare Ver- letzung; verschmutzt und schweres Win- delekzem	o. B.	Kontusion des Ge- hirns; subdurale Blutung
8	schw.	männl.	Vater	zahlreiche Risse und Quetschungen der Lippen und des Gesichts	o. B.	subdurale Blutung; Ze- rebralkontusionen
15	schw.	weibl.	unbek.	zahlreiche Blutergüs- se (Gesicht, Hals, Rumpf)	Rippen, jünger	Kontusionen: Hirn, Lungen und Herz
16	schw.	weibl.	Geschwi- ster	Verbrühungen am Unterteil des Rump- fes und der unteren Körperextremitäten	o. B.	keine
24	schw.	weibl.	Stief- vater	zahlreiche Blutergüs- se und Abrasionen am Gesicht, Rumpf und an der Kopfhaut	Rippen, jünger	Zerebralkontusion, subdurale Blutung
24	schw.	weibl.	Geschwi- ster (11 Jahre)	zahlreiche kleine Blutergüsse auf der Kopfhaut und im Gesicht	o. B.	Zerebralkontusion, subdurale Blutung
6 (Jahre)	schw.	weibl.	Geschwi- ster (12 Jahre)	zahlreiche Blutergüs- se am Kopf und Rumpf	o. B.	Milzriß

Todesursache	Angegebene Ursache	Tatsächlicher Hergang der Verletzung	Grund für die Verletzung
Kontusionen: Hirn, Herz, Lungen	»Tot im Bettchen aufgefunden«	Schläge mit der Hand	ständiges Schreien des Kindes
Kraniozerebrale Verletzungen	»Bin mit dem Kind im Arm gestürzt«	Schläge mit Spielzeugpistole aus Plastik	ständiges Schreien des Kindes
Leberriß mit Blutung	»Vom Schoß gefallen«	Vater warf mit der halbvollen Säuglingsflasche nach dem Kind	Kind wollte nicht leer trinken
Subdurale Hämatome	»Aus dem Bettchen gefallen«	Schläge mit der Hand	ständiges Schreien des Kindes
Subdurale Blutung	»Erstickt im Bettchen gefunden«	Vater schüttelte das Kind und schlug dabei dessen Kopf ans Bett	Kind war nervös
Subdurale Blutung	»Ich habe das Kind verletzt«	Schläge mit der Hand	ständiges Schreien des Kindes
Subdurale Blutung	»Tot im Bettchen aufgefunden«	Kind wurde in die Wiege geworfen, die sich überschlug, so daß das Kind mit dem Kopf auf den Boden schlug	ständiges Schreien des Kindes
Subdurale Blutung	Keine – das Kind wurde in einem Abwasserschacht gefunden	Schläge mit der Hand	ständiges Schreien des Kindes
Innere Verletzungen	»Kind fiel die Treppe hinunter«	unbekannt	unbekannt
Schock und Verbrühungen ohne ärztliche Behandl.	»Ich habe das Kind mit dem Hinterteil in heißes Wasser gesetzt, rutschte aus und verbrühte das Kind, weil das Wasser umkippte«	wie angegeben	Kind beschmutzte den Fußboden
Subdurale Blutung	»Kind fiel aus dem Bett und die Treppe hinunter«	Schläge mit der Haarbürste	Kind hatte seit einer Woche Diarrhöe und beschmutzte sein Bett
Subdurale Blutung	»Vom Bruder verdroschen«	schwere Schläge; gegen Pendeltür geworfen	Kind urinierte auf den Boden
Milzriß mit Blutung	»Von der Klobrille gefallen«	Schläge mit Staubsaugerdüse und den Fäusten	Kind lehnte sich aus dem Fenster

Tabelle 3
Traumatische Fälle mit mehrfach zugefügten Verletzungen

Alter	Haut-farbe	Ge-schlecht	Täter	jüngere äußere Verletzungen	ältere äußere Verletzungen	Frakturen
2 (Mon.)	weiß	männl.	Mutter	einzelner kleiner Bluterguß am Kopf	drei kleine verheilende Blutergüsse am Kopf	Schädel
2	schw.	weibl.	Mutter	unterernährt; zahlreiche Blutergüsse an Kopf, Rumpf und Körperextremitäten	zahlreiche verheilende und abgeheilte geradlinige Blutergüsse und Narben am Rumpf	Schädel (jüngeren Datums)
4	weiß	männl.	Vater	Verbrühungen des unteren Rumpfes und der unteren Körperextremitäten	keine; körperliche Züchtigungen zugegeben	Schädel (abgeheilt)
8	schw.	weibl.	Mutter	zahlreiche Blutergüsse und Abrasionen an Kopf und Rumpf	zahlreiche verheilende Blutergüsse am Rumpf und den Körperextremitäten	Schädel und Rippen (neueren Datums)
9	schw.	männl.	Mutter	zwei kleinere Abrasionen an der Rumpfrückseite	keine; körperliche Züchtigungen zugegeben	keine
10	schw.	weibl.	Pflege-mutter	zahlreiche Blutergüsse im Gesicht, Lippenriß	verheilende geradlinige Abrasionen an den Hinterbacken und unteren Körperextremitäten	Humerus (verheilend)
11	schw.	weibl.	unbe-kannt	Oberflächenkontusion des Gesichts	keine	Humerus (neueren Datums)
16	weiß	männl.	Geliebter der Mutter	extrem verschmutzt; zahlreiche Blutergüsse an Kopf, Rumpf und Körperextremitäten	verheilende und abgeheilte geradlinige Narben an den Körperextremitäten	Schädel (neueren Datums)
16	schw.	männl.	Geschwister (15 Jahre)	zahlreiche Blutergüsse am Abdomen	zahlreiche geradlinige Narben an den Körperextremitäten	keine
16	schw.	männl.	Mutter	zahlreiche Blutergüsse und Abrasionen an Kopf und Rumpf, Lippenriß	abgeheilte Brandmale an den Hinterbacken; abgeheilte geradlinige Narben am Rumpf und den Körperextremitäten	keine
19	schw.	weibl.	unbe-kannt	zahlreiche Blutergüsse im Gesicht und am Rumpf, Lippenriß und Zahnverlust	verheilende Kontusion im Gesicht und am Nasenrücken	Femur (abgeheilt)
2 (Jahre)	schw.	weibl.	Mutter	geradlinige und schleifenförmige Abrasionen an den unteren Körperextremitäten	verheilende Verbrennungen an den Händen	keine

innere Verletzungen	Todesursache	angegebener Tathergang	tatsächlicher Hergang	Grund für die Verletzung
angeborener Hydrocephalus; Zerebralkontusion	ältere und neuere subdurale Blutung	»das Bett ist über ihr zusammengestürzt und auf den Kopf geschlagen«	Schläge mit der Faust, so daß der Kopf des Kindes gegen die Wand geschlagen wurde	»Baby schrie, als es gefüttert werden sollte«
Zerebralkontusion; subdurale Blutung	subdurale Blutung	»tot im Bettchen aufgefunden«	Schläge mit der Hand	»das Kind schrie zuviel«
Bronchopneumonie; Curlingscher Ulkus; Waterhouse-Friderichsen-Syndrom	Waterhouse-Friderichsen-Syndrom	»mir ist eine Flasche mit heißem Wasser auf dem Tisch umgestürzt, auf dem das Baby lag«	Kind wurde in ein Becken mit heißem Wasser gehalten	»das Kind schrie zuviel«
Zerebralkontusion; subdurale und epidurale Blutung	intrakranielle Blutung	»Kind fiel aus dem Bettchen«	Schläge mit der Hand, Faust und dem Schuh	»das Kind machte die Hosen voll und spuckte das Essen wieder aus«
subdurale Blutung; Zerebralkontusion	subdurale Blutung	»Kind fiel vom Sofa«	Kind wurde vom Tisch auf den Boden geschubst und gestoßen	»das Kind schrie ununterbrochen nach einem Bruch des Oberarms, als ich es zu fest angepackt hatte«
subdurale Blutung; Zerebralkontusionen	subdurale Blutung	»Kind fiel vom Tisch«	Schläge mit der Hand, einem Kabel und einem hölzernen Lineal	unbekannt
neuere und ältere Zerebralkontusionen	Zerebralkontusion	»Kind fiel vom Sofa«	unbekannt	unbekannt
subdurale Blutung; Zerebralkontusion	subdurale Blutung	»Kind fiel die Treppe hinunter«	Schläge mit den Händen und einem Gürtel	unbekannt
Lacerationen der Leber und des Mesenteriums	Leberriß mit Blutung	»tot im Bettchen aufgefunden«	Schläge mit den Fäusten	»das Kind wollte nicht essen«
subdurale Blutung; Zerebralkontusion	subdurale Blutung	»Kind fiel vom Hochstuhl«	auf Gasofen gesetzt; Schläge mit dem Stock und den Händen	»das Kind hatte nasse Hosen«
Laceration und Kontusion des Mesenteriums	Laceration des Mesenteriums mit Blutung	»Kind fiel die Treppe hinunter«	Schläge mit der Faust in Gesicht und Unterleib	unbekannt
subdurale Blutung	subdurale Blutung	»habe das Kind geschüttelt; dabei wurde sein Kopf auf den Boden geschlagen«	Kind wurde heftig hin und her geschüttelt; Schläge mit Elektrokabel	»das Kind hat mit seinem Kot rumgeschmiert«

Tabelle 3 (Fortsetzung)

Alter	Hautfarbe	Geschlecht	Täter	jüngere äußere Verletzungen	ältere äußere Verletzungen	Frakturen
2	weiß	männl.	Mutter	zahlreiche Blutergüsse im Gesicht, an Kopf und Hals	alte Verbrennungen an den Hinterbakken; verheilende und abgeheilte Abrasionen, Kontusionen und Lazerationen an Kopf und Rumpf	keine
2	schw.	männl.	Mutter	extrem verschmutzt; zahlreiche Blutergüsse im Gesicht, am Kopf und den Körperextremitäten	keine; mehrfache körperliche Züchtigungen zugegeben	keine
2	schw.	weibl.	Vater	zahlreiche Blutergüsse im Gesicht und am Abdomen; Verbrennungen post mortem am Rumpfunterteil und an den Beinen	verheilte, abgegrenzte Narben an Kopf und Oberlippe	keine
3	schw.	weibl.	Vater	zahlreiche Blutergüsse und Abrasionen an Kopf, Rumpf und Körperextremitäten	einige geradlinige Narben an Rumpf und Körperextremitäten	Ulna (verheilt); Humerus (neueren Datums)
3	schw.	weibl.	Geschwister (16 Jahre)	mehrere kleine Blutergüsse am vorderen Rumpf	verstreute, geradlinige Narben auf Hinterbacken und Oberschenkel	Rippen (neueren Datums)
3	schw.	männl.	Vater	unterernährt; zahlreiche neuere schleifenförmige und geradlinige Abrasionen; zahlreiche Blutergüsse im Gesicht und am Kopf; Lippenriß	zahlreiche abgeheilte und verheilende geradlinige und schleifenförmige Abrasionen und Narben	keine
3	schw.	männl.	Stiefvater	zahlreiche Blutergüsse im Gesicht und am Rumpf; breiter Lippenriß; zahlreiche geradlinige und schleifenförmige Abrasionen am Rumpf	abgeheilte und verheilende geradlinige und schleifenförmige Abrasionen; verheilendes Brandmal an den Hinterbacken	Rippe (neueren Datums)
3	weiß	männl.	Mutter	zahlreiche Blutergüsse und Abrasionen an Kopf, Rumpf und Körperextremitäten	zahlreiche verheilende Blutergüsse an Rumpf und Körperextremitäten	keine
3	schw.	weibl.	Babysitter (14 Jahre)	zahlreiche Blutergüsse an Kopf und Rumpf	verstreute verheilende Abrasionen am hinteren Rumpf und den Oberschenkeln	keine
3	weiß	männl.	Vater	geradlinige und schleifenförmige Blutergüsse im Gesicht, an Rumpf und Körperextremitäten	verheilte geradlinige Narben an den unteren Körperextremitäten	keine
5	schw.	männl.	Pflegeeltern	zahlreiche Blutergüsse auf der Kopfhaut, im Gesicht und am Rumpf	abgeheilte und verheilende geradlinige und schleifenförmige Narben am Rumpf	keine

innere Verlet-zungen	Todesursache	angegebener Tat-hergang	tatsächlicher Hergang	Grund für die Verletzung
subdurale Blu-tung; Zerebral-kontusion	subdurale Blutung	»Kind fiel vom Stuhl und wurde geschlagen«	dem Kind wurde der Stuhl unter dem Gesäß weggerissen	»das Kind wollte nicht essen«
subdurale Blu-tung; Zerebral-kontusion	subdurale Blutung	»Kind fiel die Treppe hinunter«	Schläge mit Händen und Fäusten	»das Kind hatte im-mer seine Launen«
Kontusionen an Hirn und Lunge; Leberriß	Laceration der Le-ber mit Blutung	»in der Badewan-ne gefunden«	Schläge mit den Fäusten; Kopf des Kindes wurde auf die Wanne ge-schlagen	»das Kind hat mit Wasser rumge-spritzt«
Kontusionen an Hirn und Leber	Zerebralkontusion	»ich schlug das Kind, so daß es die Treppe hinunter-fiel«	Schläge mit den Händen und einem Gürtel	»das Kind hatte in die Hose gemacht«
Kontusionen an Hirn, Herz und Lunge; subdurale Blutung; Narbe an der Leber	subdurale Blutung	»Kind fiel aus dem Bett«	Kind wurde mit den Händen geschlagen und schlug dabei den Kopf auf	»das Kind hatte in die Hosen gemacht«
subdurale Blu-tung; Zerebral-kontusion	subdurale Blutung	»Kind wurde von Hund angesprun-gen und fiel zu Boden«	Schläge mit einem Lederriemen; Kind stürzte, nachdem es mit Fäusten ge-schlagen worden war	»das Kind hat aus der Flasche seines Bru-ders getrunken«
Leberriß; Kontu-sionen an Lunge, Mesenterium und Jejunum	Laceration der Le-ber mit Blutung	»Kind fiel die Treppe hinunter«	Kind wurde auf eine heiße Heizung zum Trocknen sei-ner Hosen gesetzt; Schläge mit einem Gürtel und einer Rute sowie mit den Händen	»das Kind hatte in die Hosen gemacht«
Laceration des Mesenteriums	Laceration des Mesenteriums mit Blutung	»ich schlug das Kind«	Schläge mit den Händen	»das Kind wollte dauernd Liebe und Zuwendung«
Lacerationen und Kontusionen der Leber und des Me-senteriums	Laceration der Le-ber mit Blutung	»auf dem Boden neben dem Bett aufgefunden«	Schläge mit den Fäusten	»das Kind hatte seine Hosen naß gemacht«
schwere Zerebral-ödeme; Zerebral-kontusion	Zerebralkontusion	»Kind fiel die Treppe hinunter«	Schläge mit Klei-derbügel aus Draht	»das Kind hat die Sa-chen aus dem Schrank auf dem Bo-den verstreut«
subdurale Blutung	subdurale Blutung	»Kind fiel aus dem Bett«	Schläge mit Hän-den, Fäusten und einem Gürtel	»das Kind hatte in die Hosen gemacht«

Erklärung vorkommender medizinischer Fachausdrücke

Abrasion, Hautabschürfung
Autopsie, Leichenöffnung
Avitaminose, völliges Fehlen von Vitaminen im Stoffwechsel

Biopsie, medizinische Untersuchung des Gewebes und der Körperflüssigkeit

Calvarium, Schädeldach
Corticalis, Knochenrinde

Diabetes mellitus, häufigste Form der Zuckerkrankheit
Diaphyse, mittlerer Teil eines Röhrenknochens

Ekchymosen, kleine Blutungen
epidural, zwischen Schädelknochen und harter Hirnhaut gelegen
Epikard, inneres Blatt des Herzbeutels
Epiphyse, unterer und oberer Teil eines Röhrenknochens

Femur, Oberschenkelbein
fibrös, faserig

Galea aponeurotica, Hautschicht unmittelbar über der Schädeldecke

Hämatom, Bluterguß
hämorrhagische Diathese, Blutungsneigung
histologisch, Gewebs-
Humerus, Oberarmbein
Hydrocephalus, Wasserkopf
Hyperkalzämie, zu hoher Kalziumgehalt des Blutes
Hyperostose, übermäßige Knochenbildung
Hyperpigmentierung, übermäßige Bildung von Hautpigment
Hypopigmentierung, unzureichende Pigmentbildung der Haut
Hypothermie, zu niedrige Körpertemperatur, z. B. durch Auskühlen
Hypoxie, Verminderung des Sauerstoffdrucks in der Einatmungsluft, im Blut oder in den Zellen der Körpergewebe

Impetigo, Hautkrankheit (Befallen der Epidermis durch Staphylo- oder Streptokokken)
intramesenterisch, innerhalb des Gekröses
Inzision, Einschnitt

Jejunum, Teil des Dünndarms

Kachexie, Kräfteverfall
Kallus, neu sich bildendes Knochengewebe
Keloid, geschwulstartige Bindegewebswucherung der Haut bei Narben-
bildungen
kontralateral, doppelseitig
Kontusion, Quetschung, Prellung
Kortikosteroide, Nebennierenrindenhormone
Kraniotomie, Öffnen des Schädeldachs
kraniozerebral, Schädel und Gehirn betreffend

Laceration, Riß
Laryngitis, Kehlkopfentzündung
Läsion, Verletzung

Marasmus, Kräfteverfall
Mediastinum anterior, vorderer Bindegewebsraum der Brust
Meningomyelozele, buckelförmig vorgewölbter Bruchsack zwischen Wir-
belspalte und Haut
Mesenterium, Gekröse
Metaphyse, der zwischen Diaphyse und Epiphyse eines Röhrenknochens
gelegene Teil
metatarsal, Mittelfuß-

nekrotisch, vom Wundbrand befallen
Neuroblastom, angeborene, bösartige Geschwulst des embryonalen sym-
pathischen Nervengewebes

Organisation, Bildung von gefäßhaltigem Bindegewebe
Osteoporose, Entkalkung der Knochen

Panzytopenie, Verminderung der Zahl der Blutzellen
Perineum, Damm
Petechien, kleine, punktförmige Blutungen
post mortem, nach dem Ableben
postnatal, nach der Geburt
post partum, nach dem Entbindungsvorgang
Prothrombinzeit, Zeit, die das Blut bis zur Gerinnung benötigt

Radix mesenterii, Verbindungslinie zwischen Gekröse und hinterer
Bauchwand
Rarefizierung, dünner werdende Knochen durch Abbau der Knochen-
substanz

Resorption, bei Blutungen: die Aufnahme des Blutes durch das umgebende Gewebe
retroperitoneal, im hinteren Teil der Bauchhöhle gelegen

Sepsis, schwerer bakterieller Infekt
Spina bifida, Spaltbildung an der Wirbelsäule
Subarachnoidealblutung, Blutung der weichen Hirnhäute
subdural, unterhalb der harten Hirnhaut (dura mater) gelegen
subperitoneal, unterhalb der Bauchhöhle
subkutan, unterhalb der Haut

Thorax, Brustkorb
Thrombozyten, Blutplättchen
Thymus, Bries, innere Brustdrüse

Ulkus, Geschwür
Ulna, Elle

stw 146 Shlomo Avineri
Hegels Theorie des modernen Staats
Übersetzt von R. und R. Wiggershaus
336 Seiten
Avineris Studie rekonstruiert die politische Philosophie
Hegels. Sie macht deren Stellenwert – insbesondere den
der Rechtsphilosophie – einerseits in Hegels philosophi-
schem System, andererseits in den politischen Auseinander-
setzungen seiner Zeit klar. Hegels politische Philosophie
erscheint als der erste große Versuch, den ökonomischen
und gesellschaftlichen Gegebenheiten der Moderne gerecht
zu werden.

stw 147 Sören Kierkegaard
Philosophische Brocken
De omnibus dubitandum est
Übersetzt von Emanuel Hirsch
208 Seiten
Das zentrale Thema der Schrift *Philosophische Brocken* ist
das Verhältnis von Wissen und Glauben. Ein vorläufiger
Titel Kierkegaards lautete: »Die apologetischen Voraussetzungen der Dogmatik oder Annäherungen des Gedankens
an den Glauben«. Der Titel *Philosophische Brocken* wendet
sich ironisch gegen den Totalitätsanspruch der idealistischen
(insbesondere der Hegelschen) Systemphilosophie.

stw 148 Fredrick C. Redlich/Daniel X. Freedman
Theorie und Praxis der Psychiatrie
Aus dem Amerikanischen von Hermann Schultz und
Hilde Weller
1216 Seiten. 2 Bände

Dieses Lehrbuch wendet sich an Studenten und Ärzte, insbesondere Nervenärzte, an Psychologen, Soziologen und Sonderschulpädagogen, an Sozialarbeiter, medizinisches Pflegepersonal und interessierte Laien – kurz: an alle, die in ihrer Ausbildung oder in ihrer beruflichen Praxis mit den Problemen psychischer Gesundheit und Krankheit zu tun haben. Psychiatrie wird von den Verfassern als eine *angewandte Humanwissenschaft* verstanden, die sich mit Erforschung, Diagnose, Vorbeugung und Behandlung gestörten oder von der Norm abweichenden Verhaltens befaßt.

stw 149 Urs Jaeggi
Theoretische Praxis
224 Seiten
In der deutschen Strukturalismus-Debatte ist der strukturale Marxismus in die sozialphilosophische Fragestellung aufgesogen worden. Als Kritiker am Hyper-Empirismus, als Gegner der »Rhapsodie von Fakten«, steht er andererseits quer sowohl zu einem Spät- oder Neohegelianismus wie auch zu den Exerzitien einer wortgetreuen Marx/Engels-Exegese. Jaeggi versucht herauszuarbeiten, weshalb der strukturale Ansatz dabei nicht gegen die historisch-materialistische Methode ausgespielt werden kann, sondern im Rahmen des historischen Materialismus richtige Fragen formuliert und reformuliert.

stw 151 Clemens Lugowski
Die Form der Individualität im Roman
Mit einer Einleitung von Heinz Schlaffer
240 Seiten
Seit ihrem ersten Erscheinen (1932) ist Lugowskis Abhandlung nur wenigen Fachgelehrten bekanntgeworden: einer der bedeutendsten Beiträge zur Literaturwissenschaft ist noch zu entdecken. Seine Parallelen liegen außerhalb der zünftigen Germanistik: in Cassirers *Philosophie der symbolischen Formen*, in den kunsttheoretischen Arbeiten der Warburg-Schule, im russischen Formalismus.
In der gegenwärtigen Situation der Literaturwissenschaft, die sich in textlinguistische und sozialgeschichtliche Schulen getrennt hat, kann dieses Buch an vergessene Vermittlungen erinnern: an ästhetische Sinnformen, an die besondere Weise der Dichtung, Leben und Welt deutend darzustellen.

stw 154 Jürgen Habermas
Zur Rekonstruktion des Historischen Materialismus
352 Seiten
Die in diesem Band zusammengefaßten Arbeiten zielen
alle auf die Rekonstruktion des Historischen Materialismus ab. Rekonstruktion heißt hier: eine Theorie ausein-
andernehmen und in neuer Form wieder zusammensetzen,
um das Ziel, das sie sich gesetzt hat, besser zu erreichen.

stw 155 Peter Weingart
Wissensproduktion und soziale Struktur
256 Seiten
Die in diesem Band zusammengefaßten Arbeiten zielen
alle auf die Begründung und Explikation eines neuen Ansatzes in der Wissenschaftssoziologie. Ihr systematischer
Zusammenhang ergibt sich aus dem Versuch, Wissen als
»soziale Kategorie« zu fassen. Damit eröffnet sich die
Möglichkeit, die historische und aktuelle Analyse der Wis-
senschaftsentwicklung und -politik über die Beschränkungen der in diesem Feld vorherrschenden Begriffsraster hin-
auszutreiben.

stw 156 *Seminar: Kommunikation, Interaktion, Identität*
Herausgegeben von Manfred Auwärter, Edit Kirsch
und Klaus Schröter
Der Band enthält Arbeiten aus der Interaktions- und Kom-
munikationsforschung, die u. a. als Beiträge zur Klärung
folgender Fragen gesehen werden können: Wie interpre-
tieren Individuen wechselseitig ihre Äußerungen und Handlungen? Wie stimmen sie Erwartungen aufeinander ab?
Wie verhalten sie sich im Fall der Enttäuschung von Erwartungen? Was folgt daraus für den Prozeß, in dem
grundlegende interaktive und kommunikative Fähigkeiten
erworben werden und Identitäten aufgebaut und bewahrt
werden?

stw 157 Heinz Kohut
Narzißmus
Eine Theorie der psychoanalytischen Behandlung
narzißtistischer Persönlichkeitsstörungen
Aus dem Amerikanischen von Lutz Rosenkötter
400 Seiten

»Ohne Frage ist dieses Buch ein Meilenstein, nicht nur in der Fortentwicklung der Psychoanalyse über Freuds ursprüngliche Ansätze hinaus, sondern auch im so langsam und zäh fortschreitenden Erkenntnisprozeß des Menschen über seine eigene Natur.«   *Jürgen vom Scheidt*

stw 158 Norbert Elias
Über den Prozeß der Zivilisation
Soziogenetische und psychogenetische Untersuchungen
Erster Band: Wandlungen des Verhaltens in den weltlichen Oberschichten des Abendlandes
350 Seiten

stw 159 Norbert Elias
Über den Prozeß der Zivilisation
Soziogenetische und psychogenetische Untersuchungen
Zweiter Band: Wandlungen der Gesellschaft. Entwurf zu einer Theorie der Zivilisation
508 Seiten
Die Soziologie des 20. Jahrhunderts konzentriert sich vor allem auf Zustände. Die langfristigen Transformationen der Gesellschaft und Persönlichkeitsstrukturen hat sie weitgehend aus den Augen verloren. Im Werk von Norbert Elias bilden diese langfristigen Prozesse das zentrale Interesse: Wie ging eigentlich die »Zivilisation« im Abendlande vor sich? Worin bestand sie? Und welches waren ihre Antriebe, ihre Ursachen oder Motoren?
Bei Elias' Arbeit handelt es sich weder um eine Untersuchung über eine »Evolution« im Sinne des 19. Jahrhunderts noch um eine Untersuchung über einen unspezifischen »sozialen Wandel« im Sinne des 20.; seine Arbeit ist grundlegend für eine undogmatische, empirisch fundierte soziologische Theorie der sozialen Prozesse im allgemeinen und der sozialen Entwicklung im besonderen.

stw 160 Hans G. Furth
Intelligenz und Erkennen
Die Grundlagen der genetischen Erkenntnistheorie Piagets
Übersetzt von Friedhelm Herborth
384 Seiten
Hans G. Furth hat den ersten Versuch einer systematischen Darstellung der Theorie Piagets unternommen, und er hat,

wie Piaget selbst es formuliert, »diese Aufgabe außerordentlich erfolgreich gelöst«. Piaget zwingt zu einer Revolution unserer Anschauungen, wie es außer ihm in der Neuzeit nur Kopernikus, Darwin und Freud getan haben.

stw 164 Karl-Otto Apel
Transformation der Philosophie
Band 1: Sprachanalytik, Semiotik, Hermeneutik
384 Seiten

stw 165 Karl-Otto Apel
Transformation der Philosophie
Band 2: Das Apriori der Kommunikationsgemeinschaft
464 Seiten
Transformation der Philosophie meint die Transformation der Transzendentalphilosophie des Privat-Subjekts in eine Transzendentalphilosophie der Intersubjektivität.

stw 166 *Seminar: Theorien der künstlerischen Produktivität*
Entwürfe mit Beiträgen aus Literaturwissenschaft, Psychoanalyse und Marxismus
Herausgegeben von Mechthild Curtius unter Mitarbeit von Ursula Böhmer
464 Seiten
Die in diesem Band versammelten Beiträge aus westlichen und östlichen Ländern geben einen Überblick über den gegenwärtigen Stand der »Theorie« künstlerischer Produktivität und einen Ausblick auf mögliche Weiterentwicklungen dieser Theorie.

stw 176 Emile Durkheim
Soziologie und Philosophie
Mit einer Einleitung von Theodor W. Adorno
Übersetzt von Eva Moldenhauer
160 Seiten
Die Aufsätze und Diskussionsbeiträge, die unter dem Titel *Soziologie und Philosophie* zusammengestellt und zuerst 1924 veröffentlicht wurden, führen in ein für Durkheims Denken zentrales Gebiet: in die von ihm intendierte Wissenschaft der Moral, die sowohl individuelle als auch kollektive moralische – und das heißt zugleich anthropologische, psychologische und soziologische – Phänomene erfassen will.